从『功夫茶』苦味到教育苦履

生态教育、智慧教育和非对称性教育的艰苦探索历程

杨焕亮 ◆ 著

广东高等教育出版社
Guangdong Higher Education Press

·广州·

图书在版编目（CIP）数据

从"功夫茶"苦味到教育苦履：生态教育、智慧教育和非对称性教育的艰苦探索历程/杨焕亮著 . — 广州：广东高等教育出版社，2024.11

ISBN 978 - 7 - 5361 - 7635 - 5

Ⅰ. ①从…　Ⅱ. ①杨…　Ⅲ. ①青少年教育—文集　Ⅳ. ①G775 - 53

中国国家版本馆 CIP 数据核字（2024）第 028540 号

出版发行	广东高等教育出版社
	社址：广州市天河区林和西横路
	邮编：510500　营销电话：（020）87553335
	http://www. gdgjs. com. cn
印　　刷	广东信源文化科技有限公司
开　　本	787 毫米 ×1 092 毫米　1/16
印　　张	22. 25
字　　数	420 千
版　　次	2024 年 11 月第 1 版
印　　次	2024 年 11 月第 1 次印刷
定　　价	68. 00 元

做教育的三境界
——理论、理念和理解

做教育，教育观念会随着时代的发展、人生的阅历，一直升华在路上。

学理论 1989年中，我从深圳师专"小教大专"中文系B班毕业后在深圳特区从教时，20岁出头的年轻教师，喜欢学习、背诵几句教育理论，在同事交流教育教学或开家长会时引用，似乎很能显摆自己从教的"理论功底"和善教的"成型套路"。

提理念 2001年初，我参加了深圳市罗湖区首次公开竞聘中小学校长，被聘为小学校长，30出头的我成了全区最年轻的中小学校长，可谓血气方刚、踌躇满志！因应那个时代创建等级学校评估形势的要求，开始注重提炼、建构校长的教育理念，当然努力追求的是烙印着我个性的、自认有某种创新性的教育理念。这就有了本书论述的、我的教育管理生涯三个阶段提出的三个教育理念："生态教育""智慧教育"和"非对称性教育"。这些新理念也确实引领了师生教学新思维与新行动，开创了办学或教育新局面。

重理解 2018年初，我因连续几年争取回学校当校长，终于得

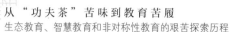
到市教育局领导的支持，由深圳市教育信息技术中心主任平调到深圳市育新学校任校长。学校原叫"深圳市工读学校"，与市公安局合办，招收"严重不良行为的未成年人"；公安局撤出后由教育局独办，改叫"育新学校"，只招收"不良行为的未成年人"。目前国家把工读学校改称为"专门学校"。育新学校是全市唯一的专门学校，有独特的"一体两翼"办学模式，即以专门教育为主体，主要招收有不良行为的初中男生就读于初中部，以市德育基地的综合实践教育和市新鹏职业高级中学的中职教育为配套的"两翼"。再任校长一年后，工作方面，我教龄已达 30 年，也已有过区属薄弱小学校长和市属重点小学校长、市教育局负责全市教育信息化工作的直属单位正副处长，特别是市专门学校校长的任职履历；生活方面，我有父母亲和岳父母 4 位老人要赡养，3 个儿女要养育，自己年龄也已 50 出头，到了"知天命"之年华。丰富的人生阅历让我顿悟"理解"对人、对生活、对孩子、对教育，特别是对"不良行为的未成年人"的教育转化的深远意义！于是基于以上种种，我提出"非对称性教育"理念，力求引领全体教工学会"理解"，顺其自然，因势利导，因材施教，努力培育适合的土壤，助力"不良行为的未成年人"成就不一样的精彩。

传说唐代禅宗大师青原惟信禅师有一段著名语录，道出参禅三境界：老僧三十年前未参禅时，见山是山，见水是水。及至后来，亲见知识，有个入处，见山不是山，见水不是水。而今得个休歇处，依前见山是山，见水是水。

教育在某种意义上讲，也是一种特殊的参禅，到了一定境界，返璞归真才是正道。

杨焕亮

2022 年 11 月 18 日

目　录

上篇　理念之滥觞

中篇　成果与作品

下篇　影响与报道

上　篇

理念之滥觞

第一章

教育管理三段履历三个理念

1. 任区属、 市属小学校长与生态教育

2001 年，深圳市罗湖区教育局新上任的李志荣局长正当而立之年，年轻有为，他推出了人事改革创新举措——在区教育系统公开竞聘中小学校长。乘着用人新机制的东风，我以笔试、面试和民意测评 "三项第一" 的成绩获聘为靖轩小学校长。

那时，靖轩小学是深圳经济特区为数不多的一所已有 80 多年办学历史的老学校，但因为位于老区闹市的城中村，占地和设备设施等远远比不上新建的学校，且生源 98% 左右是那时被称为 "暂住户口" 的孩子，他们中的相当一部分是随父母来深圳打工、做小生意由内地转学而来的，学习基础和行为习惯较差，加上特区生活与工作节奏快，家长们整天忙于生计无暇管教孩子，虽然之前的校长办学的抱负和教师教学的水平也不低，但是学校办学质量、社会能见度还是一直相对较低。

我上任伊始，恰逢罗湖区正全力推进创建广东省教育强区的重大行动，其中一个必达指标就是区内每所公办中小学校都必须是市一级学校。鉴于此项指标前任校长努力过了，但仍不具备申报市一级学校评估条件，这无形中给我这位新校长增添更大的压力！作为首位全区中小学校长竞聘成绩 "三项第一" 的校长，绝对不能在校长生涯的第一个任期就拖全区后腿！

行动！

第一，要提炼一个先进的教育理念。那时学校申报等级评估时，督学们评价校长的聚焦之一就是校长的办学理念。当时"生态"的概念正逐步应用到社会各领域，如"生态住宅""生态环境"等，但是这些应用对"生态"的理解基本停留于花花草草等绿化、美化层面，还没有上升到自然与人和社会的"整体优化"的生态哲学高度。在教育系统内，在学校里，不少学校热衷于申报"绿色学校"评估，也提及"生态"概念，但对于"生态"的理解也基本与前面相同。获聘任校长后，我参加"深圳市第五期中小学校长培训提高班"，其间学习、思考后提出"优化教育生态"的命题，这是"生态教育"理念的前身，所撰写的校长培训班论文《时代精神呼唤优化教育生态》不但被评为"优秀论文"，还入选2004年7月西苑出版社出版的《新世纪发展论坛（三）》。这增强了我把"生态教育"作为办学理念进而创建市一级学校的信心！但那时我对"生态教育"的理解还只是展望式地提出"整合教育资源，优化教育生态"。

第二，要研究践行"生态教育"理念的行动策略。经过咨询专家和自己深入思考后，初步提出"十态平衡"行动策略——健全的体态、健康的心态、规范的形态、丰富的个态、民主的教态、自主的学态、科学的神态、人文的情态、共赢的状态和发展的势态。"生态教育"的办学理念和"十态平衡"的行动策略给正在全力创建市一级学校的靖轩小学师生注入了新的思维力和行动力。

第三，要开启"生态智慧"，争取区、市教育部门领导对参评市一级学校的支持，点燃全校教工迎评估、创等级的激情。

一是采取"小板凳"行动。那时，市教育督导室不同意学校评市一级学校的理由又加了一条：我这位年轻新校长知名度还不够高！怎么办？行动！我相信精诚所至，金石为开！我到市教育局督导室找主管的曾桂芬副主任汇报，请她百忙之中莅临学校调研指导，第一次她说马上要去区里调研，我只好说等下次再来汇报；第二次她说马上要出去参加一个区里学校评估总结会，我只好再说等下次再来汇报；第三次她说马上要参加局长办公会，并说，之前她看过学校了，软硬件确实还不具备市一级学校条件，新校长还是回去练好"内功"再说，不用这么辛苦再跑来找她了。那时候也许真的是"生态教育"赋智、赋能，更赋勇了，我没气馁，反而愈挫愈勇，顿时生带"小板凳"到曾副主任门口苦守苦待汇报的决心！我一边按照曾副主任要求练办学"内功"，一边备好"小板凳"经常到市教育局督导室曾副主任办公室门口苦苦守候，争取有机会汇报办学评估工作。终于有一天，一向因工作严谨认真、讲原则不讲情面，被教育系统很多校长称为"老马列"的曾副主任感动了，说："我看你这个年轻校长还真是有使命感，想干事！你先回去抓好工作吧，我安排时间再去看看你学校办学改进了没。"曾副主任过不久就来看了学校，充分肯定学校的进步和师生迎评估的精神状态，也和我在校长办公室合了影。学校评估过后，我到她办公室汇报工作和致谢时，她高兴地说："小杨，你看，我把和你的合影一直放在办公桌上！"曾副主任退休好多年了，但一直关心我的工作。当得知我到市育新学校任校长时，马上打电话给她在深圳中学任教时的学生、学校所在辖区的光明区光明街道麦书记，叮嘱麦书记如我需要时给予大力支持！"小板凳"精神也成为我以后向各级领导、部门争取办学资源的一大法宝！

后来促成学校可以申报市一级学校评估的是叶子强局长。创建广东省教育强区时，罗湖区教育局已是叶子强任局长。叶局长行动如其名字，正是因为他超强的执行力，使创建省教育强区的工作迈上快车道。有一天早上，我上班前就早早到局办"挂了第一个号"，守在叶局办公室门口，等他上班时抢第一个作了3分钟专题汇报：如果这次学校评估不了，等下批再评就要套用新评估标准，这种城中村学校估计多投入50万元也不一定够条件，更严重的是拖了创建教育强区的后腿！2002年的50万元，即使是在深圳经济特区，对一所普通小学来说也是一大笔经费！叶局听后亲自出马，没过几天就请了市人民政府教育督导室杨柏生主任亲自到学校调研，现场汇报的一句话让我终生难忘："新校长是还没什么知名度，我们给他机会评上市一级学校了，他就有知名度了！"最后，杨主任现场办公拍板，提出老牌城中村学校可以遵循"硬件从实，软件从优"的原则申报市一级学校评估！

二是采取"以校为家"行动。学校终于可以参评市一级学校了，但请了几位知名专家、市兼职督学进校模拟评估检查各种评估资料，却发现教工们的迎评资料质和量很多没达要求！怎么办？校长务必率先垂范，以增强全体师生迎评估、创等级的使命感！专家通报模拟评估结果后的第二天一早，我紧急召开全校教工临时短会。由主管德育和教学的副校长通报存在的问题和改进要求后，我把装满衣物的大行李袋放在主席台上，说："学校两任校长和全体教工争取了两年多，领导才给参评机会，机会难得！评估通过了，大家就为创建教育强区作了贡献，就为这所老学校发展立了新功，可谓使命崇高！现在离评估不到两个月时间了，时不待我！我把铺盖都带来了，今天起吃住在学校，全身心迎评估、创市一级学校！请大家监督我，支持我，一起做好本职迎评工作，不辱使命！"会后，全校师生掀起了迎评估、创等级的新高潮，那种责任，那种热情，那种精神，至今让我热血沸腾和心存感恩。

"生态教育"理念最终引领学校顺利创建了市一级学校，为罗湖区创建广东省教育强区作出了应有的贡献！叶局长也肯定了我提出的"生态教育"办学理念及所实施的"十态平衡"行动策略,并收录进他所撰写的《治校方略》("建设罗湖教育强区书系")专著里。在庆祝成功创建省教育强区的总结会上,时任罗湖区区长的陈区长还表扬我为做好创建教育强区工作住在学校一个多月的"以校为家"的精神!靖轩小学成功创建市一级学校,还有特别可贵的一点,就是成为全市边远、薄弱的老学校"改薄"的典型,之后此类学校申报等级评估就遵循"硬件从实、软件从优"的务实评估新模式。这个新模式得到时任市政府教育督导室杨柏生主任、曾桂芬副主任在罗湖区创建省教育强区庆祝总结会及后来多个重要场合的表扬、推广。

但是,由于当时本人对"生态教育"的认识、理解还处于初级阶段,加上靖轩小学的客观条件所限,该理念在学校近两年的践行所取得的成果除了创建市一级学校、历史性培育出几名数学尖子生(受到两所区重点中学——翠园中学和罗湖外语学校的"争抢")比较显著外,其他方面成效仍很单薄。

2003 年 4 月,我很意外地被重用,调任深圳小学——深圳市教育局唯一直属的、俗称"独生子女"小学的、办学历史已近 100 年的全市重点、独立的小学任校长。这时,又恰逢深圳市正在全力推进创建广东省教育强市的重大行动,而能否创建得了,其中一个必达指标就是市直属每所中小学校都必须是省一级学校。深圳小学前任校长已经做出很多努力了,但由于学校作为全市事业单位人事制度改革试点,涉及教工切身利益,教工反应激烈,而发生这种情况,矛盾会聚焦到校长身上,当时深圳市教育局主管的局、处领导担心前任校长在这种情况下负责申报省一级学校评估会节外生枝,报请时任深圳市教育局局长的江潭瑜同志定夺。江潭瑜局长综合考虑后,决定从刚评为省教育强区的罗湖区的学校选调得力校长来任深圳小学校长。叶子强局长再次力挺我,把我推荐给了江局长!江局长有一天把我叫到市教育局,面试了三道题:一是简介个人阅历,二是谈谈如何创建等级学校,三是老牌学校如何管理。听完我的汇报后,江局长说感觉可以,准备调来深圳小学当校长吧。我告辞时,江局长补充了一句:"这个学校还是有很多家长想送孩子来读书的,特别是东门,有很多做生意的潮州人。"还开玩笑说:"你的潮州口音怎么这么重,到时可别把深圳小学办成潮州子弟学校!"我在潮汕老家读书,从小学至高中,连语文、英语老师基本都是用潮州话读课文或解释的。我虽从中文系毕业,但还是与农村长大的潮州人一样,讲一口"潮普"、几句"潮英",地方口音辨识度很高。正如唐朝诗人贺知章在《回乡偶书》诗曰:"少小离家老大回,乡音无改鬓毛衰。"那时以为江局长的话是在开玩笑,但后来经工作接触才明白局长话里蕴含了他一贯的坚持原则的工作作风!之后,市教育局负责人事工作的卢沙副书记约我面谈考察,再安排人事处处长邹腊生到罗湖区教育局考察并调取了我的人事档案。这就是我 2003 年 4 月 20 日被重用空降到唯一市直属重点小学任校长的过程。宣布任命时，江潭瑜局长亲自到会并发表讲话，给了我很高的待遇和支持！后来听局里干部说，江局长连市直属中学副处级的副校长任命宣布会都没出席过，出席一位科级的小学校长的任命宣布会，绝对史无前例！在后来一次汇报工作时，江局长说："人的发展是需要平台的。深圳小学是个重要平台。虽然你到任这段时间以来，学校办学有起色，但平台给了你，你就要不断努力办出市直属学校实验性、示范性的水平！"江局长一直在行动上大力支持我这位新校长的工作，重要的有：拨款 80 万元改善教师办公室条件，每批教师海外培训指标增加至 2 个，毕业生 2 个班 80 人升学对接深圳中学初中部（后因国家新义务教育法颁布而取消），等等。我一直铭记江局长给了我深圳小学这个发展平台，让我的教育生涯得到一次高层次学习锻炼的宝贵机会。之后不管在深圳小学任校长，还是到市教育信息技术中心任主任，再到现在的市育新学校任校长，我一直遵从江局长的教诲：努力为师生，特别为年轻骨干教师创造发展平台。

任职深圳小学校长，市教育局赋予我三个重要使命：第一就是不拖全市创建省教育强市后腿，在暑假前把深圳小学创建为省一级学校；第二是化解承担全市事业单位人事制度改革试点造成的各种矛盾；第三是提升办学质量，使之与市教育局直属唯一重点、独立的小学地位相匹配。单就第一个使命来说，虽然我刚刚把区里的一所城中村 "老薄" 小学创建成了市一级学校，积累了一定的创建等级学校经验，但是把市直属唯一的重点、独立的小学创建为省一级学校，只给我这位新校长不到 3 个月时间，按平时节奏认识师生、了解学校都不够，何况当时还是防控 "非典" 的紧张时期，难度与压力可想而知！

行动，还是行动！

此时，我已重点学习了《生态教育学》和《生态哲学》两本著作，更增强了践行 "生态教育" 理念的信心，也增加了践行这个理念的办法。于是，我在教工大会上简单阐释了 "生态教育" 理念及行动策略，并提出 "生态教育" 的概念——就是以生态哲学整体论的世界观和方法论为指导，从教育理论和教育实践两方面入手，全面优化教育生态，从而构建一种先进的、科学的、高效的、优质的办学常态，确保学生、教师、学校和家庭四方共赢的教育；提出 "生态教育" 应有五个生态特征——开放性、个性化、和谐、共赢和可持续发展；就学校而言，提出实施 "生态教育" 理念的总目标就是要创建现代生态学校，具体的建设目标和行动策略是 "十态平衡"。

会后，学校教科研能手、校长助理王纯旗和省、市知名小学语文教学名师、科组长石景章专门到校长办公室找我，表示他们很认可"生态教育"理念的科学性、先进性和成果可预性。我说很可惜在区里靖轩小学还没有像他们这样的科研骨干、教学名师帮我实施、丰富和发展这个理念，所以也很可惜践行成果还不明显！两位专家当场表态：校长出思想、理念就好，我们一起来实施，保证很快出成果！深圳小学不愧是市直属重点小学，平台高，基础好，行政强，名师优，"生态教育"理念很快引领师生教育教学新思维与新行动，并有了初步成效，助我于2003年7月初不辱使命，在防控"非典"的关键时期顺利把深圳小学创建为省一级学校，为深圳市创建广东省教育强市做出一所历史名校应有的贡献。

借创建省一级学校的东风，"生态教育"行动研究进入快车道，新理念引领办学屡创佳绩：人的因素是第一的，通过"深化"人事制度改革，校长"断臂求稳"，工资由改革试点全校最高的八千多元带头自降一半，到改革试点前的四千多元，基本平息了干群矛盾，初步构建了校园生态人际。名校的教师队伍素质高，平息了教工因利益分配造成的矛盾后，教师员工心思聚焦教育教学中心工作后，马上捷报频传：六年级学生参加市外语学校招生考试，约30人被录取，为历年最好成绩；语、英、美、体四科教师参加全国课堂教学基本功比赛，皆荣获一等奖，创造历史性成绩，其中语文科教师连获市、省、国家三级比赛一等奖第一名；三年级学生胡淙泰勇渡琼州海峡破三项"吉尼斯纪录"，得到市领导接见，团市委授予"鹏城新少年"、市教育局团委授予"征服海峡小勇士"的称号；学校两获深圳市"办学效益奖"。

特别是提出"培育名校文化，培养名校气质"后，名校校园文化建设取得空前成效。首先是提炼出"思新思进，大气大方"的名校气质内涵和"做小事，成大器"的校训，并把校训烫金装挂于正对校门的教学楼外墙显眼处，时时引导师生自觉从小事做起，自我修养名校气质；2006年抢抓机遇，环操场围墙内侧用黑色花岗岩雕刻建设了书法家启笛（郭沫若关门弟子、原国家领导人胡启立办公室主任）的书法"启笛楷书唐诗三百首碑林"，地面配以竹子盆景点缀，时任全国政协副主席张思卿、白立忱先后莅临观摩，时任市委、市政协领导对此项校园文化高度重视，出席了揭幕典礼，还将其提升为"文化立市"的工程之一，更得到习近平母亲、革命老人齐心女士亲临观摩，并题词"好学向上"；2007年筹办这所名校第一次校庆——85周年校庆，整理校史时，从原惠阳专区档案资料中查到学校创建于1911年辛亥革命时期，遂改为筹办96周年校庆，把能够收集到的历届师生名字雕刻烫金于汉白玉大理石上，于内、外操场之间建成状如长城的师生录"铭"碑，激励师生"今天你以校史为荣，明天校史以你为荣"；建设书法碑林、师生铭碑时也发动杰出校友、商界成功人士、各界名流热心捐赠，他们的善行与名字皆刻于后记之中。两块石碑可谓融合名诗名书、名人名气和名校于一体，潜移默化地熏陶着深圳小学师生的名校气质……学生的名校气质也得到社会的认可，经常被深圳市委、市政府指定承接重要的接待任务，如中国国民党高层代表团首次访问深圳时由深圳小学学生负责在口岸献花，在庆祝深圳特区成立 30 周年时由深圳小学学生陪同时任国家主席胡锦涛在莲花山种植纪念树。

"生态教育"行动研究很快结出硕果，结集出版了《生态教育管理探索》《生态教育的课堂教学（上、下册）》和《生态教育的国际视野》四册"生态教育"理念践行成果。"生态教育"成为我任校长期间深圳小学引领办学的新理念，也成为对外辐射办学经验的新名片。

江潭瑜局长有一次听我汇报"生态教育"行动研究所取得的初步成果后，饶有兴趣地问我："什么是'庖丁型'教师？什么是生态哲学？"听了我简单的汇报后，江局长若有所指地说："你办学还是有自己的想法，但离开我办公室就不要再跟别人讲'哲学'了！"我那时很在意江局长的评价，认为自己对教育哲学的理解与应用还有待学习提升，偶尔与几位处室领导提起此事，一位处长说："江局长是中山大学哲学系高材生，你竟敢到他办公室和他讨论哲学？"原来是我班门弄斧了！

我离任 9 年后的 2019 年，由长江教育研究院、教育智库与教育治理研究评价中心发起，方略研究院、陕西师范大学、宁波大学等协办的评选"改革开放40 年'学校教改探索案例 40 个'"活动，深圳小学光荣入选榜单，其中入选重要理由之一就写到"深圳小学生态教育行动研究"。这次评选突出民间发起、媒体配合、行业推荐、专家评审、社会监督，历经征集、初评和专家终评等阶段，具有很强的行业公信力和权威性。

总之，在深圳小学——这所深圳为数不多的百年名校任校长近 8 年，是有效践行"生态教育"理念的 8 年，更是我教育生涯的永恒光荣，但是否不辱使命，只能交由后人评说。

2. 任市教育信息技术中心主任与智慧教育

深圳市教育信息技术中心负责全市教育信息化（教育装备）管理工作，前身为深圳市电化教育馆，负责全市电化教育管理工作，是深圳市教育局直属正处级单位。2015 年底，时任市教育局局长郭雨蓉这位对教育发展新形势很敏锐、管理理念很超前的女局长，应教育信息化快速发展的形势，主张将深圳市电教馆更名为深圳市教育信息技术中心（深圳市教育装备中心）。她任局长期间，顺应大背景推行干部竞聘上岗，我就是在 2010 年底参加市教育局直属单位副处级干部竞聘活动后，离开深圳小学校长岗位履职，深圳市电化教育馆副馆长岗位的。那时郭雨蓉局长到市教育局任局长还不久，也不太了解我。了解和一直关心我的时任副局长范坤考虑到深圳小学只是科级单位，我又还比较年轻，三番五次鼓励我报名参加应聘，争取以后有更大的发展空间。时任局人事处处长吴筠女士正在北大参加深圳市处级干部培训班，远程给我发信息说局里正是用人之际，也一再鼓励我参加应聘，报名截止那天下午 5 点，她远程查到没有我的报名信息，还专门打长途电话，动员我在 6 点下班前赶去人事处交报名表。我之所以犹豫应聘，一是因为我在筹办百年校庆过程中对深圳小学已有深厚感情；二是因为我对电化教育不了解，怕做不好。服从组织安排，听领导的话已成为我历来的工作自觉。在领导们的关心、鼓励和支持下，我竞聘到了市电教馆任副馆长。两年后的 2013 年上半年，原馆长光荣退休，郭雨蓉局长满意我的工作表现，同意我临时主持工作，并在当年底考察后任命我为市电教馆馆长。有同事打趣我，在郭局长手下是坐了火箭！郭局长笑笑说："没那么快，只是坐了直升机。"2018 年初，我在时任市教育局局长张基宏的支持下平调任市直属深圳市育新学校校长，局里一直没确定接我市教育信息技术中心主任的人选，让我兼任两个市教育局直属正处级单位（学校）约一年时间。张局长在局里一次推选处级干部的大会上讲，据人事处统计，局里在副处级调研员以上退休的，才占局机关干部队伍的 38% 左右，希望大家要以平常心对待干部任免。我两年多升两级，近一年还兼任两个处级单位正职，不是自己德才比别人强，而是得到历任局领导的信任，因而常常自勉：一个农民子弟能有今天全靠贵人相助，能力不行态度一定要行！唯有认真做好工作，不负领导信任和期望！

"智慧教育"理念也是在郭雨蓉局长引领下逐步建构的。"智慧教育"理念建构之路，虽跑了好久也未见到信息技术支撑下的"智慧教育"之形，但一路都在展示"智慧管理"之神。

首先，启动创建深圳教育云。2013 年中我主持市电教馆工作后开始参加教育部、省教育厅及各级教育装备协会举办的很多会议，"云"是那时开始流行的概念，如现在"元宇宙"的概念，一时之间有如李白诗歌《梦游天姥吟留别》所描写的情形"霓为衣兮风为马，云之君兮纷纷而来下"。但是，信息化主管官员，就连知名研究机构的信息化专家、品牌信息化前沿企业的商家，关于"云"

的解释也都还处于人云亦云、云里雾里的状态,最直白、最通俗、最常用,也最好理解记忆的解释就是把"云"比喻为自来水,拧开水龙头,信息资源要多少就取多少。就在这种背景下,郭雨蓉局长率深圳市各局委,依靠深圳超算中心,启动创建深圳教育云。这个重大使命自然落在负责全市教育信息化工作的电教馆肩上。搞教育信息化是很烧钱的!对市教育局来说,教育云是一项初步概算就要投入以"亿"计的超大项目,新事物又没有建设标准,且几乎都是看不见、摸不着的虚拟设想,而那时市里主要领导对信息化经费管得很严,争取教育云专项经费,就很考验和展示领导们的"智慧管理"!2012 年 9 月 5 日刘延东副总理在全国教育信息化工作电视电话会议上提出:"十二五"期间,要以建设好"三通两平台"为抓手,也就是"宽带网络校校通、优质资源班班通、网络学习空间人人通",建设教育资源公共服务平台和教育管理公共服务平台。郭局长眼光独到,指示重点加快"网络学习空间"建设与应用。那时的深圳超算中心基本还是体制内的管理机制,我们三番五次约不上超算中心领导,无法汇报、沟通工作,不得不请求主管教育信息化工作的范坤副局长出面,才联系到其中心负责人洽谈联合研发"网络学习空间"事宜。2013 年几乎整个暑假,电教馆办公室、技术应用和网络信息两中心员工都没休息,与超算中心技术人员联合研发了"网络学习空间 1.0"。

新学期开学前,范坤副局长说市长要到新开办的科学高中检查开学工作并召集各局委负责人开支持教育的现场会,要我们在会场向市长演示创建深圳教育云的初步成效,时间为 15 分钟。这对我这个临时负责人是一大考验!我们马上动员电教馆和超算中心研发团队,加紧认真策划汇报内容、反复试讲研磨了三个白天黑夜,第四天刚上班就突然接到范副局长通知说,办公厅认为市长行程很紧,取消听取教育云汇报环节。于是,当天午餐后我让筋疲力尽的研发团队成员回家休息,可到了半夜,范副局长紧急给我打电话,说:"经过认真思考,也请示郭局长同意,向市长汇报教育云的机会难得!不让在会上汇报,但我们可以巧妙安排在市长巡查新学校图书馆时,抢机会演示汇报 3 分钟!市长后天早上来检查开学工作,你们赶紧设计、准备好汇报!"第五天一早,研发团队各成员紧急回电教馆,先是把 15 分钟的汇报稿砍剩 3 分钟。15 分钟汇报内容与形式是大家整整三个日夜研磨的结晶,砍任何一部分都似在割肉,但也只能忍痛割爱了!经常作汇报的人就有经验:把 3 分钟汇报放大为 15 甚至 30 分钟就容易,倒回来做就是极难的事!但是,领导的思维力与行动力就是比一般干部要强得多,后来接任郭雨蓉局长的张基宏局长就在干部大会上说,干部基本素质要有会写、会说、会做的能力,还举了向领导汇报工作的例子说:"领导都很忙,你向领导汇报工作 3

分钟了，领导还听不出你要讲的主要意思，会说的能力就有问题！"后来，我们研发团队还是很好地经受了"3 分钟汇报"的考验！下午 3 点左右磨好了 3 分钟演示稿，外面正下着大雨，大家驱车约一小时赶到科学高中，确定场地，架好设备，调试系统，再连续试讲研磨了五遍，到结束时已是夜里 10 点多，大家再回到市区的家里都已是凌晨了，第二天 8 点前又赶到科学高中再试讲三遍，严阵以待 9 点多市长"路过"时抢机演示汇报。后来，市长"路过"时饶有兴趣地听、看、问了约 10 分钟。在现场会最后讲话时，市长专门问郭雨蓉局长建教育云项目需要多少钱，郭局长汇报需 2 个多亿。市长当场指示市教育局马上立项，并指示在场的市发改委、财委领导给予支持。后来教育云项目立项获市发改委批准经费 1 个多亿，虽比预想少了约一半，但据说那时深圳大学城申请 3000 万元的信息化项目都被市领导否了，市教育局教育云项目能获批经费 1 个多亿，业内专家、各局委领导都觉得教育局了不起！

这次"3 分钟汇报"的经历也为我后来在局长会上每一次汇报教育云等项目打好基础。不管是 50 万元还是 500 万元的项目，局长会要求每个议题汇报 3 或 5 分钟。怎么办？会前先认真做好功课——精简汇报稿，反复做好试讲，备齐佐证附件，每个项目都先向分管的局长汇报，后请示局长，同意后再向不分管的局长汇报，最后向市纪委派驻组长汇报。因为功课做在会前了，上会时领导们听我汇报完基本都说会前了解情况了没异议，表态支持。局办几位负责会务的科长经常这样评价我的汇报：没多讲一句话，没拖一秒钟，没少一份资料，没一位局领导反对！

电教馆梁为工程师负责向市长演示汇报，立了大功！会后，我把市长听梁工汇报的照片放大做成纪念照，在电教馆工作会上郑重地送给他，说："2013 年 9 月 4 日值得全馆人员，特别梁工永远纪念！基层工作者也许一辈子就只有一次机会跟市长汇报工作和合影，照片带回家可以让父母为你感到骄傲、自豪，可以让孩子以爸爸为榜样，好好学习，天天向上！"

好的开端本是成功的一半，但教育云项目却不按此套路推进！苦战一个多月、在市发改委评审中心"立项"过关后，市里几乎同时下发文件明确相关项目，包括类似教育云项目免走"立项"程序的新规定，大家白白忙活了一个多月！接着云教育项目"可研"一关本志在必过，但结果却在市发改委评审中心走了两次专家评审程序。在上报发改委评审中心评审前，电教馆自己已组织两轮专家评审，也请了深圳大学信息化专家陈国良院士把了关，还请了当时全市行业内公认在信息化应用方面最权威的 L 专家封闭两天完善"可研"报告书，但等到正式评审时，L 专家也是专家组组长却"自毁长城"，带头推翻了他帮助完善

11

的 "可研" 设计，理由聚焦两个：一是自己运营教育网而非走第三方购买服务，运营服务方式落后了；二是设备技术指标多用杭州的华三而非深圳的华为产品，不符合优先采用本地优秀企业产品的原则。那时，我刚接触教育信息化，专业方面自己基本不懂，市场规则更不懂，基本以电教馆业务科室和专家意见为准，听L专家之言觉得有道理，只是奇怪他自己前后一天态度 180 度转变！之后才醒悟，背后不排除有相关企业负责人知道信息后连夜做了工作，使得专家做出自我否定的奇事。局长对教育云项目督办得很紧，大约每月听一次专题汇报。"可研" 不过关后，局长在局长会上狠批教育云项目推进进度和方法问题。这怪我自己没有在机关工作的经历、经验，专家评审这么大的事没及时向局长汇报过程详情，请示局长定夺方向！我也为此变得焦虑紧张，吃睡不安，原就有的胃寒病更严重地暴发了，南方秋老虎的大热天开车一吹空调就要拉肚子，要么穿长袖风衣御寒，要么不开空调让虚汗湿透腰背，大热天还要泡姜水喝或嚼生姜片暖胃。随着对教育信息化市场的了解不断深入，我发现有时信息化企业家对领导的影响力胜过信息化研究专家，我也进一步醒悟什么是 "智慧管理"：领导重视的工作，推进过程要及时请示汇报，确保信息对称，防止误会误事！电教馆再次完善 "可研" 后第二次报到市发改委评审中心，终于过关了；但报到市发改委主管处室时，新任处长以信息化项目市里新规定要通过市经信委审核为由，要求 "可研" 再走一次报市经信委评审程序。戏剧化的一幕又出现了：新任电教馆副馆长张惠敏女士原由市经信委下属单位资源中心提拔后调过来，给了我一个既有信息化专业性，又有体制内讲规矩的好建议——先请经信委主管处室的负责人当专家组组长，组织专家评审后再正式上报评审，结论是 "过了"！但是，到正式评审，还是原负责人主持评审会，结论却是 "不过"！结果，教育云项目 "可研" 在市经信委主管处室也走了两次评审程序！等到市 "两委" 评审过关，市发改委终于下达教育云项目经费 1 个多亿时，我的体重由近 80 公斤降至约 73 公斤，穿原来的裤子总溜裤头，甚至罗湖区教育局的老领导都惊讶我整个人变了形，几乎不认得了！做 "智慧教育" 路上，我虽病瘦了身体，但一路在增长 "管理智慧"！

其次，承办首个亚太地区教育信息化高层专家会议。这又是一次以 "智慧管理" 推动 "智慧教育" 的宝贵经历！2013 年 11 月底，教育部决定和深圳市人民政府联合举办首个 "亚太地区教育信息化高层专家会议"，并由市教育局承办，市教育局当然就把主办处室定为电教馆。会议计划有亚太地区国家的 10 位教育部长、各省和单列市教育厅厅长和电教或教育信息化工作方面的负责人、国内外高校教育信息化专家代表，以及国内外知名信息技术企业家代表约 500 人出席，会期 2 天。接到任务是 10 月中旬，我还是电教馆临时负责人的身份，就作为主办处室负责人，也是我职业生涯第一次负责筹备这样大规模的国际会议，而且只有一个多月的准备时间，确实时间太紧张了！而特别要紧的是办会经费！党的十八大后制定实施了"八项规定"，各项管理进入"新常态"。我按以往国际会议标准向市财委紧急请款300多万元办会经费，开始市财委只初步答应给130多万元，市教育局只好紧急请求市政府办公厅协调解决，结果市政府副秘书长出席的办会经费协调会上，市财委主管处室负责人再按新规定掏出新账本：最多拨款13万元！但可以写上一句：经费不够可以争取社会赞助。由300多万元下调到130多万元，最后跌至13万元，预算与决算可谓天壤之别！五星级酒店会场租用2天、参会代表500多人，其中还有10位部长级官员、国际化办会标准等，13万元经费怎么够？怎么办？范坤副局长此时充分展示了郭雨蓉局长提出的"做有使命感的领跑者"的责任担当，紧急召集全市教育装备企业负责人会议并发起募捐。平时各企业因为赞助会议纪念品可以借机宣传，表现得很主动，但要赞助100多万元，大多企业就为难了！我记得赞助最多的也就三五万元，且只有五六个企业，离办会所需经费还有很大缺口。我专门约见平时业务联系比较多的华为公司深圳负责人，请求他向华为总部汇报并给予支持，但得到的反馈是，到了年底总部公益经费指标已全部落实完了。在焦急之际，正好华为原广东负责人、已调任湖北的鲁总和华为总部某部门负责人李总约好一个周末小聚，我一路聊着教育信息化，也就自然聊到赞助之艰难。我当然知道他俩不管深圳业务，不敢奢求什么，反而两位年轻的老总觉得"亚太地区教育信息化高层专家会议"是华为展示的好机会，自告奋勇向华为总部报告请示特别支持。套用体制内的话评价，两位年轻老总政治站位高、大局意识强，结果还真见效：华为指定下属企业天闻数媒公司赞助50万元，其中少部分现款由电教馆自主支付，大部分经费由天闻数媒包办，包括租用五洲宾馆会务、专家接待等开支；天闻数媒的需求是在会场显眼处展示华为LOGO，市教育局负责邀请参会的部长和厅局长参观华为总部。这才保证大会能够顺利召开了。

大会召开的第一天上午茶歇时，郭雨蓉局长又抢抓难得的机遇，临时加码特邀参会的部、司、厅领导，以及全国知名教育信息化专家代表利用中午一个小时的空隙给深圳教育云项目把脉支招。我们在紧张忙会务的同时，马上分兵准备中午的专题汇报。中午检查会议室时，我发现主桌中间教育部副部长杜占元的座位正好是两张条桌拼接处，上面又盖着落地台布看不到条桌的四条腿，坐下去不小心会碰到膝盖。我钻在布下面研究怎样调整位置，这时候郭局长也提前来检查会议室和迎接部长等领导，问我为何钻桌底下了，了解原因后说："焕亮办事还是很认真细致的！"一起来的广东省教育厅朱超华副厅长开玩笑说："部长的位置是不好坐（做）啊！"这次抢抓的机会，是深圳教育云项目最高规格的一次咨询、论证会，对完善教育云项目的设计大有裨益！

"亚太地区教育信息化高层专家会议"成功闭幕了。大会既给深圳市带来了亚太地区先进的教育信息化理念与经验，也让深圳市借机向全国和亚太地区展示、宣传教育信息化的经验和成果，以及深圳市优秀信息化企业的实力和文化。市长到会致辞，主管教育的副市长到会介绍深圳市教育信息化工作经验，杜占元副部长给予高度评价！郭雨蓉局长很满意，也高度肯定了电教馆的工作。

再次，创建深圳市 100 所智慧校园示范学校。早在 2010 年，深圳市就启动创建智慧城市，作为创建国家创新型城市的突破口。郭雨蓉局长表示要展示出"领跑者"的姿态就要重视教育信息化、引领教育现代化！分管教育信息化的范坤副局长也高度领会局长的意图，要求电教馆研究推动"智慧校园"的建设与应用。怎么推动这项重要工作？"深圳质量""深圳标准"是那时的热门话题。电教馆最开始就从招标聘请第三方专业机构——东北师大理想信息技术研究院研制"深圳市智慧校园建设与应用评价指南"入手，而且一开始就明确"应用导向"，淡化硬件指标，注重应用效果，总分 150 分，应用分值占 70%。后来广东省及全国部分开展智慧校园建设与评比的省、市，都来要深圳市的"评价指南"去参考借鉴。接着是制定"深圳市智慧校园评审方案"，通过自愿申报、校长陈述、专家评分、资助经费（20 万元/校）、实地验收等程序，分三批评出 100 所智慧校园示范学校。深圳市借此抓手有效促进信息技术与教育教学的深度融合。

最后，开展"十百千"教育信息化人才培训。

教育信息化工作要加快进程，必须具备"五只手"：一把手工程——领导亲抓；高手——专家指导引领；能手——骨干教师带头示范；抓手——借项目以点带面推进；号手——宣传造势。"五只手"是在强调：教育信息化关键靠教育信息化人才，"智慧教育"关键靠"智慧队伍"。"十百千"教育信息化人才培训，十，指培育 10 位教育信息化领军人才培养对象；"百"，指培养 100 位教育信息化应用专家；"千"，指组织 1 000 人次校长信息化领导力培训活动。现在，参加培训的人员，有的获评深圳教师最高荣誉"年度教师"，有的荣升副校长、校长，有的由校长或被提升到教育集团任总校长或被重用到区域内名校任校长。

整个建构、践行"智慧教育"理念的过程，经验、体会总结起来有几条：

第一也是最重要的一条，是"智慧领导"带出"智慧队伍"，"智慧管理"引领着"智慧教育"向前进。没有郭雨蓉局长对信息化是"一把手工程"的前瞻认识和超强教育信息化领导力，亲自谋划、亲自推动，深圳市教育信息化就不可能开创跨越式发展的崭新局面。一个好汉三个帮，在郭局长的任期内先后两位分管教育信息化的副局长范坤和吴筠高度领会局长意图、全程抓紧凑抓落实，也是功不可没。分管副局长鲜明的领导风格也引领着"智慧教育"不断向前进，其中最常见的领导在大会上讲话个性和对讲话稿的要求，就很能体现他们不一样的"智慧管理"方案。范坤副局长做事责任心强，认真细致，专业性强，有极高的政策水平、落地的方法途径。有时大型又紧急的活动要给范副局长提供讲话代拟稿，我说估计工程师们一下子很难拟出符合局长要求的讲稿，他说把材料整理齐全发邮件给他就行，结果局长自己半夜整理好讲稿，第二天会上讲得上通政策、中合市情、下接校情，虽然普通话带着浓厚的潮汕风味，但幽默风趣的讲话风格，总是赢得市内外同行阵阵笑声和掌声。有个下午召开的全市优质教育资源建设经验交流会，由于各区的代表，特别是电教馆项目负责老师发言超时，原定30分钟给局领导提工作要求，结果到局领导讲话时，离会议预定结束时间只有5分钟了，做事认真严谨又体恤基层教育工作者的范副局长就说："天色晚了，大家路途远又遇上高峰期塞车，回到家要很晚了！我就讲两点意见。第一是优质教育资源建设有利于教育优质均衡发展，是一件大好事；第二是好事要办好。请大家回去下力气抓实抓好。"大家报以热烈笑声和掌声！接任的吴筠副局长原是南京大学少年部中文系高材生，据说还是深圳某主流报纸专栏作者，自然对讲话稿拟稿要求很高。她第三次有所失望地指出电教馆所拟稿件总不能很好领悟局领导的意图时，我反映工程师们拟一份技术方案就得心应手，但拟一份领导讲稿就很是棘手，犹如小品《说事儿》赵本山经典台词：在家七天憋出六个字。接着我开玩笑说，因为总领悟不了局领导意图，才干了那么多年还是一名普通教师或工程师，不像局长您……吴副局长听了轻轻点点头，笑着说："那也是！"从此再也没有高要求电教馆的报审稿了。吴副局长在出席第一次全市教育信息化工作大会时，自己所提炼概括的信息技术助力教育现代化的"四个途径"——一是教育信息化是教育资源均衡配置的有效途径，二是教育信息化是提高教育质量的有效途径，三是教育信息化是实现教育全民化的有效途径，四是教育信息化是实现教育管理方式转变的有效途径，按如今的话讲很"精准"，一直在发挥着指导教育信息化工作的作用。到了后来的张涞临副局长分管教育信息化，我们按惯例提前三四天报大会讲话报审稿，他没有找我们指示如何修改讲稿，开会时举着报审稿说："信息中心主任和办公室科长都很认真，早早就把讲话稿报我审，写得很好，我也不照念了，就讲几点意见，具体工作要求请大家按照信息中心主任刚才讲的会后共同抓实做好。"张副局长就点了做好教育信息化工作是上级要求，希望大家要落实做好，信息技术正在变革社会方方面面，教育也要跟上趋势，不能落后，还生动举了自己没微信支付差点出不了地下停车场的切身经历。原本安排局领导 30 分钟讲话，张副局长才讲了 10 分钟左右，却给大家留下深刻的印象。每个领导都有自己的"管理智慧"，善于向他们学习，自己也会跟着"智慧成长"的。

第二条经验体会是负责任、爱学习的人总能找到管好工作的办法。我不懂信息技术，人家问我外行怎么管内行，以及怎么保证技术方案设计的科学优化和信息化项目"大资金额"支付的安全有效，我回答，一是要有先进理念引领，如学校订立校训、提炼理念一样，我给深圳市教育信息技术中心定出核心价值追求"坚持服务教育理念，树立信息化思维，发扬创新精神"；二是完善制度规范程序，也就是适应新常态"把权力关进笼子里"，概括为"八道程序"——调研市场企业产品 + 调研学校应用落地案例→专家评审（咨询）设计方案→馆长（主任）办公会民主决策（代局里建设项目则再上局长办公会、局党组会）→公开招标→律师审核合同 + 监理监督建设→专家验收工程→第三方工程三算（造价就低不就高）→第三方工程绩效评估。信息化项目不能简单以传统的"我不认识企业和老板"来证明项目负责人的清廉、公正，你跟信息化企业的老板一定要"熟"，即了解其资质和信誉、落地应用案例和效果等后再开展合作，才可能保障信息化项目顺利落地，但前提是守住与老板交往的廉洁底线。

第三条体会是清醒认识信息化永远在路上的道理。曾经有一期校长信息化领导力培训班，有位区里来参训的校长在年底 11 月时请教我：区教育局年初拨给信息化专款 20 万元，但一直担心产品可靠性问题没采购！现在深圳市严格执行预算制，钱花不出去要被收回和通报批评！这位校长出现以上问题，主要还是对信息化特点的认识不到位。摩尔定律、贝索斯定律已告诉人们：信息化产品更新换代快速，没有最快，只有更快。而且，人的理解认识在不断加深，使所建的信息化应用模板也必须不断升级。因此，只有在做中，才能提升。正所谓：没有跳出井口，怎知地大天大？信息化没有经过 1.0，哪来 2.0？还有，在做中师生的信息素养也才能逐步提升，也从客观上为经济稳增长做了贡献。

第四条体会是专业性表述要通俗化。信息技术是新鲜事物，而且多表现为虚拟化，不像盖楼建桥立竿见影。一次在中央电教馆开会，一位东北地区的电教负责人谈过一个典型事例：请款汇报时向领导讲了信息技术将给课堂教学带来革命性影响，领导即要求安排几节"革命性"课堂给他听听，调研一下"革命"效果再考虑拨款的事，让汇报者听了不知所措。信息技术的革命性影响是一个长期的过程，不是一蹴而就的！我们在向领导汇报教育云项目将带来的效果时，工程师讲到一个好处是带宽网速提升 10 倍、20 倍。这对技术人员而言是一个常识，但非专业的人员，特别是领导听了很可能不清楚 10 倍、20 倍的概念。领导听不明白，怎么大力支持你的工作？怎么办？我提出打比方、举例子的办法，举大家都清楚的例子：一节 40 分钟高清课例视频在教育云项目建成前后下载时间对比，工程师们估算说下载时间由建前的几分钟到建后的几秒钟，这就形象地说明带宽网速提升 10 倍、20 倍将带来的应用效果。让领导听明白了，教育信息化"一把手工程"才可能落地见效！各地电教馆（信息中心）虽是一个技术性较强的单位，但还是有不少是由行政、教师出身的人担任馆长（主任），我也属于此类，因此不少新任领导与我交流如何管理好单位工作，我也打了比方来说明，要领是"一个屁股两个拳头"："屁股"即技术，是基础、要硬。行政、教师出身的第一把手要有一位技术型副手搭配，像信息技术工程师出身的张惠敏副主任与我搭成班子就很匹配，在与企业洽谈业务时就很好体现了互补性：如果她先提问就是"请介绍一下企业产品的技术框架"；如果我先提问就是"请介绍一下企业产品的成功应用落地案例"。"两个拳头"，一个是管理要强，充分体现"一把手工程"，以便有效汇聚人、财、物、力推进工作；一个是应用要明，要找准并解决好教育教学的痛、难、热、亮点，否则再硬的技术、再强的管理也会"脱靶"或"放空炮"，使信息化设备、系统变为"烂铜废铁"。张涞临副局长刚来分管时自称不懂教育信息化，听我汇报后觉得这个比喻很形象、好理解，但感觉教育工作者总结经验用"屁股"不太文雅，建议换个词语。我汇报说，我是学习毛主席的。毛主席给某个五年计划作批示就用了"一个屁股两个拳头"：基础工业是"屁股"，要坐稳；农业和国防是两个"拳头"，要搞好。局长听了，笑着说："既然是毛主席说的，你就继续用吧。"也就是因为我能"跨界融合"，把专业性进行通俗化表述，教育部管理信息中心聘请我为全国教育信息化培训专家组成员。据说有次给全国各地电教馆（信息中心）负责人培训后，午餐时学员们边享用红烧肉、炸鸡腿等美食，边热议上午培训最大的收获就是"一个屁股"。

在深圳市电化教育馆任副馆长 2 年多、馆长 2 年多后，电教馆更名深圳市教育信息技术中心，我改任主任近 4 年。在此过程中，我坚持"举旗帜、拉队伍、占地盘、创品牌"的工作思路：举旗帜——教育信息化引领、支撑教育现代化；拉队伍——组织"十百千"教育信息化人才培训；占地盘——在十几所中小学挂牌优质教育资源共建共享基地，评出 100 所智慧校园示范学校，在罗湖老区和龙华新区各遴选 20 所学校建立深圳教育云项目试点学校，等等；创品牌——"网络课堂"建设超 10 000 节优质课例视频的优质教育资源"万家超市"，其中深圳"微课"长时间占据百度搜索前 10 名，创建深圳教育云和智慧校园，举办"十百千"人才培训活动等，在全国都有一定的教育信息化品牌影响力。2013 年深圳市教育局网站获评为教育部全国地市级"五十佳教育门户网站"称号。"智慧教育"也结出硕果，市教育信息技术中心先后向全市 100 所智慧校园示范学校征集建设与应用典型案例，并结集出版了三辑《智慧教育，成就未来幸福》，很好地发挥了深圳向全省、全国辐射教育信息化经验、模式的作用。

正是因为深圳市教育信息化基础好、成效大、特色明，才得到教育部、省教育厅的肯定与信任，先后把全国、国际（亚太地区）和全省首个教育信息化展演会、高层专家会、现场会放在深圳举办！

总之，在深圳市电教馆、深圳市教育信息技术中心任职 8 年，是我教育生涯"跨界融合"的八年。到我离任时，深圳也未完全建成以信息技术支撑的"智慧教育"全形，这也印证了教育信息化永远在路上的道理。但是，这段独特的经历让我能直面技术的迅猛发展，明白做教育永葆年轻、好奇、接纳的心态的重要性。教育工作者只有热情在路上、学习在路上，更新教育理念在路上，提升管理温度在路上，才能保持与学生坐在一条板凳上、走进他们的内心，从而让学生体验到师者真诚的友好，让师者赢得学生由衷的敬意。也许这才是我践行"智慧教育"理念收获到的最大的"教育智慧"，它启迪着我重新走上校长岗位后的思考和行动。

3. 任市育新学校校长与非对称性教育

张基宏局长接郭雨蓉局长任深圳市教育局局长后，听完我第一次工作汇报，即问：你当过校长，现在增建市直属学校，有机会想回去当校长吗？我答："局长挥手我前进！"其实，我对学校、对师生的感觉、感情，是远胜过对机关、对教育技术装备的！我离开罗湖区靖轩小学时，在校长交接会上哭了，离开深圳小学时，在校长交接会上也哭了，但是离开深圳市教育信息技术中心时，在主任交接会上却没哭。后来，一次偶然机会再问张局长此事，局长说："你是正处级，去初中任校长降你职不好，去高中任校长学术性还不够，任市直属高中校长原则上要有在深圳教育'四面红旗'（即市教育局直属的四大名校——深圳中学、实验学校、外语学校和高级中学）当过教育教学主管副校长的资历，但你只是当过小学校长。"就这样过了几年，原以为我就在信息中心干到退休了，碰巧市育新学校校长被调回局里任招办主任，知我心愿的张局长和当时管人事的范坤副书记就把我调到市育新学校任校长了。人在组织里，尽责干好工作就好，进退腾挪组织，领导自有考量，正如宋代严蕊在《卜算子·不是爱风尘》词所云："花落花开自有时，总赖东君主。"

说来也是缘分与巧合，深圳小学是"独生子女"学校，市育新学校也是"独生子女"学校——全市唯一的专门学校，从事专门教育。学校原是深圳市工读学校，与市公安局合办，招收轻微违法犯罪的未成年人，按现在的说法叫"严重不良行为的未成年人"，后来公安局撤出，由教育局独办，只招收"不良行为的未成年人"。

这就是学校第一个特点：教育对象为"不良行为的未成年人"。目前学校招收就读的不良行为未成年人特征可以概括为"两差"和"两难"。"两差"即品行差、学习差，"两难"即一般家长难管、普通学校难教。

学校的第二个特点："一体两翼"办学模式。学校办学以专门教育为主体，实施主体在初中；为给学生创设立德、扬长平台，又加挂了"深圳市中小学德育基地"的牌子，目前基地有生态、法制、劳技、安全、国防国情、军训六大综合实践课程和十几个配套场馆，其中国防教育先后荣获教育部"国防教育特色学校"和"国防教育示范学校"称号；为解决"不良行为"初中生升学出路，帮助他们学有一技之长，以后走上社会能自食其力，又创办"深圳市新鹏职业高级中学"，学校为"同化"或"社会化"初中升上来的"不良行为的未成年人"，又从全市中考中招收正常的初中毕业生，只是录取分数线普遍比市、区普通职高要低。因此，市育新学校是一所专门教育为主体的综合型学校。

学校第三个特点："兜底教育"的特殊使命。专门学校的学生在家里父母为其感到十分焦虑而又无可奈何，在原就读的普通学校校长和教师为其耗尽心血却感到束手无策，而因为品行"偏常"也让学生自己常常受到"偏见"。专门学校是这些孩子接受教育的最后一道防线，如果没有了，就再也没有其他学校可以"收留"他们读书了，就会导致这些孩子过早流浪社会，混迹网吧酒吧、KTV等不适合未成年人的场所，不良行为会越发严重，甚至走向违法犯罪的不归路！因此，业内常用这些话来强化做专门教育的使命感："转化一个孩子，就挽救一个孩子，就幸福一个家庭，就平安一方社会""多建一所专门学校，就少建一所少年监狱；多转化一个青少年，就减少一个少年犯"。

这种学校怎么办好？还是要以先进的教育理念来引领！怎样体现教育理念的先进性？一是教育理念要有异于普通学校。如果说普通学校穿"对称性"的鞋办学，专门学校就要穿"非对称性"的鞋才合脚。二是教育理念要有"跨界融合"的特征。几年主管全市教育信息化工作，是我跨界融合的管理经历，而这个经历也让我明白，信息技术企业要保持核心技术研发的先进性，保证占有市场大蛋糕，关键是技术人员要跨界融合。这其实和教育要围绕核心素养来提升综合素养的道理相通。这些念头在脑海里闪烁后，2017 年世界畅销书《爆裂》提及的技术迅猛发展使"非对称原则"具有"蚂蚁战胜大象"的魔力也进入了我的视野里。随着进一步学习、思考，我发现习近平总书记连续多年在多个重要场合论及"非对称性"思维，并赞其为"撒手锏"。我是 2018 年 1 月任市育新学校校长的，经过半年多的深入调研和学习思考，于 2018 年下半年提炼推出"非对称性"教育理念引领专门学校的办学，并响亮喊出"践行非对称性教育理念，成就师生不一样的精彩"的口号。

"非对称性"教育理念践行四年来，效果显著。

其一是推出"非对称性"办学策略 1.0，概括为"一二三四"：推出"一体两翼"办学模式，即强调专门教育的主体定位、德育基地的综合实践教育和新鹏职高的中职教育这"两翼"的配套地位，并提炼出符合时代精神和办学定位的新校训——"追求不一样的精彩"；建设"三型校园"，即实践型、智慧型和生态型校园；打造"四轮驱动"育人模式，即提升学生文化素养、职业素养、军事素养和信息素养，以期铸造育新特质的育人芯片。

其二是随着思考的深入和践行的广泛，学校不断推出"非对称性"教育教学举措，并取得明显效果：2018 年推出"校长作业"，探索建构学生自主、民主参与的学校治理新模式，赢得媒体和同行的盛赞；2019 年推出"奖肉金制"，把学生喜欢吃的食堂美食乳鸽、卤蛋和炒粉命名为"奖学鸽""奖学蛋"和"奖学粉"，奖给各有精彩的学生，让学生感受到校园美好的生活，媒体把这项活动提升到贯彻落实习近平总书记"人民群众对美好生活的向往就是党的奋斗目标"的政治高度予以广泛报道；2022 年应国家建设"粤港澳大湾区"和"先行示范区"的历史机遇，推出打造新时代专门学校"育新范例"三年行动计划，把"非对称性"办学策略 1.0，细化为具体、可操作的办学行动。

其三是斩获"非对称性"办学成果：2019 年，学校荣获教育部"国防教育示范学校"称号；2020 年，学校获评"深圳市 2020 年度教育改革创新领跑学校"称号，陈柏因同学获汽修钣金金牌，黄伟娴老师获中华茶艺金牌使学校实现参加全国职业院校技能大赛夺金"双零"的突破，更成为深圳市唯一一所师生同时在 2020 年"国赛"夺金的学校；2021 年，杨宏英老师获得深圳市"年度教师"殊荣，成为全国专门学校首位获此殊荣的教师，学校在 80 所试点校中以排名第三的成绩获评广东省中小学教师信息技术应用能力提升工程 2.0 省级试点校"整校推进"绩效考核"优秀"等级；2022 年，学校从全市 100 所教育部"基于教学改革、融合信息技术的新型教与学模式"实验校中脱颖而出，被评选为教育部教育信息化"双区"（"双区"指的是"国家级信息化教学实验区""全国智慧教育示范区创建项目")深圳市智慧教育示范校培育对象的 40 所实验校之一；学校也及时总结出版"非对称性"教育理念践行成果两辑——教育转化不良行为未成年人故事的《育新教育故事》和收录班主任教育案例的《总有一种温暖属于你》。

其实，在我内心深处，认为最大的成果是学生们以下感人的表现：2020 年毕业典礼上男生 Z 同学因感恩我一直创造条件支持其做自己喜欢的机器人，给我一个大大的惊喜——用自己第一个月的全部实习工资精心定制了一块刻有醒目的"有教无类"的玉石纪念品赠送给我。女生 F 同学的奶奶、父亲久病，靠母亲一人在超市打工，新冠疫情导致在深圳经济特区的全家 6 口人连三餐都陷入困境，我安排行政、班主任到她家慰问并送上 3 个月的米、面、油等生活日用品，免其在校吃住等费用，帮助其一家渡过温饱关，助力她顺利完成职高学业，F 同学代表班级精心制作刻着"国民好校长"的水晶纪念牌送给我。防疫紧张时期，在校园里偶尔发现个别同学没戴好口罩，我提醒时说了一句："如果上级来学校检查防疫工作，发现没戴好口罩，校长会被批评，严重会被撤职！"同学们边戴好口罩边大声响应："马上戴好，绝不让亮哥校长被撤职！"在食堂门口、在课室走廊、在操场，很多学生看见我就热情高喊："亮哥好！""亮哥，我爱你！"这些都让我这个将要退休、两鬓苍苍的校长感动！

我的感动，是因为从同学们的表现中，证明我如今注重的教育认识的第三境界——理解，第三阶段教育管理的理念——"非对称性"教育，想法和做法得到了学生们的认可。作为校长，还有什么办学成果比学生们认可更好、更高、更强的呢？

总之，虽然"非对称性"教育理念还是一个全新的教育理念，但不妨碍我们对其引领教育实践的价值，特别是引领专门教育的价值的肯定。现在，"践行'非对称性'教育理念，成就不一样的精彩"，已成为师生的口头禅，研究氛围渐浓；在校园里随便问一下学生什么叫"非对称性"教育理念，连初中、高一新生也基本能道出一二，就是做自己最好的，或做出与别人不同的。因此，我完全相信，只要学校领导坚持研究下去，带领全校师生在践行中常做常思、常做常新，一定会有"非对称性"的办学成果，一定会做出专门教育的"先行示范"。

图1-1　2018年获评
"全国国防教育示范学校"

图1-2　2020年获评深圳市
"年度教育改革创新领跑学校"

图1-3　2020年黄伟娴老师（左图）的"中华茶艺"、陈柏因同学（右图左）的
"汽修钣金"荣获全国职业院校技能大赛金牌

图1-4　2021年杨宏英老师（右）
获评深圳市"年度教师"

图1-5　2020年邹荣鹏同学（左）在毕业
典礼上赠送校长"有教无类"纪念品

第二章
教育理念形成的生活背景

1. 潮州功夫茶

　　潮汕人的家当里必备套功夫茶具，这几乎是户户的标配。哪怕是我们这些出身农村、80 年代刚大学毕业出来工作时工资还很低的年轻人，第一个月发工资后不着急添置新衣，宁可穿着简朴的学生装添置一张茶几和一套茶具，这使空荡荡的单身宿舍顿时有了温度和色彩。其他地方的同学的宿舍，大家各自捧着一个大杯喝茶，来自潮汕的同学的宿舍，大家围着精致的茶具喝功夫茶，对比之下，是有不一样的"茶味"的。潮汕人喝茶就如一日三餐，故叫茶为"茶米"。以前的学生没钱买也不时兴喝饮料，日常喝白开水，部分也习惯每天喝茶。我在揭阳第一中学读高中时，班里有个男同学性格沉稳老成，言行慢条斯理，像是上了点岁数，且时有好当师爷的小毛病，故被戏称为"老先生"。有一次，"老先生"为了备战期中考试周末不回家，为保障下周的生活所需，就给乡下的爸爸写了一封求助信，只有三个词：钱、米、茶米。1987 年高考放榜之后，同学们终于有闲暇踩单车到县内各区（现在叫镇）互相走访，到了一个小乡村的一位同学家里。他的父母很高兴、很热情，本来泡壶功夫茶招待客人是家常事、日常礼，无奈家里较贫穷，还要跑到邻居家借套功夫茶具和一小把茶米。那时我才知道家常事也有例外的家庭。是啊，物质紧张那些年，米都不够吃，潮汕人只好一日三餐煮稀饭，特别是贫穷家庭到了青黄不接的日子更是一大锅粥一勺子舀下去难以捞到几颗米粒，还怎喝得起茶？喝茶容易饿肚子，还怎敢喝茶？茶米也比大米贵，没钱买大米，怎有钱买茶米？此外，功夫茶讲究浓酽，每一道茶壶里茶米要装得多且常更换，茶米消耗自然就更大了。潮汕人爱喝粥是否因贫穷缺米所致，这不好说，但潮汕人能把白粥（仅配大米和清水）煮成全国一流的"潮州粥"，应该与功夫茶的讲究有关。

潮汕人喝茶习惯是从早喝到晚，或从晚喝到早的。据传汕头刚解放时，一位北方籍解放军干部就地转业参与地方建设，学了"食""好"等几句日常潮汕方言。有一天早上上班，他见到汕头当地干部就满脸疑惑地问："你们汕头人胃口真好，真能吃！昨晚我隔壁宿舍几个人'食'了一整夜，到底在'食'什么？"这惹得汕头当地干部哈哈大笑。殊不知潮汕方言保留了很多"古音"，在潮汕吃饭叫"食"，喝茶也叫"食"。功夫茶一般用单枞茶很能刮油，是越"食"越饿的。这也就容易理解潮汕为何出产很多诸如小长条的豆条和圆形的束砂等不同品种的花生糖、南糖、腐乳饼、糯米粉和白糖压制而成的以形命名的菊花糕和书册糕等甜味小吃，喝茶饿了就"食"一点，叫作"配茶"。我家在农村，记得小时候农闲时的冬夜，爸爸的几个要好的农友常常聚在我家点起红泥小炭炉，边泡功夫茶，边天南地北讲古。如果遇逢每周一次的汕头人民广播电台播放整部潮剧的夜晚，大家就会挤在我家外间的小屋里，坐在四脚小木椅子上，围着茶炉食茶听剧，有时到深夜电台停播了还要继续食茶讲古。那冬夜围炉、食茶、听剧、讲古的场景，现在回忆起来历历在目，很是热闹和温暖。喝功夫茶还能提神，有的人喝多了睡不着觉也很辛苦，更特别的是听说有人喝多了会产生茶醉，茶醉比酒醉难受十倍。也有人整晚一杯接一杯喝，喝着喝着，入神地随着潮剧节拍轻轻摇晃脑袋，突然"嘭"的一声歪倒在地上，惊吓得身后鸡笼里睡熟的老母鸡"咕咕"乱窜，喝茶喝到竟然打瞌睡了！

潮州功夫茶到底沉淀了哪些功夫？百度一搜就见很多说法。以下这几句口诀概括了洗茶、泡茶、冲茶和敬茶过程的主要功夫：洗茶刮沫（洗去杂质杂味）——开水淋盖（暖壶热壶）——高冲低筛（开水冲茶壶要高、茶水筛茶杯要低保茶香）——关公巡城（均匀筛茶保每杯茶色均衡）——韩信点兵（壶里的茶水要尽量筛滴干净保茶质）——仙女散花（献茶敬茶）。潮州功夫茶的功夫深历来备受赞誉。清代诗人陈恭尹作《茶灶》诗赞："白灶青铛子，潮州来者精。"民国时期著名文学家梁实秋先生在散文《喝茶》里评点："茶具均极考究，小壶小盅有如玩具。……不知是否故弄玄虚，谓炉火与茶具相距以七步为度，沸水之温度方合标准。举小盅而饮之，若饮罢径自返盅于盘，则主人不悦，须举盅至鼻头猛嗅两下。……喝功夫茶，要有工夫，细呷细品。"好茶要配好水才能泡出好味，中学时代游潮州韩文公祠时买了一本介绍潮州文化的书籍，深刻地记得里面有这句话："泡功夫茶的水质很有讲究，山泉水为上，江河水其次，井水第三，自来水最下。"其他都好理解，就是大家如今所熟视的河水大多都是脏兮兮的，怎么排第二？以前潮汕大多农村人在村旁池塘、溪河边洗衣物，从溪河里挑水食用，那是条件落后没办法只能沿用代代相传的饮水习俗。但此书所提及的"江河水其次"，也许旧时未大规模开发建设和排污，使得江河两岸保留了那种令今人留恋的原生态，河水可直接取来食用；也许是河水源远流长，含矿物质、微元素多，泡茶口感更佳，就如同赤水河的水酿的酱香独一无二一样。城市人心中最干净放心的自来水却排"最下"，道理可能就在于水消毒了，泡茶失去地道的原汁原味了。以上的介绍和名家点赞主要是指制茶炉、茶具和泡茶、喝茶的功夫，那出品的茶水到底有没有特别的功效呢？中国现代文学家老舍在1962年来到广东汕头，品尝了功夫茶之后，便随口吟出"品罢工（功）夫茶几盏，只羡人间不羡仙"的诗句。现代著名女学者冼玉清教授也对功夫茶发出"烹调味尽东南美，最是工夫茶与汤"的赞美。可见，潮州功夫茶的功效绝对是名不虚传的！

　　潮州功夫茶被誉为代表着"中国茶道"，最主要的功夫还在于其内在的道。一是苦。梁实秋先生在散文《喝茶》里还提到，茶之以浓酽胜者莫过于功夫茶。因为刚入口苦，小孩是不喜欢喝的；因为苦后喉底回味甘醇，人长大了就都喜欢喝了。一方水土养一方人说的没错，潮汕长辈对晚辈的勉励常用这句话：后生着（zhuó）刻苦——年轻人必须凭借刻苦努力赢得美好未来。其他地方的人也多赞潮汕人最能吃苦，应该是与喝功夫茶的传统文化有关的。二是情。潮汕地区知名的潮剧编剧、诗人、教育家张华云先生曾作《潮州工夫茶歌》，其中写道："潮人多远游，四海留踪迹。偶逢故乡人，同作他乡客。共品三两杯，互通乡消息。乡思起莼鲈，乡情如胶漆。因知工夫茶，最具凝聚力。"潮汕人在家里、铺头，甚至工地、田头都摆放功夫茶具，忙里偷闲就泡喝几冲（茶壶泡一次茶叫一冲），特别是遍布国内各省市和世界各地的潮商，铺前都摆放功夫茶具，一见顾客光临或老乡来访，首先招呼的不是生意而是"来食茶"，如果忙得忘了及时换茶，冲出来的茶淡了就用潮汕人的食茶金句自嘲：茶薄人情厚！遍布全国乃至世界的潮汕人，给人的深刻印象是很重乡情、很团结，也是与喝功夫茶有关的。三是功。潮州人与潮汕人两词有一字之差，但不会让人误会为两个地方的潮人。工夫茶与功夫茶也有一字之差，但到底哪一个叫法更传神呢？名人名家的诗文和茶艺书籍多用前者，但我觉得后者是在"工"的基础上再下点"力"，正如物理学解释"功"的概念，由于力的作用而产生的能的转化，因此"功"更能突出功夫茶泡制乃心力之作，有功能之效，也就是所谓的只有下得了苦功才能喝得了香茶的道理。功夫茶里蕴含着乾坤日月，这才是功夫茶的道中之道！四是传。潮汕男人喜欢抽烟，聚在一起基本是你递一支、我派一根，抽得满屋子云雾缭绕、欢声笑语。记得《褚时健传》里记载褚老感谢潮州人的话："潮州人喜欢抽红塔山，生意做到全国各地也帮把红塔山推销到各地，才使得红塔山连创销售新纪录。"其实潮汕人生意做到全国和世界各地，自然也把家乡的功夫茶文化传到国内外。日本"口福会"会长陈东达教授在其所著的《饮茶纵横谈》一书中指出："日本的煎茶法来源于功夫茶的饮法，称为'蒸茶点前'，但世人鲜有知之者。"这表明日本茶道来源于功夫茶道，它们同为世界上较讲究的饮茶法。记得中学历史教科书介绍过，西方的茶叶是从我国传过去的，正如"咖啡"是英文"coffee"在中国的音译词一样，我猜想英文"tea"在西方也应该是音译中文"茶"的"舶来词"，结果发现不像普通话"茶"的发音，也不像广州白话、梅州客家话中"茶"的发音，而最接近的是潮州话对"茶"的发音。这是否可以再猜想：英语"tea"也是潮汕功夫茶文化传到西方的见证？

作为潮汕人，自小被功夫茶文化熏陶，自傲功夫茶乃"茶中茅台"，当然乐见功夫茶文化传遍全国、全世界，更希望其道中之道能辐射影响各行各业、各地各人。

2. 奴仔孬婩婹

潮汕父母教育小孩有句俗话：奴仔孬婩婹。婩婹（ānē），商务印书馆辞书研究中心修订的《古代汉语词典》（第2版）注释是"随和他人，无主见"。潮汕这句俗话的意思是，做父母的对小孩子从小就不能迁就娇惯过度，否则等孩子坏习惯养成了就难以改正了。这没有传统讲的"棍棒底下出孝子"狠，但也能看出潮汕父母教育孩子的宽严度。

潮汕父母对孩子婩婹大概有三种情况。第一种是家里女孩多，男孩只有一个，最甚者几代独苗，使男孩得到婩婹。有的爷爷奶奶害怕孩子出意外，出于迷信自小给孙子扎根辫子，弄得一个男孩嗲声嗲气、不男不女。有的奶奶溺爱孙子，自己先把饭菜嚼烂后才放进孙子嘴里，更甚者冬天怕捏痛孙子鼻子，用嘴帮其吸掉鼻涕。第二种是家里"尾仔"——最小的孩子，被大家婩婹出毛病，动不动就哭诉委屈甚至坐地哭闹，还双脚使劲揉搓乞求怜爱，自小养成"会哭就有奶吃"的不良脾性。第三种是家庭条件比普通家庭优越，孩子不多，父母也许因为不太懂，也许出于某种虚荣心，未能合理育儿，把孩子娇婴成纨绔子弟般，甚至对邻居孩子作威作福。

我儿时乡里有户人家，男的部队转业后在山里一个水库电站工作，一般一个月回家过一次周末。在二十世纪七八十年代的农村，参军后能提干转业"食国家粮"是寥寥无几的，那地位在村民心中是相当高的！妻子虽然身份还是农民，但俗话讲夫贵妻荣，自然觉得自己比一般种田农民的妻子要尊贵得多！夫妻俩生了一女一男后再怀第三胎时，差一个月左右就要分娩了，不幸碰到计划生育大行动被"计划"掉了，使得夫妻对两个孩子，特别对小男孩倍加宠爱。父亲平时不在家，母亲自然负责孩子的养育。也许出于宠爱的心理，母亲给孩子提供的生活条件要比邻居农民的孩子好得多：起阵微风小雨，邻居同龄孩子还穿着短裤衩、光着上身奔跑玩耍满身汗时，她的男孩则穿着长裤长衣坐在小巷口门楼门槛上看热闹；邻居同龄孩子饿了，从装剩饭剩菜喂猪的钵里随手抓起一块冷番薯吃，她常常端着一个不锈钢碗在门前晒谷场东跑西跑，跟在孩子屁股后喂喝花旗参瘦肉汤、喂早中晚三餐……农村里称呼父母"食国家粮"的孩子叫"工作仔"，他们不用挑粪种田风吹日晒，出门衣着整洁皮肤白净，让父母是"阿笠"（城里人对农民的贬称）的孩子羡慕！潮汕有一句俗话：功夫饲鸡龟。龟者，千年不变也，意思是把鸡圈起来太悉心饲养，反而是让鸡长不快、长不好的。不幸言中的是，邻居这个小男孩怎么都长不过邻居同龄的孩子，还三天两头发烧咳嗽，看病吃药！

20世纪80年代末，我从师专毕业后在深圳教书，一位同学加老乡毕业两年左右就先行示范结了婚生了子。那时体制内都是执行独生子女政策，潮汕人又较偏爱男孩，加上丈母娘来深圳帮带外孙，心里怕照顾不周对不住女婿女儿，自然就更加宠爱外孙子。结果小孩也是多衣多寒，三天两头发烧咳嗽打针吃药。后来丈母娘有急事回老家了，夫妻俩没办法，把两岁多的孩子送回潮汕老家请爷爷奶奶照看，还带了一堆感冒药，注明使用办法，特别是妻子还千叮咛万嘱咐，才噙着泪水三步一回头坐大巴回深圳上班。两个多月后的暑假，夫妻俩放假第二天一大早就坐大巴赶回潮汕看望孩子，到揭阳汽车站再转电动小三轮。午后时分，夏阳高照，夫妻俩满身大汗走近家门口时，发现爷爷躺在门口藤椅上纳凉闭目养神，旁边放了一盆泥沙和一盆水，让孙子光不溜个儿玩着泥沙和水，孙子的脸上、身上满是泥和沙。妻子一见泪奔，丢下行李跑过去抱着宝贝儿子，边擦抹身上的泥沙水，边尽量控制情绪责怪家公说："爸爸，怎能让孩子这样，您不知道小孩自小体质差多病吗？我们就是担心，才一放假马上赶回来看孩子的啊！"家公睁开眼睛坐起身，说："你们回来啦？臭弟（潮汕大人对小孩的昵称）回来后经常这样玩，他很喜欢，有时还带他到水田里玩得一身稀泥，他更喜欢，到现在也没发烧咳嗽看过病吃过药啊。你们带来的大包药都没动过！"古代神话故事描述了女娲以泥土仿照自己抟土造人，意味着人类的生是 "出土"、死是 "入土" 的 "土" 出身。大城市的孩子一出生就整天住在高楼大厦的过于干净还受大人层层保护的环境里，几乎远离了属于自己生命的水土，体质绝大多数不如在广阔田野奔跑的农村小孩，由此看来也就不奇怪了。

"奴仔孬婙婴" 这句潮汕父母教育孩子的俗话，对当下学校和家庭教育都是有启发借鉴意义的，譬如圈养还是散养哪种教育方式好，成功教育还是挫折教育哪种教育理念好，快乐教育还是磨砺教育哪种教育价值好，等等，其实是一个因人而异、因校制宜、合理取舍、科学融合的问题。

3. 后生着刻苦

后生着（zhuó）刻苦。小时候听大人聊天时常说到这句潮州俗话，意思是人要趁着年轻敢于吃苦、敢于拼搏，也就是所谓的爱拼才会赢。

冒险去 "过番"。潮汕人有着多子多福的传统，也许这也是造成人多地少、日子艰难的窘况的一个原因。但潮汕人善于穷则思变，一是勤劳耕作兼搞农副业饲养鸡鹅鸭猪等，二是农闲时就地做点小生意，三是外出谋生。而外出谋生，其中一条路就是潮汕人结伴下南洋——潮汕方言称为 "过番"。"过番" 路途千里迢迢，要跋山涉水、漂洋过海，注定千辛万苦甚至生死难卜，大家看看墨西哥人偷渡美国、非洲人偷渡欧美频发惨剧就可想而知了，即便顺利到了南洋异国他乡，因为一无所有、人生地不熟，不得不 "所企五脚砌，所吸烟仔蒂"——就是借宿在别人屋檐底下，捡别人抽剩扔掉的烟头吸。"五脚砌" 一词是南洋舶来品，是马来语 "五英尺" 的潮语译音。当时的马来西亚的宗主国英国政府规定：城市的临街商住楼的底层必须空出五英尺宽的地方作为人行步道，这样就形成建筑物前面的骑楼结构，马来西亚人以 "五英尺" 代称人行步道。潮汕人为了改变贫穷生活，明知山有虎，偏向虎山行，是迎着艰难险阻 "过番" 的。改革开放后的八九十年代，人们眼里主要看到的是老华侨归国返乡的风光，心里滋生的是对哪家有 "南风窗" 的羡慕，可谁能体会当年他们作为潮汕年轻人 "过番" 的无比的艰险！

铜钱出苦坑。这也是一句潮汕俗话，道出挣每一分钱的不容易！潮汕的成功代表性人物李嘉诚在接受媒体采访时，谈到了自己成功的因素：逆境的时候，你要问自己是否有足够的条件。当我身处逆境的时候，我认为自己有足够的条件，因为我勤劳、节俭、有毅力，我肯求知、肯建立信誉！在所有成功因素之中，李嘉诚把勤劳排在了第一位。少年的李嘉诚随父亲到香港谋生，开始在茶楼跑堂。经历过白天的辛苦工作之后，跑堂的其他小伙子早已睡去，李嘉诚却依然在挑灯夜读西汉蜀商经商能力初探文集。李嘉诚总结说："其实年轻时我很骄傲。因为我知道，我跟他们不一样！"李嘉诚所说的"不一样"，就是比别人更勤劳、更勤学。那时的潮汕人在异国或他乡靠着出卖廉价的劳力，凭着刻苦耐劳的精神，顽强地承接着艰苦危险的工作，更是以无与伦比的毅力吞咽着寄人篱下、忍辱负重的苦水。要知道"潮汕人无脸输死"的印象在人们的心里也是根深蒂固的，意思是活着丢损了脸面那就还不如死去。潮汕人正是因为有了这种与众不同的韧性，才一点一滴地积累下原始资本，逐渐发展成能左右所在地区或国家经济的一股强大力量。

穷遭欺辱富遭排华。犹太人的一个共同点是，无论流落何方，他们总是能迅速地积累财富。比如说美国，有大约500万犹太人，但仅仅是犹太裔前十名的富豪，就掌握了美国将近一半的财富。Facebook创始人兼首席执行官马克·扎克伯格、谷歌创始人谢尔盖·布林和拉里·佩奇、金融杀手乔治·索罗斯、传媒大亨默多克等都是犹太裔富豪。历史上最早提出潮汕人是"东方犹太人"的是泰国国王拉玛六世，他还专门为潮汕人写了一本书叫《东方犹太人》，评价潮汕人吃苦耐劳，善于经商，并掌握着侨居国家的经济命脉，但字里行间并非夸奖而是充满敌意。正因为如此，拉玛六世在位期间泰国掀起了排华运动的第一次高潮，并对之后南洋长时间的排华运动产生了深远影响。小时候听爸爸说，我的奶奶原来侨居柬埔寨，20世纪70年代越南侵略柬埔寨掀起大规模排华运动后就多年没有消息了。我出生后没见过奶奶，但自我懂事起，每逢过年过节和祭祀祖宗时，就听父母念叨：不知奶奶还在世否？在的话，不知在哪个国家？过得怎样？战争都停好几年了怎么也没来一封平安信呢！到了80年代中期，我在县城读书时，一个周末下午放假回到家，发现门口被邻居、亲友围住了。妹妹高兴地说："奶奶回来了！"也揭开了爸爸妈妈十几年来念叨的答案：奶奶逃离越南战火，到了柬埔寨才刚安定下来，又开始一路逃避越南侵略兵。无路可走时，由联合国救护安排，沦为难民并被送到美国去，居住在加州洛杉矶城郊的难民区。我终于第一次见到了奶奶。爸爸曾经说过她"过番"时是30多岁，那时潮汕地区还没解放，如今已是近80岁的老太太了，满头稀疏的银发，套着假牙，说话有点含糊不清，虽然满脸写着重回唐山的喜悦，但也掩盖不住历经战火沦落为难民的沧桑。毕竟奶奶还活着，还能活着重回唐山，比起以前报纸、广播报道的，现在网络统计登载的动辄几十几百，甚至几万几十万在东南亚各国排华事件中无辜死去的普通华侨，是万幸了！"过番"的潮汕人真的不容易！

"当家才知盐米贵，出门才晓路难行。"在那些年代，潮汕人在本地生活难，到国内其他地方生活也难，当然出远门到国外生活最难！因此，潮汕人的吃苦精神最集中体现在老一代华侨身上。后生拼出名，老了食名声。后生靠拼打造出业绩与精神，到老了拼不了了也会赢得别人的尊重。这就是潮汕人，为自己名声而拼，为潮汕精神而拼。

网上流传的、袁东方演唱的知名潮汕歌曲《潮汕人》，其中几句歌词就是潮汕人"后生着刻苦"的真实写照：

> 离别时娘泡那杯功夫茶
> 将你我的心挂在故里
> ……
> 潮汕人心细敢打拼
> 多少辛酸多少苦难都咽得下去
> ……
> 一碗白粥一碟咸菜
> 一生最钟意
> 一辈子都在为家努力
> 荣耀归于故里

孟子云："故天将降大任于是人也，必先苦其心志，劳其筋骨，饿其体肤，空乏其身，行拂乱其所为，所以动心忍性，曾益其所不能。"与孟子认为要成为贤能者必须等待上天安排苦吃的观点不同，潮汕人一出生就有了自找苦吃的文化基因，这也许就是很多潮汕大老板文化程度不高却成为影响力很大的商业达人的原因。教育其实也一样，带一个班级也好，办一所学校也好，营造积极的育人文化氛围才是办好教育的硬核。

4. 齿痛正知齿痛人

传说有一天，澄海县令的老婆要回娘家，她坐在轿上，沿着官路，过了一山又一山，来到一座山岭上。这时，日已过午，两个轿夫饿得肚子咕咕叫，脚酸手软，都快走不动了，而县令老婆坐在轿里翘脚啃鸡腿，还责怪轿夫这是蚂蚁上京城。轿夫说："肚子饿啊！"县令老婆从来没有饿过肚子，不知道肚子饿是什么滋味，顺嘴问："肚子饿有那么难受吗？"轿夫听说她常闹齿痛，便说："肚饿和齿痛一样啊！"县令老婆吃过齿痛的苦头，轿夫一说她就明白了，立即喊轿夫歇轿休息，还把吃剩的鸡头鸡翅分给两个轿夫吃。她对轿夫许诺说："到了娘家，一定给你们喝酒吃肉！"从此，"齿痛正知齿痛人"就成为一句俗语，在潮汕民间广为流传。

虽然这个传说在潮汕地区版本不尽相同，但不影响这句俗话的道理广为传播，启迪人们懂得互相理解的重要性。

做教育管理也一样，经历过了自然更能理解人，更会做好服务教师的工作。

我在深圳小学任校长的时候，还可以向社会"化缘"为师生办实事好事，其中一件好事就是给教师做了一身法国品牌"绅浪"的校服，男女教师每人一套西装配衬衣，还分别配领带、蝴蝶结，女教师还加配一条西裙。几个平时穿衣比较讲究的男女老师当面夸赞说："这是学校这么多年来做得最好的一套校服！"好事办好，我自然很高兴！校服做好后，我再强调学校之前就有的规定：升旗仪式等师生集会时，学生着礼服，教师要以身作则统一着校服，女教师着西裙。

大概是 2005 年深冬的一次升旗仪式，我做升旗仪式主题讲话时发现站在学生后面的一排女教师有三四位着西裤没着西裙，于是讲完话要求这几位女老师到我办公室说明一下。几位女教师如约而至，向我说明腿痛受不了冬天早晨操场的寒风才穿西裤的。那时我 38 岁，年轻气盛，敢抓敢管，听后觉得她们的理由不太成立，就立马做出回应："再怎么风大腿痛，整个升旗仪式大约也就半小时左右，不至于不遵守集会统一着装、以身作则的要求吧？希望下不为例！"几个女老师听了也没给我好脸色、好语气，唠叨着离开我的办公室。

到了 2008 年冬天，深圳市有一周左右冷风冷雨的湿寒天，商场的热风扇被市民抢购断了销。我的几位 40 岁左右的同龄人第一次经历了夜里盖着厚棉被，脚伸到左边冷得收回来，伸到右边又冷得收回来的冷夜体验。那时，我几乎一周爬两次山，小梧桐、大南山每次都是快速上下，一小时左右爬个来回上下。爬山那种大汗淋漓、沐浴山风的过程让人舒畅欢畅！但是，在不知不觉中我的身体也出现问题了，膝盖劳损因严寒暴发症状了！在家里想换个灯泡，右脚想蹬椅子结果蹬不上去。去市教育局开会，从地库上来偶遇电动扶梯没开，只能爬扶梯了。那种左脚先爬上一个阶梯，带上右脚并拢后，再由左脚开始爬上一个阶梯，再带上右脚并拢后再爬的样子，实在窘！而且，在外面冷风一吹，膝盖冻得受不了，以前冬天几乎没穿过的秋裤现在即使穿上，依然挡不住风寒，需要加套护膝感受才稍微好些！这种经历刻骨铭心，也唤醒我愧疚的心：那年那时，真的错怪那几位女教师了！

2018年，我新到深圳市育新学校任校长，在教工大会上很自信地表态，我家有七八十岁的老人要赡养，有读大学、小学和准备上幼儿园的三个孩子要养育，有当过教师、班主任、主任、副校长、校长和正副处长等不同岗位任职的阅历，我不敢保证能服务好、照顾好每位教工，但敢保证都能理解、不会曲解每位教工。

做教师也一样，经历过了自然更能理解人，才能更好地教书育人。

20世纪80年代末我从师范毕业，开始小学语文教学之时，《语文六年级上册》选编了俄国作家列夫·尼古拉耶维奇·托尔斯泰所创作的《穷人》。《穷人》描写了在一个浪涌风吼的夜晚，渔夫妻子桑娜在焦急等候出海打鱼的丈夫归来时，出于善良和同情收留了刚刚病逝的邻居寡妇西蒙的两个孤儿。课文精细地剖析了渔夫妻子桑娜的心理矛盾发展过程，表现出渔人夫妇宁可自己吃苦，克服困难，也要帮助邻居的孤儿的高尚品质。其中描写邻居寡妇西蒙在病逝前一刻用最后一口气照顾好小孩的句子，读后很让人敬佩和感动："显然，母亲在临死的时候，拿自己的衣服盖在他们身上，还用旧头巾包住他们的小脚。孩子的呼吸均匀而平静，睡得正香甜。"那时还没课标，但有教参，我就依据教参所写照本宣科地告诉同学们，这就是伟大的母爱，请大家有感情地朗读这个片段，感受伟大的母爱。我是在自己没被伟大的母爱震撼的情况下去指导学生理解和朗读的，教学效果可想而知！结婚生儿后，因为儿子时不时地感冒发烧，或者抱在我怀里被自行车撞掉到地上、在商场游乐园被小朋友打成"熊猫眼"、在儿童乐园玩碰碰车扭伤脖子等，送儿子上医院看病、陪儿子住院治疗是经常的事情了，在这个过程我才深切地体会到什么是父爱，什么是母爱！记得儿子三岁时的夏天，半夜里发烧了，我采用以前乡下赤脚医生的土办法，把孩子放在凉快的地板躺平退烧，没料到不一会儿孩子竟猛烈地抽搐起来，吓得我抱起孩子只穿了拖鞋就下楼直奔医院。外面下着小雨，我来不及倒回去带雨伞，只把孩子紧紧抱在怀里，用一件衣服给他遮雨。在小跑经过小区游泳池时，孩子突然轻声说："爸爸，路滑要小心摔倒！"平时我多用这句话提醒孩子注意安全，但这一刻，孩子的这句话却震撼了我作为父亲的心！我下意识地再一次紧紧把孩子搂在怀里……我被聘为罗湖区靖轩学校校长后，在深入课堂听课时，听了教导处吴主任的语文课，正好他上的是《穷人》这一课。当听到吴主任指导学生朗读理解那些表现伟大母爱的细节时，坐在教室后面听课的我竟不自觉地潸然泪下。一方面是源于吴主任上课时绘声绘色的朗读和引导，另一方面更重要的是我想起了孩子病中那句"爸爸，路滑要小心摔倒"的话！

现在，我任深圳市育新学校这所全市唯一的专门学校的校长，面对存在不同程度不良行为的学生，想起他们在原来的普通学校坐在无人关注的角落，想起一位妈妈送孩子到学校告别时眼圈湿红、欲泪又止，见我走过来又马上背对我羞于见人的情形，倍感工作的神圣使命与功德无量。我一定要用整个身心把这些学生当自己的孩子一样去爱护，也为全市教育坚守这一道最后的防线，不让一个孩子在我任校长期间离开校门，导致过早混迹社会，以致影响孩子人生，影响孩子家庭，影响我们社会！

5. 识字掠无蟛蜞

潮汕有一句俗语"识字掠无蟛蜞"，广泛流行于潮汕地区，几乎妇孺皆知。蟛蜞是潮汕地区常见的一种小型蟹类，又称磨蜞、螃蜞，学名相手蟹，头胸甲略呈方形，成熟时体宽 3～4 厘米，一般生活于海、湖、溪边潮湿滩地、泥石洞穴里，爬走速度极快。潮汕人喜欢用盐和酱油腌制，用以佐膳，味道极为鲜美。俗语字面意思是指识字的人反而捉不到蟛蜞吃。

俗语背后有个不俗的故事。据说康熙年间（1662—1722 年），清政府为了对付郑成功的反清复明活动，遏止海上武装力量与沿海民众的联合，实行了消极的靖边政策——海禁。当时清廷勒令潮汕地区饶平、澄海和潮州三地沿海居民内迁五十里，并在沿海地带，划地筑堤为界，限期迫迁，边民越界出海捕捞者杀。清廷贴出告示后，那些识字的人看了立马对朝廷禁令产生敬畏，怕死不敢越界到海边捕鱼谋生，由于找不到食物，只能挨饥受饿；那些不识字的人反倒不知者无畏，根本不把海禁当回事，偷偷越界到海边捕鱼，因而捕获了很多鱼虾和蟛蜞，除了够自家人吃，还把多余的悄悄卖了钱，生活反倒过得有滋有味！现在智慧城市监控密布都还存在许多盲点死角，何况清朝那时管理和技术的水平，怎管得住对着台湾岛方向那么长的大陆海岸线！朝廷自然管不过来，拿私自下海捕鱼的边民没办法，告示只不过是"纸老虎"。这样，不识字的人捕到了更多的蟟蜞，识字的人反倒吃了亏。

"识字掠无蟟蜞"这句俗话在潮汕地区至今依然富有生命力，连村里的妇孺也经常挂在嘴边，拿来讽刺读了些书却办不了事的人。现在是大学普及时代，大学生由精英化变为普通化，全国一年有几百万甚至上千万大学毕业生等待就业，毕业意味着失业成了普遍现象，部分独生子女大学毕业宅家"啃老"几乎成了新常态。在这种大背景下，潮汕地区这句俗话越来越彰显着"金句"对教育的辐射价值！

2021年两会期间，当时的全国政协委员、江苏省锡山高级中学校长唐江澎在"委员通道"发言时，回答了"什么是好的教育"这一问题。他认为好的教育就是培养终生运动者、责任担当者、问题解决者、优雅生活者。唐校长的回答引起了教育界的反响。我认为，教育的功能要回归朴素，不管是基础教育还是高等教育，也不管是普高还是职高，教导学生适应社会，教会学生就业谋生技能，毕业就能自食其力，这是教育最实在的首要的功能——学会谋生自立。那些动不动就培养社会精英、未来领袖的提法和做法，真的不太适合基于"均衡化""中国式"的大多数中小学。

什么是核心素养的核心？就是学会独立思考。独立思考的人格是核心素养的核心。读书多了，知识变成了"紧箍咒"，那人就变成书呆子了！2022年新冠疫情再次导致深圳市各类校（园）暂缓开学，师生改为线上教学一个多月时间，为落实上级文件、加强"人文关怀"的精神，深圳市育新学校党政联席会研究决定：没有安排到校值班上班和上网课的教工都按满工作量计算，即不扣一分钱，全额发放暂缓回校期间的薪酬；被安排上网课或回校值班上班的再补超课时费或加班费。学校为预防漏记、多记、错记等问题，节数或天数由个人先自报、部门主任审核后上党政会审定。结果发现，个别住校偶尔帮下手的，偶尔回学校取东西的，在OA或微信远程收发文件、资料的，也把这些行为计入加班节数或天数，结果出现几例奇怪现象——加班天数还超过此期间工作日、双休日的总天数，导致一个多月时间全校加班费要近60万元，个别非编教工加班费要好几千元甚至超过正常上班满工作量的月工资！部门主任也没严格审核，就机械统计上会研究！按这样统计、发放加班费，肯定会导致不公平，也会导致恶性循环，还会导致自觉客观填报和没参与值班或上网课教工的不满和投诉。钱的分配，哪怕只有1分钱不公平，也是大事件，因为这样会导致好事没办好的严重后果！正好市委对教育系统进行巡察，乱发津补贴也是巡察整改重点之一，上级也紧急发文号召党员带头、全体教工发扬奉献精神参加社区义工齐心抗疫，学校借机马上叫停此次"人文关怀"行动，也针对学校之前"三位一体"办学模式"三位"存在相对独立、分管校长各自管理造成加班管理制度与加班费标准不统一、不规范问题，请分管副校长结合"一体两翼"新办学模式下"大德育、大教学、大科研、大后勤"管理新格局，加快调研，拿出规范全校教工加班与加班费标准的管理办法。这次加班统计，教工报错、报多等现象是由学校要求不明确所致，但主要还是本人缺乏独立思考精神；部门主任把如此离谱的统计机械上报，亦可看出其在行政管理过程中的把关责任意识不强，问题根源还是在日常管理中缺少独立思考精神。可见，培养人的独立思考的人格何其重要！

什么是学力的硬核？那就是真正能学以致用。学生书面学会解题、考试夺取高分考上好学校还不是学力的硬核，用学过的知识解决好生活、工作中的问题、难题才是学力的硬核。潮汕出了很多各行各业的大老板，他们不少离小学毕业还差两三年，就白手起家创建了自己的商业王国，除了血液里面有潮汕人做生意的DNA，还应归功于这些成功人士坚持在社会、在市场进行自发的继续教育，最主要的还是善于把学到的东西用到极致。现在学校教育多在强化刷题应试，其实是在制造考试机器。只有把着力点聚焦到培养学生用知识解决生活、社会实际问题，才能锻炼出学力有硬核的学生。

6. 父亲母亲

潮汕平原上的揭阳市揭东县云路镇北洋乡就是生、养、育我的故乡。万把人口的乡据说在全县是没几个的，自小的时候常听乡里大人、老人夸我父亲母亲分别是全乡最好看的三男三女之一。父亲母亲年轻时没有保存一张照片，现在只能是一种传说了。但是，父亲母亲为人处世的方圆尺寸至今影响着四个儿女，以至孙子孙女们。

一、父亲的忍

父亲一生能忍！

父亲是中华人民共和国成立前老家梅岗中学的毕业学生，那时的梅岗中学类似如今的市县"重点中学""名校"，是附近两三个县孩子的求学"圣地"。在农村很多人还是文盲的中华人民共和国建立初期，父亲就是"名校"中学毕业生，按潮汕俗话讲算是"文化高"的了。父亲解放初期先是被乡里推荐参加人民空军，因公公（潮汕对爷爷的称呼）走得早，父亲有文化又孝顺，嬷嬷（潮汕对奶奶的称呼，外婆称呼外嬷）虽有好几个儿女，但她认为家里还是需要有个得力的男人来支撑，硬是追到城里把父亲给拉回来。

以前农村一个乡或一条村成立一个基层政权——生产大队，大的乡村还划分数量不等的生产队。当不了空军，父亲就在生产大队负责团委工作。乡里很快开展土改。我家祖上因为家风勤俭，一大家人日常的衣、食、住、学等是有保障的，这在中华人民共和国成立前的乡里是一件值得自豪的事情。父亲给子女讲"薛仁贵征东征西""三国演义""杨家将"等经典名著及"林大钦""郑大进""夏雨来"等潮汕历史名人故事的"古"就很多，但讲自己的往事就很少，因此讲过的一件我至今记忆深刻：因为家境可以，才有条件帮助一位邻村的同学。那位同学读书时得了肺结核，休学了，因为家里穷，也没钱治病。父亲就从家里拿钱买一群鸭子送给同学放养。说也奇怪，那位同学整天晒着太阳，赶着鸭子在潮汕平原的水田里运动，居然病好了，卖了鸭子的钱又供其完成了学业。后来从母亲那得知，那位同学学有所成，后来还当了县的文化局长，退休后每逢过年过节都邀请我父母到揭阳市家里做客吃饭、叙旧，还送大红包。母亲总硬塞还给他，但他感恩父亲帮他走出青年时期的病困，每次都说再多给父亲也还不了旧时那份恩情！但土改来了，家境好就成了问题了，我父母一家被评定为"上中农"！按政策中农可以留任乡里当干部，上中农就要清出"干部队伍"了。因此，父亲就转到乡里农业中学当民办教师了。难怪小的时候跟父亲出去种田，经常莫名其妙地听到叔叔们叫父亲为"老师"。老师，在农村的小孩心中那是一个神圣的称呼！但到了"四清"运动——清政治、清经济、清组织、清思想，父亲因为上中农身份——按潮汕俗话讲是"阶级高"就再次被清出"教师队伍"了。

从此，父亲就回到生产队务农了。

父亲的故事，是年老的母亲来深圳治糖尿病时说的。一贯身体健康的母亲在70多岁时得了糖尿病，没得过什么病的农村老人自然精神紧张，很快消瘦了好几斤。我得知后接她来深圳检查、治疗，在准备送她回老家的当晚，母亲等我妻子、孩子都睡下后，特拉我在客厅坐下，谈了此前从未与子女们提及的身世、家事、往事，说："怕哪天就没机会与你们兄弟姐妹讲了！你父亲年轻时的几个要好同学有的参军当了师参谋长，转业后当了汕头市城建局党委书记，有的当了县文化局长，职务低的也在附近公社当了农械厂厂长、自己乡里当了生产大队书记"。我记得儿时有一位军官，带一家子到我家做客，那时全社会都羡慕军人军装，小孩爱看战斗故事片学军人玩打仗，因此门口还被来看热闹的邻居小伙伴们围住，我也觉得很自豪！母亲说："你父亲长得不比人差，文化和能力也不比人低，就是因为'阶级成分高'，屈在家里没出头，以前在生产队劳动时还被靠大声吼叫、批斗别人起家的生产队长数落受屈过！每逢风雨交加的时候，我坐在门口边绣花边等你父亲劳动回来，看着你父亲戴着斗笠、披着雨衣、卷起裤脚，扛着锄头或挑着粪桶走到门前池塘边的泥泞小路时，眼泪就禁不住直流下来，湿了手里的潮绣！但你父亲很会忍，从不说！"

父亲的会忍，我是目睹过的。我小时候是顽皮的孩子王，免不了隔三差五与邻居孩子发生冲突打闹。一次，比我父亲小好几岁的邻居小伙伴的爸爸认为我欺负了他的孩子，追到门口用最难听的潮汕脏话骂我，骂我父母。母亲正好在门前池塘边刷锅，听到后赶过来问询情况并先教训了我，也提醒那位爸爸，就是我的孩子不对也不用骂得那么难听！母亲拉我进家里教训时，见我父亲埋头在修理单车，就责怪他怎么任人在家门口叫骂。父亲继续低头修着单车，轻声说："小孩今天吵架明天和好，管好自己小孩就好！"因为父亲母亲这样的家教观，所以我孩童时虽顽皮，但还是挨过他们的屈打屈骂！但是，父亲母亲教育孩子之道，我当了父亲后至今仍影响着我处理自己孩子与同伴的矛盾关系，我当了老师、校长后也启迪着我调节学生及家长之间的矛盾冲突。还有一次，父亲83岁生日正好在暑假尾，我和在外面工作的妹妹都带着儿女回老家给父亲祝寿。父亲喜欢每天到老宅听古装潮剧、喝功夫茶并与邻居老人叙旧讲古，守护他心爱的那棵当地好品种"古山一号"老龙眼树。其实，现在孙子孙女们很多不爱吃龙眼了，我们兄弟姐妹回老宅摘吃几颗也是吃回儿时的记忆，赞美着吃只是为了让父亲高兴！父亲是不知道这些了，为了招待回老家的子孙，竟然还爬上树去摘龙眼，不幸踩到枯枝，硬生生从树上掉下来，摔断了腰！等我们知道后从新房子赶过去送他去医院拍片，再回到家里，父亲躺上床那一刻痛得已控制不住了，全身直打战。可见他摔下来后自己坚持爬进老宅里躺着，在医院坚持做完一系列检查，以及回家下车、上楼的整个过程忍受了多大的痛苦！父亲一贯健康硬朗，子女们从未见过这般情景，吓得都慌了手脚，庆祝父亲生日的开心笑声变成了护理父亲伤痛的焦虑眼泪！其实腰摔断牵动神经躺着不动都是很痛的，一动就更不得了，但父亲整个过程就是忍住了，没喊过一声痛，也没呻吟过一声！也许得益于终身劳作且保持饮食作息的好习惯，也许还得益于终身孝顺积善，80多岁的父亲躺了三个多月后，腰断裂竟然愈合了，又可以走路或踩单车去老宅听剧、喝茶、讲古了！子女们开心设宴庆祝父亲恢复健康时，母亲笑问父亲："亲戚某某比你后生十几岁，腰痛的时候整天喊叫呻吟，吵得邻居很烦！怎没听你叫喊一声？是不是不痛啊？"

父亲还是轻轻回答:"喊了就不痛了吗?"

父亲在平常日子是"忍而不发"的。父亲在 2021 年冬天走了,他生前从没跟我们几个儿女提及自己人生经历的曲折委屈,也没有对谁发过半句的牢骚怨言。父亲在关键时刻的"忍而偶发",是在我还是孩童时,他提醒我小叔的话,让我至今记忆犹新。小叔是父亲的五弟。小叔十几岁时就响应政府号召报名参加乡里青年垦边组,到海南岛垦边进了国营农场,在农村他也算是"有工作"——不用种田务农了。我的家族所有亲戚都在农村务农,就小叔在外面工作,每次他回来探亲时会带些海南的椰子、马蹄糖果,味道让我记忆至今,小时候也以他为光荣和自豪。就如法国作家莫泊桑创作的短篇小说《我的叔叔于勒》里的于勒叔叔一样,小叔那时几乎成为了我儿时的"福星"和盼望。小叔一直没找到对象,也一直没存一分钱,有如今天"月光族"的青年,但他帮人很大方,自己没孩子还帮他好朋友的女儿交学费、送结婚金项链等。父亲母亲也一直提醒他要勤俭,就是不结婚不用养家糊口,也要存点钱以后看病养老。小叔总是说:"不用,老了以后有退休金。"父亲听了没反驳,但深有感触地说:"政策都在变,不一定!"不幸被父亲言中,改革开放后,海南岛的国营农场给承包了、解散了,小叔 50 多岁时又回到老家分块地种田务农了!

二、母亲的爱

母亲的爱是无私并坚贞的!

父亲有五兄弟两姐妹,父亲排行第三,我自小听两位姑姑和小叔叫我父亲"三兄"、母亲"三嫂"。

小叔很小时,嬷嬷也走了。小叔原和嬷嬷住在宗祠门楼边的小旧屋子里,小屋的墙裂开了一条大缝。母亲见状,担心地对父亲说:"嬷嬷刚走,小叔还小,夜里会害怕的,万一有狂风暴雨也不安全,还是带他回家一起住一段时间吧。"从此,小叔就和父亲母亲,和我的兄弟姐妹挤在一间老房子里生活了,吃喝拉撒也全由父亲母亲照顾。小叔自然感恩我父亲母亲!有一年父亲母亲先后住院治病,怕小叔多嘴,也怕他担心,就没告诉他,但他来家里两三次没见着三兄三嫂就意识到不妙,追问我嫂子得知实情后,一个 70 多岁的老人瞬间控制不住"哇——"一声哭了,边哭边掏出裤袋里全部的三四百元交代我嫂子买点营养品带去医院给我父亲母亲。父亲一走,小叔也就病倒了,才过了一个多月,也跟着他的三兄、我的父亲走了。

父亲有两个妹妹,出嫁前也是父亲母亲照看着长大的,因此两位姑姑自小与父亲母亲关系好。农村普遍存在的姑嫂不和现象,由于母亲的贤明,在我们家不存在。父母在,家就在。两位已出嫁的姑姑按潮汕习俗在父母生日、七夕和过年时是要带着丈夫和子女回娘家的。公公嬷嬷都走了,两位姑姑商量,还是要定期回娘家,让自己的子女知道根在哪里。父母不在了,回娘家怎么办?按中国习俗,父母不在,长兄为父,长嫂为母,应该回大兄大嫂家里才是,但两位姑姑决定每年在她们的三兄、我的父亲生日和正月初二回娘家,落脚在三兄三嫂家里,当然两位姑姑也按潮汕风俗、礼节先后拜访了大兄大嫂、二兄二嫂(四兄,即父亲的四弟过继给邻公社的亲戚当儿子了),再到我家叙情、喝茶、吃饭。小姑病逝后留下一个女儿,小姑丈再婚生了三个儿女,后来也病逝了,但是小姑丈再婚后的妻子我们一样尊敬如亲,她也一样尊敬我的父亲母亲如亲兄嫂。农村单亲母亲在物质极其紧张的年代带着四个未成年的孩子,日子确实不好过。母亲和父亲商量,每年省吃俭用挤出 10 元钱在过年前由我父亲送给"小姑"过年。那时,10 元钱叫"大团结",是最大面额的人民币!要知道,有一次暑假快结束要开学了,母亲看我们四个子女的衣服要么破了补得不能再补了,要么小得穿不下了,正好邻近公社的供销社正在举办物资交流大会,就取出省的 10 元钱,准备到交流会买点布料来给我们做新衣。那时的物资交流会如现在的各种嘉年华,加上潮汕的民俗"爱闹热"——喜爱热闹,人山人海。父亲一手推着单车,一手紧捂着装钱包的后裤袋,突然有人扛着一根房梁朝他面前直插过来,他松开捂住裤袋的手挡开房梁后,再回手捂裤袋时,钱包没了!父亲临时找个理由说不买布料了,默默载着母亲回家后才告知实情。10 元钱,那可是大半年一针一线、养鸡鸭鹅猪卖蛋卖苗才节俭下来的!我那时还小,朦胧记得父亲抱着妹妹默默坐在母亲旁边,母亲哭了一天,说了一天"对不住孩子们"的话。后来日子好过了,"小姑"回娘家,还时不时对着孩子们说:"那些年过年前,就等着三兄三嫂送10 元钱,几个孩子过年才有新衣服穿,才有肉吃!"

母亲爱父亲可以说包容了父亲的一切,也经得起特殊年代的考验!母亲的娘家是比贫农还苦的贫苦农身份,她还是儿童时,受乡里地下妇女会的影响,为乡后北山上的游击队送信。解放军解放潮汕驻扎我们乡时,妇女会遴选后推举聪明伶俐的母亲帮一位部队首长照看小孩,所以母亲跟首长一家去过广州、北京一段时间,参观过黄埔军校,还登过天安门城楼。这就是放在改革开放之后的今天,在乡里也是极其稀罕的事。我的普通话带着浓重的潮汕乡音,不少同学、同事夸我母亲的普通话听不出潮汕味,比我这个中文系毕业的好多了,也许她就是那段时间练成的。后来,母亲要求回家乡读书,离开那位首长家,读书后也当了乡民办幼儿园的教师,还参加了共青团。政策变了,父亲担心自己"阶级成分高"的身份会影响到母亲和子女的前途,与我母亲商量离婚,让我母亲带着儿女回家庭出身好的娘家生活。母亲抱着我父亲哭了一夜，第二天擦干眼泪，坚定地对我父亲说："既然结婚成家，儿女成群了，就是死也不离！我今天就去退团，一家人同甘共苦，不信老天永远不开眼！"

三、父亲母亲的孝

公公嬷嬷早走了，父亲母亲对公公嬷嬷的孝敬我没有印象，但他们对其他几位老人的孝敬，我是记忆犹新的。

父亲有一位亲戚长辈比嬷嬷辈分要高，我们要尊称老嬷，乡里习俗过年过节要请长辈一起吃饭，晚辈多的话，长辈一餐饭就像如今大老板、大领导应酬、开会一样"跑场"了。母亲总是在几位妯娌中第一个煮好饭菜的，第一个叫我们去请老嬷来吃饭的，说："第一个请老嬷吃饭，好东西她才吃得下，后面再请，再好的东西也吃不下了。"那是凭票供应的物资紧张的年代，农村只有过年过节才舍得取出肉票买点多带肥肉的猪肉煎油后炒几碟肉菜，先请长辈吃，足见父亲母亲做事的细心和对长辈的孝心。

父亲因为自小懂事，被一对没生育的叔婶讨去做干儿子——潮汕俗称"契仔"，叔婶也就是父亲的"契父""契母"。听说在中华人民共和国成立前，父亲的契父走后，契母就跟着几位亲戚下南洋——潮汕俗称"过番"，我们也习惯称呼父亲的契母为"番嬷"。听母亲说番嬷在中华人民共和国成立后回过一次唐山，后来就十几二十年杳无音信了。番嬷的娘家在附近另一个公社，家里还有一位老母亲，我们也称呼老嬷。我们几个兄弟姐妹出生后都没见过番嬷，也不知道父亲有这种过继关系，但是童年能记事开始，每年老嬷生日和大年初一，一定是父亲母亲带我们首先去老嬷那走亲戚祝寿或拜年——其实就是代替番嬷回娘家看望长辈了。初二了，两位姑姑回娘家到我家走亲戚拜年，等到初三了才到母亲自己的娘家走亲戚看望外公外嬷。父亲母亲年年都把契母的娘家的老母亲摆在拜年的第一位，把亲生的父母亲摆在拜年的最后一位，不是亲生胜过亲生，足见父亲母亲的孝顺和明理！听说老嬷临终前几天咽不了最后一口气，亲人问她：还有什么放心不下或者还想见谁？是不是北洋的我的父亲母亲？老嬷微微点了头。父亲母亲接到通报赶过去，握着老嬷的手说："嬷，您就放心走吧！"老嬷才咽下最后一口气走了。这可见她老人家对父亲母亲一直孝敬她的认可！

四、父亲母亲的勤

父亲母亲一辈子勤俭。

按农村习俗，兄弟们成家也就意味着分家。母亲说，父亲兄弟姐妹多，又排行第三，分家时公公嬷嬷没有房子了，因为父亲过继给番嬷，就住在番嬷的那间老房子了，家里连几对碗筷都凑不整齐。姐姐已出生了，一家要照顾，母亲已退了团、辞了民办教师的工作，有一段时间凌晨就挑两桶潮州豆酱出门，走三四个小时的路到邻县潮安县枫溪陶瓷厂区，赶在工人们早餐前卖，卖不完就"落巷"——走街串巷去吆喝卖，卖完回到家已是夕阳西下了，肩上和脚底反复起泡、磨破、结茧。后来，儿女多了要居家照顾，母亲就养了一头母猪、一群鸡、一群鹅贴补家用，也"做花"——刺潮绣挣几块零钱。父亲不当民办教师后省吃俭用买了单车，农忙时在生产队负责运载谷物、肥料等，农闲期间有时也是凌晨带着"饭包"——纱布包裹的配有潮州萝卜干的饭团出门、近半夜才回家，跑潮安县、福建省山区拉木炭、树枝、番薯干等到家乡卖，赚点差价。每跑一趟，父亲的脚底、肩膀、屁股也是磨出一大片血泡，可见到山区挑重担、山路骑车载重物的艰难！母亲深知父亲艰辛。那时，生产队按每家出工的劳力计工分后分稻米、番薯等食物，家里就靠父亲一个劳力出工挣工分，每年所分的食物都不够一家六口人吃。母亲平日里三餐煮潮州粥后都先捞一大铝盆比较稠的给父亲吃，看着我们四兄弟姐妹碗里只漂着隐隐约约的米粒的稀粥，又可怜又没办法，说："生产队出工很艰苦，全家靠你们父亲一个劳力挣工分，我们就艰苦一下，喝稀点的粥。"父亲每次都会"吃剩"小半碗，母亲就轮流给我们四兄弟姐妹吃。生产队有时组织抢收庄稼或攻坚水利工程，需要出早勤或晚工，为动员社员出工齐、准时到，会开大灶煮大锅饭，社员们自带饭盆分一份干饭和肉菜吃。父亲每次也都"吃剩"一小碗，带回家给我们四兄弟姐妹。有的社员参加生产队劳动没出满勤，被生产队扣了工分，也影响了谷物的分配，父亲为了一家吃饭一直满勤、超勤努力挣多几个工分、分多几斤谷物。改革开放后，父亲承包土地种田，母亲摆摊卖起小百货。父亲一段时间还跑起生意贩江西大米、贩化肥、贩木材，还到海南做过干果、到广州做过瓷器等生意。父亲在乡里不但是"有文化"的人，最可贵的还在于他的"精"，能学以致用，会给自家阉猪阉鸡、砌墙砌灶，邻居有喜事时会帮厨，有矛盾时撮和睦……2006 年，父亲看好深圳市莲花山南边小区房子，我却说比周边小区一平方要贵几千元，不划算。父亲说："能买到莲花山、书城、图书馆、音乐厅和市政府，贵一万元也不贵！"这句话后来不但被我的同学老乡夸赞，甚至被一些我认识的老板当成一句买房经典语录。

母亲至今还常用那句潮州话押韵的口头禅教导子孙："无势着靠量，无钱着靠俭"。母亲如今八十好几了，新冠疫情这些年，我常常打电话提醒她少出门以防跌倒，出门了要记得戴口罩以防病毒。2022 年 11 月，妹妹、妹夫接母亲到汕头小住几天，我打电话到汕头提醒母亲，疫情又严峻了记得下楼散步戴口罩。母亲倒是爽快，说："戴了，回家就叠好，出门再戴，这个口罩已用四天了"。不是没提醒过母亲口罩应一次性使用，她就是这样一辈子勤俭惯了！

正是因为父亲母亲一生的勤俭，家里的日子逐步好起来，衣食无忧了，摆摊也变成了租固定商铺，再到现在自建了一栋商住四层楼房。以前，邻居另一个与父亲母亲关系好的生产队长的大儿子与我小学同班，他的父母有次批评他不好好读书以后就要辛苦种田了，他反驳自己父母说："像三舅三妗（他对我父亲母亲的称呼）那样种田有什么不好？比做老师、做队长强多了！"

五、父亲母亲的清

父亲母亲一辈子清平。

到了 20 世纪 80 年代，番嬷（奶奶）终于来信了："原来在越南做小生意，越南排华跑到柬埔寨，没想到越南又侵占了柬埔寨，一路逃难最后被美国接收为难民！" 1984 年我正在揭阳第一中学读高一，一个周末回家，见到从美国回来的近 80 岁的番嬷。听说番嬷回唐山后先在县城住下，派人回娘家打听我的父亲母亲在她逃难这十几二十年间有否去看望她的老母亲，得到肯定的答案后，才按习俗回自己家——就是我们一家人住的那间老房子。过番的亲戚回唐山俗称 "番客"，意味着有钱。在物资紧张的年代，农村的亲戚们想让 "番客" 救济一下也很是可以理解的。番嬷住在我家几天，通过老亲戚、老邻居过来走访叙旧，进一步了解母亲的贤明孝顺，多次请母亲先挑选从国外带来的手信。母亲总是对番嬷说："多年来都在想您、担心您，您平安回来就好！现在家里生活好多了，让亲戚们挑后再说，不要到时您带的东西不够给大家做纪念。" 番嬷离开家乡返美国时对母亲说："曾经回过唐山的人提醒我，小心回去连皮都被亲戚剥了。没想到你什么都不争，什么都让给亲戚！"

大约是 2020 年中，政府追认中华人民共和国成立后民办教师的功绩，补发 "工资" ——准确讲是生活补贴，父亲母亲合起来拿到近一万元补贴。两位都是 80 好几的老人很高兴，在子孙为他俩祝寿时再添点 "私房钱"，给每个孙子孙女 1 000 元红包，把几十年前当乡村民办教师的那丁点生活补贴，也按当下的流行方式 "共享" 了！其实父亲母亲从不存私房钱，家产都无私分给子孙们了。母亲还担心万一哪天说不了话或来不及说，于 2021 年生日时把金、玉、银饰品也分给晚辈。父亲母亲手里还存的一点钱是在生日、过年时，子孙们看望他俩时硬塞给的红包积攒下来的。一次，父亲的一位同是老民办教师的老友来家做客，聊起教龄和补贴时，发现父亲算少教龄拿少补贴了，还说某某多算了教龄多拿了补贴。母亲在旁听后笑怪父亲傻时，父亲说："靠那些有什么用！"

父亲母亲很在意政府补发给民办教师的"工资"，但不是在乎多少钱的问题，而是在乎民办教师"有文化"的象征，更是"老天开眼"的象征！

现在生活好了，几个兄弟姐妹在父亲母亲生日或过年时都给他们买新衣服、新鞋子。母亲虽是农村妇女，但穿衣鞋是很讲究、很得体的，但每次都说老了，别再浪费钱了，穿不完就浪费了。父亲对穿衣穿鞋一直就不讲究，几乎总是穿几件旧衣服，不很冷的冬天也都是穿拖鞋踩单车，仙逝时整理遗物才发现，衣柜里还有未打开包装的新皮鞋、新衬衣、新 T 恤、新西裤等，就都送给了不介意的几位来帮忙处理后事的邻居和亲戚长辈。

20 多年前我竞聘当了校长后，母亲在深圳帮我带小孩，心里自然以我为豪，但第一句不是祝贺而是教导："要尊重领导，要不怕辛苦做好工作，师生才会记得你的好！"我打电话告诉在老家的父亲，父亲第一句不是夸奖而是"诫勉"："当了领导，公款千万不能动！"父亲母亲习惯每晚收看《新闻联播》关心天下大事，八项规定后经常看到"打虎拍蝇"新闻，第一时间打电话给我："要看清形势，工作要专心，但千万不能贪心！"我有时忙或者疏忽了，一小段时间没打电话给母亲，母亲就着急打电话给我，听到我的声音才如释重负说："平安就好！我们的家庭历来靠勤俭，名声最重要！"

图 2-1　家乡老宅门前的"古山一号"龙眼树

2022 年初，我回老家看望身体有恙的母亲并陪她回老宅。看着父亲生前与邻居老人围坐喝茶、听剧、讲古的红木沙发、茶几依然静静安放，望着门前在春风里轻轻摇曳的"古山一号"老龙眼树，油然想起北宋苏轼《江城子》的词句：不思量，自难忘……心里无限感慨，也油然而生诗意：

> 龙眼花的怀想，
>
> 龙眼花又开，
>
> 寂寂伴老宅。
>
> 故人扫不再，
>
> 摇落化青苔。

父亲母亲的为人处世，一直影响着儿孙们的成长……

六、后记

著名作家贾平凹在《自在独行》中有篇文章《关于父子》写道："爷爷对孙子不论怎样地好，孙子都是不记恩的。……孙子永远记着他的爷爷的并不多……试问，谁能记得他的先人什么模样又叫什么名字呢？"这就是普通百姓代代相传又代代不相传的真实生活写照！借《从"功夫茶"苦味到教育苦履》出版之机，为父亲杨创业（此为父亲学名，按族谱"世"字辈又取名杨世基）、母亲杨洁明（此为母亲学名，少女时又取名杨柔凤）留个名字、留点故事，也给父亲母亲的子女们、孙子孙女们留份念想……

第三章

教育理念建构的理论启迪

　　教育哲学观念的不同，决定着人们的教育理想、教育信念和教育的方式和方法的不同。当代西方教育哲学的存在，主要通过三种形态来体现，即所谓专业的教育哲学、大众的教育哲学和个人的教育哲学。个人的教育哲学是指作为个人信仰或价值标准而存在的教育信条，它使个人的一切教育活动和思想带有某种一贯的、一致的倾向性。如，杜威在《我的教育信条》一文中所表达的教育观念，是他以后的教育著作的出发点，也左右了他自己的全部教育行为[①]。哲学是世界观、方法论的学问。它对于教育的健康发展、人才的健康成长都具有重要的指导意义。不同国家的教育以不同的哲学为指导。中国教育以马克思主义哲学为指导，这是中国特色社会主义教育的一大特点。西方一些国家的教育以存在主义、人本主义、实验主义、结构主义、行为主义甚至尼采哲学来指导，其教育效果显然与中国教育效果不同[②]。

　　1989 年 7 月我从深圳师专中文系 B 班（B 班是小教大专班、A 班是中教大专班）毕业后留深任教，至今（2023 年）在深圳特区任教 34 年了，其间从事学校（单位）教育管理有三段任职履历，建构和探索了三个教育理念——生态教育、智慧教育和非对称性教育，主要受到以下教育哲学观的不同程度的启迪。

---

① 王坤庆：《现代教育哲学》，华中师范大学出版社，2001，第 105 页。
② 吴鼎福、诸文蔚：《教育生态学》，江苏教育出版社，2000，第 52—54 页。

1. 生态教育与生态哲学

生态学、生态哲学和教育生态学的理论是建构"生态教育"理念内涵和指导探索的指南。

一、生态哲学

余谋昌著的《生态哲学》是我阅读得最早的阐述生态哲学的著作，书中把生态学上升到生态哲学的高度，其中的生态世界观和生态方法论是"生态教育"理念的理论指南。

（一）生态哲学

什么是生态哲学？就是运用生态学的基本观点和方法观察现实事物和理解现实世界的理论。现代生态学把世界看作是"人—社会—自然"的复合生态系统。生态系统整体性，是生态系统最重要的客观属性。反映这种性质的生态系统整体性观点，是生态学的基本观点，也是生态哲学的基本观点。运用生态系统整体性观点观察和理解现实世界，是把生态学作为一种方法，即生态学方法。运用生态系统整体性观点认识现实事物，揭示各种事物和现象相互联系和发展变化的规律，从而认识和解决现实世界的种种问题，这是一种新的思维方式。

传统哲学以人与自然的"主—客"二元对立为特征；生态哲学认为，这种世界观是不全面的，它不符合"人—社会—自然"复合生态系统整体性的观点。作者据此认为生态哲学的产生和发展是一种哲学范式的转变，即从笛卡尔－牛顿世界观到生态世界观的转变①。

以生态哲学理论为指南建构的"生态教育"办学理念，在 2001 年市一级、2003 年省一级学校评估过程中，领导、督学、专家们都颇感新鲜和兴趣，并与我做了较为深入的访谈、交流，也写进评估报告或总结发言予以肯定。在我在区属靖轩小学时陪区教育局局长来学校检查工作的罗湖区重点中学翠园中学校长、后来担任深圳市重点学校实验学校校长的衷校长，在我在市属深圳小学时前来参加学校活动的深圳市重点中学深圳中学党委刘书记，至今都夸奖我当年提出"生态教育"理念很超前！

---

① 吴鼎福、诸文蔚：《教育生态学》，江苏教育出版社，2000，第52—54 页。

（二）生态学方法

所谓生态学方法，是用生态观点研究现实事物，观察现实世界，又称生态学思维，用生态观点思考问题。生态学作为一般方法，是将理论转化为方法。在这里，生态学不是作为一门科学，而是一种思想，一种观点，一种特殊的方法。它具有重要的普遍意义①。

曾经叱咤风云的烟草大王褚时健复出后种"褚橙"，发现每棵橙树的产量出乎意料的少，研究后将每亩橙树由上百年来果农普遍认可的 140 多棵砍少至 80 棵左右，结果每棵橙树光照足了、肥料足了、果农投入的精力也足了，果实产量反而逐年增加②。砍树才能增产、提质、添财，这就是运用生态学方法科学种植的典型案例。其中真谛能否移植、指导教育教学的"小班化"与"减负提质"？这很值得教育工作者深思。

（三）生态学模式

生态哲学整体论的世界观带来认识客观世界新的认识模式，即生态学的认识模式。生态学的认识模式是整体化的认识模式。模型是模拟真实世界的某种现象的图式。它可以是文字、图像或数学公式。生态模型对生态系统认识的步骤，即建模的过程是：第一，从思想理论上把握生态客体，用概念、判断、理论描述生态客体；第二，从理论和实践上检验这种认识的真理性；第三，把这种认识应用于实践③。

我越来越重视在全校建构治理模式，也倡导主管行政在各自岗位建构治理模式，多年来实践总结出学校治理模式基本有三层次，简称"治校三模"：建模——建设治理模式，即治校实现有基本的管理常规；健模——健全治理模式，即不断完善治校管理常规；创模——创新治理模式，即治校制度、机制创新以助力特色、品牌的打造。治理有模有样，才能够使学校各层面治理有章可循、有条不紊和提速提效、保质保廉。在深圳小学这所深圳市教育局直属"独生子女"小学任校长近 8 年的时间里，我就利用好独特、丰厚的办学资源建构了"生态教育"的国际化师训模式——每年组织教师参加市教育局举办的海外培训和学校与专业培训机构联合组织的师生海外夏令营，特别是发扬学校已坚持 20 多年的与

---

① 余谋昌：《生态哲学》，陕西人民教育出版社，2000，第 61—63 页。
② 周桦：《褚时健传》，中信出版社，2016，第 350—352 页。
③ 余谋昌：《生态哲学》，陕西人民教育出版社，2000，第 55—57 页。

日本野野市町教育局野野小学开展教育交流的传统,策划推出"中日两校教育交流成果展"和"中日小学教育论坛"等新品牌,有效开阔了教育视野,提升了师能师魂。

必须强调的是,"模"为发展设计了方向或将来应有的样子,如果"模"偏了则开始就出问题了。不像鞋模、帽模等商品类的"物模",生产出来的鞋子、帽子不合市场需求最多只是亏钱,重来就是,"人模"事关人的一生发展和国家民族千秋伟业,建任何"教育模"务必做到科学,真正做到"生态"。1994 年查尔斯·默里(Charles Murray)和理查德·赫恩斯坦(Richard Herrnstein)合著了《钟形曲线》一书,虽然坚持一贯的对智力讨论的"秉承科学的原则",去探索一个人的智商与其社会、经济地位之间的关系,数据全面而且准确,但是所下的不同种族的总体智商一直存在差距,并且理所当然地认为这些差距是由遗传决定的结论,一直以来被有政治诉求的人所利用,加大了本就存在的白人和黑人的社会矛盾①!正如这个案例一样,数据虽全面准确,但做出狭隘偏颇的解读、解释会制造社会问题。同样的道理,假如生态哲学的世界观与方法论是科学的,但人们在应用时认识或理解出现狭隘偏颇,所建构的生态模式也一定是不"生态"的。因此,任何"教育模"事关"人模",事关未来,务必慎重,务求科学。

(四)整体主义

生态世界观认为,整体决定部分,而不是部分决定整体,即部分的性质是由整体的动力学性质决定的,它依赖于整体。因此,生态世界观要求放弃首要次要之分,拒绝以什么为中心,强调的是"互相作用",而不是"主要次要"②。

生态哲学的任务就是要把人是整体的一部分这个通俗的道理告诉给人们③。个体是一个相对的概念,它只有与社会联系在一起才存在。我们需要从个人主义走向整体主义。王选院士援引一位美国著名心理学家的一个公式:"I + We = Fully(developed)I"。他说:"只有把个人融入集体,才能体现完整的自我价值。④"

有对比就有"伤害",有对比也就有觉悟。2022 年 10 月,市教育局组织几个校长内部务虚会讨论"校长教育管理正高级职称"评选条件,其中一条拟定

---

① 塞尔登、阿比多耶:《第四次教育革命:人工智能如何改变教育》,吕晓志译,机械工业出版社,2019,第 73—75 页。

② 余谋昌:《生态哲学》,陕西人民教育出版社,2000,第 186—190 页。

③ 汉斯·萨克塞:《生态哲学》,文韬、佩云译,东方出版社,1991,第 49 页。

④ 王选:《在南洋模范的日子》,《中华读书报》,1999 年 9 月 1 日。

校长所任职的学校五年内要获评两次及以上市级荣誉，有一位区级名校长坚决反对，因为区里学校一般有几十上百所，市里每年评先评优给每个区是有限定指标的，区属学校五年、十年获得一次市级荣誉都不容易！深圳市教育局直属学校平台比一般区属学校平台高出许多，因此学校和教师获得发展和提升的机会多，获奖机会也多。我历来重视骨干教师榜样的引领作用，但也常常告诫荣获多项教育教学奖励、荣誉的骨干教师：没了市直属学校平台的优势与高阶，就没了个人的机会与荣誉，要时刻保持清醒、低调和再接再厉！

（五）生态智慧

人有智慧，自然界本身也有智慧。从大自然进化而来的人类自带"自然商"（NQ）：主张自然界的固有智慧促使我们进化，并协助我们的身体在不经思考的情况下也能够维持日复一日的运作。同样，自然商也会负责带来身体疾病的细胞和病毒的突变。自然商在许多我们几乎无法控制的方面表现出比智商更高的智慧，来确保我们的基本生存和发展[1]。西方学者奈斯说："今天我们需要的是一种极其扩展的生态思想，我称之为生态智慧。……生态智慧，即深层生态学，包含了从科学向智慧的转换。生态智慧是一种智慧的哲学。"生物圈的物质生产，是废物还原和废物利用的过程，是无废料的生产过程，因而它具有持续性。人们学习生物圈的生产过程，设计生态工艺和生态技术，也实现无废料的社会物质生产，就是学习自然界的"智慧"[2]。

生物地球化学的奠基者（Вернадский）曾这样说："我们在经历着一个不只是历史的变化，也是一个星球的变化。我们的生活在朝向'智慧圈'的过渡时期中。"今天，"智慧圈"已经形成，为教育生态增加了新的圈层。智慧圈是人类全部的知识和各种能力的总和，以及这些知识和能力在人们之间的传递而构成的圈层。如果说生物圈对人、对教育主要是提供物质流、能量流的话，那么，智慧圈是提供信息流和智能流[3]。

中国古代哲学提及的"天人合一"、"阴阳之道"、"三才之道"（"三才者，天地人。"这是《周易》在解说世界时提出的世界结构模式）、"和而不同"、"道法自然"等，似乎都是运用"生态智慧"而得来的。就教育而言，有普通高中

---

① 塞尔登、阿比多耶：《第四次教育革命：人工智能如何改变教育》，吕晓志译，机械工业出版社，2019，第70页。

② 余谋昌：《生态哲学》，陕西人民教育出版社，2000，第203—204页。

③ 吴鼎福、诸文蔚：《教育生态学》，江苏教育出版社，2000，第23页。

和职业高中之分，有特殊教育和专门教育之别；就学生而言，也有优生、普通生和后进生之分，有健康生和残障生之别。学校办学或教育工作者施教如何运用"生态智慧"，顺其自然、因势利导，为拔尖人才创设"早发现早培育"机制，为后进生甚至不良行为未成年人创造"静待开花"或"扬长唤醒"宜生土壤，是需要"教育智慧"的。

二、教育生态学

吴鼎福、诸文蔚著的《教育生态学》，著名教育专家鲁洁称赞道："我国第一部以生态学的方法研究教育的专著《教育生态学》问世了，它是教育科学园地上绽开的一朵新花。……进行了跨学科的研究，建立了融教育学和生态学为一体的新理论体系，开拓了教育科学的新领域。"[①] 这本书也是我建构"生态教育"理念的理论指南。

（一）教育生态学

教育生态学是依据生态学的原理，特别是生态系统、生态平衡、协同进化等原理与机制，研究各种教育现象及其成因，进而掌握教育发展的规律，揭示教育的发展趋势和方向。概括地讲，教育生态学是研究教育与其周围生态环境（包括自然的、社会的、规范的、生理心理的）之间相互作用的规律与机理的[②]。

（二）教育生态学的基本原理：最适度原则、生态位原理与教育节律、边缘效应

最适度原则。1911 年美国生态学家谢尔福德（Shelford）提出耐度定律。他认为，一个生物能够出现，并且能够成功地生存下来，必然要依赖各种复杂的条件全盘地存在。如果对其中一项因子的性质或含量加以改变到一定界限，就使一种生物出现灭亡或绝种，这个"一定界限"就是这种生物的耐度。苏联教育家凯洛夫（И. А. Каиров）提出量力性和可接受性原则，强调教育生态个体耐度的"低限"；而苏联教育家赞可夫（Л. В. Занков）提出高难度、高速度的要求，强调了教育生态个体耐度的"高限"。这都涉及生态学的一条基本原则，即教育与教学要贯彻好最适度原则。

教育生态的个体、群体和生态系统在自身发展的一定阶段上，对周围的生态环境和各种生态因子，都有自己适应范围的上限和下限。在上、下限幅度之内，

---

①② 吴鼎福、诸文蔚：《教育生态学》，江苏教育出版社，2000，第2—3页。

教育生态的主体能够很好地发展①。

校长在办学，教师在教学过程中，能够科学掌握和合理贯彻"最适度原则"，办学与教学的效率和质量自然会高。如深圳市的"第一中学"——深圳中学，一般中考招生在全市各高中里头录取的分数线最高，这决定了学校生源综合素质也最好，其校长朱华伟先生（博士、二级教授、博士生导师、中学数学特级教师、享受国务院特殊津贝）在诸多场合强调办世界一流高中及着力探索拔尖创新人才早期发现和选拔培养机制。这是在强调教育生态个体耐度的"高限"。而深圳市育新学校是一所专门学校（以前叫工读学校），招生的对象是初中为主的"不良行为的未成年人"，通俗讲基本存在"两差"（品行差、学习差）和"两难"（一般家长难管、普通学校难教）的情形，没有育新学校招收的话，大部分这种情形的初中未毕业的学生就可能流浪街头或沉迷网吧，甚至干出更出格的事情来！因此专门学校也就成了这些孩子接受教育的最后防线，专门教育也被称为"兜底教育"，使命是教育和转化这些有不良行为的未成年人，让他们"有书读"，最大限度防止他们因过早离开校园或家庭而使行为越来越"偏常"，甚至走向犯罪的深渊。这是在强调教育生态个体耐度的"低限"。

生态位原理。生态位（niche）是生态学上的重要术语，是生态群落内部和外部关系的基础。概括地讲，在一个群落中，每个物种都有不同于其他物种的时间、空间位置，也包括在生物群落中的功能地位。竞争都是处于同一生态位的群体之间发生的，处于不同生态位的群体一般不会发生竞争。在教育生态学中，运用教育生态位分化的原理，发挥处于不同生态位的群体之间、生态系统之间相辅相成、互相促进的作用②。

由此可见，教育对象的不同群体之间、不同个体之间都有属于自己的生态位，就如不能套副犁耙教猴子去学犁田，栽棵大树教水牛去学爬树一样，教育的目标就是要努力为不同的群体和不同的个体创设各自的发展平台，即创设属于他们和他（她）的生态位。美国教育家霍华德·加德纳（Dr. Gardner）提出的多元智能理论，其实与生态位原理是异曲同工的。加德纳提出的人的八种智能是：语言智能、逻辑——数学智能、空间智能、身体——运动智能、音乐智能、人际关系智能、自我认识智能和自然观察智能，而且多数人都只能在一两种智能上有出色的表现。③ 按多元智能理论，有的智能是先天的禀赋，后天不一定能复制、

①② 吴鼎福、诸文蔚：《教育生态学》，江苏教育出版社，2000，第171—175页。

③ Linda Campbell、Bruce Campbell, Dee Dickinson：《多元智能教与学的策略》，王成全译，中国轻工业出版社，2001，第2—5页。

迁移。如，一个学生体育很优秀而文化课成绩总上不来，父母、老师都会这样引导：把体育训练不怕苦的精神和反复练习的方法用在文化课学习上。如果一个体育好的人能这样自身复制、迁移智能，那世界级运动员不都成了文化科学系的"学霸""状元"了？如果人与人之间能互相复制、迁移智能，那不成了千人一面了？教育的使命，就是要了解学生的不同智能，并为其创造适合成长的生态位。

教育节律。自然界存在生物节律（又称为生物钟 biological clock）。据生理学家揭示，人的大脑在一天中有 4 个记忆高潮：第一个是清晨起床后，第二个是上午 8—10 时，第三个是下午 6—8 时，第四个是入睡前的 30—60 分钟。人们了解并使用得当，可获得学习和工作的最佳效益。教育生态学的研究中，表明同样存在教育节律，这主要是因为教育者和被教育者都是人，人是有各种生理节律的。如俗话讲的"一日之计在于晨"，学校据此安排了早读，这是与早晨人的生理节律的状况，特别是与大脑的活动状态有关。一般来说，上午第四节课效果比较差，这与饥饿节律有关，这是不宜安排体育课的原因①。

教育节律是普遍原理，但在教育过程还需加以综合考虑、合理灵活使用。如，为了让学生在上午第一、二节课大脑较活跃期间上需要投入较多思维精力的数学课，学校基本上考虑不了"饥饿节律"，不得不把体育课安排在上午第三、四节或下午，而让学生在紧张学习之后进行体育活动放松精神也是客观的、合理的安排。对于专门教育，学生存在"两差""两难"现状，他们成长的"生物钟"显然相比一般同学走慢了，一味抓他们"对表"跟上一般同学也显然违背了个体的"成长节律"。小时候听大人谈论孩子成长懂事、子女处对象嫁娶的话题时，常常用潮汕这句俗话：时到花就开。对专门教育的孩子们，遵循的教育节律有时就是要"静待花开"。

边缘效应。边缘效应（edge effect）这一科学概念是 1942 年由贝切尔（Beecher）提出来的。1985 年中国生态学家王如松和马世骏将边缘效应归纳为"在两个或多个不同性质的生态系统交互作用处，由于某些生态因子（可能是物质、能量、信息、时机或地域）或系统属性的差异和协作作用，而引起系统某些组分及行为（如种群密度、生产力、多样性等）的变化"。边缘效应以强烈的竞争开始，以和谐的共栖结束。教育生态系统也有边缘效应，一种理解是按生态学上的边缘效应的含义来分析，如单位要保持人才（人员）合理流动，从而保持一个动态边缘，最大程度发挥人的积极性和调节人际关系的和谐性；另一种理解是指现实存

---

① 吴鼎福、诸文蔚：《教育生态学》，江苏教育出版社，2000，第179—181页。

在的薄弱的边缘和荒疏的交汇区，如边薄学校，以及教育的边缘人——教育或教学中被排斥或被忽略的人[①]。

　　现在有的省、市领导评价地方教育绩效或学校办学水平，抬出一个重要指标就是"培养了多少院士"。院士，确实是个人学术，也是母校、故乡教育水平达到一定高峰的重要指标，有学生被评上院士了，肯定是学校办学难能可贵的育人成果！但是，如果评选院士的制度与过程违背"边缘效应"，会不会形成"同质系统"出现"近亲繁殖"？如，全国获评院士人数前五名的省份依次是（数据来自搜狐网，2022 年）：第一江苏（463 名）、第二浙江（395 名）、第三山东（157 名）、第四广东（149 名）、第五湖南（147 名），就是前二和后三省份的院士总人数差别也不是小数字，是否存在"近亲繁殖"现象？此外，学术山头、性格迥异、人情世故等中国的"酱缸文化"，相信多少也会影响院士的评选。国内外知名的杂交水稻之父袁隆平院士曾三次落选"院士"，荣获 2015 年诺贝尔奖生理学或医学奖的中国药学家屠呦呦女士无"院士"头衔，就很值得深思。这些大的暂且不提，每个中小学校几乎都有那么几个坐在课室角落的"边缘人"——双差生，久而久之"边缘化"也许就被"常态化"了，无人问津了。他们是多么需要学校领导和老师走过来、坐下来关注、关心、温暖一下！我到育新学校后针对专门学校的校情和学情，让学生每年度给我布置五道题作为"校长作业"，除了以身作则做作业，更是借此探索构建学生自主、民主参与治理的新时代学校新型治理模式。此举很受学生认可与欢迎。一名初中女生说："长这么大，第一次有校长主动听我们的诉求，还做我们布置的作业！"学校之前就推出"代币制"——学生在德智体美劳各方面有好表现的就奖励校园代币，积累后可以申请奖励自己喜欢的活动，如烧烤、开仿真飞机等；我任校长后又推出"奖肉金制"——把学生爱吃的食堂卤蛋、炒河粉、乳鸽命名为"奖学蛋、奖学粉、奖学鸽"奖励各有精彩的学生，让学生感受到在原来学校感受不到的校园美好生活！有个学生拖地搞卫生被教官表扬和奖励了"奖学蛋"，很幸福地说："在以前的学校，老师只表扬学习成绩好的，其他方面我们做得再好也没人看到和表扬！"

（三）教育生态学的基本规律：迁移与潜移规律、富集与降衰、竞争机制与协同进化

　　迁移与潜移规律。教育生态系统的物质流、能量流和信息流，在宏观上表现

———————————

[①]　吴鼎福、诸文蔚：《教育生态学》，江苏教育出版社，2000，第195—198 页。

为径流，即比较明显的迁移；但在微观上表现为潜流，即不明显的潜移①。

如，一套科技感强的、酷炫的、互动体验好的教育信息技术设备，除了在助力信息技术与教育教学的融合创新方面表现出物质流的迁移功能，还将在引起师生感悟技术、引领变革方面表现出潜移功能。记得20世纪90年代拍摄的《大决战》三部曲中有这样的片段，毛泽东主席对解放战争的进程有这样的评说："抗日战争快不得，解放战争拖不得！"教育担负"为党育人、为国育才"的时代使命慢不得，教育又是"百年大计"须从长计议快不得，需要在"见功效""立竿见影"与"慢功夫""潜移默化"之间找到合理的平衡度。

富集与降衰。在教育生态系统中，也有物质、能量、信息富集的过程。人的思维活动，有一种统摄思维能力，就是用一个概念取代若干个概念的能力，就是信息流富集的典型体现。人们对知识、信息的统摄力集中地表现在应用内涵更为丰富、概括力更强的概念的能力上，就如学习的过程先"从薄到厚"地积累，再"从厚到薄"地升华。与富集过程相反，能量流、物质流和信息流都有降衰的过程，信息流随着距离的增加而减弱，在人体内部是随着时间的延长而衰弱的。所以，学生学习要安排合理的复习，强化对信息流的记忆与理解，防止降衰遗忘②。

富集是一个循序渐进的过程，只有量积累到一定的程度才可能产生质变。因此，教育要防止"揠苗助长"式的急功近利行为。降衰强调教育过程要抓反复、反复抓，特别是针对普遍存在"两差"——品行差、学习差的专门学校学生，教师合理的、适时的"吹哨"和"唤醒"，将有助于学生"充电"和降低"燃点"，从而保持学习和遵纪守法的动能。

竞争机制与协同进化。在教育生态系统的内部和各个大的教育生态系统之间都存在着竞争。竞争有良性和恶性之别，竞争在同一层次之间进行，不同层次一般不存在竞争。竞争的结果，必然优胜劣汰。从进化生态学的观点看，竞争的长效性的后果是协同化。协同化不是表明没有矛盾，而是在新的起点进行新的竞争③。

在专门学校，常见的学生的行为问题的几个突出类型中，有一类是好斗"霸凌"，有另一类是厌学"躺平"。如何运用好"竞争机制与协同进化"的生态规律教育、转化孩子们？针对"霸凌"的学生要强化"协同"教育，即亲和、利他行为教育，特别要强化法治教育，从后果警醒和强化心理教育等源头抓起，防

①②③　吴鼎福、诸文蔚：《教育生态学》，江苏教育出版社，2000，第202，209，217—221页。

止行为"恶化"导致严重后果；针对"躺平"的学生首先要合理强化"竞争"教育，以客观的竞争环境唤醒他们"勇敢参与竞争才能杀出一条血路"的意识，正如天上不会掉馅饼一样，人不可能"躺赢"，再创设平台发展学生特长，唤醒其内心、增强其信心，激发其学习主动性。

（四）教育的个体行为生态和集群行为生态，以及对不良行为的矫正

反从众行为。又称独立行为，正确的独立行为具有坚持真理"反潮流"的精神，但多数怀有独立情绪、意气用事、缺乏理智的现象①。

1980年我读初中时候，就有位男同学常有"反从众行为"，被称为"老吖王"——这个潮州方言词语的意思是好辩论、爱较真，但多是钻牛角尖。一是因为他知识面较广、口才较好，具备实力与人"吖"；二是因为他性格较"倔"，常常享受与别人较真"辩论"获胜的那点快感。一次，物理科老师上课时扩展知识介绍美、苏两国宇航员在太空中的感受，意在激发学生探索太空的梦想。老师讲得绘声绘色，同学们听得津津有味，唯独"老吖王"不信，以一句"老师都没上过太空，叫我们怎么相信您讲的是真的"，一直怼着老师不放。那时，农村初中老师有的是中师毕业，不少是民办转公办，甚至个别是当公办教师的父母退休时"顶职"到学校任教的，自然时不时被个别如"老吖王"一样的学生有理、无理的言行难倒。那时也没电视播放、没 AR/VR/MR 新技术新媒体课件演示，更没航天员执教的"天宫"课堂可观摩，记得物理老师当时也是解释不清，最后用一句"你信也这样，不信也这样"收场。"老吖王"自然也是以为自己又一次得胜了，又享受了一次特别的快感。其实，人只要读了高中辩证唯物主义课程，自然就懂得直接经验和间接经验都是学习的有效途径这一道理了。

侵犯行为。指故意伤害他人身心健康的行为，可分为敌意性侵犯和工具性侵犯。如某同学为受欺负的同学打抱不平收拾那个欺负人的同学，就是敌意侵犯；为引起别人注意而习惯侵犯别人就是工具性侵犯。

学校就曾经出现一个"工具性侵犯"的典型案例：Y 同学体育课集队时违纪被老师当众训了几句，就点着杂物追烧老师，被制止后听不进去劝告，还暴跳如雷，冲出学生成长指导中心主任办公室，想要翻越栏杆跳楼；时不时撩拨同学，同学反抗就出重手甚至抄家伙袭击人，曾导致同学受伤半夜送医院报警。学校心理科组分析该学生患有抑郁症和暴躁症，学校很难教育、转化，存在较高安全风险。学生成长指导中心据此引用教育部相关中职生管理办法，建议予以劝退。我

---

① 吴鼎福、诸文蔚：《教育生态学》，江苏教育出版社，2000，第230页。

当时刚到学校任校长，对专门教育还不甚清楚，但从近 30 年教龄和任职中小学校校长（教育局处长）近 20 年资历的从教生涯中，感悟到劝退或开除一名学生务必十分慎重，何况专门学校肩负"兜底教育"的特殊使命，就应该有情怀、有能力包容及教育、转化"不良行为的未成年人"，否则学生可能就没其他学校可接收、没书可读，要过早走入社会，甚至可能"混迹"社会了！于是，我请来班主任 H 老师了解情况及征求意见。H 老师哭着反对劝退学生，说接班后在 Y 同学身上投入大量教育、转化工作，比起初中、高一时 Y 同学已进步很大，特别是现在师生已建立了较好感情，Y 同学也就服她管教，如果劝退他了，也许他就真的没前途了，自己会为此愧疚一辈子，哪怕再辛苦也想陪伴 Y 同学至中职毕业！H 老师还用乞求的眼光看着我说，请校长相信和支持她的请求。一位普通教师对专门教育有着如此深厚的情怀和强烈的使命，确实震撼了我这位新到任校长的心灵！我支持了 H 老师，H 老师也不辱使命。两年后 Y 同学顺利考上省一所大专职业院校，当年教师节还专程回学校看望 H 老师，以及关心过他的主任与教师。看着发在群上的师生合影洋溢着教师的爱心和学生的感恩之心的幸福的笑容，经历过的人们也许更深刻地体会到德国哲学家雅斯贝尔斯所说的那句名言的真谛：教育的本质，意味着一棵树撼动一棵树，一朵云推动一朵云，一个灵魂唤醒一个灵魂。

集群行为（collective behavior）。集群行为是在人们的激烈互动中自发产生的，无指导、无明确目的，不受正常社会规范约束的众人行为，在中国一般称为集体行为。集群行为的前提是要有许多人为一个共同感兴趣的问题而聚集在一起，并发生直接的、紧密的接触，甚至产生激烈的互动，容易产生思想和情感的一致，而且往往把目光限制在狭小的范围内，不易接受其他的刺激。集群行为有纠偏的正向行为，有跟风的中性行为，也有破坏的反向行为。在集群行为发生的过程，有两个重要的机制，一是情绪感染，二是模仿[1]。

学校是人群聚集的地方，更容易产生集群行为，有必要加强研究集群行为以预防不良的集群行为，引导良好的集群行为。深圳的教师来自全国各地，俗话讲"物以类聚，人以群分"，教师集体存在老乡群和校友群、同龄群和同趣群等人群聚集现象很正常，要注意引导的是：一方面防止因评先评优、职称评聘等个人利益发生同位竞争时，某些人群聚集放大竞争矛盾，使小事化大，大事化"炸"；一方面防止个别人群聚集引发"无是生非"的言行，他们好对工作、对领导、对其他教师特别对先进典型妄加评议甚至非议，带偏集体风气。深圳市育

---

[1]　吴鼎福、诸文蔚：《教育生态学》，江苏教育出版社，2000，第 241—243 页。

新学校数学科优秀的杨老师连续三年参加深圳市"年度教师"评选，屡败屡战，勇气可嘉，终于在第三年勇夺 2021 年度深圳"年度教师"光荣称号。这是深圳市教师的最高荣誉，每年才评选 5 名中小学教师，每位奖金 10 万元！三国时魏国文学家李康的《运命论》有金句流传至今："故木秀于林，风必摧之；堆出于岸，流必湍之；行高于人，众必非之。"杨老师两度评选不上、自认为是遇到"人生至暗时刻"之时，不排除还有人私下在看"笑话"。但等到终于评上了的时候，确实有人开始说"闲话"：评选视频介绍杨老师总结了一套针对专门学校职高学生行之有效的数学教学法——"杨姐数学"，以前共事这么多年怎么没听说过？俗话讲："生了孩子，还要取好名字。"参评者在参赛前对自己多年来的教育教学经验进行提炼、概括后取个好名字，利于打动评委并与其他参评者在同台比对、竞争中突显自己的优势，这本是实招、高招！"年度教师"的参评教师都代表着自己的学校、自己的区，适当地把本校、本区教育教学的先进理念、经验有机融进参评材料里，也不会违反参评原则。说"闲话"者根本就不晓得这本来就是在展示参评教师的教育智慧、教育使命，以及作为"年度教师"的代表性、示范性！学校职称评聘历来客观存在同一生态位的不同程度的利益竞争、矛盾冲突。紧接着，据教师们反映，有人开始说"气话"了。原因是学校职称评委有一位成员出差了，杨老师被顺位替补参与评委工作，参评老师们可能就把上下得失的结果归功或归咎于杨老师"关键一票"的身上了，甚至有人说她评"年度教师"的材料主要讲做好专门学校学生教育、转化的工作和成绩，存在造假行为，理由是杨老师主要从教的学校职高不做专门教育，初中才做。更有甚者，连个别校领导也在向局领导汇报工作时，特意指出杨老师评选"年度教师"讲做专门教育的材料是造假！教师为何把评不上高一级职称的责任几乎推在杨老师身上？要知道评委是有坚守公正公平的纪律的，评审规则是评委们"无记名投票"的，评委个人是没权力私自对外发布任何评审过程与结果的信息的。难道评前有人违纪私下通气，评后有人跑风漏气？其中到底有什么文章这里不作揣测。因涉及切身利益，参评教师说点"气话"，以及生气时说些不太理性的话，都是可以理解和包容的；然而，不能理解和包容的是：作为主管专门教育的校领导、学校职评委的领导，自己每月也多拿着基本工资 30% 的"专教津贴"，难道自己也拿钱不干活？学校职高就是为配套初中专门教育而创办的，还有国家规定专门教育的对象是 12～18 周岁，即包括职高学生在内的有"严重不良行为的未成年人"，作为主管专门教育的校领导，难道连办学的定位、功能和教育的对象、办学的历史都搞不明白？专门学校的学生比较特殊，意味着教师职业生涯基本不可能享有普通重点学校教师的高光时刻，而且为了保护学生的尊严和隐私，教师们教育、转化成效再大，基本也只能是秉持毛泽东诗词《卜算子·咏梅》所描述的 "俏也不争春，只把春来报" 的高境界，讲求默默奉献的教育情怀，作为校领导不出力去局领导那里为自己的老师争取利益、荣誉，怎还忍心去局领导那里给拿 "专教津贴" 干 "专门教育"，并为学校创造了历史性成绩的自己的优秀老师 "打小报告"？如何引导良好的集群行为？答案是倡导校园生态舆论，即鼓干劲、正风气、展形象的言论；对带偏节奏、影响正风的舆论，要果断启动机制，该坚持的原则不退让，可灵活的措施要全上，及时管控情绪，防止群体感染和模仿。如以上职评引发矛盾案例，我很重视每一位教工对切身利益的诉求，马上开会调查处置，但 "复盘" 后发现整个评审程序合理规范，就坚持原则维护评选结果；个别未评上高一级职称的教师的诉求有合理部分未得到满足，源于教代会或全体教工大会通过的评审制度有时代局限性的，就当场表态后续学校尽快启动修改职评方案，交教代会或全体教工大会表决通过后实施，以更完善职评制度，保护更多教工的切身的、合理的权益。

不良行为的矫正。广义的行为矫正包括行为训练和行为的矫正、治疗。行为训练是道德实践（练习）的一种方式，教育者指导学生，通过练习，养成符合社会公德和学校常规秩序的行为。而行为矫正、治疗是当今世界上比较风行的一种心理治疗技术，它借助仪器，通过视觉和听觉的生物反馈，调节患者的行为反应，以减轻或消除病患。学校主要对学生的不良行为进行训练与培养、教育与转化。按照生态教育学的观点，首先，要创造一种良好的、社会的、规范的环境，要形成良好的社会风气和道德风尚，使学生耳濡目染获取催人奋进的信息；其次，文化是能够深入到学生灵魂的重要的生态因子，要注重营造浓厚的校园文化；再次，要加强心理健康教育，教育学生要在理解的基础上因势利导；最后，通过强化训练养成日常行为规范[①]。

对学生不良行为的矫正，是普通学校的需要，更是专门学校的使命。专门学校一方面要综合利用自身教育资源打造学生不良行为矫正的品牌。深圳市育新学校有独特的 "一体两翼" 办学模式——专门教育为主体，配套服务专门教育的深圳市中小学德育基地和深圳市新鹏职业高级中学为 "两翼"，其中德育基地承担全市直属高中学校高一新生军训已成为学校的教育品牌，曾先后获评教育部国防教育 "特色学校" 和 "示范学校" 荣誉。学校因地制宜正全力打造 "四轮驱动" 育人模式，铸造 "育新特质" 育人密码。"四轮驱动" 即是提升学生的文化素养、职业素养、信息素养和军事素养四方面素养，力求该模式成为学校新时代

---

① 吴鼎福、诸文蔚：《教育生态学》，江苏教育出版社，2000，第253—254页。

育人密码，使培养出来的学生能拥有明显有别于其他职高和专门学校的独特气质。其中，为提升学生的军事素养研发了高一的"和谐生长"、高二的"和而不同"及高三的"不负韶华"系列校本课程，且已连续三年坚持每学期第一周开展全员军事素养教育活动。学校日常管理，实行班主任、教官"双岗带班"制度，也一直坚持探索"小班化""准军事化"管理模式，学生集会、出操等集体活动也要求体现军事素养、展示军人风采。现在不但能在坐姿、走姿方面看到学生不一样的形象气质，还能在意志、品质方面感受到学生不一样的精神气质。

2. 智慧教育与互联网思维

信息技术迅猛发展，引领着社会各领域的发展变革，如手机由"功能"机向"智能"机发展一样，各行各业也在技术的引领下由功能走向智能，进而升级为智慧，如城市治理的"智慧城市"、交通管理的"智慧交通"和医院管理的"智慧医院"等。习近平同志指出："人才是创新的第一资源"[1]。技术发展要依靠教育培养出人才，教育从事启迪人的"智慧"的神圣事业，自然要与技术互生互长，也必然要在技术支撑、引领下走向"智慧教育"。

一、两条定律

（一）摩尔定律

摩尔定律是1965年由英特尔创始人之一戈登·摩尔（Gordon Moore）提出来的，其内容为：当价格不变时，集成电路上可容纳的元器件的数目，每隔 18～24 个月便会增加一倍，性能也将提升一倍。

（二）贝索斯定律

贝索斯定律是2014年以亚马逊首席执行官贝索斯的名字来命名的定律，它的定义为：在云的发展过程中，单位计算能力的价格大约每隔3年会降低50%。

摩尔定律和贝索斯定律都揭示了信息技术进步的惊人速度。这两条定律是我接触教育信息化后最早、最深，也是最久——至今都在影响着我工作与生活的观念与思维：在信息技术面前，要永远做小学生；在信息化时代，教育工作者必须

---

[1] 习近平. 习近平谈治国理政（第四卷）［M］. 外文出版社，2022：538.

建构信息化思维、互联网思维。这两条定律给人们带来"技术引领社会变革"的启示，更给教育人带来"教育信息化引领、支撑教育现代化"的启迪！2016年广东省教育厅在深圳市举办首次广东省基础教育信息化现场会，时任厅长的罗伟其先生在强调教育信息化的重要性时说："教育信息化谁先用谁的教育就领先，教育信息化一步落后，教育就步步落后！"在这不久之前，教育部基础教育司在湖北省召开中西部基础教育信息化研讨会，湖北某县教育局局长就大赞我深圳市南山区教育局领导的先见之明：20世纪90年代初，那时他还是科员陪教育局局长到南山区参观学习，南山区时任教育局局长就提出要做"现代化、国际化、信息化"的教育，那时湖北西部绝大多数学校的教师连电脑都没见过，他还很惊叹深圳教育理念的前瞻性！

二、智慧教育

信息技术引领、支撑下的"智慧教育"怎样理解，专家们至今没有定论；智慧校园到底应该怎样建设，各地各校至今也只是走在探索的路上。这也印证了一句行话：教育信息化永远在路上。我在主管深圳市教育信息化工作的近七年里，经常从网上文章、线下专家报告 PPT 中见到引用马云说的话："看不见""看不起""看不懂""来不及"。此话是否马云所说已不重要，重要的是话里有"道"。当然，引用者基于各种目的引用这句话，有讲洞察抓住商机的，有讲重视应用信息技术引领行业变革的，有讲跟不上新形势会导致落伍的，等等。元代范梈《王氏能远楼》诗句"人生万事须自为，跬步江山即寥廓"写得好，面对新生事物，主动拥抱并且勇于迈出哪怕一小步，就有可能领略到现代诗人海子那首著名的诗歌的题目——《面朝大海，春暖花开》所点题的开阔胜景。面对新生事物，我们要避免出现宋代名将岳飞《满江红》词句所描绘的结局——"莫等闲、白了少年头，空悲切。"

（一）互联网思维引领教育未来

美国杰的伦·拉尼尔（Jaron Lanier）具有多重身份——他不仅是畅销书作者、虚拟现实之父，还是当代最具影响力的思想家之一。同时，作为一个计算机科学家、音乐家和数字媒体先驱，杰伦·拉尼尔几十年来一直运用他的知识和经验来预测科技是以何种革新方式来改变我们的文化。

杰伦·拉尼尔在《互联网冲击》一书中，对于网络技术对经济造成的影响，进行了卓有远见的预测。拉尼尔断言，数字网络的崛起会造成我们经济的衰退，并且摧毁中产阶级。如今，科技已经征服了一个又一个行业——从媒体到医药业，再到制造业。我们的就业形势和个人财富都将面临更加严峻的挑战。但还有另外一种方法能够让科技影响我们的未来。在本书中，作者不仅展现了他的雄心壮志，而且也处处体现着他的人文关怀。拉尼尔指明了一条新信息经济道路——即使你是这个网络世界中的普通一员也能从中受益。

教育工作者如何从本书中提及的互联网思维得到启迪受益，学会建构教育互联网思维，以实现趋利避害、扬长避短推进教育信息化工作，借力新技术引领教育实现正向变革的目标呢？

复制、混搭和双向连接。关于剪切、复制和粘贴这三项激活功能人们已经完全熟悉。在数字权利社会里，从网络上复制文件的权利被认为是言论自由的一种形式。互联网甚至被描述成一种巨大的复制工具。互联网可以创造一种更加复杂的路径取代阅读作者的原创作品，但没有删除或丢掉原文。这或许就是我们今天所说的"混搭"理念。作者还认为，这也是人们第一次意识到数字系统可将传媒聚集在一起，并对其进行再次包装，以此促成新型写作和表达方式。伴随混搭技术而来的是版权、真实性、理性和道德约束、法律规范等问题。在双向连接的网络里，每个节点都知道与它相连的其他节点。双向连接会保存语境，即存储网络信息，这些信息通常给文化和经济以最大的影响。在某种程度上，双向连接是一个技术问题，必须不断地更新它们，尽量避免某个人与你断开连接。如果双向连接已经存在，你将能立即查看谁正在与你的网站或线上作品连接。理所当然，你会遇见与你志同道合的人①。

关于复制。复制是每个玩过智能手机或平板的人（包括幼儿园小朋友）都能理解的概念和操作，特别是很多教师为了让学生多练习以提高应试能力，又要避开给学生购买教辅资料碰触"双减"高压线，以前是复印，现在是下载学习资料给学生。但是，在二十世纪七八十年代我们读中小学的时候，没有购买或复印、下载学习资料的概念，只有"抄"的概念。罗大佑的经典校园歌曲《童年》就有那个时代教师课堂教学的生动传唱："黑板上老师的粉笔/还在拼命叽叽喳喳写个不停/等待着下课/等待着放学/等待游戏的童年。"教师在黑板上用粉笔拼命抄题，学生在下面用圆珠笔拼命抄老师抄的题。有时前一节上课的老师因抄题拖堂了，还惹得下一节上课的老师着急恼火，导致两位教师在教室当着学生的面打起嘴仗来。那时绝大多数老师都很负责任，都不计较有无课时补助抢课上，也都靠拼命抄题提高所教科目学生的成绩，学生见惯了教师之间因抄题拖堂打嘴仗的事情，知道教师们都是为了学生学习进步开打"善吵"而非"恶战"，不但不着

---

① 拉尼尔：《互联网冲击》，李龙泉、祝朝伟译，中信出版社，2014，第223—230页。

---

① 拉尼尔：《互联网冲击》，李龙泉、祝朝伟译，中信出版社，2014，第223—230页。

急，反而当场笑看风云起、过后都付笑谈中！学生真正因为教师抄题着急的是上午第四节课，那时日子穷肚子油水少，到了最后一节课肚子一直都在打鼓了，下课铃响之前都已做好起跑的姿势了，巴不得铃声一响马上奔到食堂领饭菜吃。上千名正值青春饿着肚子的少年鱼贯下楼奔向食堂的阵仗，使人联想起唐代诗人李白《将进酒》开篇那句"君不见黄河之水天上来，奔流到海不复还"的气势。但往往事与愿违，下课铃响的同时听到老师的口头禅"好人沉稳，好货沉底"，同学们就知道还要再坚持一下抄完最后一两道最精华的题才能下课吃饭了，自然一下子都沉稳不住了！那时，大多同学都有一个本子专门用于抄歌，热衷于此的同学还经常半夜抄歌、休息日抄歌，抄了厚厚的几本，字迹也比任何作业工整。语文老师经常讲评作文时都会带着恨铁不成钢的语调说："你们抄了那么多美妙的歌词，怎么就不会借鉴一下，写出几句美妙的文句？"老师哪里知道，学生抄歌哪里是为了写好作文？一样的道理，学生半夜抄歌的干劲怎可能"复制"用到最后一节课下课时的"挨饿时节"的抄题？

从人工的抄写到技术的打印与复印，下载与"复制"，再由转发与群发等技术应用场景，现在看似简单，其实经历了很长、很难的历程，也伴随着各自的故事向前发展。新技术也带来新思维。现在的复制已经超越"复制"这一技术指令，上升到一种思维、一种方法。如谈到改革或试点，往往提及探索、提炼出一批"可复制、可推广"的成果。

关于混搭。混搭类似跨界融合，现在也成为一种新理念与新方法，不但指导着人们在健康饮食、时尚衣着等方面"混搭"出新成效，更指导着各行各业利用新技术创造新业态。2015年7月4日，李克强总理签批、国务院印发《关于积极推进"互联网+"行动的指导意见》推动互联网的创新成果与社会各领域的深度融合，力求各行各业基于"互联网+"的跨界融合，而且不是简单的"1+1=2"，而是力求融合创新，创造出各行各业发展的新业态。在教育信息化进程中，在电化教育阶段有过姓"教"还是姓"电"之争论，在教育信息化阶段又有了姓"教"还是姓"信"之争论，不少人认为新技术不管多先进多好用，教育永远是第一的，技术永远是辅助的，应该把教育放前面叫"教育+互联网"，不应该把互联网放前面叫"互联网+教育"。有这种认识的人还是把信息技术、信息化简单当作一种技术手段，而不是上升到引领各行各业发展的一种新思想、新方法。习近平主席就此曾结合新闻媒体融合"互联网+"存在的问题明确指出："有的是'+互联网'，而不是'互联网+'，只是将传统媒体和新媒体作简单嫁接，'左手一只鸡，右手一只鸭'，没有实现融合。融合发展关键在融为一体、合而为一"①。深圳市南科大第二附校的唐晓勇校长是一位在探索"互联网＋教育"方面的勇为者和有为者，其在"混搭""跨界融合"方面的做法是"统整"。什么是统整？统整包括学科内统整、跨学科统整，以及超越学科的主题统整。授课方面，学校采取教师合作制、项目负责制，打破了各科老师课堂教学"老死不相往来"的局面。还是在 2018 年，南科大第二附校虽然建校仅3 年，但其"统整项目课程"已颇见成效；2017 年该校发起"统整项目课程全国教师培训计划"，全国 20 多个省市近百所学校参与统整项目课程联盟；2015年、2016 年"统整项目课程"连续两年入选全国基础教育信息化应用现场会，被教育部作为"互联网＋"背景下课程创新案例向全国推广。

关于双向连接。泛在学习（U-Learning），顾名思义就是指每时每刻的沟通，无处不在的学习，是一种任何人可以在任何地方、任何时刻获取所需的任何信息的方式。就是利用信息技术给学生提供一个可以在任何地方、随时使用手边工具来进行学习活动的 4A（anyone，anytime，anywhere，anydevice）学习。学校要提供足够的智慧连接的硬件与软件，教师要善于利用这些智慧设施设备，一方面如建构教师魅力一样善于提升连接对学生的"粘力"，另一方面如课堂上调动学生学习积极性一样善于提升学生对连接的"粘性"。学校和师生做到这样了，信息技术就支撑、建构了智慧教育环境，有效助力师生泛在教学向前发展。有的教师就善用博客、公众号，将之打造成课堂教学的外围阵地、师生良性互动的桥梁纽带。深圳市育新学校信息科组长、英语老师蔡雷，就跨界融合创立英语自媒体"蔡雷英语"，关注度居全国同类自媒体前 50 名，有效助力学生学好英语、教师教好英语。

（二）互联网＋时代的教育信息化：超越与变革

华南师范大学柯清超教授著的《超越与变革：翻转课堂与项目学习》指出：网络时代下，各自突破传统课堂的新型教育教学模式不断涌现，如翻转课堂、网络化自组织学习、项目学习、大规模在线开放课程等，其核心是应用互联网的新技术与新思维拓宽教学时空，创新教学组织方式，构建新型课堂与教学形态。翻转课堂重新定义了课堂的概念，基于项目的学习重新定义了学习的概念，大规模在线开放课程重新定义了课程的概念。学校教育吸收在线教育的新理念、新方法，推动学校教育与在线教育的深度融合，实现"互联网＋"时代学校教育模

---

① 中共中央党史和文献研究院编《习近平关于网络强国论述摘编》，中央文献出版社，2021，第 69 页。

式的变革与创新①。

学校由封闭走向开放。网络技术改变了人类存储、创造、分享与传播知识的方式，推动了知识全球化发展，使得传统的课堂受到了强烈的冲击，教学环境由原来的封闭教室演变为自由开放的教学时空，传统的师授生接的教学方式也逐步演化为多样的自组织学习、个性化学习。学校整合了网络新型教学方式，能够更好地实现学校群体化课堂教学与学生个性化学习的融合②。

2020年至2022年12月新冠病毒肆虐，因为时不时地封闭校园、封控小区，使得多少学生无法像往常一样坐在学校课室里听课学习，好在有网络课堂可以救急，令学生们可以居家远程上网课，把客厅、书房或卧室变为"教室"。这就是网络拉阔了学习的空间，使得"暂停返校"但不"暂停教学"变为现实。学生们居家学习导致心理健康、亲子关系、学习达标等方面出现各种新状况，这是另一方面要研究的问题。

翻转课堂。翻转课堂的核心目的是应用网络连接技术，实现对知识传授和知识内化这两个教学环节的优化，重构课堂教学中的教师角色、课堂时间安排和教学流程等要素，实现对传统课堂教学模式的改革与创新。如可汗学院（Khan Academy）的翻转课堂式教学，学生晚上在家自主观看可汗学院网站的教学视频来学习新知识，第二天回课室做作业，遇到问题时与同学和老师讨论，与传统教学中白天听课、晚上做作业的教学方式完全"颠倒"③。

2013—2018年我负责深圳市教育信息化工作，其中两三年正好赶上"翻转课堂"热潮，各地专家来作报告，专业机构来洽谈业务，商业公司来推销产品，很是热闹。这也从另一侧面见证深圳教育的开放性与前瞻性，深圳教育市场蛋糕的口味多和商机多。但后来发现，哪怕当时教育部还未禁止中小学生带手机进校园，但全寄宿的普通中学生在校学习、生活时间安排很紧，几乎没时间借助手机看"翻转课堂"。走读的中小学生回到家完成每日作业已到半夜，也是没多少时间再看"翻转课堂"预习功课，学校的教师除了承担试点工作的外，绝大多数教师每天都满工作量，也是无时间与精力用来制作"翻转课堂"的微课的。结果就呈现这样的"中国特色"的"翻转课堂"观摩课：执教老师在课堂开始播放讲解重难点的5分钟左右的微视频，之后答疑解难，再堂练让学生消化重难点。这不是把教师"屏前讲"机械代替为"屏上讲"吗？显然这是为"翻转"

———————————

① 柯清超：《超越与变革：翻转课堂与项目学习》，高等教育出版社，2016，第1页。
② 柯清超：《超越与变革：翻转课堂与项目学习》，高等教育出版社，2016，第1—2页。
③ 柯清超：《超越与变革：翻转课堂与项目学习》，高等教育出版社，2016，第3页。

而"翻转"、为"技术"而"技术"，不是信息技术与教育教学融合创新的教学新模式。"翻转课堂"在基础教育的试点热潮结局自然是以"雷声大"开端，以"雨点小"收尾。正如"淮南柑、淮北枳"一样，"翻转课堂"项目也体现了国内与国外教育制度的不同、教育观念的差异。但该项试点也不是没有意义，它为2020 年开始的新冠病毒全国肆行造成的师生"暂停返校"而启动的"上网课"打下了课程设计、技术录制和播放操作、远程互动等教育信息化基本功。深圳市因在"网络课堂"建设、"翻转课堂"试点、教育云创建等方面走在全国前列，也造就教师在教育信息化应用方面综合信息素养较高，再加上腾讯、华为及三大运营商在设备、技术、网络及运维服务等方面已具备强大的服务功能，疫情期间深圳市的"网课"不但没有出现一宗教学事故，还全过程流畅平安、精彩纷呈、特色鲜明，彰显了教育信息化支撑、引领教育现代化的魅力。

项目学习。项目学习是一种把项目管理的理念应用于教学中的教学模式，它强调以学生为中心，强调学生在教师的指导下围绕现实生活中的真实问题，让学生扮演特定的社会角色，运用学科的基本概念和原理，借用多种资源、工具和技术，通过观察、调查、探究、交流、展示、分享等方式开展实践探究活动，解决一系列问题，从而获取知识和技能。随着网络教学应用的普及，项目学习与网络技术融合，形成另一种超越传统课堂、以学生为中心的新型教学模式[1]。

由柯清超教授指导、深圳市南山区唐晓勇老师领衔执教，曾获 2009 年微软在巴西萨尔瓦多举办的"全球创新教师论坛"创新教学项目大赛第 3 名的"蚂蚁行为探究"项目，可谓"项目学习"的代表。该项目主要面对小学3～6 年级学生，在代表东、西部的深圳和甘肃两地组织学生通过观察、实验探究等方法对蚂蚁活动、觅食、交流等行为进行探究，并通过网络及时分享探究过程和探究发现。在整个活动过程始终以问题为纽带，让两地学生在共同探究中不断发现问题，并围绕问题进行协作研究，进一步探索发现蚂蚁的行为特点。最后，两地学生共同撰写《我们的"昆虫记"——蚂蚁篇》。学生通过该项目的开展，了解了蚂蚁的行为特点与生活规律，培养了初步的实验设计、控制操作、观察分析与协作研究等方面的综合能力。

（三）人工智能改变教育

英国安东尼·塞尔登（Anthony Seldon）、奥拉迪梅吉·阿比多耶（Oladimeji Abidoye）合著的《第四次教育革命：人工智能如何改变教育》得到教育部高等

---

① 柯清超：《超越与变革：翻转课堂与项目学习》，高等教育出版社，2016，第3 页。

65

学校机械类专业教学指导委员会主任委员、辽宁省科协副主席、东北大学校长赵继教授，科大讯飞股份有限公司执行总裁吴晓如博士等几位知名人士、专家的推荐，足见其在信息技术与教育教学融合创新方面的引领价值。

传统教育的五大难题。以前习惯把具有划时代意义的标志性的技术出现称为"工业革命"，并称为第一次工业革命、第二次工业革命……现在流行把事物发展升级的不同阶段称为 1.0、2.0……所谓工业 4.0（Industry 4.0），是基于工业发展的不同阶段做出的划分。按照共识，工业 1.0 是蒸汽机时代，工业 2.0 是电气化时代，工业 3.0 是信息化时代，工业 4.0 则是利用信息化技术促进产业变革的时代，也就是智能化时代。作者在书中因应"工业革命"提出"教育革命"的概念，并认为前三次"工业革命"给教育带来了巨大变革，但也存在亟待解决的五大问题：未能克服根深蒂固的社会阶层固化问题、教育制度僵化问题、教师因行政而不堪重负问题、大班教学抑制学习的个性化和学习的深度问题，以及教育的同质化和缺乏个性化问题[1]。

人工智能将给教育带来革命性变革。因应"第四次工业革命"，即工业 4.0 智能化时代，作者希望教育工作者务必更加警醒"第四次教育革命"！因为以上传统教育的五大问题，有可能在人工智能的支撑、引领下，得到有效的解决。下文着重介绍"个性化学习"和"未来学校"。

1. 个性化学习

传统的教育在取得伟大成就的同时，也日益暴露明显的弊端：大班教学教师无法充分了解每个学生，抑制学生学习的个性化和深广度；全球的多数学校对非认知技能教育的边缘化，把对认知技能的关注列为学校教育使命的核心，导致教育的同质化；结果是，过分关注智力发展和知识积累，这多少损害了学生的创造力、身体素质和精神。

该书作者认为，人工智能是有望改变教育在个性化学习方面落后现状的先进技术，并借英国教师西蒙·巴尔德森（Simon Balderson）的话预言："我们认为，教师的角色将不断演变……人工智能将管理每个学生的数据，为每个学生提供符合个人情况的学习计划。"[2] 书中重点介绍了以下几种有助个性化学习的新技术。

① 塞尔登、阿比多耶：《第四次教育革命：人工智能如何改变教育》，吕晓志译，机械工业出版社，2019，第 40 页。

②④ 塞尔登、阿比多耶：《第四次教育革命：人工智能如何改变教育》，吕晓志译，机械工业出版社，2019，第 141 页。

（1）人脸识别：该技术开始用于识别和解释人类的情感以及了解学生何时感到惊讶、困惑、兴奋或无聊等，对于学校在早期诊断学生的问题将具有相当大的价值。

（2）量子计算：量子技术可以同时解决数千个复杂的问题，在未来 10 年内，将会帮助机器更精确地了解学生个性及其个性化的学习需求。

（3）物联网·云计算·大数据·区块链：物联网可以监测我们的身体、心理和情绪健康，提供问题的早期预警；借助物联网收集的数据，经过云存储和云计算对海量数据的挖掘，比对、筛选出可靠的结论①；进而利用区块链技术善于收集学生的各种成绩的功能，为学生建立个人成长电子档案，给未来升学、就业提供一份可靠的个人贡献记录，这比第三次工业革命时期的个人推荐信要详细得多，也可靠得多②。

2. 未来学校

未来教育、未来学校是近几年教育界的流行语，也是中小学建设探索的新热点，但基本还停留在概念的探索或点的实验的层面。如有的学校建一个自动录播教室就称为"未来教室"；有的学校在教室摆了几台 3D 打印机等设备就称为"人工智能实验室"；有的学校引入"未来"概念，还未开办，只是在校园设计阶段，因有某些"造型"区别于传统校园，有独创、新颖之亮点就急忙向社会公布将办一所"未来学校"。我们不能认为以上列举的"未来学校"构想、构造显得如此稚嫩、肤浅就简单予以否定！没有"概念"未来，怎有"实体"未来？没有"点"的未来，怎有"面"的未来？"中小学必须为未来做准备，但却不清楚未来是什么。"④是的，中小学现在虽不清楚"未来是什么"，但必须做准备，做探索。

该书介绍了 5 所"未来学校"的前驱：美国 4 所，印度 1 所。我很奇怪的点有二：一是英国作者怎么没介绍英国的代表性未来学校？是如我们一样"外国的月亮比中国的圆"的"崇洋媚外"心理作祟，还是英国教育信息化真的落后了？二是中国教育信息化近十多年发生翻天覆地的变化，作者是没发现还是持有"双标"看教育，在亚洲偏偏选择介绍印度的教育信息化和未来学校？不过，在该书

---

① 塞尔登、阿比多耶：《第四次教育革命：人工智能如何改变教育》，吕晓志译，机械工业出版社，2019，第 103—110 页。

② 塞尔登、阿比多耶：《第四次教育革命：人工智能如何改变教育》，吕晓志译，机械工业出版社，2019，第 197 页。

所推荐的美国 4 所未来学校很有参考借鉴价值。

（1）阿尔特学校（Alt Schools）：学校创始人自我评价其"既不是一所学校，也不是一家初创企业，而是一所'全栈式教育公司'。""全栈"是技术领域的术语，意思是全面。公司的员工有三分之一是教育从业者，三分之一是工程师，还有三分之一是经营负责人。教师不需要备课、组织课堂讨论、展示材料或测验打分，只需要在空余时间关注每个学生的学习进度，解决他们各自的难点，然后比"工厂模式"更深入地分析他们的学习成绩就可以了。

（2）萨米特公立学校（Summit Public Schools）：这是一所由各学校组建的公立校园网，至 2017 年已经有超 2 万名学生在 27 个州使用这一远程学习平台。在萨米特公立学校，学生会用靠技术省下来的时间进行项目学习。在教师的指导下，项目学习一般会占用一半的学习时间。

（3）一人学校（SO1）：此学校由六所学校参与，运用学习算法为学生制定独一无二的每日学习计划，特别是开发了"新教室"扩大了 SO1 的教学模式，实现了"一对一教学"。

（4）可汗实验学校（KLS）：学校在开发在线课程上贡献卓越。学生不会整天坐在教室里，也没有作业和测试，更不会按年龄来划分年级；他们共享公共空间，就像现在的开放型办公室一样。他们在自己的个人平台上按照软件提供的最佳进度和最佳方式完成个人的学习目标。[①]

概括讲，未来学校有以下四个标志性特征：信息技术的支撑与引领、教育资源线下与线上的共享方式、学习的个性化和泛在化、评价的智慧化和精准化。国内教育信息化在教育资源线下与线上混合共享方式，以及利用线上共享优质教育资源助力教育优质均衡发展方面的探索，也取得可喜成效。宁波和深圳是这方面的代表。

（1）宁波的"甬上云淘"。我曾应宁波电教馆之邀出席"甬上云淘"发布仪式。2017 年 1 月 6 日浙江新闻网也曾用醒目标题《全国首个！宁波打造教育界的"淘宝商城"》报道此事：

　　逛淘宝，已成为多数人的日常。但"淘宝"课程，你试过吗？
　　1 月 5 日，全国首个教育资源的网络商城——"甬上云淘"正式在宁波发布上线且面向全国。据悉，"甬上云淘"采用政府主导、监管和引导，企

---

① 塞尔登、阿比多耶：《第四次教育革命：人工智能如何改变教育》，吕晓志译，机械工业出版社，2019，第 144—149 页。

业运营的模式，将全国的知名教育信息化企业和名校名师聚集起来，在满足教育公益化需求的前提下，对部分特色化、个性化的学习资源实行市场化运作。由此打造一个规范的教育资源交易平台，助力教育公平。

这个宁波智慧教育"公益＋市场"的有益尝试，也被大家称为全国首个教育界的"淘宝商城"。

（2）深圳市的"网络课堂"。2022年3月7日，深圳之窗网报道：

> 深圳教育云平台已建设精选资源超1.3万节。
> 市教育局统筹组织全市名、优教师录制全学段、全学科的优质教学资源，在"深圳教育云资源平台"中免费共享。目前，该平台已提供超过1.3万个在线教学资源包和作业范本，涵盖小学、初中、高中全学段45个学科的教学课程。自网课启动的2月21日到3月3日，经统计，平台访问量已超600万人次，单日访问量最高达135万人次。

教育部在教育信息化1.0时提出建设"三通两平台"，因此各省市教育信息化主管部门也相应建有地方的"教育资源平台"，也链接到教育部的教育资源公共服务平台，以供全国共享优质教育资源，助力教育优质均衡。深圳市相比各省市教育资源平台，具有示范引领意义的地方主要表现在四方面：一是高质量，课例视频基本为名优教师执教；二是真公益，全免费对国内外开放共享；三是新机制，2013年出台深圳市优质课例视频资源奖励暂行办法，还争取到提级以市政府法规性文件下发，每年评选优质课例视频并给执教者颁奖；四是高奖励，2016年敏锐抓住市人大代表有关"奖励优质教育资源提供者　促进教育优质均衡"议案之机，争取市财委支持，给予获奖常规课例视频执教者1 500元、微型课例视频执教者800元的奖金，这在全国是第一家，只是因为高"敏感度"，深圳习惯低调，只做不说。

（3）深圳市"云端学校"。2022年9月16日腾讯网转发深圳卫视深视新闻题为《1所云端学校、20所示范学校……深圳如何打造智慧教育治理"城市样板"》的报道：

> 《深圳市基础教育信息化"十四五"规划》正式发布，提出"十四五"期间将重点推动"四大工程"，建立1所代表未来学校新样态的云端学校和20所全国有影响力的智慧教育示范学校。深圳市云端学校自2021年9月办

学一年来已有首批 13 所学校入驻,并以语、数、英三大核心科目为试点学科,开展常态化教学,正逐步拓展教学科目。在一间只有一个人的 "教室" 里,深圳高级中学语文教师赵英屏,正与十几所学校的学生们相约 "云端",为孩子们带来精彩的在线课程。这种上课模式,是深圳市云端学校所探索的智慧教育新样态。学校创新性地以人工智能、互联网、大数据等新技术为手段,打破传统学校有形边界和物理空间,打造了 "总部校区 + N 所入驻学校" 平台型学校形态,得到入驻班师生和家长的广泛好评。"云端课堂是由我们学校的老师和一位云端教师共同主讲,在课堂上,老师与学生有非常多的互动,多种多样的活动实践作业,非常有趣。"深圳市第三高级中学学生黄晔弦说。"经过一年的教学实践,不断遇到新的问题不断调整,把最终的模式定为常态化,全学科多主讲,直播互动加智能辅助。"深圳市教科院副院长龚卫东表示。

深圳自创建经济特区开始,就秉持 "闯" 的精神、"创" 的劲头、"干" 的作风,续写着更多 "春天的故事"。在新的历史时期,借力建设 "粤港澳大湾区" 和 "先行示范区" 的 "双区驱动" 势能,深圳教育信息化也一定能发扬深圳精神,为中国教育信息化创建出具有 "先行示范" 里程碑意义的 "未来学校"!

毋庸置疑,技术引领着社会变革,自然也引领着教育变革,但是否人类就可以由 "人定胜天" 走向 "技强胜天" 呢?亚里士多德(Aristotle)也曾有这样的思考:

如果每件工具都能够完成自己的工作,遵循或预测他人的意志,像代达罗斯的石像或火神赫尔斯托斯的三脚架那样,这一切用诗人的话来说就是——它们都自主地进入了上帝的行列。同样,如果梭子能够自己编织,琴弦能够自动触动竖琴琴弦进行演奏,那么工头就不需要工人,奴隶主也不需要奴隶。[①]

因此,我们人类在利用技术、应用信息化解决生活、学习与工作等方面问题时,应该有清醒、理智的认识与判断:人的因素是第一的,技术需要人去创造发明,以及操作使用;技术永远在路上,再先进也永远无法替代人类的所有行为;每一项新发明的先进技术都是一把双刃剑,需要人们正确认识、合理规范和科学使用才能发挥其正向功能。

这,也许才是 "智慧教育" 的真谛!

---

① 杰伦·拉尼尔:《互联网冲击》,李龙泉、祝朝伟译,中信出版社,2014,第 19 页。

3. 非对称性教育与非对称性思维

近代以来，西方国家之所以能称雄世界，一个重要原因就是掌握了高端科技。改革开放以来，信息化企业之所以能得到快速发展占有市场份额，是因为掌握了先进技术；之所以有的很快又被市场淘汰，是因为技术落后了。前文提及的摩尔定律和贝索斯定律，两条定律揭示了信息技术发展瞬息万变的势头，使得新技术不断在支配着市场旧蛋糕的分配方式，更惊奇的是创造着新蛋糕的生产方式。这就有力地证明了"技术引领变革"的观点。信息技术的迅猛发展，不但使新时代技术装备更新换代插上信息化的翅膀，更一路催发出新思想、新观念、新思维和新方法。这就使新技术在社会生活方方面面日益发挥着"非对称性"的魔力。

一、不对称性：加快新范式的颠覆性变化

"非对称性"这个概念，我第一次接触并瞬间被"电"到是在《爆裂》这本书里。

改革开放以来，我很佩服书商营销策略的日益高超：书是塑料膜密封包装的，要么巧命书名吸引读者眼球，要么锤炼一句广告语"突"在封面攻破读者心理防线，从而使读者未见内容就掏出钱包买买买或打开手机刷刷刷！现在的新书上市也真会创新手段，以前是作者恳请业内名家作序以肯定书的价值，现在是书商聘请业界大咖作"推荐序之 N"搞名人促销的招数。我之前被这样的营销策略迷惑了，每次带小儿逛书城都买很多书，排队结账时一手拉着孩子，一手抱着一大堆书，心里总浮起"我爱读书，我是孩子好榜样"的丝丝自豪感。可过了几年孩子长大了，要清理一个书架给孩子时，才发现不少书买了几年一直躺在书架里，还没拆包装呢！我现在买书后是不再看"推荐序之 N"的，也从来不从头看书，而是随意"断章取阅"的，感觉有兴趣了再回头看或往后看或再看一遍两遍，有的书一两个小时粗阅完，而有的书一两年才细阅完。美国纳西姆·尼古拉斯·塔勒布介绍过读书的体会，很吻合我现在的阅读习惯：每次只读 7 页，这是最佳的阅读速度。把一本书读两遍的收获远大于读两本不同的书，这就是"非线性凸性效应"（前提当然是这本书的内容是有深度的）。"凸性"一词的意思是

"重复""反复研磨"和"留下记忆"①。

2017年底我开始快速翻阅《爆裂》时眼前无意中闪现"不对称性"一词。也许是几年来从事教育信息化工作后熏陶出来的职业敏感，也许是经常浏览流媒体对"屌丝逆袭"的深刻印象，使我的眼睛和神思久久停留在"不对称性"这一小节内容上。书中举了一个很典型的例子来说明"不对称性"的威力：2010年，失业操盘手那温得·辛格·萨劳（Navinder Singh Sarao）在他伦敦公寓的电脑上装了一个程序，造成美国证券市场蒸发了1万亿美元市值。由此作者发出这样的惊叹：今天，对现状最大的威胁来自最细微的地方——初创公司、流氓、离经叛道者、独立实验室。为什么会出现这样的大变局呢？两项革命出现——互联网和集成电路芯片，宣告了网络时代的到来，与此前所发生的相比，是与工业时代有别的更加根本的突破。互联网和快速发展的数字技术是一把"双刃剑"，可以让竞争变得更加公平，但人们可以借此行善，也可以用来作恶。书中发布了网络时代宣言：不是快速变化，而是持续变化，稳定的时间段变得越来越短，新的范式的颠覆性变化表现得越来越快②。

正是被此"爆裂"性宣言所震撼，我才一口气往下看完。全书介绍了"爆裂"九大原则——涌现优于权威、拉力优于推力、指南针优于地图、风险优于安全、违抗优于服从、实践优于理论、多样性优于能力、韧性优于力量、系统优于个体。因此，我也才带着"验证心态"回头看了久违了的"推荐序之N"——创新工场董事长、首席执行官李开复"推荐序之一"《如何在快速变革的时代不被抛在脑后》，著名自然语言处理和搜索专家、硅谷风险投资人吴军博士"推荐序之二"《未来的应对》，科学作家、得到App《精英日课》专栏讲师万维钢"推荐序之三"《重新定义常识》，三篇序从标题就与书的题目和内容相匹配，一样给人的思想带来启迪。

二、非对称性军事外交策略：小国弱国的获胜锦囊

"非对称"这个术语一般认为最早来自于军事领域，就是高维打低维、多维打单维，形成压倒性优势。在海湾战争时，多国部队用的就是"高维打低维"的打法，充分发挥"高维"武器对"低维"武器、"高维"军种对"低维"军

---

① 塔勒布：《非对称风险》，周洛华译，中信出版社，2019，第55—59页。
② 伊藤穰一、杰夫·豪：《爆裂》，张培、吴建英、周卓斌译，中信出版社，2017，第10—17页。

种的优势，在局部创造绝对的优势①。这是大国强国对小国弱国的"非对称性"打法。世界总有霸权主义，世界总是不太平，世界还有这么多小国弱国，是否必须委曲求全？还是有可以震慑或抵御大国强国霸权的"非对称性"策略呢？加拿大马林科·波维奇著的《弱者的战争：后冷战时代常规非对称冲突的特征与起源》就是专门研究小国弱国或非国家政治实体与大国强国博弈的"非对称性"策略的专著。书中指出，小国弱国在国际冲突中具有充分而灵活的运用策略，从而避免直接动用武力的倾向。小国弱国的常用策略包括：通过国际规则与治理限制强权政治、参与力量较强的联盟以制衡威胁、构建中立性、获取较为强大的军事能力、寻求结盟、开展先发制人型外交活动、掩藏策略、做出非理性行为及运用混合型策略等等②。

1. 小国弱国安全的平衡策略

小国弱国在冲突中并非一成不变地处于劣势，通过富有灵活性、创造性的手段，小国弱国是能够对自身的弱点加以弥补的。如乌克兰处于弱国方阵，为保国家安全吃了秤砣铁了心要抱美国、欧盟和北约的大腿，因此一切国际外交策略一边倒，唯美国马首是瞻，这就忽视或无视了大国强国的邻国俄罗斯的感受和安全顾虑，因此爆发冲突就在所难免了。乌克兰以泽连斯基总统为首的国家领导集体在灵活运用"参与力量较强的联盟以制衡威胁、获取较为强大的军事能力、寻求结盟"等"非对称性"策略方面还是缺乏治国理政、开展国际外交的综合智慧的。卡塔尔等小国就充分利用其所拥有的独特、丰富的经济资源，采用非常规策略，拥有承受高政治风险所必需的底蕴。在这方面最有智慧且拿出最佳锦囊妙计的是新加坡领导人李显龙，他与国家领导集体充分利用国家所处的独特地理位置，以及国家在国际社会中所扮演的特殊角色，在东西方，特别在中美之间采取了平衡战略，取得"非对称性"优势。其实，李显龙曾经也是一面倒向美国的。2016 年 7 月 12 日，海牙国际仲裁法庭对南海仲裁案做出"最终裁决"，判菲律宾"胜诉"，并否定了"九段线"，还宣称中国对南海海域没有"历史性所有权"。那段时间里，菲律宾犹如今天的乌克兰被美国当枪使叫板中国。也许是被美国胁迫，也许是错判形势，在中美在南海斗争最激烈的那段时间里，李显龙领

---

① 宗毅、张文跃：《非对称思维：富足人生训练手册》，机械工业出版社，2019，第24 页。

② 波维奇：《弱者的战争——后冷战时代常规非对称冲突的特征与源起》，张培、徐无译，新华出版社，2021，第 2 页。

导的新加坡，屁股是几乎全坐到山姆大叔摆设好的"凳子"上的。2017年，我陪局领导考察新加坡学校建设和教育信息化工作，两件事使我印象深刻：一件是接待我们的新加坡南洋理工大学国立教育学院的一位20多年前来自我国，刚获新加坡"绿卡"不久的女副教授感慨地说，考察教育信息化不用来新加坡，中国现在的信息化应用比新加坡先进得多，像微信、支付宝等支付手段多方便，不像在新加坡，现在出门前还要找零钱准备坐车或停车用！第二件是打的士时，一位中年男司机大吐苦水，一路数落李显龙这小子比不上他老子李光耀有智慧："你逗啥能耐跟在美国屁股后面跟中国斗，你一个小国两边讨好不就行了？弄得中国投资、游客都少了很多，每天开的士比以前辛苦，但收入却大不如前！"李显龙应该是被老百姓骂醒后才调整"坐姿"的。

2. 小国弱国作战的意志策略

在与大国强国的较量中，小国弱国的"非对称性"作战策略如果运用得当，是有可能获胜的。但关于这一点首先要了解各国不惜一战的目的。战争的目的对于交战各国来说各不一样，因此战胜的概念也就存在各自表达的客观现象。小国弱国对于战争代价较高的包容度将对大国承受冲突代价的意志构成负面影响。小国弱国并不期望在军事上战胜大国，而是寄希望于打击敌人的战争意志。因此，小国弱国在冲突中的重要"非对称性"策略之一便是承受己方伤亡，以较高的作战意志胜对手一筹[①]。抗美援朝战争就是在中华人民共和国建立初期百废待兴之时，以志愿军的血肉之躯、坚强意志打击了世界超级强国美帝侵略者的嚣张气焰并赢得胜利的。抗美援朝战争取得伟大胜利的深层原因，正如毛泽东主席所讲的"敌人钢多气少，我们钢少气多"，伟大胜利的深远意义还是如毛泽东主席所讲的"打得一拳开，免得百拳来"。这一场伟大胜利为刚刚站起来的新中国赢得了几十年开展社会主义建设的和平岁月，并使新中国逐步富起来，到如今强起来走近中华民族伟大复兴的中国梦！

三、非对称性风险：风险共担，推动社会进步

美国的纳西姆·尼古拉斯·塔勒布经历丰富，早年曾经从商，目前是纽约大学特聘教授，曾在纽约和伦敦交易多种衍生性金融商品，也曾在芝加哥当过营业厅的独立交易员。塔勒布的两部超级畅销书《随机漫步的傻瓜》和《黑天鹅》

---

① 波维奇：《弱者的战争——后冷战时代常规非对称冲突的特征与源起》，张培、徐无译，新华出版社，2021，第38页。

已经成为华尔街投资人士必读的经典著作。《宽客人生》的作者伊曼纽尔·德尔曼对《黑天鹅》的评价可谓一针见血："一本极具反思性和独特观点的书，充满了卡尔维诺寓言式的故事，告诉你把现实世界简化为非黑即白的企图一定会失败。"塔勒布新著的《非对称风险》揭示了很多社会生活的"非对称性"现象，以及"非对称性"的处世之道。其中有一条被称为"非对称现象之母"的少数派主导规则：指一种非对称现象，即总体行为受到少数人的偏好的支配。语言、伦理以及宗教的传播都与少数派主导规则有关[①]。

社会上任何一个群体中，只要有 3% ~4% 永不妥协的少数派，他们就会全身心地投入"风险共担"，捍卫自己的切身利益（有时甚至拿灵魂来捍卫）。最终，整个群体的人都会服从于少数派的偏好和选择。如吸烟者不可以待在非吸烟区吸烟，但是不吸烟的人可以待在吸烟区闻二手烟，因此不吸烟的人占据优势，这并不是因为他们是大多数，只是他们拥有"非对称性"优势。这种社会现象突出的还有我们生活里常见的极少数有硬道理且坚持行动的"上访钉子户"，因为他们的执着上访，单位领导、当地领导特别是在"关键时期"不得不变通一些固有规则甚至原则去顺应少数派主导的规则，以求得所谓的化解舆情风险，确保社会稳定。

美国人类学家玛格丽特·米德这样写道："永远不要怀疑一小群有思想的公民会改变世界。实际上，人类历史就是这样写成的。"革命，毫无疑问是由偏执的少数派推动的，整个社会的进步，无论是在经济还是道德层面上，都源于一小部分人的推动。由于"非对称性"在现实世界几乎普遍存在，因此，我们真正需要的就是固执己见的少数派[②]。

四、非对称性营销思维："与其更好，不如不同"

宗毅和张文跃合著的《非对称思维：富足人生训练手册》，主要介绍市场"非对称性"营销思维。宗毅其人，芬尼创始人 CEO，被誉为传统企业转型互联网最成功的企业家之一，荣膺美国权威商业杂志 *Fast Company* 评选的"2014 中国最具创意人物 100"，属于经历过商场激烈竞争的"刀口滚过"的成功人士，正如他在序里"摆阔"一样：这就是我的故事，总是做一些别人看起来不靠谱、不可能做成的事儿，但后来还是做成了，因为我会用我的"宗氏逻辑"去分析。他还把这种不按常理出牌的思维模式，称为"非对称思维"。我主管深圳市教育信息化工作几年的经历，还有一个大的收获，就是评价工作绩效时要讲究注重考

[①②]　塔勒布：《非对称风险》，周洛华译，中信出版社，2019，第 330 页。

评"案例"和"数据",案例要求具有"典型性"以体现创新性和可复制推广的价值,数据要求具有"科学性"以体现客观性和可比对挖掘的功能。因为"宗氏逻辑"所言的"非对称性"营销思维是有"案例"和"数据"支撑的,所以我认为其所言具有可信度比较高的借鉴价值。

"宗氏逻辑"下的"非对称性"思维模式有三:高维打低维、多维打单维、杀手铜。高维打低维和杀手铜的"非对称性"思维模式前文已论及,那什么是多维打单维呢?作者举了 2003 年伊拉克战争的例子加以说明:用一种更新的作战理念,形成一种全局的、战略上的"非对称"优势。比如,战争一开始,联军就采用"空地一体化"打法,在大规模空袭的同时,地面部队迅速攻入,迁回穿插到纵深中去①。北上广深等现代大都市重视办全国性、国际性展会,其他大中城市有的重视打造区域性、主题性展会,就是政府通过调集人力、资金、土地、税收等各种资源办好展会,从而给当地带来客流、吃住、观光、购物,以及新技术、新信息、新观念等综合收益,实现"多维打单维、单维旺多维"的会展效益。

"宗氏逻辑"下的"非对称性"思维模式有几个值得各行各业借鉴的典型思维策略:

1. 赋能思维:未来组织的最重要的职能是赋能

"赋能"一词源于积极心理学,本义是通过语言、态度、环境的改变给予他人"正能量"。湖畔大学的曾鸣教授指出:"未来组织的最重要的职能是赋能,而不再是管理和鼓励。"赋能有两个层面的意义:其一是"赋予能力",其二是"赋予权力"。组织要打造赋能文化,用文化来凝聚人心。什么是赋能文化?它包括有冲劲、有干劲、有战斗力、有合作性的"草原狼"精神,与时俱进、持续成长和进化的文化氛围,鼓励创新、容错纠错的试错意识。最后也是最重要的一点,赋能是一种利益分配的新机制,必须考虑赋能型责权利机制,权力越大、责任越大,那么利益也应该更大。赋能反映了未来社会最先进的组织治理模式,因为它更能满足个人的发展需求。这就要求组织化整为零,同时进行多方面尝试,所以企业需要的是更多小英雄、小领袖,带着小团队去寻找机会。因此,宗氏在自己地盘里有意识地推动"小鲜肉"上位,让一群自我实现意识越来越强、宁愿失业也不能容忍自己的价值被忽视的 90 后年轻人,持续激发内在的活力和

---

① 宗毅、张文跃:《非对称思维——富足人生训练手册》,机械工业出版社,2019,第32 页。

动力，创造更大的价值，获得自我实现①。

记得网络曾流传世界富豪李嘉诚的一句话："稻草绑在青菜上就只有青菜的价值，但绑在大闸蟹上就有了大闸蟹的价值。"这句话是否贴了"李超人"的牌不重要，重要的是这句话确实有道理。现在政府体制内用人原则之一是避免"因人设岗"，目的是为了防止量身定制、用人唯亲的暗箱操作或潜规则，但是新时代体制外富有先进治理机制的未来组织，要提倡"因人设岗"，根据人员的特长、才能，甚至性格、经历等，为人员量身定制岗位。把一个人放在了适合自己的岗位、平台或项目等上面，也许就如稻草绑在大闸蟹上一样，就能最大限度地让这个人发挥自己的潜能、优势，实现个人的价值、抱负，进而为组织创造更大的价值、能量。

教育上提倡"因材施教"，教师才能发现每个学生的特长、优点并为之创造发挥的平台、机会，也才能理解包容、因势利导每个人之短处、缺点，也才能真正做到扬长避短，通过给学生赋能、成长学生来成就教师，最后实现师生教学相长。

2. 故事思维：创作故事也是一种生产力

在互联网时代，硬广告已经没人看了，大家愿意看并愿意传播的只有故事，因为只有故事才有吸引力，才有强大的生产力。公益如此，商业也是如此，只有会讲故事才有更多机会。好故事要具备三要素。古希腊哲学家亚里士多德就有一个理论，要说服别人需要三个东西：信用、逻辑和情感。那些知名的演讲者在准备演讲时，会把10%的精力用在信用上，25%用在逻辑上，65%用在情感准备上。怎么用故事把讲者和听众（读者）的情感联系起来，这是需要精心设计的。好故事设计的关键在于三个要素：其一，好故事要有一个高尚的灵魂，就是故事的内核；第二，好故事要有一个好的事件，这个事件越新奇、越让人脑洞大开、越有冲击力越好；第三，故事要有真实感，真实才会引发情绪上的共鸣。

华为老总任正非被人拍到在机场自己拉行李箱到的士站排队，在华为职工食堂排队买饭吃，且被发到了社交媒体。这种等级的老总这样的行为，人们肯定是觉得不可思议的，于是有人通过在华为工作的朋友进行求证，朋友一句平淡的回答"我们任总一直都这样的啊"，生动形象地透出华为企业治理的现代理念和成功密码！

① 宗毅、张文跃：《非对称思维——富足人生训练手册》，机械工业出版社，2019，第198—201页。

新华网2020年1月16日发的一篇《市委书记掌掴政府秘书长——实名公开举报河南济源市委书记张战伟》的网络文章引发网友关注,还加这样评点:在一些地方,个别领导干部官气十足、以权压人,"一把手"俨然成了"一霸手",扭曲了一方政治生态。有权不可任性,妄为不得善果,为政者当警之!

任总和张书记事例都是真实故事,都引起社会舆论一大片反响,但是任总的一"排"与张书记的一"掴"见出理念、作风、格局、境界一个天上一个地下,一个故事是生产力,一个故事是负能量!这很值得故事创作者深思借鉴:为官要讲究"道",触网也要讲究"道"。

故事要靠自己去写、去编、去演。没有人天生就有故事,所有的故事都是创作和实践的结果,要靠自己写剧本,然后演绎出来。我们要做的就是设计故事,然后认真地去演绎,就会不断发现新的精彩,不断发现志同道合的人。要努力创"不一样的打法",要努力演"不一样的故事",要努力做"不一样的网红"。"网"意味着能跟上这个时代,有新鲜度,有时代的高维度;"红"意味着会塑造个人的品牌,会通过讲故事、事件营销经营好品牌。做"网红",也要做有工匠精神的"网红",有工匠精神打底,"红"得才能更持久。把工匠精神和娱乐精神平衡起来,才是新时代所需要的"网红"[1]。

现在的明星和经纪公司很会用网络吸粉赚取流量提升热度,但网络是一把"双刃剑",你越"红"就越容易被"黑"。2012年翟天临出演电视剧《心术》而被观众所熟知,凭借该剧获第二届搜狐视频电视剧最佳男配角、最佳新人,可谓人气冲天。翟天临翻车事件起因是2022年5月31日他在网上晒出北京大学光华管理学院的博士后录用通知书,结果被起底,2022年5月8日翟天临在出镜中回答网友问题时,表示自己并不知道"知网"是什么,引起网友质疑。最后北京电影学院发布关于"翟天临涉嫌学术不端"等问题的调查进展情况说明,宣布撤销翟天临博士学位,取消其导师陈浥博士生导师资格。翟天临苦心营造的"学霸"人设翻车,而其事业也渐渐陷入低谷。在2020年5月22日的一次直播中,在湖南卫视某节目成名并走红的仝卓,试图以自身高考经历来宽慰考生:"考学的压力我也有啊,我还复读了呢。"原以为是一段励志的高考故事,但没想到仝卓接下来语出惊人:"我当时考我心仪的大学,当时就是一门心思,非这个大学不上。但是这个大学只招应届生,然后我还搞了很多很多很多,也就是所谓的(关系),然后我就成了应届生。然后还是没考上。"时值高考前夕,艺人

---

① 宗毅、张文跃:《非对称思维——富足人生训练手册》,机械工业出版社,2019,第164—175页。

却公然自曝篡改往届生身份，瞬间引发了网友质疑。事关教育公平，当时还是学生的仝卓是如何打通当地户籍管理部门、教育部门、学校等各个关节，成功获得应届生的身份变成了全社会最关注的问题，自然也引起教育部和所就读大学，以及当地教育部门的重视和调查，结果不言而喻。

一个体制内公职人员也好，一个明星也好，名"红"了，底不"红"，是经不起网络起底的，是会在网络上翻车甚至落得人设崩塌从此消失于网络黑洞的。这两则翻车事件，更引起教育部门思考出台确保教育公平的举措，否则教育部门主管官员也会跟着"翻车"的，还要引起高校导师警惕，在招收徒弟时不以名、利而应以实、才严把招生门槛，否则再知名的导师也会跟着"人设崩塌"的！

3．链接思维：链接"牛人"，提高生态优势

所谓"竞争优势"，是指个体的战斗力强；所谓"生态优势"，就是能和别人链接，形成协同效应，把自己的竞争优势放大。企业如此，个人也应这样，不但要发展自己的竞争优势，还要和更多的"牛人"链接，打造生态优势。

我们为什么要混大圈子？互联网时代完全不同，讲的是生态圈。流水线是没有生命的，因为它不是生态圈，只有有生命活动的地方才是生态圈。生态圈有这样两个特质：第一，竞争性依然存在，但彼此联动性、共赢性和整体发展持续性都得到强化。第二，允许甚至鼓励异质存在，非主流也有存活空间。生态圈的生机就在于物种和物种彼此不同，物种内的个体也彼此不同，物种和物种之间的联动性更强。因为大圈子异质性更强，能链接到更多"牛人"，学到更多的东西，相应地捕捉到的机会也会更多。回顾乔布斯的一生，正是因为早年的这种"不专注"，乐于混各种各样的圈，才让他不拘泥于业内既有的做法，把各种不同圈子里的好东西跨界整合在一起，最终变成了苹果的一部分[①]。

专门学校招收的对象是"严重不良行为的未成年人（12~18周岁）"，在青少年中占比不多，如果把他们放在普通学校里，他们就有可能会被孤立、被冷落，导致其越发走向负极；如果把他们集中到专门学校，就给他们创造了一个生活、生长的生态圈，再加以因材施教策略，就可能减慢或遏止他们走向负极，甚至达到"悬崖勒马，回头是岸"的走向正极的教育、转化效果。如今，一个地级市通常只有一所专门学校，为了优化办学，有效教育、转化"严重不良行为的

---

① 宗毅、张文跃：《非对称思维——富足人生训练手册》，机械工业出版社，2019，第149—157页

未成年人"，有必要成立省级专业协会（学会）建立专门教育"生态圈"，以创设就近开展短平快业务交流、成果共享、内涵提升的专教专业发展平台。

五、非对称性"杀手锏"：核心技术赶超战略

党的十八大以来，习近平总书记把创新摆在国家发展全局的核心位置，高度重视科技创新，围绕实施创新驱动发展战略、加快推进以科技创新为核心的全面创新，提出一系列新思想、新论断、新要求。其中，提到核心技术时，习近平主席特别强调非对称性"杀手锏"技术，说："什么是核心技术？我看，可以从三个方面把握。一是基础技术、通用技术。二是非对称技术、'杀手锏'技术。三是前沿技术、颠覆性技术。"①

什么叫"杀手锏"？"杀手锏"就是能出乎意料，在瞬间扭转不利局面的"大杀器"。历史故事里的武功高手那一招能制敌于死地的绝招就是"杀手锏"，如隋唐演义里讲的罗成使的祖传枪法——罗家回马枪，就是冷兵器时代的"杀手锏"。"非对称"技术、"杀手锏"技术就是指科学技术在关键领域、在卡脖子地方的核心技术。由于美国意图遏制中国的崛起而快速出手制定的限制芯片的出口和技术转让等措施，使得我国科技领域目前最突出的"非对称"技术、"杀手锏"技术就聚焦在"芯"这一节骨眼上。因此，要有"中国芯"成了我国科技界的奋斗目标！"打造办学芯片"也正逐步代替"创设办学密码"成为有先进办学理念的校长们的办学口号与追求。

习主席为什么如此重视强调核心科技，要采取"非对称"赶超战略呢？一是在国际上，没有核心技术的优势就没有政治上的强势，在全球治理中也自然就没有与我国大国地位相匹配的话语权；二是在日趋激烈的全球综合国力竞争中，关键技术是买不来的，从别人那里拿到关键核心技术是不可能的，就是想拿到一般的高技术也是很难的，西方发达国家有一种教会徒弟、饿死师傅的心理，我们没有更多选择，非走自主创新道路不可。2020年11月17日，多家企业在《深圳特区报》发布联合声明：深圳市智信新信息技术有限公司已与华为投资控股有限公司签署了收购协议，完成对荣耀品牌相关业务资产的全面收购。华为不差钱！但就是因为美国禁售芯片，华为不得不忍痛割爱整体出售"荣耀品牌"这块已占有很大市场份额的蛋糕。

---

① 中共中央党史和文献研究院编《习近平关于网络强国论述摘编》，中央文献出版社，2021，第110页。

怎样实现核心技术"非对称"赶超战略的目的呢？习主席强调要着力研究"非对称"性赶超措施：第一，要紧紧牵住核心技术自主创新这个"牛鼻子"，抓紧突破科技发展的前沿技术和具有国际竞争力的关键技术；第二，要选准方向、找准突破口，组织精锐力量集中攻关；第三，要正确处理自主创新和开放创新的关系①。

---

　　①　中共中央党史和文献研究院编《习近平关于网络强国论述摘编》，中央文献出版社，2021，第110—115页。

中　篇
成果与作品

第四章

生态教育理念探索的初步成果

1. 时代精神呼唤优化教育生态①

[编者按] 深圳小学是名校，是深圳的窗口学校。然而发展中，怎样使她成为有特色、有优势品牌的学校呢？

与所有的教育界同仁一样，他们想寻找一种先进的、科学的、高效的、优质的教育。他们孜孜以求，用生态哲学重新审视教育，确立了一种全新的办学理念——生态教育，并在实践中逐步完善了"生态教育"的概念。

三年来，他们用行动来丰富这一理念，走着一条别人没走过的路。他们以建设生态学校为目标，致力于优化教育理论生态、管理生态、教学生态、校园文化生态和教育资源生态，努力使学校这个系统，整体地彰显开放性、个性化、和谐、共赢和可持续发展的特征，并取得了许多可喜的成绩。本刊特选部分研究成果论文，以供大家交流学习。

一、社会发展对教育提出的新要求

改革开放以来，中国经济领域变化之剧烈、之深刻，主要表现在两个方面。第一方面是生产力技术构成以及国家产业结构的深刻变化；第二方面是经济体制

---

① 本文发表于《中外教育研究》2006 年 10 月第 49 期，选编时略有修改。

的深刻变化。

如果我们把以上两个方面的变化结合起来，再作一次提炼，就可以触摸到时代精神的脉搏：

首先，时代变化的节奏加快，变化幅度与强度的增加，打破了原来平稳发展的格局。马克思、恩格斯早在 1848 年出版的《共产党宣言》中就指出："资产阶级在它的不到一百年的阶级统治中所创造的生产力，比过去一切时代创造的生产力还要多，还要大。"后来罗素认为："科学成为重要的力量只有 300 年的历史，150 年的科学比过去 5000 年更具开拓性。"假如马恩、罗素活到现在，他们定会更加惊讶于当今科学技术飞快发展而产生的社会日新月异的变化。飞快的变化要求人们能用发展的眼光，用明天的要求来看今天，促进今天的变化，而非用停滞的、昨天的眼光来看今天，满足已有的一切。这就要求人们办事要有超前性。

其次，世界、社会变得多元、丰富、多彩。这就意味着人类将通过选择来寻求适合自己发展的空间和途径，划一的、同步的、简单服从计划安排的发展模式不再被认为是天经地义的。这就要求人们要学会选择。无论是适应环境变化的加速，还是做出正确的选择，都要有人，且富有主体精神的人才能实现的。因此，呼唤人的主体精神，是时代精神中最核心的内容。只有具备主体精神的人，才能在多样、变幻的社会风浪中，把握自己命运，保持自己追求，创造美好未来。培养这样的人的任务，自然地历史地落到跨世纪的中国教育工作者的身上。

二、当今教育滞后于社会发展的老问题

我们的教育能适应当今社会的发展吗？对于当前的教育，人们似乎有一种复杂的感受："这是希望之春，这是失望之冬。人们面前拥有一切，人们面前一无所有。人们由此登上天堂，人们由此堕入地狱。"相对于社会的发展，我们教育存在的突出的老问题是什么呢？

（一）主体性的缺失

综观中外教育发展史，人们在教育价值取向上的分歧主要表现在两个维度：一是在归属上表现为关注社会价值还是关注个人价值；二是在内涵方面表现为关注知识价值、智力价值、情感价值还是整体素质价值。"中国的教育学并没有把培育和发展个人的主体性和独立人格作为根本目的。"这就必然造成学生主体性的自然缺失。其突出的表现是：

（1）基础教育历来侧重于认知。近十年的教育改革，关注的中心是教育内

容的更新和教育方法的改革，其主要不足在，无论是对时代的认识，还是对学校的认识，特别是对学生的认识，都侧重于认知。它在认识上放大了理性、智能、科学、技术在人和社会发展中的作用，在实践上则缺乏对人的精神力量培养的重视。

（2）教师缺乏对学生主体性的认识。上海市长宁区教育学院教师周海英曾就"教师对学生的个性发展有很大影响"作调查，结果选择"不清楚与不赞同"的占34%。这就明显地看出，不少教师认为学生的个性发展与教师无关，从而自然地导致受教育者的许多兴趣爱好等个性特长被忽略甚至被扼杀了。

（二）学校管理上的无权

要保证学生的主体地位得到充分的体现，个性得到自由的张扬，首先要保证学校能有较高的独立性：一是校长能充分地实施自己的办学理念，即首先要使校长的管理个性得以充分地发展；二是教师能充分地发挥自己的教育特长，形成自己的教育风格。由于我国的教育体制是严格的中央集权式管理，校长和教师几乎整天都疲于贯彻落实上级的精神或要求，哪有闲暇、权力来很好地发挥自己的主体作用，形成办学或教学的特色呢？校长和教师自己都难以发挥主体作用，又怎能成为"自由之精神，独立之人格"的守护者呢？

（三）质量观的偏颇

教育专家、中央教育科学研究所研究员周南照先生被收于联合国教科文组织报告书《教育财富蕴藏其中》的文章《教育与文化之互动在经济发展和人的发展中的作用：亚洲的观点》中，论述到亚洲文化传统中阻碍教育和经济发展的消极因素时，提到"在挑选人才和未来官员方面，过于重视以经典著作学习为基础的考试"。由此可见，我们对教育质量的评价是较片面而非全面的，注重的是知识的记忆而非人的整体素质的提高，特别是人的主体精神的培养。

三、适应时代精神，优化教育生态

（一）优化教育生态是时代精神的必然要求

要让我们的下一代都成为具备主体精神的人，且能在纷繁的社会变化面前学会选择，办事眼光具有超前性，那就要优化教育生态，借此革除当前教育存在的突出弊病。何为优化教育生态？那就是为适应社会发展，体现时代精神，在先进教育观念指导下，采用科学的管理，促使师生的主体性得以充分地、自由地、和谐地发展，全面构建起保证教育和个人乃至社会具有可持续发展动力的这样一种生动活泼的教育状态。只有优化教育生态，才能真正解放教育，全面解放教育管理者、教育者和被教育者。

（二）优化教育生态是小学教育的紧迫任务

小学阶段，孩子们对事物独立作出判断和决定的能力十分有限，而他们的人格发展这时恰恰处于形成独立性和创造性的关键时期，他们在此阶段形成的对待学习的态度将伴随一个人的一生。正是因为小学阶段对一个人的成长发展有如此重要的作用，联合国教科文组织才坚定指出："走向生活的通行证：基础教育。"因此，我们可以这样断言："要让学生获得走向生活的通行证：优化教育生态。"

四、略谈小学如何优化教育生态

（一）确立"发展为本"的教育观

教育是确保人的可持久发展的关键所在，"旨在实现'全世界的人的潜力都得到充分发展'的这种发展，乃是教育和文化的最终目标"。因此，我们应响亮提出这样的口号：为发展而教，为发展而学，以"发展为本"，让每个学生的个性首先得到健全发展，然后再去接受社会的选拔。

为保证人的发展，从教育对象观的角度看，教育者最重要的是确认生命的整体性和人的发展的能动性。所谓"生命的整体性"，是指人的生命是多层次、多方面的整合体。精神科学创始人狄尔泰对此有精辟的论述，他认为人是整体的人，是"有意志、有情感、有想象的存在物"。所谓"人的发展的能动性"，是对人的发展特性的认识。它指人的发展是人的潜在可能性在实践中逐步转化为现实存在的过程，这一过程不仅有赖于先天素质和外部环境，而且有赖于人逐渐形成的自我意识，有赖于人的价值观，自主选择及在实践中的投入和反思能力，即人对自身发展的自觉意识和能动作用。

确立"发展为本"的教育观是优化教育生态的前提。

（二）发挥管理者的个性

这里的管理者主要指学校内部的管理者，最主要是校长和课堂教学的直接组织者——教师，高一层的教育管理者不在本文论述之中。前文已提到，因为校长、教师个性未能得到充分的体现，从而影响了学生主体精神的培养等问题。因此，发挥教育管理者，特别是校长的个性，是优化教育生态的关键。有什么样的校长，就有什么样的学校，选好一位校长，就办好一所学校，讲的就是这个道理，因而有这样的肯定："决定学校效率的主要因素之一（如果不是唯一主要因素的话）就是学校校长。"因此，我们要更明确地提出：要选有个性的校长，才能办有特色的学校。要真正发挥校长的个性，从而培养学生的主体精神，办出有特色的学校。除了选好校长外，笔者认为，还有两个必要的前提：一是改革教育体制，废除中央集权式的管理，保证校长能只根据方针、政策自主办学；二是废除上级主管业务的领导，防止新上台一个领导就另搞新一套，左右校长自主办学（因为教育行政领导与教育专家不同，行政领导校长非听他不可，教育专家可听可不听）。这可能是目前学校管理的乌托邦，然而是非常必要的乌托邦。有了这样的"教育土壤"，中国的教育大地上才可能不愁生产出世界级的教育专家。

（三）建立新型师生关系

这是优化教育生态的根本所在。新型师生关系的建立集中表现在课堂教学之中。联合国教科文组织的专著《从现在到2000年教育内容发展的全球展望》对传统和新的教育目标作出了明确的比较，如下：

传统的三级层次：	新的三级层次：
1. 传授知识	1. 培养情感、态度、技能
2. 训练实用技术	2. 训练实用技术
3. 培养情感、态度、技能	3. 传授知识

因此，"让课堂焕发出生命的活力"就成了优化课堂教学生态的首要目标。

要实现优化课堂教学生态的首要目标，一方面要从生命的高度，用动态生成的观点看课堂教学。首先要把课堂教学看作是师生人生中一段重要的生命经历，是他们生命的、有意义的构成部分，不仅仅是为了完成某项任务，更是生命价值的体现和自身发展的组成。其次是要对学生进行完整的人的教育。只有这样，才能真正解决教师厌教、学生厌学的问题。另一方面要使师生废除师道尊严，建立伙伴关系。师生之间"通过对话和各自阐述自己的理由进行争论，这是21世纪教育需要的一种手段"。这样，课堂教学就由老师为"主角"变为师生共同为"主角"，由教师"独奏"变为师生一起"合奏"，使双方都能从课堂教学中获益，实现彼此生命的价值。这样和谐的课堂教学情境，用德国诗人荷尔德林一句名诗描述是："人，诗意地栖居在大地上。"内在于教学情境的师生都应是诗意的存在者。

（四）重新界定教育的价值

传统的教育功能应得到更新："教育的作用之一是使人类有能力掌握自身的发展。"因而使学生具有可持续发展的学力是教育的出发点和归宿。实现教育的新价值，首先要使每一个人构建好一生中必不可少的四个知识支柱，即学会认知、学会做事、学会共同生活、学会生存。其次是以"自我概念的形成"为切入点来开展个性教育。日本教育学学者娓田认为"自我概念"大体可分为如下6个范畴：

（1）自己的现状与认识之界定。

（2）对自己的情感与评价。

（3）他人眼中的自己的形象。

（4）自己以往的形象。

（5）自己的潜能与未来形象。

（6）自己的责任与理想。

娓田还界定了标志健康向上的有活力的"自我概念"的几个要点：

（1）多角度地了解自身。

（2）抛弃养成自我防卫式的、自我中心的自尊感，抛弃骄傲自大、令人讨厌的"傲气"，确立现实的、开放的、稳健的自豪与自信。

（3）拥有明确的生活方式，不是单纯的憧憬与梦想，而是拥有大志与使命感。

（4）体验到个人要发挥作用，就得从"现在"做起，从"身边"做起。

（5）体验到自己只要努力，就能取得相应的成果。

（6）体验到只有通过学习，才能使自己茁壮成长。

（7）体验到敢于面对挑战，才能获得精神的充实。

（8）拥有这样的自我概念：自己的未来充满无限的机会与可能。

（9）拥有这样的自我概念：自己是依靠周围的人们，依靠大自然的伟大，才得以"生存"的。

（10）拥有这样的自我概念：自己能够为他人，包括自然界，作出贡献。

"自我概念"的正确形成和评判，能促进一个完整的有机体健康发展。

（五）改善教育环境

学校应该制定优化教育环境规划，它应包括学校内部环境的优化，学校与家庭、社会关系的优化等，从而调动各种教育资源，其中最主要的是教师、学生、

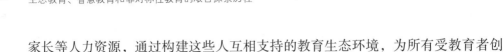

家长等人力资源，通过构建这些人互相支持的教育生态环境，为所有受教育者创造一种活跃且温暖的学习环境。

2. 生态教育策略研究①

何谓生态教育？就是以生态哲学整体论的世界观和方法论为指导，从教育理论和教育实践两方面入手全面优化教育生态，从而构建一种先进的、科学的、高效的、优质的教育环境，确保学生、教师和学校、家庭四方共赢的教育。生态教育应有五个生态特征：开放性、个性化、和谐、共赢和可持续发展。就学校而言，实施生态教育的总目标就是要创建现代生态学校，具体的目标是实现教育的"十态平衡"：健全的体态、健康的心态、规范的行态、丰富的个态，民主的教态、自主的学态，科学的神态、人文的情态，共赢的状态、发展的势态。

如何有效实施生态教育理念，实现创建"十态平衡"的现代生态学校的目标呢？笔者就此谈几点粗浅的理论认识和实践体会。

一、优化教育理论生态

这是实施生态教育理念的最重要前提，因为没有生态的教育理论，就不可能有生态的教育行动。这一观点应该成为该理念实施者的共识。生态教育理论应该有以下三个主要特征：一是科学性。符合教育规律是科学性的唯一标准。没有了科学性，任何理论都不可能是生态的教育理论。因此，不管采纳何种理论来指导教育，一定要符合教育的规律。二是开放性。生态的教育理论主要是以教育科学理论为基础的，但不是关门排斥而是要尽可能地吸收各学科各行业的科学理论，用生态哲学整体论的观点加以有机整合，以求形成自己独特的理论体系和有效发挥科学教育理论的指导作用。事实上，近现代工业等领域的先进管理理论已广泛应用于教育领域并取得明显的指导成效。三是先进性。这就要求在开放的基础上，教育理论要适应信息时代的快速发展，及时更新理论，以确保鲜明的时代性和强大的生命力。在理论研究推陈出新等方面，教育理论总体上讲落后于现代工商管理理论已是不争的事实。因此，我们要培养适应市场经济发展需要的人才。若不及时吸收这些理论，为教育理论补充新鲜血液，教育理论就没有先进性可

---

① 本文发表于《教育科研论坛》2004年第2期，选编时略有修改。

言，教育实践要实现为社会发展服务的目的，也就成了一句空洞的口号。不过，在吸收这些理论时，千万千万不能忘了上面提到的一条重要标准：符合教育的规律！否则，我们的教育还会吃大亏的。

二、优化教育管理生态

生态教育对管理的理解是：管理就是发现、发展和发挥人的个性特长。要实现这样的管理，首先就要树立正确的人才观。生态教育理念认为，有个性特长的就是人才，并非只有那些"多面手"才称为人才。因此，在一个群体里，差异就是一种资源，它为建立互补的人才结构奠定了良好的基础。正如《三国演义》里的刘、关、张和诸葛亮一样，虽个性特长各异，但整合在一起却成就了一番惊天动地的事业。生态教育理念关于人才的这一点认识，充分体现了以人为本的管理思想，是优化教育管理生态的最重要的指导思想。其次是要进行科学的链条式管理。学校管理最主要是行政管理的链条和学生培养的链条。行政管理的链条是党支部→教代会→校长室→副校长室→教导处、教科室、总务处→年级组、学科教研组、团工妇等群众组织、班级→师生个人。高效的链条式管理要从四方面考虑：一是落实校长负责制，但校长要自觉置身于党支部、教代会的监督约束之下，以确保民主管理和科学决策；二是行政、级科组长要个性特长互补，如年级组长人选可偏重组织能力较强、性格平和者，学科组长则非勇于开拓、学术见长、业务精湛不可；三是严格的责任制和高度的责任感，这样才能确保管理链条中每一环节的管理到位，真正使管理出效益；四是追求"无为而治"的境界，即要把师生学会自我管理当作管理的最理想状态。学生培养的链条可分两种：一种是学科链条，它侧重于知识、技巧的整合，且与其他学科有机联系，从而建立科学的知识链条，能力技巧链条，情感、态度、价值观链条，以求提高培养学生的效益；另一种是年级链条，它侧重针对不同年段的特点和学生变化情况，建立有效机制，发现、选拔、培养有个性特长的对象，以确保"人才"后继有人，防止青黄不接。要使学生培养的链条真正见效，除要求任课教师要独具慧眼，有发现"人才"的职业敏感外，还要求学校要安排优秀教师专人负责"培优扬长"工作，这是管理能否见效最关键的环节。再者是要大力提倡校内各部门创建有特色的管理文化。例如班级管理，要求每位班主任在学校总的要求的基础上，充分发挥主观能动性，开展创新带班活动，有自己带班的理念、目标、独特的做法、措施等，创建班级管理特色文化。一枝独秀不是春，万紫千红春满园！这样的管理，才能让所有部门负责人的个性特长充分发挥出来，并在一个集体里面找到属于自己的位置，同时体验成功后受人尊重的快乐。这样的管理才能出活力和效益, 才能使学校办学特色有丰富的内涵和坚实的基础。最后一点是要创造条件搭台让师生唱戏。学校就应该有各种舞台让有不同个性特长的师生去表演体验成功, 而不是变成少数优秀人才的个人展览。2003 年 10 月我带领师生访问参观日本野野市的野野小学、富阳小学和馆野小学, 就见其教室、走廊等处, 都是学生的作业展、书画展、研究报告等。我们也有, 但与他们最大的区别是: 我们主要展示优秀作品, 教育过程中的成功机会往往成了少数优生的专利; 而他们是人人参与, 不分优劣, 充分体现了教育过程的机会均等。日本学校的做法, 就是在学校管理中体现了生态教育的人才观, 就是在为所有学生创造展示成功的机会, 很值得我们借鉴。

三、优化教学生态

生态教育理念同样认为课堂是实施素质教育的主渠道, 同时更认识到教学过程就是学生、教师之间借助教学内容、教学手段等进行平等对话的过程。因此, 教学过程只有做到两态平衡——民主的教态、自主的学态, 课堂教学的生态才有可能是优化的。教师怎样做才是民主的教态呢? 一要有平等的教育观念。这就要求教师自己要 "蹲下来" 教育学生, 与学生结成伙伴式的教学关系。二要有平等的教育行为。教师要为学生创造平等的学习机会, 特别要极度关注 "学习弱势群体", 从心理体验到行动收获等方面, 使这些学生同样感受到存在的价值。而不管是平等的教育观念还是平等的教育行动, 教师要做到符合这些要求, 一定先要掌握当代学生心理特点、心理规律, 以科学理论指导教育行动。有这样一个事例: 某校有一个班级号称第一 "烂班", 谁接谁怕, 主要原因是有几个特别调皮捣蛋的学生弄得全班课内课外不得安宁, 特别是老师无法上课。有一个新来的本科生经过观察后, 毛遂自荐当这个班的班主任。经过半年左右, 班级面貌有了根本的改变。同事问其有何妙招, 他说, 原来学生调皮捣蛋不是纪律差、品德坏, 而是注意力不集中, 他半年多的做法就是训练学生的注意力, 并非做学生的思想工作。可见, 民主的教态仅有民主的思想还远远不能适应新的教育形势的要求。以前我们常说思想工作是一大法宝, 现在看来科学的工作方法才真正是做好工作的法宝。学生具备什么要求才有自主的学态呢? 最重要的一点就是每个学生都要明白现在的学习是 "走向未来生活的通行证", 现在学习不好以后将寸步难行, 以此激发他们内在的学习热情和干劲。再一点是学生要培养自觉的学习习惯, 较强的学习能力和健康的学习情感、态度、价值观。学生具备以上两方面的要求, 自然就有可持续发展的学力。

生态教育理念, 要优化的是大教学生态, 因此只有在课堂教学的基础上开拓教学资源，把学校、家庭和社会教育有机结合起来，才可以称为优化的教学生态。

四、优化校园文化生态

生态教育理念要求校园文化建设。首先要符合师生的心态，这就需要从心理学的角度出发，围绕以下几方面搞好校园建设：

（1）从视觉上产生美感，激发师生爱校之情。

（2）要创设利于教学的雅静环境。校园色调应以淡绿或天蓝为背景，因为这样的冷色背景能创设幽静的环境，利于师生工作和学习。

（3）有"赋予硬件以生命，赋予软件以灵魂"的内涵。其具体的要求是校园文化要体现师生的智慧，要在充分展示师生教学成果的基础上，广泛发动师生参与校园文化的建设，如办公室文化的布置、教室有特色的点缀、功能室独特的设计等，都可由师生参与设计。处处体现师生的智慧和劳动成果的校园文化，才能促使师、生从心底爱生、爱师、爱教、爱学、爱校，才是最优化的校园文化生态。

五、优化教育资源生态

生态教育主张构建大教育格局，因而重视利用一切可利用的资源为教育服务，永远追求盘活一切教育资源，产生最大的办学效益的管理目标。要优化教育资源生态，可以从以下几方面进行：

一是将家长委员会建在班级，即成立班级家长委员会。现在学校的家长委员会多数由学校指定委任，家长非自愿参加，故工作处于被动状态，且人数有限，缺乏代表性，难以有效发挥学校与家庭的桥梁作用。毛泽东同志当年提出把党支部建在连队上，极大地发挥了党"指挥枪"的作用。今天把家长委员会建立在班级，由家长自发组织，对优化家庭与家庭、家庭与学校的关系很有作用，使家长委员会的工作由虚变实，由空洞变具体，对利用家庭的教育资源补充学校的教育资源大有好处。深圳小学就通过这种做法，化解了三年级某班的家长对教师和学校的不满，转而主动分担工作，积极与学校、教师配合，并成功组织了"我爱深小三（1）班"莲花山家庭亲子联谊、"征服珠峰英雄报告会"等活动。家校的良性互动，有效地增强了班级的凝聚力，促进学生健康成长。

二是开展社会化教育。生态教育理念关于学校教育的思想，应是普遍标准的教育，即对学生进行达标教育，而非全包教育，做超越学校本身资源、能力范围的事。学校、家庭、社会要明确各自在儿童教育中的责任，做到既不越俎代庖，又不互相推诿。在此认识下，诸如学生社会实践、特殊能力的强化训练等，学校如无资源与能力，不必包揽，而应指导家长自己或交给社会有关教育培训机构去完成。像日本和我国的香港等，学校周围遍布各类补习所，家长、学生自愿择需参加。我们如能做到这样，既能有效解决一直压在校长、教师心头的安全、收费等问题，又优化教育资源，满足了百姓对教育的个性化需求。

三是进行国际化教育。"生态"本身就是一个有国际意义的概念，更加上我国已加入世界贸易组织，深圳市的新定位是建设区域性的国际化大都市。因此，我们的教育有理由更要"面向世界"，开展国际化教育，培养有国际理解，有全球眼光，又有家国情怀，有本市思维的人才。开展国际化教育两条有效的途径是：一要引导学生收集有关世界各地的信息、及时了解世界发展的动态；二要积极开展国际教育交流，有条件的话最好是能在有代表性的国家找对口学校建立友好学校，通过定期互访增强学生的国际合作与理解的意识和能力，引进先进的教育理念及做法，促进学校发展。深圳小学与日本野野市町野野小学开展教育交流互访活动已有19年，确实对开阔师生视野、促进学校发展起到很大的作用。

四是推进信息化教育。目前，这方面工作推进的重点应是教会师生科学选择和整合信息，真正把信息当成一种教学的资源，而非仅是文编工具，更非游戏和聊天工具，或只供猎奇之用。

生态教育是一个全新的教育理念，无论是理论研究还是实践探索，都有潜在的巨大的空间和价值，只要我们敢于闯，不断加大研究的力度，必能取得更为丰硕的成果。

3. 建设和谐校园必须优化校园舆论生态①

舆论是一把双刃剑！

学校管理者要实现建设和谐校园的目标，一定要学会舞好舆论这把双刃剑。这就要求校长努力优化校园的舆论生态。评价校园的舆论生态是否优化，主要是看校园文化是否能善于抑制舆论的负面作用和发挥舆论的正面作用，从而确保办学理念的高效实施、校园精神的长期饱满。

要优化校园的舆论生态，第一要务是在全体教师职工中，倡导校园生态舆

---

① 本文发表于《广东教学报》2005年总第790期。

论。什么是校园生态舆论？就是能为校园鼓干劲、正风气、展形象的言论。创建和谐校园需要优化舆论生态，优化舆论生态必先倡导生态舆论。在某种意义上讲，生态舆论也是推动学校协调持续发展的生产力。

首先，要创造自由的舆论空间。言论自由，不以言治罪是形成生态舆论必需的生存土壤和外部条件。要创造校园自由的舆论空间，有效的办法：一是校长及行政要有虚怀若谷的民主情怀，融得下正负面言论，让人知无不言，言无不尽，这是开启民智的前提；二是教师员工要有虚心的态度接受行政、同事、学生及家长的意见，常抱"有则改之，无则加勉"的心态；三是建立有效的干群、师师、师生、家校沟通渠道，及时听取意见、建议并化解矛盾、误会。

其次，在自由宽松的舆论生态背景下，要十分强调个人的舆论责任感。古代宋国有一则寓言故事，大概是讲几个人挖了一口井，结果有好事之人误传为挖井挖出几个人。正所谓好事不出门，坏事传千里。结果以讹传讹，颠倒了是非黑白。作为一个集体是绝对不允许这类的传言发生的，必须予以及时制止。这就要求人人务必增强校园的舆论责任感。增强校园的舆论责任感要从以下六方面着手。

一是提倡团队意识。每一个职员都是构成整个校园团队的细胞，永远不可能有躯体坏死而单个细胞快乐地活着的道理。提倡团队意识就是要每个教师职工都做到自觉维护集体的荣誉，自觉表现集体的精神，自觉树立集体的形象。通俗一点讲，就是不让家丑外扬。这看是一件小事，却饱含一个员工的高尚修养！

二是具有求实精神。实事求是对指导形成生态舆论一样富有实际意义。因此，讲也好，听也好，我们都应有实事求是的精神。讲者要在了解事实基础上进行客观反映，杜绝捕风捉影；听者要及时对讲者做出客观的评价，以防道听途说。

三是不涉及隐私。个人的隐私有时最能验证鲁迅先生讲的那句话的伟大："有的人看到胳膊，就会想到大腿！"很多人际矛盾就是这样造成的。因此，一个集体不应该有个体户或自由撰稿人，人人都把握好这个原则——不是所有的事实都可以拿来讨论笑谈的，若能把握好边界，同事之间就可能多点艳阳天，少点愁云惨淡。另外，每个员工要坚持工作是工作、生活是生活的观点。工作是有比较清楚的普遍标准的，而个人的生活方式却有可能是丰富多彩的。这就要求我们学会宽容，不要和稀泥，把工作和生活混为一谈，或把个人的生活标准嗜好等强加给别人。

四是杜绝制造谎言。本来天下太平，往往就是因为有些人乐于制造谎言，唯恐天下不乱，才使一个集体有时人心惶惶。一个集体有了这样的人，就有了麻烦，而且往往受伤的是最善良的人。

五是讲究场合对象原则。俗话说 "到什么山唱什么歌"，就是要求注意讲话的场合，注意讲话不要离题。《心态决定成败》一书里讲到这样的一件事：一位新上任的经理，见到进来的女秘书穿着很得体，故发出这样的赞美：你的衣服真得体！我相信你处理的文书会像你的穿着一样漂亮。果然，受赞美的女秘书每次都认真处理好文书，赢得上司的称赞。这就是根据对象选择讲话内容、方式所取得的效果。这一点不但对校园里同事之间交谈有启发，更对教师对不同学生的不同表现及时作出有效评价有启发。

六是提高信息道德。古人讲 "慎独"，很适于网络道德要求。在网络的虚拟空间里，缺乏信息道德容易出事。某学校有一个男老师上班时与网友聊天，竟发出 "黄赌毒" 的信息，还恣意骚扰别人。结果对方多次劝阻无效后，套出其真实身份，并打印出聊天内容投诉到学校，还甩出一句话："这样的老师，这样的学校，家长怎能放心把孩子交给他们教呢！" 这件事使个人和学校形象大损。因此，自觉提高自身的信息道德修养，更是形成生态舆论的内在动力。

最后，要形成生态舆论，还必须建立制度保驾护航。舆论责任感是属于个体自己内部约束的机制，其效果大小在很大程度上取决于个人的修养情操的高低。要使责任落实，还要依法制定有效的制度，主要是针对不负责任的言论给集体或个人已造成损失或伤害的，予以坚决的处理。另外，还要奖励 "金点子"，对有创见者予以奖励，真正发挥正面舆论的生产力作用。

4. 生态教育理念下的教师管理策略[①]

生态教育是一种新兴的教育理念，它的理论主要来自一门新兴的哲学——生态哲学。生态哲学的世界观和方法论是整体论，即认为世界的本质是 "自然—人—社会" 复合生态系统的整体，人们必须以整体论的观点来观察世界和解决问题。在这种教育理念指导下，学校如何进一步改进教师管理的策略，真正发挥人力资源的整体作用呢？下面，笔者谈谈一些粗浅的理解。

在生态教育理念下，校长自己必须学会整合人力和物力两种资源，建立生态的领导新概念。这具体体现在以下三方面。

---

① 本文发表于《广东教学报》2005 年 9 月 20 日总第 812 期，选编时略有修改。

一、以"感情移入式"代替"强力操纵式"来管理学校

每一天，学校的领导都要面对包括人和物两方面的问题。领导者犯了大错，常常是因为他们在与人打交道时缺乏艺术。人类自诞生以来，一直试图控制和操纵我们所处的环境的所有方面，这样一来，人们自然以对付物质性事物有效的办法和人打交道，这被西方学者称为"强力操纵"（manipulation–of–forces）的处理方法。企业管理因为基本属于物的产品的管理，这种方法比较行之有效。但这种企业化的模式不适于领导工作以人为本的方面。在企业里，工人被认为是生产出产品的机器的一部分。但在学校，如果套用企业生产也有"产品"产出的话，那产出的是"特殊产品"，即办学、教育的最终目的是出品教学相长和健康幸福的学生和教师。如果企业是为了企业工人的事业发展和健康幸福而设计，它绝不会按照那种"强力操纵"的模式来组织。"感情移入"（empathy）是一种从别人的观点设身处地看问题的能力。优秀的顾问、教师和领导者始终都表现出这种能力。

因此，校长就必须根据学校管理的本质属性以"感情移入式"代替"强力操纵式"。校长要有效实现"感情移入"，具体策略如下：一是要求个人自律，除花时间真正去倾听他人外，还要愿意将自身的感受和信念放到一边，先去理解别人；二是优秀的校长需要具有高度的敏感与认同感，必须对意见分歧有相当的包容度；三是设法让教师也能"感情移入"。日常的工作压力使校长们也需要倾诉，需要有一个地方能发泄挫折情绪而又不妨碍学校正常教学活动，也需要能直接体验到自己曾为他人提供的同样设身处地的被理解。因此，如果能够做到"校长屁股翘一翘，教师们就知道他要拉屎或拉尿"，那才有可能在学校里真正建立起互相理解的良好的领导与被领导的生态关系。

二、以"良好个性特长"代替"分数获奖公开课"来评价教师

学校评价教师优劣，传统标准几乎都是分数——学生参加统一检测分数的高低；获奖——师生参赛获奖的多少；公开课——教师承担各级公开课的次数。用这三项主要指标来评价教师业务能力的优劣，已是一种过时的评价方法，不符合学校是一个整体系统的实际情况，也不适合生态哲学整体优化的观点和方法。

因此，校长要领导好教师，有必要建立新的教师评价新概念。一是要确立科学的人才观。什么是学校的人才？就教师而言，就是有良好个性特长的教师。如有的数学老师不善于上大型公开课"作秀"，但特别适合进行注重逻辑分析解题为主的奥林匹克数学辅导工作；有的语文老师教学能力一般，但带班教育却有特

效,通过建设好班风,有效教会学生做人和提高学习成绩,等等。他们都是学校的人才。校长办学需要各种个性特长的教师。让教师明白自己在校长心目中有他(她)的位置,这是优秀校长成功实施生态教育管理的第一步。二是正确确立教师管理的任务:发现、发掘、发挥和发展教师的良好个性特长。这样,才能把教师的各种特长即学校的人力资源整体优化起来,共同在为学校发展、为学生成长创造一个良好的生态空间的同时,使每一个教师都能找到属于自己展示才华的舞台,从而真正实现生态教育理念 "共赢" 的办学目标。三是为有效完成以上任务,一个优秀的校长还要给自己正确定位,那就是摒除官僚意识和作风,当好教师发展的后勤部长,搭好教师发展的舞台,为教师发展做好一切服务工作。

三、以 "庖丁型" 代替 "任务型" 建立师训新机制

"压担子" 是历来一种行之有效的教师培养方法。这是一种任务型的办法,让教师在做中学,虽有效但动力主要来自校长等客观外力,教师完成一项任务了虽在某一个或几个方面有所收获,但任务一完,教师就又暂时失去了动力,因此不利于教师能力培养的可持续发展。根据感知—人文主义的思想,人们在任何时候的行为依据都是他们对自己与自己所面临的形势的认识和内心意图等。因此,我们每个人对自己的信念是决定行为的最核心要素。这就意味着教师管理的最高目标就是帮助教师认识自我。

要使教师有效学会认识自我,就要教师学会庖丁的精神。《庖丁解牛》这篇古文选自《庄子·养生主》,大家都在中学时代学习过,今天再次解读,可以得出庖丁有以下精神:

一是乐。庖丁解牛时 "莫不中音",可见其乐在其中,进入忘我境界。这是任何人工作具备可持续发展能力的原动力。

二是效。"良庖岁更刀" "族庖月更刀" "臣之刀十九年矣……若新发于硎"。庖丁解牛投入少而收效大。追求最大效益,这是任何工作必须追求的效果。

三是精。解牛能达到 "未尝见全牛" 和 "游刃有余" 的炉火纯青程度,可见庖丁对工作精益求精的精神。

四是道。庖丁之能乃是 "道法自然" 之结果。善于遵循规律,善于由实践悟升到理论,揭示新的规律的人,才可能成才成家。

由此可见,对于生态教育理念下的教师管理的新概念,庖丁精神是很重要的。具体做法首先要引导教师自觉认识教育工作的价值,从而认识自己工作的价值,以便乐在其中,作为开展一切工作的原动力;其次要以 "精" 和 "道" 及时对教师进行 "空中加油",以激发具备一定基本功的教师的成才成家的欲望,

使他们积极进取，永不满足现状。教师人人都具备了庖丁精神，校长的教师管理也自然就达到了最高的境界——无为而治；学校也将真正成为教师健康成长、成名成家的摇篮。

5. 校园安全事故处置必须构建新概念①

在中小学，校长最害怕什么？校园安全事故！校长又最希望什么？一年三百六十五天，校园天天平安！中小学生是祖国未来的希望，更是我国绝大多数家庭未来唯一的希望。特殊学段的校长自然负有特殊的使命，校长的害怕和希望正是这种使命感的具体体现！但是，不管中小学校长的使命多崇高，责任多重大，措施多周密，毕竟事业所在，事故亦所存，更何况中小学校长管理的对象是一个鲜活多变且个性各异的群体！在不同级别的内部安全工作会议上，几乎主抓安全工作的领导都会在强调安全重要性和措施要求后，顺便提及这句话："安全工作七分人为，三分天意。万一发生不测，只要校长尽责尽力，问心无愧就是！"可见，安全事故不管是人为还是天意，一条真理是：任何校长、任何教育工作、任何校园都可能发生安全事故。既然大家都明白这个道理，也知道光天天害怕是没有用的，但为何各级主管部门光强调安全重要性，而一直未制定有效机制、制度，使万一发生校园安全事故后，各部门能有效处置呢？今天大家都在以科学发展观指导工作，这就必须去除原来落后的处置校园安全事故的旧观念，同时建构科学的处置校园安全事故的新概念。

一、建立即时信息公开通报制度

绝大多数学校一发生较大宗的校园安全事故，几乎没有不是为了降低社会影响尽量捂着藏着的。结果是事与愿违，很多事故还是通过各种渠道传了出来，甚至与事实真相出入很大，社会影响更加负面。更麻烦的是，导致不少家长形成这样的观念：要在与学校协商事故处理之始就扬言要挟不满足要求，就约记者曝光！深圳市某区教育局总结多年来处理校园安全事故的教训，形成这样的处理事故的观念：家长不曝光，那好谈，重大伤亡事故可以多赔 10 万元～20 万元，息事宁人为第一。如果家长一曝光，就停止协商，一切进入司法程序，打两三年官

---

① 本文发表于《教育科学与研究》2009 年 4 月，选编时略有修改。

司,赔多少都不怕!可见,家长不主动曝光,学校有时也只能吃个哑巴亏。其实,公办学校的钱,是纳税人的钱,是学校要管好用好的!学校维护自己利益,其实也是维护绝大多数纳税人的公共利益。因此,学校不能没有标准去填补家长如狮口般的索赔要求。

家长为何首先以曝光真相要挟,而非以请律师打官司相要挟呢?证明他们抓住我们对事故信息不敢公开的软肋。既然校园安全事故封锁消息的处置办法不行,就更有理由建构事故信息处理新概念。贵州省委书记石宗源在2009年全国两会期间接受媒体访问时,坦诚面对记者提到2008年贵州瓮安县发生的6·28事件。他说:"事件开始处理不好缘于当地干部不敢面对群众和事件,没有及时公开事件信息。后来事件较好善后,信息及时公开,使事件真相大白而化解群众矛盾。"因此,各级教育主管部门有必要就校园安全事故信息处置建构以下新概念:首先要有敢于面对事故的勇气,这一点很重要,是建立新概念的前提。其次要第一时间向事故家长方、办学委员会,甚至相关媒体如实公布事故初步调查的信息,阻断以讹传讹,以免节外生枝。事故处理过程要及时安排阶段性信息通报,直至事故处理结束为止。最后,各级处理事故单位要建立对外发言人制度,防止有人七嘴八舌,混乱信息。

二、成立校园安全事故联合调查小组

现在处理校园安全事故的重大弊端还有一个,一发生事故,开始都是由学校组织人员调查,结果家长认为有猫腻,不买账,家校双方甚至几方都僵持相耗。故此,必须成立由相关部门联合组成的较为权威的事故调查小组。小组的成员由教育主管部门牵头,可由教育、公安、司法、教育专家(特别是教育心理学专家)、家长委员会代表等组成,学校和事故方家长原则上不参加,以保证联合调查小组工作的客观性和权威性。小组的职责是秉持客观、公正的原则,调查事故真相,界定各方应负责任,形成调查报告并提出处置办法。

有了这样的联合调查小组,家校之间就能最大限度地减少不必要的精力耗费,最大限度地减少对继续正常工作和生活的影响。

三、创立校园安全事故理赔标准及责任追究制度

事故责任由联合调查小组进行界定了,那理赔标准呢?这是一个最终要解决的核心问题,如果没有,责任再清楚,核心问题还是不能有效解决。现在一般现象是,一出校园重大安全事故,家长索赔伊始必狮子开大口。深圳市某中学师生上课时因一小事产生纠纷,学生回家晚上就跳楼死亡,结果家长把责任全推给学

校，动员亲戚朋友甚至雇人围堵校门，开口索赔一百多万元。因为赔偿的标准问题，家校之间耗了相当的精力和时间。必须强调的是，学生的生命是无价的，何况独生子女！何况有的家长已到不能再生育的年龄！但是，学校不管是公办还是民办的，也不可能无条件地开出赔偿支票。可见，建构理赔新概念对校园安全事故处理已十分迫切。首先必须科学设定符合地方实际情况的理赔标准。铁道、航空部门等交通部门都有事故伤亡赔偿标准，教育部门既然再怎样努力都可能发生有伤亡的安全事故，理应制定一个比较科学的理赔标准。其次，由事故调查小组在界定责任的基础上，提出理赔标准先经家校双方协商确定。再次，家校协商未果，再寻求司法途径解决。最后，教育局或学校应聘任法律顾问，依法做好学校维权工作。

此外，教育主管部门不能只停留在口头强调安全的追究制度，或出了事故后作严肃坚决处理的表态，还应真正完善校园安全事故责任追究制度。依据这个制度，对学校、校长和教师在事故中负的责任大小，给予相应的、有规可循的追究，也借机给广大教育工作者敲安全警钟；对已尽责无过错的学校、校长和教师也依据制度给予保护；对事故的调查依据和处理结果，也第一时间给事故方家长、学生和社会一个明确的回应，培育全社会秉持客观、理性的心态对待校园安全事故处理。

四、健全校园安全事故应急培训机制

某校发生过这样的事件：一天，负责学生早餐管理的班主任拿着一盒撕开的牛奶，急匆匆地跑到刚进办公室的校长面前，说有一名学生发现牛奶有结块现象。校长问，你问其他正在用餐的同学发现同个现象没有？班主任说一发现问题马上跑来报告校长，还没了解。校长马上指出：赶快回班级，告知情况，有问题马上停止饮用，等学校善后处理！校长又马上电话主管后勤主任，就此事广播全校启动应急机制。紧接着，校长亲自到各班巡查了解情况，查完一层楼两个班到下层楼来，还没听到广播通知，却发现后勤主管也在各班检查。校长立即发问后勤主任，为何没有第一时间广播告知全校？后勤主任说正在了解，马上就去。校长马上发火："人命关天！安全第一！时间就是生命！等你这样了解，真的牛奶有问题，学生早喝下去了，你再去广播还有意义吗?!"

上面的个案，教师为何直接请示校长而不第一时间报告主管的后勤主任？为何未及时告知学生检查或停止饮用再马上报告领导？是不是脑海里还存在怕事态扩大，影响学校的旧观念？还有，教师已报告，校长已批示，后勤主任为何还去检查核实而不是第一时间去广播全校停止饮用，并提出应急的善后措施？是应急果断力缺乏还是存有侥幸心理？

由此可见，现在几乎各级学校都制定了各种应急机制，但真的碰到紧急情况，学校的各级管理者未必都真的具备了应急的心理素质和果断力。因此，健全校园安全事故应急培训机制也是校园安全事故处置必须构建的新概念。一是教育主管部门要组织各校领导，各校要组织老师开展应急培训，培训必须制度化。二是应急培训必须有针对性和时代性，在原来防火灾、防食品中毒、防流行疾病为主的基础上，应增加防地震、防恐怖袭击、防推挤踩踏等应急培训。只有这样，科学的应急机制才有可能变为提升安全管理效益的生产力。

五、共建校园安全事故社会舆论新观念

深圳市一中学生在家自杀，某媒体报道时采用这样的调查思维：首先设问在校是否与教师存在矛盾？答曰没有。再问在校是否学习压力太大？答曰没有。又问在校是否与同学有矛盾或恋爱情感困扰？答曰也没有。第四才问在家是否与家长沟通有障碍？还是答曰没有。但是最后又问回学校是否开展有效的心理辅导？答曰有！

以上案例几乎是所有媒体，包括家长，甚至整个社会调查报道或问责校园安全事故的普遍思维，很有代表性。学生哪怕是在校园很小的矛盾或事情引起的伤亡，甚至在家不明原因的自杀，以上各方几乎都首先套用这个思维。甚至有个别媒体，或为了追求市场效益的目的，或打着为弱者诉求的旗号，经常单方面采访事故方家长、学生就做出对学校、对教育造成不全面、不客观、不公正的事故报道，也对社会特别对事故方家长做出误导，使事故处理更加棘手复杂。在这种强大的舆论压力面前，教育部门，特别是出事学校不敢公开事故，甚至藏着掖着，任由舆论抨击、吃哑巴亏是可以理解的。

快变、多元、复杂的现代社会，造成人性的多元、复杂，特别是校园每一例重大的伤亡事故，原因也是多方面的，不一定全是学校、教师的责任，有的甚至可以说是学生个体长期受复杂因素的影响造成事故的，当事的教师或学校在某种意义上讲，起了"导火索"的作用。由此可见，客观对待和处理校园安全事故，不能光靠教育部门或出事学校藏着掖着或单打独斗，教育部门应该努力引领全社会共建校园安全事故社会舆论新观念。其一，名校长、名教师、教育专家特别是教育心理专家在重大事故面前，不能一味顺从传统的事故思维和舆论压力，凡事故先开口问责学校教师、问责教育，也不能因怕"惹火烧身"而在事故面前"失语"。这些教育知名人士、专家要负起引领整个社会客观、公正地评价校园安全事故事发多因的社会责任。其二，要与各媒体加强良性互动，使各媒体也全

面认识校园安全事故的复杂性，通过他们客观、公正的报道引领社会建立正确、理性的认识。有了这样的社会舆论，才利于事故各方做好事故的善后工作，也更利于涉事学校不因个别事故严重影响正常的教育教学工作，牺牲绝大多数师生的权益。

6. 小学教师实施童心理念的"六个一"策略①

小学教师要有爱心、有童心，才有可能真正成为小学生的良师益友，从而有效构建和谐的师生关系。

这个道理似乎很多教师都懂，但是在日常的教育实践活动中并不是所有的教师都付诸细微的行动。有不少教师，甚至有的教育专家，在小学校园里有时会发出这样的感叹："学生怎么这么吵？我的心脏差点跳出来了！"这是典型的以我之"成心"来度学生之"童心"！因此，个别学校开展所谓的"静校"活动，派出很多师生流动岗，于课间抓、批、扣"高声大叫"的同学。殊不知苏联著名教育家阿莫纳什维利在《孩子们，你们好！》中讲道："儿童的喧嚷就是欢快和愉悦。"还有的教师一发现学生课间玩斗卡、赛纸车必没收并予以批评，有时真令学生自己顿觉莫名其妙且极为沮丧。这是典型的以我的喜恶来评价学生的喜恶。教师童心理念之言行不一，还表现在，严厉批评学生谈话或作文里时髦的新词新句为胡说八道、不合规范。这是典型的以固有成规来强新生事物之难。种种现象，足见我们还有不少教师，甚至部分教育专家只空谈爱心童心教育理念，实抱持倚老卖老教育策略。

这样的教师，这样的教育，怎能使师生关系和谐？怎能使教师、教育都能一切从学生的实际、需要出发？怎能使教师获得学生的爱戴并自然产生"亲其师，信其道"的教育效果？

要真正有效地使教师实践童心教育理念，有必要实施"六个一"童心策略。

第一，教师要每年至少会唱一首小学生流行的歌曲。现在40岁左右的人为何留恋罗大佑的歌曲？五六十岁的人为何留恋革命歌曲和苏联歌曲？因为每一个时代有自己的歌声，歌声代表每一代人的心声，歌声里有过去美好岁月的故事。

---

① 本文发表于《特区教育》2008年3月，选编时略有修改。

如果教师有这种感受，为了让学生用歌声记下自己今天美好的生活，就不应该干预学生整天听唱那些大人可能认为是"叽哩咕哩噜""莫名其妙"的流行歌曲，更不应该简单指责他们不会审美！相反，教师要主动了解学生喜欢的歌，像今天学生喜欢的《我是女生》《洗刷刷》及周杰伦、潘玮柏的歌曲。教师最好每年还要会唱一首学生喜爱的流行歌曲，以歌声架起心声的桥梁，使师生的有效沟通从歌声开始。

第二，教师每个学期至少会玩一个学生课间热衷的游戏。有位家长曾建议我："学生课间都趴在地上玩斗卡片，学校不管吗？"我个人觉得，童年必须有自己的游戏，有自己的玩法，这才是童年所谓的"七彩"所在。学生在紧张的学习之余，自己创造了各种游戏玩法，如斗卡片、赛纸车、比陀螺等等，既为自己"排忧解压"，又丰富课间生活。只要不是危及他人安全、有害身心健康的玩法或游戏，我认为教师不但不能禁止，还要充分了解，最好能熟练玩一个学生的游戏。试想，如果一位教师能趴在地上与几个后进生玩一会儿斗卡片，当一会儿后进生（这些学生几乎都是玩家）的学生，他们会找回多少自信！教师借机又可以找到多少难得的鼓励后进生后进赶先进的教育机会！这里讲的学生游戏，自然包括网络游戏。如果教师能在了解网络游戏甚至与学生同玩之中，适时现身说法，引导学生掌握玩的准则、尺度等，无疑胜过说教百倍！

第三，教师每年要掌握一个学生新流行的词句。现在的学生是"网络一代"，有很多思维、生活方式与教师不同，包括语言形式。语言是随社会的发展而发展的，对于学生话里文里的新词新句，我们虽不理解，但不能轻易打压批评。还有，语言也是交际的工具，教师与学生如果有了共同的语言，才能更好地互相沟通。像"弓虽"是很厉害之意（强），"晕"是以调侃口吻表达难以接受的态度，还有诸如"n""超劲""88"等学生流行词句，如果教师能及时了解，并适时运用一个，跟学生也玩一次"时髦"，教师和学生的交流肯定会得到意想不到的效果。

第四，教师每学期至少要了解一本学生爱看的书。1998年，我的一名五年级学生向我借一本小说《胖叔叔》，里面塑造的班主任胖叔叔，就是我班学生所爱戴的班主任类型，而其中几句顺口溜"你是我的心，你是我的肝，你是我生命的四分之三"也一直提醒我把学生当自己的心肝孩子、当自己生命的四分之三去对待、去爱护。因为这本书，我和学生有了共同的话题，也顺利地在班级掀起了读书、评价书的热潮，由以往教师给学生推荐书，变为学生争着给教师和同学推荐书。看一本学生喜爱的书，教师才有可能走进学生的心里，了解到学生的所思所想。要成为学生爱戴的教师，你不知道学生所思所想就永远达不到自己的职业追求。

第五，教师每年要了解一个学生共同关注的影视剧网新信息。我们儿时媒体不多，特别是农村，一部电影在邻近村巡回放映，我们有多少儿童是雨天黑夜跟着电影队转的？甚至直到每个情节会自演，每句台词会背诵还不罢休！这是家长、教师无法理解和阻止的，且是儿时觉得最快乐之事。现在观看媒体的选择多了，光电视频道就有几十个，何况还有网络，诱惑也多了，一不小心就误入"儿童不宜"，或变成"电视虫"，或上了"网瘾"。这就要求教师要培养学生学会选择，学会自控。学生喜欢看电视，喜欢上网，在这个开放、多元的社会，我们教师已无法也没有理由强行批评禁止了，最好是与学生共同走进他们关注的内容，再寻机加以引领，这才是有效的办法。只有与学生一起走进他们关注的影视剧和网络，才会发现好的电视少儿栏目，如日本培养小孩创新精神的《变变变》，活泼阳光的电视连续剧《家有儿女》等。只有看过卡通片《火影忍者》，才知道"影子模仿术"和"心连心之术"是如何有创意地吸引学生的眼球的。如果教师能了解这些信息，并较熟悉其中一个电影或电视或戏剧或网络的信息，绝对能给学生产生不是"警察又来"的反感而是"同在一条战壕"的好感。这样，教师就能与学生在平等中沟通，进而设法自然而然地引导学生学会选择，学会自控，使影视剧或网络成为影响学生学会学习、生活的有效渠道，而非引入歧途的地下黑沟。

第六，教师要每年了解一个学生崇拜的偶像。现在是一个开放的多元的世界，这个世界正处在一个造星的时代，也是一个拜星的时代。偶像文化正在我们身边时刻影响着学生，教师如果熟视无睹，学生会认为教师很"老土"，或像外星人。其实，教师不管是哪个年代出生的，也都有伴随自己成长的偶像，只不过早年的偶像被称为"榜样""楷模"或"先进典型"罢了。以前多为所谓的正面形象，但现在是多元开放的世界了，没有绝对的正反之分，喜欢就行。爱可能是有理由的，也可能是没有理由的！崇拜偶像已是现在学生生活成长的一部分，也将成为他们人生的一个过程。如果教师能从这个高度、这种远景来理解的话，就能积极参与分享学生拜星的感受，也就可能有效地帮助学生建构健康的偶像文化，教师自己也将会成为学生共同的偶像。

以上借"六一"儿童节取名"六个一"概念，是意味着一切童心教育策略要从儿童、从童心出发，才能真正有效地实践童心教育理念。其实，"六个一"策略只是概括最主要的六方面策略，真正要实践童心理念，远不止这些，关键是要在平时的教育行动中时时、处处体现童心理念。

7. 拆了"独木桥"就能"减负"吗？[①]

高考连年扩招，以往千军万马挤"独木桥"的"壮观"景象几乎没有了，这是否意味着通过高考扩招来减轻中小学生负担的初衷如愿以偿了呢？其实并不尽然。究其原因，有表层和深层两个方面。

表层原因主要有以下两个：

第一，高考追求的目标变了。以往总体上讲能高考入围就是胜利。因此，考生追求考上的目标，学校追求高入围率的目标。现在，各高中高考一战追求的是什么呢？大多考生追求的是考好一点的大学或专业，学校追求的是本科上线率或考入北大、清华等名牌大学的总人数。为实现新目标，高中必然要在初中、小学展开优秀生源争夺战；小学、初中为应战必然要由重文化科的综合测试水平转向加大培优力度，追求各级各科竞赛的成绩和考入重点初、高中特别是重点班、试验班的总人数作为办学重要的目标。因此，学生考上大学的压力表面看是消除了，其实是转移了，而且比原来提前到来了。

第二，高考的"指挥棒"换了。以往各级考试基本原则是"以本为本"，即课本教什么就考什么，虽死板，但范围明确、好掌握，所以"死"读书就可以了。现在，高考试题活了，注重能力了。这根"棒"一换，学生读一本书就明显不够了，还要博览群书和关注千变万化的世界。否则，没有知识做基础，如何灵活运用？学生以后最大的苦恼是不知道从何入手准备高考了，特别是农村、偏僻山区信息不灵通的考生，肯定会对来自"本外"的灵活试题感到十分茫然。因此，各级学校要适应高考"指挥棒"的变化，必然要求学生由"一本"转向"多本"，以求尽量扩大学习范围，同时加大和提高知识应用训练的量和度。如此一来，教学有纲无本，范围加大，难度提高，师生的压力会减少吗？

中小学生不因高考扩招而真正"减负"的深层原因主要有三个：

第一，中小学教育在相当程度上要迎合社会约定俗成的质量观。纵观中小学教育，有哪一所学校会在各级竞赛成绩、在高考上本科率或上名牌大学、在升重点中学等方面成绩不突出而社会办学声誉好的？在这些世俗的质量观下，哪所学校敢离开这些指标去搞符合社会发展的真正的教育特色？某市有一所小学，在

---

① 本文发表于《深圳教育》2003 年 9 月 22 日，选编时略有修改。

20世纪90年代初就大力开展科学教育，现在看来校长的办学理念是十分超前的，比第二次全国教育工作会议提出的要培养学生创新精神和实践能力几乎早了五六个年头。尽管学生的科学意识和能力大大提高了，也获得各级不少奖项，但是由于文化课成绩一般，最终还是在部分领导、家长，甚至本校教师中落下"只会制造飞机大炮不务正业"的"罪名"。学校要生存发展，就要首先满足家长的要求，因此，前面提到的学校和学生的压力转移了，实在是必然的选择。

第二，高考未能"不拘一格降人才"。现在高考试题是灵活了，但是评价人才的选拔机制还不够灵活，导致部分有一技之长的人还是未能入读满意的大学或专业，甚至被拒于大学门外。高考选拔人才的机制如不能彻底改变，学生就不能"偏食"，要总分高，学习面肯定要广，这样哪来的轻松呢？

第三，空前的巨大的社会就业压力。这是"减负"难的最关键原因！以前考进大学意味着"入编"，即有了干部指标，所以才有这句流行的口号：60分万岁！现在，哪个大学生还敢这么猖狂？因为毕业可能意味着失业，所以大学生拼命学习，跨系读两个专业、考研读博、打工锻炼等。为什么？多赚"入社"资本而已。市场经济决定人的知识和能力就是价值，特别在中国这样一个人口多、岗位少的国度，它最有可能有效地改变一个人的命运。家长、老师都明白这个道理，且已有切身体会，必然会把这种社会的巨大压力转到孩子身上，时刻要求他们学好考好，为以后"入社"竞争打好基础。巨大的社会就业压力，这应该是各级学校学生负担重的最深层的、最根本的原因！就业机会不能赶快跟上高校扩招的步伐，中国孩子的学习压力就越来越大！

"减负"虽难，还是要想法减的！中小学校没能力解决学生学习压力大的深层问题，为最大限度地避免做"替罪羊"，要做好"减负"的工作，突破口只能是努力减轻学生的心理压力，及时解决学生心理存在的"亚问题"和"成问题"。这方面工作急迫要做的有以下几项：

第一，教学生正确地认识学习这种脑力劳动的性质。特别是"一种艰苦的劳动"这点要让学生深刻了解认识。学习的无穷乐趣，就在于通过艰苦的劳动去体验收获的喜悦。学习很苦，要让学生明白学会自我调节减压也是一种学习本领，并要努力去掌握这种本领。

第二，加强心理辅导。首先主管部门要给学校配备正规的心理教师，其次是建立科学的心理辅导制度，最后要把心理辅导作为师训的重要内容，以切实提高教师对心理辅导的认识和能力。这样才能防止目前各校普遍存在的对学生心理问题发现太晚，或盲目界定，或辅导弄巧成拙等问题，才能有效地把学生的心理问题解决在其"亚问题"而非已是"成问题"的阶段。

第三，积极开展挫折教育。基于 "学习是一种艰苦劳动" 的认识，更加上市场经济竞争激烈残酷的现实，很有必要在全体学生中开展挫折教育，以锻炼他们 "屡败屡战" 的心理承受能力，也为他们将来走上社会面对更多更大的永远无法回避的失败并勇于胜利打下良好的心理素质。这一点对独生子女尤为重要！

8. 加强国际化素质教育　适应国际化都市建设①

一、加强国际化素质教育的背景

现在高等教育、教育国际化已成为热门的话题，但在基础教育的小学阶段如何与国际教育接轨，总体上还谈不上有具体的措施和成效。其实，基础教育小学阶段一样要抓紧 "入世"，其理由主要有以下几个：

（一）贯彻 "三个面向" 的需要

教育要 "面向世界"，就是要与国际教育接轨，要敢于向国际教育先进标准看齐，要勇于学习国际教育领域的一切先进东西，要有志于把我国的教育迅速提高到国际先进水平。

（二）社会迅猛发展的需要

全球经济一体化和全球社会信息化不但使得全世界再也没有 "世外桃源"，还使得传统教育和教育手段正经历几千年未有的变革，教育国际化已成为不争的事实。

（三）深圳市建设的需要

深圳市要创建区域性国际化大都市，首先应该是市民素质的国际化。基础教育不加快国际化的步伐，就不能培养适应城市建设新要求的小公民。

---

① 本文发表于《深圳教育》2004 年 11 月 23 日，选编时略有修改。

二、关于国际化素质的概念

（一）国际化素质教育

教育国际化还难以找到一个公认的定义。相比于教育国际化，国际化素质教育更是一个新的教育概念，也一样没有公认的定义，但从大家讨论的内容、范围可以看出，国际化素质教育就是培养具备国际知识和国际合作与竞争能力人才等世界公民素质的教育。

（二）国际化素质

国际化素质是一个范围很宽泛的概念，它具体包括哪几方面内容呢？就基础教育小学阶段而言，应着重培养学生以下五方面的素质：

（1）国际知识。这是融入国际社会的"门票"。没有或缺乏国际知识，只能是国际社会的"门外汉"。

（2）国际理解。由于世界的多极化，意识形态的多样性，民族历史文化的丰富性，等等，只有基于互相理解和尊重，才能和平共处，共同发展。

（3）跨文化沟通能力。国际化的人才不是一个地理意义上的概念，而是文化、心理层面的概念。真正国际化的人才应该对国际文化、商务，不同民族和不同国际惯例了解清楚，无论到哪儿都能适应并能从大趋势中悟到自己该怎样更好地发展。

（4）"双赢"概念。"双赢"概念是国际化人才的重要品质。无论是企业经营还是管理领导，国际化思维要求以合作来进行，并寻求互惠共赢的结果。

（5）"村民"意识。就是要求每一个人都要明白这个道理：地球是我们共同的家园，我们都是地球村上的公民。这一点非常重要，它不但可以确保来自不同国家、不同民族的人们互相尊重，还可以促使每一个人认识到为人类生态环境的可持续发展作出应有贡献的重要性。

三、深圳小学开展国际化素质教育的策略

（一）强烈的品牌意识

深圳小学自建立特区开始，就被各界誉为"特区窗口小学"。市教育局历任领导都非常重视学校的办学定位，现在教育局领导与时俱进地提出更高的定位——办深圳市"试验性、示范性"小学。领导期望殷切，同行竞争激烈，我

们拿什么来确保"窗口"的地位呢？其中一个就是把我校与日本野野市小学校之间的国际教育交流这个传统优势项目做强。因此，我们在教育友好交流坚持了20年的基础上，使两年一次的互访活动形成制度化，同时教育交流范围也在不断扩大，内涵不断提升。值此20周年大型庆典活动，我校提出把两地学校的交流立项为"中日教育比较研究"的课题，从科研的高度俯视我们的国际教育交流活动，以期更大的收获。在我校倡导下，我们两地友好学校领导还形成一个共识，每次互访举行一次中日校长或教师教育论坛，以求提升国际教育交流的层次，扩大国际教育交流的成果和影响。结合深圳市建设国际化大都市的新定位，我校还于本学期把国际化素质定为深小学生的标志性素质之一，力争将其打造成深小学生的"名片"。

（二）有效的教育途径

深圳小学主要通过以下三条途径加强学生的国际化素质教育：

（1）开展国际教育交流活动。我校除与日本学校建立友好学校定期互访外，目前正计划在中日教育交流的基础上，扩大国际教育交流的空间，拟在欧美建立另一个国际教育交流的新基地，吸取东西方教育的先进理念、经验，来确保深圳小学办学的先进性。

学校还每年分批派教师出国考察教育或参加有关教育的培训。近一年来，我校派两位教师参加市教育局的"海培班"到美国学习考察教育三个月，两位英语教师到英国培训一个月，四位教师到香港参加有关国际教育论坛或教育交流活动，组织十二名教师赴日开展教育交流一个星期。

每年暑假组织学生开展海外夏令营。学生先后到过日本、澳洲、朝鲜、英国等国家开展学习交流活动，并在与外国学生同吃、同住、同学习中提高了国际化素质。

师生出国考察学习回来都要在教师会或学生会上作报告，考察学习报告在校园网上交流或出专题板报，使国际交流的收获得以共享。

（2）开发国际教育校本课程。为有效提高学生的国际化素质，我们通过各种形式的活动，创造条件让学生了解世界各国的地理、历史、文化、习俗等，对学生掌握国际知识，形成国际共识起到很大的促进作用。这个学期，为使"深小学生具备优良的国际化素质"的目标不成一句空话，我校正在把历来的活动整理成适合各年段学生需要的《深圳小学国际化教育校本课程》，以期国际化素质教育具有针对性、系统性和实效性。

（3）开设国际教育专题网站。为发挥师生的主体作用，这个学期学校要求建立"学校—年级"两级国际教育专题网站，由师生分工负责收集世界各国、各民族的有关知识及最近的发展情况，并通过楼梯间的校园书吧、网吧等渠道进行共享。利用网络是国际化教育的最有效途径之一。

（三）清醒的思想认识

（1）国际化与本土化。有人说国际化教育是一把双刃剑，就是说在传递新理念、新知识技能的同时可能出现全盘西化的极端。因此，国际化素质应是基于本土化素质进行建构，国际化素质教育不能成无根无源的教育。

（2）被动性与主动性。针对国际化教育可能给学生带来的消极影响，学校与教师不能被动等待学生自己去明辨是非，而是应有主动性、预测性地有效管控。

（3）盲目性与科学性。就是要求教师针对学生在国际交往中可能表现出来的种种问题，不能一概加以否定，而要科学分析，正确引导。

9. 日本教育的理念及做法的启示①

深圳小学与日本野野市町野野小学签订教育交流协议至今已有 19 年。在过去的 19 年里，两校师生两年组团互访一次的教育交流活动已形成制度，教育交流的层面也逐年扩大。这对增进两校师生的友谊，推动两校教育的发展，加强中日两国文化教育的交流都起到很好的促进作用。今年 10 月 18—22 日，在深圳市教育局基础教育处负责人（访问团顾问）的指导下，我第一次任团长带领深圳小学由 12 名五、六年级学生和 9 位教师组成的访日教育交流团，对日本野野市町野野小学等三所小学开展了为期五天的访问交流活动。这次虽然不能对日本野野市町的小学进行全面、深入的考察，但是在五天里，通过听课、与日本师生及家长交流和参加各校开展的教育活动，觉得日本以下教育的理念及做法很值得借鉴：

首先，真正把学生身心健康放在第一位。野野小学北村校长向我们介绍现代日本教育界中认为好学生的主要标准是身体健康、自主能力强、有丰富的内心世界、有国际合作精神和环保意识。在该市富阳小学山田村校长办公室，我发现其

---

① 此文发表于《深圳商报》2003 年 11 月 1 日，选编时略有修改。

① 此文发表于《深圳商报》2003 年 11 月 1 日，选编时略有修改。

高挂在显眼位置的学生培养目标是：情感、思考和独立。从中我们可以看出，好学生的标准中没有一条是我们常提的优异的学业成绩。我们带着疑问在各种交流活动中求证，结果证实日本学校的老师和家长几乎没有把小孩在校的学业成绩看成是最重要的东西，真的大多都强调小孩身心健康最重要。反思我国学生，据有关报刊公布的调查资料显示，越是高年级的学生，心理不健康的比例越高，特别是大学生自杀的事件日多，这多少与我们虽提"健康第一"却因国情特别，难以真正落实要求有关。我国正全面铺开的新一轮"课改"，就朝日本等发达国家现在这个培养目标前进，但由于我们国情特别，还不知要走多长的一段路才能实现这个目标。

其次，学校对教学质量负全责。据野野小学校长助理讲，在日本，会对学生在校内违纪如打骂同学等品行问题客观分析原因，明确学校与家庭及学生本人各自应负的责任，但是如果学生学习质量不高，校长和老师是要承担一切教育责任的。在这种情况下，学校接到家长投诉后的做法就是校长与负责教师协商，并由负责教师订好"补习"方案，同时主动与家长沟通，在取得共识的基础上，由负责老师实施"补习"方案，努力提高学生的学习质量。也许由于日本国人普遍不主要以学业成绩来衡量师生教与学的质量，这类投诉比较少。但日本学校的做法，比我们更明确了家庭与学校在小孩的教育活动中各自应负的教育责任，这对我们在做好后进生的转化和处理与家长之间纠纷的工作中，明确家校责任，尽力减少学校与家庭的摩擦，从而共同做好小孩的教育工作，也许会有所启迪。

再次，把整个学校构建成展示学生学习成果的大舞台。无论是走廊还是课堂，或者功能室，都可看到学生的作业展、主题研究报告、手工作品等等。这些展示并非我们常见的"优秀"展览，而是不论好与差，学生人人参与，体现了教育学习的"机会均等"观念。我们印象最深的是富阳小学，毕业生留给母校的纪念品，一届是毕业生自己完成并写上姓名的几十块小木雕合在一起拼成的一幅大木雕，一届是每位毕业生的绘画汇展，都展示在大门口显眼的地方。学生用自己的学习成果表示对学校的敬爱之情，这比我们的学生合买一幅画、合送一面镜子等含义更加深远。日本校园从外观上看，学校绝对没有中国的整齐划一美观，但是却几乎处处凝结了师生的心血，表现了他们的智慧，个性丰富的内涵可见一斑。

最后，日本学校对教师的评价讲究标准化。据北村校长讲，日本没有好教师、差教师之分，不像中国一样好多这样那样的评比及相应称号，教师只要考试（核）能达到全国确定的标准，就是一名正式的老师，不同标准等级的老师享受各自相应的工资和荣誉。但是他也讲，日本正学中国，加强对教师的评价，以调动教师的工作积极性，提高教学质量。

以上这些日本教育的理念及做法，肯定有一定的借鉴价值，但是不能离开"中国特色"四个字，否则日本教育的理念和做法再好，在中国也许产生不了应有的办学效益。

10. 日本教育均衡化印象[①]

2005 年 10 月 14—20 日，深圳小学师生教育代表团一行 24 人前往日本野野市町野野小学开展教育交流访问活动。这是两国两校之间第 21 年，也是笔者第二次带队到日本开展这样的教育互访活动。这次交流活动，给笔者留下最深刻印象的是日本教育的均衡化。

今年广东省教育厅已制定并下发了有关推进教育均衡化发展的文件和规定，全省各地教育部门也正积极着手制定落实措施。此次访日，日本教育均衡化的制度和措施对我们落实上级政策是有启发的。

日本教育均衡化给笔者粗浅的印象有以下几点：

一是财物配备的均衡化。走入野野市町的任何一间小学，除了门口的校名和校舍新旧有别之外，几乎所有的设备设施，甚至包括建筑格调都是一致的。此外，教师的待遇由政府拨付，也是没有校际差别的。这是日本政府科学制定并严格执行办学的标准化政策、措施使然。这种均衡化的教育投入，为教育的均衡化提供了不可或缺的物质条件。

二是师资调整的均衡化。日本国有小学的校长没有任何的人事权力，校长和老师都由当地的教育主管部门教育委员会实行周期为 3、5 年的流动机制，即任期一到就要调整到另一所学校任职，为一定范围里的家长、学生创造比较公平的得到名校长办学和名教师教学所带来的优质教育的机会，也为校长和教师创造一个比较公平的竞争环境。

三是生源招入的均衡化。据日方校长讲，日本的国有小学也基本是严格执行就近入学政策的，不存在学校之间争夺优秀生源或家长强烈择校的现象。因为，以上一和二两点已保证了办学的人和物的均衡化。就校长和老师来讲，争夺的优

① 本文收录于江西教育出版社出版的《生态教育管理探索》，2006 年 3 月，选编时略有修改。

秀生源到头来未必就是自己的胜利果实；对家长来讲，学校都一样，何苦费力去择校。

四是教育关注的均衡化。在野野市町的任何一间小学进行文化艺术交流，我们发现一个共同的现象，参与表演的日本学生很多时候不是以学校或班级的代表队出现，如合唱也好，演奏也好，课堂参与也好，都是全班一起参加的，队形坐姿等也是比较松散随意的。其中御园小学给我们留下最深的印象，该校六年级学生代表全校在礼堂为我们访问团举行欢迎大会，欢迎队伍中有一名学生是残疾生，坐在轮椅上由同学推着一直走在队伍的前头，参加欢迎仪式，上台参加合唱——这位学生流着口水，歪着脑袋，斜眼看着我们，但是从他兴奋的眼神，时而跟上节奏张口点头的举动，我们感到他因为有机会与健康同学一起参加这样重要的活动而开心不已！由此可见，日本学校教育均衡化，在教师教育、学生学习过程中的具体体现是创造公平机会，重在鼓励参与，而非刻意追求形式或形象。

日本教育能做到真正的均衡化，还有一个社会文化背景值得我们留意。我们在日本接触到的人员，无论官员还是公司职员，无论校长还是教师，他们在自己的工作岗位上，都精神饱满，勤恳负责，没有因工种差、职位低、工资少等而面有愠色，或冷淡对人等现象。在东京的迪士尼乐园里工人忙碌而永远微笑着以统一动作口令指挥游客排队的形象，在野野市町三所小学里守门的工人或学校教师、校长微笑鞠躬行礼且弯腰为客人取鞋的身影，都给我们留下极其深刻的印象。野野市町教育委员会一位叫荒俣的女办事员，更是以细致的服务赢得我们的不断称赞。她大学毕业刚两年，是第一次参加这样的外事活动，但一个人全程负责接送客人、安排行程的每一个细节，包括食宿、照相等工作。日本人做事极其认真仔细，因此这项工作是一件极其繁琐的事，又是对新工作人员的一次考验。她每一个环节都预先周到策划，做到滴水不漏。其中两个细节更令我们感动：一个是不管我们怎么劝，她就是不喝半口酒，理由是接待工作还没做完和喝酒不能开车；一个是欢送晚宴结束送我们回酒店已是十二点半左右，可第二天早晨欢送时她已精心冲洗好活动的照片、刻录好活动的光盘分送到我们每位团员的手里，这显然是深夜加班才赶出来的！每一个工作岗位都能使人找到快乐，自然在学生时代就不需太刻意通过考高分进名校而争取少数"好"工作，这自然也为教育均衡化制度的有效落实创造了一个有利的社会环境。

11. 我的名校观①

名校最重要的是校园要有文化，师生要有气质。校园有了文化，师生才可能有气质；师生有了气质，才证明校园文化工作抓对了头。名校历史背景、现在环境、未来定位等可以各不相同，但是抓文化、育气质却是相同的一根工作主轴。名校校长要把这个当作治校的根本和方向来抓好。

怎样营造校园文化？校园文化有各种形式，如物质文化、制度文化、精神文化等。笔者认为，一切校园文化工作最后都要为精神文化服务；反过来，唯有良好的精神文化最能无时无处不在地熏陶师生气质。

名校校长要营造的是名校文化。学校可以按物质标准化统一建设，但精神文化特别是名校精神文化却是无法仿制更无法克隆的。精神文化是名校文化与普通学校文化根本不同之所在。

首先，名校校长要以先进的办学理念引领学校，建设既富含名校优良传统又富有时代精神的校园精神文化。深圳小学已有近百年历史，在新时期，学校提出生态教育这个富有前瞻性的办学理念，着力营造"十态平衡"的校园，即有"健全的体态，健康的心态，规范的行态，丰富的个态，民主的教态、自主的学态，科学的神态、人文的情态，共赢的状态、发展的势态"。生态文化正日益孕育师生生态的精神追求，并逐步激发师生生态的教学探索，为这所深圳市的历史名校注入时代精神新内涵。

其次，名校校长要让学校和师生彼此留下永恒的、珍贵的记忆。现在很多名校包括历史名校对此缺乏认识和重视，校舍规划、改造虽富有现代节奏感，但缺少历史厚重感。要知道，办学的历史厚重感是熏陶师生名校气质最有效的一部分。深圳小学通过建设全国第一个校园大型书法碑林——"启笛楷书唐诗三百首"展现办学的历史厚重感。其由书坛泰斗启功题名，由当代书法家、郭沫若的关门弟子启笛书写，可谓集名诗、名人、名书于一体，有效促进了学校育名生、出名师、创名校的工作。学校还利用96周年校庆建设大型《铭》碑，永久刻下每年办学大事记、教工名录和每届学生名录，这会为历届师生留下一个关于母校的美好和永恒的回忆，也为现在和以后的深小师生提供一套内容丰富的校史介

---

① 本文发表于《特区教育》2007年12月，选编时略有修改。

绍、校风传承的校本教材。名校办学，校长要有历史使命感和超前意识，使母校永远留下关于师生的美好记忆，也努力使师生永远留下关于母校的美好记忆。建设有历史厚重感的名校，让学校和师生彼此都留下美好的记忆，这也是深圳小学营造校园生态文化的重要策略之一。

营造名校文化的最主要目的是熏陶师生的名校气质。不同的学校文化不同，培养的师生的气质也不同。深圳小学是全市唯一的市直属完全小学，有近百年的建校史，一直在全市基础教育中发挥着"示范性、试验性"的作用。基于以上特殊的历史背景、办学定位和现在办学环境等因素，学校大力倡导生态精神，着力营造校园生态文化。其目的是努力培养深小师生具备学校提出的"大气大方的形象，得当得体的言行，思新思进的品质"的名校气质。学校借历史名校的地位和由于历届师生人才辈出在现在的师生心中自然产生的自豪感，鼓励师生终身追求成才、成家、成名，敢挑重担，为社会作出应有的贡献；就是做最普通的社会员工，也要成为最普通社会员工里面最出色的一员。学校倡导和培养师生的名校气质，主要目的是想使名校的精神永远激励、影响师生的成长，使师生从外在和内在两方面深刻打上深小这所百年名校教育的烙印，走出校门就是学校一块鲜明的流动广告牌，就是学校一位出色的形象大使。这样，每位师生以后无论在世界哪个角落，在哪个工作岗位，都能在服务社会、服务人民的过程中，自然时时处处体现深小名校的形象。

图 4 - 1　深圳小学《铭》石碑

12. 小学语文感悟阅读的生态教学观[①]

在阅读教学中，"应让学生在主动积极的思维和情感活动中，加深理解和体验，有所感悟和思考，受到情感熏陶，获得思想启迪，享受审美乐趣"。小学语文教学要让小学生学会体验和感悟课文。何谓体验？就是指通过读的实践、读的亲身经历，对课文中的人与物、事与景有所认识、有所感触。何谓感悟？就是学生在接触学习内容的过程中有所发现、有所感触，从而领悟其中的一些道理或思想感情。笔者认为，两者的相同之处是都属于学习过程中得到的认识、理解，两者的区别体验着重指学生读懂、理解课文而产生的身临其境的感觉，感悟则着重指学生体验课文而产生的做事做人的启迪。体验属于读者移情"入文"，感悟属于读者明理"入世"，后者是前者的升华，也是语文教学所追求的学以致用的目标。无论是体验还是感悟，都是一种主要来自小学生内心的学习活动。而要顺利且有效开展这种学习活动，又非基于小学生的认识规律和生活经历不可。这就自然给小学语文老师提出这样的语文教学命题：怎样建立小学语文感悟阅读的生态教学观？下面，笔者就结合小学生的认识规律、语文教材的特点和自己教学的体会，浅谈如何建立小学语文感悟阅读的生态教学观。

一、感悟的发展性

这是笔者阅读和教授《穷人》一课的深刻体会。这一课出自俄国文豪托尔斯泰之手，讲述了渔夫冒寒冷大风雨出海打鱼傍晚未归生死未卜，妻子桑娜焦急地等待丈夫归来的同时，又去关心一样贫穷且病重的邻居寡妇西蒙，发现她在临死前用最后一口气拿衣服包盖好孩子，使其免受伤害的凄惨故事。笔者第一次读这篇课文是 1980 年上小学五年级时，那时最深刻的印象是阴森恐怖——"寒风呼啸""又黑又冷""古老的钟""潮湿阴冷""苍白僵硬的死人"……好长时间在童年的脑海里组成一幅阴森恐怖画面，就像课文里桑娜丈夫回家时说的一句话一样："这样的夜晚！真可怕！"笔者第二次读这篇文章是 20 世纪 90 年代初当小学毕业班语文老师的时候，由"身盖着旧衣服""用头巾裹住睡着的孩子""把他们抱回家"等文句得出一个体会——母爱伟大，但这次是没有刻骨铭心经历的

---

① 本文发表于《基础教育参考》2006 年第 2 期，选编时略有修改。

普通人都具有的理性的体会。后来，我有了自己的孩子。曾经有一次，孩子发烧，我深夜抱紧孩子冒风雨去医院，一个月在医院陪守在小孩的病床边。2002年，我去听一位教语文的主任上公开课，他正好教这篇课文。由于以上经历，当他在朗读课文，尤其读到上面提及的这些细节描写时，我坐在课室后面竟潸然泪下。这次体会到母爱伟大，且是一种发自内心的、触文生情的、带着泪花的体会！

感悟的发展性给我们语文老师的启发主要有两点：一是教学要创造情景。学生没有身临其境，就难以有深刻的体会或共鸣。二是教师要对潜移默化有更深刻的理解和更合理的应对。今天学的课文，学生会通过自己成长的经历不断加以丰富和再造而加以内化，任何急功近利的教学都属于揠苗助长的行为，不符合小学生的认识规律和语文的潜移默化特征。

二、感悟的独特性

鲁迅评《红楼梦》时说道："《红楼梦》是中国许多人所知道，至少是知道这名目的书。谁是作者和续者姑且勿论。单是命意，就因读者的眼光而有种种：经学家看见《易》，道学家看见淫，才子看见缠绵，革命家看见排满，流言家看见宫闱秘事……"大家熟悉的一句名言是："一千个读者有一千个哈姆雷特。"这说明什么呢？读者认识、理解课文是受限于自己的认识水平、生活经历和兴趣爱好等因素的，因而是具有独特性的。这对小学语文教师建立感悟阅读的生态教学观有以下两点启示：

一是以开放态度保护和鼓励个性化见解。如《渔夫和金鱼的故事》课后有一道思考题："你喜欢故事中的谁，不喜欢谁，为什么？"有的五年级学生回答：喜欢老太婆，因为她不满足现状，追求更好的物质生活。这可能被有些饱受传统观念熏陶的老师认为是"异端"而加训斥，或可能被大多数学生嘲笑批驳。其实，追求物质水平的提高是没错的。像这样有自己见解的学生，我们教师首先要以开放的心态予以保护和鼓励，其次才是适当加以引导，让学生明白通过劳动创造财富的重要意义。

二是课堂创设自由平等交流平台。感悟虽是学生自己心里的学习活动，但是如果属于课堂教学，就要使学生有感而发。教师通过学生的课堂交流，才能了解学生阅读的效果，而学生之间富有个性的见解得到互相学习借鉴，最终会使教师得以顺利完成阅读教学。这就要求教师要给所有学生提供平等的交流机会，让学生自由说出自己的体会、收获，同时要强调每个人抱有尊重包容的开放心态评价、接纳别人的感悟的重要性。

三、感悟的自闭性

这里的自闭性不是指特殊教育的自闭症。什么是感悟的自闭性？就是读书读到描写生动的章节时，情不自禁产生的那种欲行又止、欲言不能的美好感觉。人们读到好书、看到好戏、观到好景等时，有时会自然出现这样入书、入戏、入景等合一的忘我的境界，进入"只可意会，不可言传"或东晋诗人陶渊明《饮酒·其五》所描述境界"此中有真谛，欲辩已忘言"的极佳状态。笔者在《飘》一书中读到白瑞德和郝思嘉感情冲突最激烈时刻，在《简·爱》中读到简·爱出走路上遇风雨那一章节时刻，禁不住掩卷回味，生怕好书被一口气读完后，美好的时光一下远去，就像儿时物质匮乏时期，有块糖果舍不得一口吃掉，只是慢慢地、一点一点地啃或舔，为的是求得甜蜜的生活多留在自己身边片刻。读书到了那种状态的感觉很好，却又说不明道不清，也不想有别人来打扰破坏那刻的美好感觉，就如不想有人来分享儿时那小块糖果一样，只求自我陶醉。小学生听故事、看电视多会产生这种感觉，而阅读比较感性的课文如《地震中的父与子》《秋天的怀念》《爸爸和书》《小音乐家扬科》等，也有部分同学会产生这样不同程度的感受。一位教师教《爸爸和书》时，有位四年级的女同学悄悄落泪，老师发现了以为她深有感触，便请她谈体会，她却拒绝并趴在桌子上抽泣起来。老师只好暂停上课来安慰她。课后私下交流才得知她来自贫困家庭，父亲离异，看到书里贫穷的父亲关爱自己的小孩，想到自己已两年失去父爱且与母亲艰难度日，故难以自控落泪。此情此景，对于一位充满感性而自尊心又强的女同学来说，她是无法与别人交流读书的感悟的！

针对阅读时这种"自闭状态"，阅读的生态教学观是：一是教师要允许部分学生静思内省。对特别的课文或特别的同学，这种策略比师生共同交流感悟更能体现以人为本的生态教学观，更能发挥学生的审美主动性和培养审美创造性，也会更有效发挥语文的美育价值。二是要建立对阅读课评价的新思维。在感悟阅读的课堂里，学生热烈交流是学有所获，学生沉默思考也是学有所获，甚至是最佳最大的收获！因此，对感悟阅读课的评价，就不能简单以学生发言多少人次来作为教学效果的主要评价指标了。

13. 建构小学生态作文的教学理念与策略①

小学生的作文现在依然是"难"字一个。根本原因何在？依笔者看，主要有三个原因：一是违背作文的真谛。作文应该是作者自己心灵的活动，想写什么就写什么，想怎样写就怎样写。小学作文如一开始就层层设限，违背作文真谛，如何让小学生写出真心话，怎样调动他们写作文的兴趣呢？二是定错作文的目标。作家秦牧曾经讲了这样的话：美院的学生出来就能作画，中文系的学生出来为何发表不了文章？这折射出我们历来作文教学目标的错位。中文系不是作家班，同样，作文教学不是培养作家。作文写得精彩是要有天赋的。那些资质平平的学生占大多数，要求被拔高了，对作文能不倍感难与怕吗？三是超越儿童的心理认识。现在我们感叹小学生的作文说大人话、说空话，这是大人"提前教育"的后果。由上得出结论：小学生作文难的根本原因是我们对作文的认识，即写作观念出了问题。

笔者认为，要有效解决这个问题，最重要的就是要建构生态作文观念，并在此观念指导下实施生态作文教学策略。

一、关于生态教育办学理念

所谓生态教育，就是在生态哲学的整体论指导下，通过盘活整体办学资源求得高效优质的整体办学效果的一种教育。它的特征是个性化、和谐、开放、共赢和可持续发展。新教育理念下，对教育有以下两点新的理解和认识：一是师生的个性差异也是一种丰富的教育资源，二是有良好个性特长的师生就是人才。因此，学校的主要功能就是运用生态哲学整体论的世界观和方法论盘活各种教育资源，为不同个性特长的师生创造各种发展平台，以形成学生的学习能力、教师的教学能力和学校发展的动力这"三力"和谐可持续发展的共赢办学局面；教师的主要任务就是发现、发掘、发挥、发展学生的个性特长。

这些新理念对小学作文教学也很有启发：一是辩证认识不同生命的不同天赋即个性差异，以利于在顺其自然的基础上加以因势利导；二是正确认识作文的本来规律，以利于正确评价学生的作文水平、能力，发挥作文的整体功能；三是科

---

① 本文发表于《基础教育参考》2005 年第 8 期，选编时略作修改。

学认识小学阶段学生普遍的认识规律及心理取向，以利于科学高效指导作文教学。

二、关于小学生态作文的理念与策略

（一）小学生态作文的教学目标

建构小学生态作文观念，首先应明确生态作文的教学目标。小学语文课程新标准制定的作文教学总目标是：能具体明确、文从句顺地表述自己的意思。能根据日常生活需要，运用常用的表达方式写作。叶圣陶先生在《语文教育书简》中提到："作文一课，我谓认定标的，师生全力以赴之。标的为何？文理通顺而已……至于思想之高深，意境之超妙，皆关系于学养，习作课所不克任也。"结合以上观点，依笔者看，小学生态作文的教学目标可以解读为以下简要三点：培养习作兴趣——让学生乐于说或写；训练母语表达能力——教会小学生能基本正确应用母语，比较清楚行文规范；初步领会作文之道——即真实表达自己所看所想。

（二）小学生态作文的个性化理念与策略

诗文的本质规律就是为了抒写自己性情，因而个性化是小学生态作文最为强调的理念与策略。具体体现在以下几方面。

一是强调自由作文。笔者指导过小学四年级作文，曾做过比较，结果发现，学生作文占"优"的比例，自由作文几乎每次都超命题作文25%以上，特别是学生写作的积极性较高。更难能可贵的是，学生们在习作里给我们展示了儿童丰富多彩的内心世界。要使自由作文真正使学生感到身心轻松自如而积极投入，教师还要积极营造作文时的游戏心态，尽量使学生淡化作业意识，防止学生在开始时心里就予以抵触，因为小学生普遍是怕作业的。

二是强调清楚尺寸。小学作文几乎每次习作都提到"内容具体"这一要求。到底怎样才符合"具体"要求？很多教师都把"具体"和"生动"联系起来指导和评价学生的习作，这样必然拔高习作要求，违背作文规律。笔者认为，就小学生的习作而言，"具体"就是清楚而非生动。现在还有教师为了使学生作文达"具体"要求而规定要多少字数，生态作文的观念是：因人而异，能长则长，弗能则短，清楚就行。叶圣陶先生也早就这样说："凡是干的、玩的、想的，觉得有意思就记，一句两句也可以，几百字也可以，不勉强拉长，也不硬要缩短。"笔者所读高中，县第一中学的一位同学被称为"老先生"，为备战期末考试两周不回乡下的家。那时经济困难、物资紧张，同学们是要自己带米到学校食堂蒸饭吃、带几块钱在食堂买菜汤送饭的。没米怎么办？ "老先生" 给父亲写信：米，钱，茶。一封信就三个字，乡下的爸爸收信明了即把三样东西送到学校，同学们毕业多年也还笑谈此事。信，不在于长短，不就是能达意就行了嘛？

三是强调 "喷烟" 作用。在生态作文的个性化理念里，教师并非无事可做，放任学生自流，以为学生书读多了，事也经历多了，自然就会引起倾诉、表达的欲望。对此，生态作文观念下作文老师应该怎样做呢？英国牛津大学有句妙语： "导师对学生喷烟，直到点燃学生心中的火苗。" 英国剑桥大学也有类似妙语： "学生头脑不是一个用来填充知识的容器，而是一个待点燃的火种。" 因此，教师的职责就是要不断向学生 "喷烟"，引导学生学会倾吐，帮助学生把心中的 "作文火种" 点燃。

（三）小学生态作文的和谐理念与策略

小学生态作文的和谐理念有宽泛的范围，这里只探讨作文教学里教师与学生心理的和谐。生态作文首先要遵循小学生的作文心理规律。从心理学的角度看，文章是客观事物的反映，而这种反映是以人的心理为中介的。人的写作活动是一系列递次反映的心理过程——客观现实的众多信息通过人的种种感官传入中枢神经系统，引起感知，被 "贮藏" 于记忆的 "库房" 里；一旦受到某种诱因的触发，记忆 "库房" 中贮存的一些信息就会在大脑皮层上一一复呈出来；这些复呈的信息与刚刚输入的信息放在一起，经过加工、整理就形成了思维的内容；思维的结果因某种需要用语音表达出来，就成为口头语言，用文字写出来就成了文章。

在儿童作文时，记忆起着极重要的作用。一些研究成果表明，其中同作文密切相关的记忆类型主要有以下四种：一是形象记忆。如观察动物玩具后对玩具形态、动态的记忆。二是运动记忆。如对制作纸工时一个接一个的工作步骤的记忆。三是情绪记忆。如对参观飞机场后愉快心情的记忆。四是逻辑记忆。如对从集体活动中所受到的启发，所懂得的道理的记忆。对小学生来说，他们擅长于形象的记忆，因而在儿童全部记忆中占有更大比例的是情绪记忆。情绪记忆在大脑皮层上的复呈，往往需要一个引起触发的外部 "诱因"。这个 "诱因" 能激发儿童唤醒自己内心曾一度体验过的情感，进而激起与这种情感相联系的记忆中的形象和思想，引起儿童抒发和表露对于生活感受和切身体验的欲望。

由上得出结论，教师实践生态作文和谐理念的策略的总体指导思想是必须 "顺应儿童作文心理"，善于创造 "诱因"，力求让学生 "心有所思，情有所感而后撰作"。首先，教师必须要有正确的教学动机。在生态教育理念下，教师的教学动机就是要全心全意创造一切条件，培养有个性特长的学生。这是教师工作取得成功的最本质的因素。其次，教师要有丰富的情感和坚强的意志。对学生诚挚的热爱，是教师情感生活的重要方面。有了这种爱，教师才能有坚强的意志克服一切困难，把自己的心血倾注在广大儿童身上。

（四）小学生态作文的开放性理念与策略

一是教师评价作文要有开放的心胸。教师要提倡学生个性化作文，更要学会尊重、包容学生的作文个性。教师在大班化的课堂教学无法有效做到个别指导作文，但是在批改、评价学生作文时，应把鼓励个性化作文当作一个重要的尺度来写好扶持个性化作文的评语。如一位教师指导学生完成看图作文，描写的是学校的小气象员冬天早晨冒雪，依时记好校园天气预报。有个学生写了小气象员早晨又饿又冷在回家的路上风雪越来越大，结果冻僵了晕倒被大雪埋起来，直到上学时被同学发现才救醒。这位同学的想象是极大超越了图意甚至到胡说八道的地步，不少教师如碰到这类作文可能会批上："过分夸张不合图意，重写！"但这位教师却在指出问题的同时给予这样的鼓励性评价："但是，夸张的想象，夸张的风雪描写，说明你具备小作家的天赋。"生态作文的开放性策略之一就是要求教师会写学生习作的"开放性评语"，如以上教师的评语，"但是"部分不类同平常教师专门指出缺点毛病的评语，而是鼓励或肯定不足里面所包含的闪光点。

二是学生完成作文要有开放的时空。生态作文落实这一思想的策略，具体讲主要有两点：一是不强调当堂出题、审题、作文、交稿。二是强调同题异文，即只强调作文大致范围，不限定具体内容形式。提倡教师借鉴西方做法，如写《我的父亲》，美国是一周内交稿，让孩子们去采访父亲、母亲、祖父，乃至伯伯、叔叔、邻居和同事，使孩子们更深刻地了解自己的父亲，从而写出一位有血肉有个性的父亲。这样做不但能发挥作文"真实地反映现实生活"的写作功能，还能发挥作文如人民教育家陶行知所言"千教万教教人求真，千学万学学做真人"的育人功能。

小学的生态作文刚刚起步，它的理念及策略还处于朦胧探索阶段，离成熟还有一段很长的路要走，但是只要小学语文教师都积极投入到探索、研究的行列，迟早会清晰，会成熟的。届时，小学作文将不是很多师生的"地狱"，而是师生共同增强可持续发展能力，实现教学相长这一共赢的生态教育目标的"天堂"。

14. 名篇的局限和教师的对策①

人教版小学语文教材中的课文不乏名篇佳作，这类课文大多出自名家之手，不但是我们教师指导学生 "听说读写" 的范文，还是陶冶学生思想情操的经典。但是，随着时代的变迁，观念的更新，这些名篇佳作在继续闪烁着哲理的光芒的同时，有的也逐渐暴露出思想的局限。这种情况的出现，就给我们语文教师在课堂教学中渗透思想品德的教育、贯彻 "文道合一" 的原则提出了新的课题。要解决好这个新的课题，我们的语文教师需要深入分析有关名篇的思想局限性，并努力寻找出行之有效的教育对策。对此，笔者试作如下分析。

一、名篇的思想局限

名篇的思想局限主要存在于两类课文中，一类是反映资本主义制度的，另一类是涉及环境保护问题的。前者的局限主要是表现了背时的政治观，后者则表现了滞后的环保观。

在小学语文教材中，反映资本主义制度的课文不少，影响较大的有《卖火柴的小女孩》《凡卡》《伏尔加河上的纤夫》等。我们编选这类课文的主要目的之一是为了突现教育为社会主义政治服务，因为这些名篇的作者以其犀利的笔锋揭露了资本主义制度的 "黑暗" 和 "罪恶"，并借助艺术典型的力量，激起读者和作者产生 "憎恨" "推翻" 资本主义制度的共鸣。这类课文，在以前确实收到很好的教育成效。但是，随着我国改革开放的进一步深入，物质生活水平提高，在我们学生的认识中，像 "卖火柴的小女孩" 和 "凡卡" 那样悲惨遭遇的儿童在当今不常见。我们党和国家的领导人多次在不同的外交场合强调，我们坚持社会主义制度，也尊重别国人民选择适合自己国家的政治制度。在这种情况下，小学语文教科书中意在揭露资本主义制度的 "黑暗" 和 "罪恶"，激起读者 "憎恨" 和 "推翻" 该制度的名篇恐怕不合时宜。

在小学语文教材中，涉及环境保护问题的课文有《少年闰土》《唐打虎》和《景阳冈》等。这一类都是写人的名篇，但其共同存在的问题是通过捕杀动物来

---

① 本文收录于华中师范大学出版社出版的《全国语文教师精短论文大系》，1998 年 9 月，选编时略有修改。

表现人物的优秀品质。在《景阳冈》和《唐打虎》中提到的虎是伤人之虎，该打之虎，打虎之人不但有智有勇，还表现了为民除害的义举。但是，由于作者秉承了传统的观念，在大肆宣扬打虎者中给读者传出"虎必凶恶，虎必伤人，逢虎必打，打虎必英雄"的信息，这种信息是与我们现在的环保观念相矛盾的。科学家们预测，当今和未来的六大环境问题之一是生态环境惨遭破坏，而这个问题中更令人担忧的是人类的好朋友——野生动物惨遭捕杀，致使不少珍稀动物已经绝迹或濒临绝迹。生态环境一旦失去平衡，就必然会危及人类的生存！显然，这一类以捕杀动物来表现人物的优秀品质的名篇，当今已存在着滞后的环保观的问题了。

二、教师的教育对策

针对以上两类名篇存在的思想局限，我们小学语文教师在课堂教学中渗透思品时应采取如下的教育对策。

（一）更新名篇的思想

针对反映资本主义制度的名篇，我们应用"尊重选择，和平共处"的观点去更新名篇中"憎恨"和"推翻"的敌对观点，把其背时的政治观更新为适时的政治观。针对涉及环境保护问题的名篇，我们应用现代的环保观点去更新名篇中滞后的环保观点，把其滞后的环保观更新为先进的环保观。只有这样，才能取得现实的教育效果和超前的教育意义。

（二）采用科学的方法

更新名篇的思想，我们还要掌握科学的方法。对于反映资本主义制度的名篇，我们教师首先应运用历史的、发展的、辩证的观点指导学生看待资本主义制度，让学生既看到其血腥的历史，也看到其发达的今天；让学生既看到其黑暗的一面，也看到其繁荣的一面。这样用客观评价代替偏激看法，才能让学生对资本主义制度有一个比较全面、正确的认识。其次，我们还要运用大政治观来指导学生正确地看清社会主义和资本主义这两种不同的政治制度，在让学生认识到只有社会主义才能救中国、发展中国的同时，也让学生明白其他国家实行资本主义制度是他们自己国家发展的需要。只有这样，我们才能够培养出既热爱自己国家的社会主义制度，又有利于世界和平与发展的一代新人。对于涉及环境保护问题的名篇，我们首先要向学生介绍有关野生动物的习性，让他们明白动物也像人类一样需要拥有自己美满的家园、幸福的生活；其次，要向学生说明动物和人类的关系，让他们明白动物对保持生态平衡和保证人类生存的重要作用。只有这样，我们才能够培养出既能开发利用大自然又能改造保护大自然的具有现代环保观的一代新人。

15. 抓住关键　突破全篇[①]
——毛泽东诗歌《长征》教学设计

小学语文第十一册（人教版）中的《长征》一课，可抓住两个关键字——"红军不怕远征难，万水千山只等闲"中的"难"和"闲"字，提纲挈领，突破全篇。

1. 了解"难"处

首先，教师要引导学生通过解读了解表现"难"的词语，并由学生自己将有关词语写到黑板上"难"字之下。这类词语有："五岭逶迤""乌蒙磅礴""金沙水拍""大渡桥横铁索寒""岷山千里雪"。其次，教师借助文字介绍、图片展示、影视片段播放等手段，让学生充分理解红军长征之"难"，不但要战胜自然界的千山万水与恶劣气候，更要战胜国民党的千军万马和阴谋诡计。

2. 体会"闲"情

首先，用上面的方法让学生找出红军在"难"中表现出"闲"的词语并亲手写于"闲"字之下："腾细浪""走泥丸""云崖暖""更喜""开颜"。其次，让学生重点理解"腾细浪""走泥丸""云崖暖"在诗中的妙用。

3. 对比感悟

在分析并理解了"难"和"闲"字后，教师可结合板书进行对比总结，从而水到渠成地让学生感悟到红军战士"藐视困难、乐观无畏"的诗情，自然地接受革命传统的教育。

---

① 本文发表于《南方师苑》2000 年 5 月。

4．再造意境

学生是否真正理解诗中的意境呢？我们可让学生再造意境来进行反馈检查。以往，我们强调感情朗读，故大多数老师通常只用指导朗读的途径来让学生体会诗情画意。其实，体会诗情画意的方法是很多的，可读、可画、可演、可讲……关键是看教师能不能根据学生的特长来拓展学生理解的渠道，如理解"岷山千里雪"之"难"，可让擅画的同学画一幅"山雪飘飞图"，可让词汇丰富的同学找出几个描写山险雪大的词、句，可让会口技的同学发出风雪交加山路难走的凄厉声……只有让学生自己选取个别情境并根据自己的特长再造情境，而后互相交流，才能让他们深入、生动地体会诗情画意。

16．"小学生廉洁教育"课题实验工作报告[①]

深圳小学"小学生廉洁教育"课题实验工作自从 2007 年 4 月立项为省级课题以来，在上级行政和业务主管部门的关怀指导下，经过四年的艰辛工作、细致探索，已初步实现了实验研究的预期目标。现总结如下：

一、组建课题的领导小组、实验小组

我们根据学校的实际情况，成立了课题的领导小组，由杨焕亮校长全面管理，谌艺峰副校长全面统筹；成立了由王纯旗、韩海鑫、赵卫雄、童海云、尹丹、张晖等老师负责的实验小组；并组建了由各学科骨干教师组成的课题研究小组。

二、确立课题研究的目标

我们课题组成员经过多次探讨研究，确立了四个方面的研究目标。

（1）以廉洁文化创作为体验教育的基本方式，丰富小学生的廉洁文化知识，培养小学生的廉洁意识，增强小学生敬廉崇洁的道德情感；

（2）以班队主题教育活动为体验教育的基本形式，增强小学生对廉洁的行

---

① 杨焕亮、谌艺峰主执笔。本文发表于 2010 年《教师教育研究》增刊，"小学生廉洁教育实验研究"课题 2010 年在广东省教育科学规划课题"基础教育课程改革加强德育研究"的实验研究中荣获优秀成果奖。

为体验、情感体验，提高小学生的道德判断能力；

（3）开展针对性的廉洁教育内容研究，建立不同年龄段小学生廉洁教育的内容体系，增强小学廉洁教育的实效性；

（4）开展廉洁教育与学科教学整合的基本途径、方式和方法的研究，建立小学廉洁教育的长效机制。

三、确定了课题研究的对象和方法

根据本课题的特点，我们选定了思想品德、语文、数学、美术、音乐、信息技术等几个学科为重点实验学科，同时选定班、队活动为重点研究领域，并采用行动研究为主的方法开展了这一课题的研究。

四、确定了课题研究的实验步骤

按照上级行政主管部门的要求，结合我校实际，我们决定分三个阶段开展实验研究，并且确定了每个阶段的主要任务。

准备阶段：（2007 年 2—4 月）课题理论研究、论证、培训阶段，于 2007 年 4 月底召开课题开题会议。

实施阶段：（2007 年 5 月—2008 年 8 月）进行分项研究、具体实施。

总结、验收阶段：（2008 年 9 月—2009 年 2 月）总结实验研究成果，进行课题验收。

五、我们的实际做法

研究中，我们采取了以下几项主要措施：

（一）营造廉洁教育的文化氛围

在全校广泛开展读廉洁书、唱廉洁歌、绘廉洁画、办廉洁报、编（演）廉洁剧、作廉洁诗（童谣等）、议廉洁事、看廉洁片、写廉洁文、制廉洁网、访廉洁人、赠廉洁卡等活动，形成良好的廉洁文化氛围，让学生在这些活动感知和领悟廉洁文化，接受廉洁教育。

（二）搞好自我设计

围绕学校廉洁教育的总目标和具体目标，各年级、班级（中队）要分解制定低、中、高年级廉洁教育的具体目标、设计主题活动；学生要结合自我情况制定、设计个人目标。

（三）学生体验廉洁

学生设计的教育目标，要通过具体行动去体验。

（1）少先队大队组织廉洁教育体验活动。

（2）少先队中队组织廉洁教育体验活动和廉洁教育主题活动。

（3）以语言学科、艺术学科为主要途径开展廉洁文化创作教学，组织学生进行廉洁文化创作竞赛。

（4）家校互动，让孩子在亲子活动中体验廉洁。

（5）让学生走进社区、街道宣传廉洁文化，参与社区、街道廉洁教育活动。

六、我们的主要成果

通过研究，我们取得的研究成果主要有：

（一）校园文化得到了空前的繁荣

我们针对少数教师对在小学开展廉洁教育存在的模糊认识，以及小学生认知活动的基本规律，一改传统空讲廉洁教育的重要性、紧迫性的宣传模式，一开始就着力于让师生"动起来、做起来"。一时间，整个校园都动了起来，上网的上网，翻书的翻书，好一派你追我赶的动人场面！短暂半个月的时间里，全校就汇集了廉洁画 2 000 多幅，廉洁故事 400 多个，格言、警句 10 000 多条，诗词 200 多篇，廉洁对联 700 多副。在此基础上，学校组织教师给学生编写了《廉洁教育读本》供学生学习，读本成为了学生们课余的新宠。

校园文化建设是熏陶师生名校气质的有效途径。我校力求打造全方位展示廉洁之风的校园文化氛围，不仅在每个教学楼层的文化长廊展示精选的廉洁格言、警句，在学校走廊、卫生间等场所展示廉洁画，还巧妙地在校园文化工程"启笛楷书唐诗三百首碑林"中展示表现"高风亮节"品质的竹子盆景，使学生随时随地都能耳濡目染到廉洁知识，努力为师生创设廉洁学习的最佳氛围。

（二）师生的廉洁意识得到有效增强

我们以师生为活动的主体开展了系列化的廉洁教育主题活动，如各班的主题墙报、主题队会，每周给同学们一个丰盛的廉洁文化自助餐；由班到年级，再到学校逐级选拔的"廉洁故事大赛""廉洁教育辩论赛"和"聆听师道朗诵会"给师生搭起了展示才华的舞台；自主报名参加的"大队干部廉洁竞选"和自荐与他荐相结合的"寻找身边的廉洁之星"活动，又把师生参与廉洁教育的热情推向了高潮。

四年级一位罗姓的同学，原来一直被老师和同学视为 "问题学生"，所有的评优、评先都与他无缘。这次活动中，教师和同学发现他天天都帮助厨房的工人师傅抬餐具到食堂，而且从不在别人面前说起此事。他被全校学生一致同意评为 "'关爱他人、助人为乐'之星"。自此，罗同学在各个方面也改头换面。

像罗同学这样的 "廉洁之星" 全校已评出上千名，他们是同学们公认的有责任心的好干部、严于律己的好学生、拾金不昧的好榜样、勤俭节约的好典型。学生们在 "廉洁之星" 评选推荐表中写得很详细："方智健同学每次答应老师的事、承诺同学的事，他都能及时做到。他做到了诚实守信，值得我们学习。""詹斯亮同学平时生活非常俭朴，从没买过贵重的文具，也没吃过零食，但在向贫困山区捐款活动中，她捐了 100 元，是全班捐得最多的一个，她是一个廉洁的人。"

师生投入的情感，激励更多的学生行动起来。学生们又以压抑不住的激情自绘廉洁小报 2 500 多份、自制廉洁心愿卡 1 000 多张、向父母写 "劝廉信" 200 多封、写读后感 300 多篇。在现在的深圳小学校园里，无论是一、二年级的学生，还是五、六年级的学生，无处不在讲着 "廉洁" 二字。我们的班主任、少先队辅导员、校领导经常听到这样的投诉："某同学抢占我们的活动场地，他这种行为是不廉洁的""某同学不值日做卫生，是不廉洁的"。也许他们的这些语言和行为还是天真和稚嫩的，对廉洁的认识也还是十分肤浅的，但我们从这稚嫩的童声中听到一些希望，从这天真的行为里看到一种态度——他们是认真的！

（三）"敬廉崇洁" 已成为师生的精神追求

为了把廉洁教育推向更高的层面，促进师生的认知并参与到廉洁教育之中，我们借助师生已经燃烧起来的激情，全面推开了廉洁文化的创新活动，并着手建立廉洁教育的长效机制。

以廉教、廉学为主题，教师们很快创作出了 "深圳小学廉洁之歌""廉教之歌" 等多首歌曲；以 "廉洁做人" 为主题，我们的师生创作了数以百计的书法绘画作品；同时，我校结合深圳教育系统开展的 "怎样做一名高素质的深圳教师" 的讨论活动，积极开展主题演讲、主题论坛及征文等活动，全校师生、家长撰写讨论文章 130 余篇，并整理出版了校本教材《"怎样做一名具有名校气质的高素质教师" 大讨论活动征文汇编》，文章中处处闪现思新思进、志存高远、廉洁从教的师德光环。

（四）小学生廉洁教育的方式方法得到创新

根据小学生认知特点，我们独创了寓教于乐的"深小廉洁教育12式"——读廉洁书、唱廉洁歌、绘廉洁画、办廉洁报、编（演）廉洁剧、作廉洁诗（童谣等）、议（说）廉洁事、看廉洁片、写廉洁信、制廉洁网、访廉洁人、赠廉洁卡。

（五）初步建立起长效机制渗透廉洁教育

一是学科教学中的廉洁教育渗透。课程是主渠道，课堂是主阵地，这是学校教育的基本规律。廉洁教育也必须走课程化、学科整合之路，才能真正建立起长效机制。因此，我们及时制定并推出了《深圳小学廉洁教育实验研究方案》和《深圳小学廉洁教育与学科整合方案》，各学科组也根据本学科的特点制定了相应的实施方案，在各主要学科展开了廉洁教育"进课程""进课堂"行动。我们把学科整合定位为：结合学科特点和教材特点渗透廉洁教育，即进行自然、和谐的渗透。如在语文课《手捧空花盆的孩子》一课中，孩子们通过对课文的学习深刻地感受到了"诚实"这种美德的重要性；在美术欣赏课《人民艺术家齐白石》一课中，学生们不仅了解齐白石高超的艺术造诣，还被大师"出淤泥而不染"的荷花精神所折服；更有趣的是在一节一年级的《认识人民币》的数学研究课上，教师设计了"认识人民币上的盲文数字"和"购物"两个结合点，很自然地进行了关爱他人和勤俭节约教育的渗透。像这样的课例还有很多，各学科组都在"找结合点"上下功夫，已建立起有自身特色的小学阶段廉洁教育的课程体系。

二是班队活动中的廉洁教育渗透。尝试生态德育创设自主的中队活动空间，有侧重地开展个性化的中队活动。1~2年级以行为规范训练为主，贯穿三爱教育（爱学校、爱学习、爱同学），渗透安全与诚信教育；3~4年级以遵纪守法教育为主，贯穿艰苦奋斗教育，渗透诚信、交往、挫折教育；5~6年级以道德品质教育为主，贯穿竞争、诚实守信教育，渗透公民权利、义务、责任与感恩教育等。这种分段德育的教育方式循序渐进，有助于探索廉洁教育的长效机制。

三是自主管理中的廉洁教育实践。在学校创建安全文明校园、校园听吧、书吧的管理中，实施"自主管理模式"与"诚信能力培养"策略。实行"生态互助式"的值周制度，将每天各班级学生的违规事件第一时间反馈给班级，落实到人，同时对扣分学生采取"自己的扣分自己加"的策略，即扣分学生需要用做好事的方式来挽回对班级的不良影响，为自己的行为负责。这种方式进一步强化学生的责任意识。针对个别学生的违纪现象创建了"个人诚信记录"，学校根据学生的具体情况开展"彩色童年计划"，对有需要的学生进行有计划、有步骤、有侧重的个性化帮助。这种自我教育、自我管理措施成效显著，有效地培养了学生们文明守纪、尽职尽责、诚实守信的廉洁品质。例如：我校校园种植有无花果、荔枝、龙眼等多个树种，每到花果飘香的季节，我校学生都能做到文明守纪，没有一个学生去擅自采摘。这一道亮丽的风景线正是廉洁教育成效最有说服力的证明。

四是特色活动中的廉洁教育体验。在深小特色的礼仪章、劳技章、环保章、自护章等争章活动中提升学生的廉洁素养。例如：在"自护章"的争章活动中要达到"平安校园行动——平安自护六个一"（即读一本安全教育书籍或看一部安全教育影视、会一门自护自救本领或技能、会讲一条自护自救知识、会提供一个自护自救的金点子、对家庭安全和校园安全提出一个建议、会写或会说一条安全警句或安全温馨提示）的相关要求；在"环保章"的争章活动中学生们通过参与节电小技巧学习、使用，及家庭节约用电报告撰写等系列活动树立节约用电意识、习惯；在"礼仪章"的争章活动中，创建"个性化着装"的礼仪教育模式，让校服的穿戴更加适应小学生身心发展的需要，实施周一穿礼服，周三穿个性化服装，周二、周四、周五穿运动服的着装方式，使学生着正装、正其性，着闲装、闲其心，以着装促进其优良品质的形成。各项争章活动均产生了较好的教育效果和社会影响，使"雏鹏争章"品牌活动成为了提升责任、节俭、自律、知耻等廉洁素养的有效途径。

全校学生通过参加精心策划、分段开展的体验式"磨砺教育"活动，深化对人生磨砺的认识，激发内在情感以及强烈的感受，建立自强向上的心态和行为模式。活动获得广泛认同，教育成效显著。我校三年级学生胡淙泰横渡琼州海峡并打破三项吉尼斯世界纪录，获深圳市团委授予的"鹏城新少年"称号和市局团委授予的"征服海峡小勇士"称号，这是我校开展"磨难教育"和"抗挫折教育"一个成功的案例，展示了新时代少年儿童特有的风采。

同时，我校结合磨砺教育创建灾难教育"十个一"活动：①一次防震避险演练；②一期主题墙报；③一次主题中队会；④一次地震知识讲座；⑤一次主题演讲；⑥一个故事会；⑦一份手抄报；⑧一篇文章（作文、诗歌、日记等）；⑨一幅绘画作品；⑩一幅书法作品。1～6年级学生均进行规定、自选动作的实施，全面提高学生抗击灾难的能力，成效显著。我校每学期定时开展各类避险演练。创新品牌的活动——"地震应急演练"，在市地震局的专业指导下，不仅提高我校师生在发生地震灾害时的自救互救能力，最大限度地保障我校师生的生命安全，还培养我校师生听从指挥、团结互助的优良品德，同时提升责任感与自律性，也为全市中小学防震自救活动提供示范作用。多家媒体争相报道，对我校办学在全市的启发性、示范性给予了高度评价，各校纷纷效仿，社会反响热烈。

（六）探索性地建立了相应的激励机制

我们在廉洁教育课题研究中，进一步深化了每月的"行为规范示范班"、"行为规范示范生"与"廉洁之星"的评选表彰活动，评优活动取得了良好的激励作用。不仅在学生中间，在我校的保安、工人中间廉洁教育成果也突出，具社会影响力的事件也频频发生。如：五（1）班曾祥意同学拾金不昧事件获得一片赞扬后，四（4）班王梓同学在公交车捡拾深圳市福景外国语学校学生的钱包后几番联系使物归原主，我校的女保安吴军芳工资不高但在保安室捡到100元钱后及时归还学生。像这样的人、事可谓层出不穷，社会反响热烈。

同时，学校建立大队、中队干部廉洁竞选长效机制，采用"报名—演讲—表决—试用—淘汰—正式任用"的方式，选拔干部，让事实说话，让教育更具说服力。一个个德才兼备的小干部脱颖而出，一个个自主管理模式推陈出新，充分体现了少先队员当家作主的精神风貌。

（七）取得了显著的育人效果

随着"廉洁文化进校园"活动的深入开展，我校育人的成果越发显著。学生在国际、国内、各级各项比赛及少先队各项评比活动中屡创佳绩，充分展现了我校廉洁教育的突出成效。

我校学生在深圳市"我身边的廉洁故事"评选活动中获得一、二、三等奖各1名的好成绩。在深圳市第二届"廉洁文化进校园活动"才艺之星绘画比赛成绩喜人，1位学生获得市级特等奖，3位学生获得市级一等奖，还有16位学生获区级特等、一等、二等奖的好成绩。

2007年我校六（1）中队学生黄绮洁获得"广东省十佳少先队员"称号、六（2）中队学生张云雁获得"广东省优秀少先队员"称号。我校是此次评选广东省唯一能同时获得这两项荣誉的学校。大队长黄绮洁还受到广东省相关领导及教育局张局长的接见。深圳商报、深圳教育报、深圳青少年报、南方都市报、晶报纷纷对此消息进行报道，社会反响热烈。2008年我校学生胡淙泰获得广东省十佳少先队员提名奖，三（5）中队喜获广东省第九届"少先队优秀中队"称号，学生郭黛瑶获得广东省优秀少先队员称号。2009年我校六（1）班中队获评"广东省少先队先进中队"称号，六（1）班的蒋冉晨同学、六（2）班的戴楠同学

获评 "广东省优秀少先队员" 称号，六（2）班刘华松同学在广东省首届 "南粤雏鹰之星" 竞赛中荣获 "文明之星" 和 "四星雏鹰奖章" 称号，学校少先队大队也获评 "广东省红旗大队" 称号。

另一方面，通过 "小手牵大手" 活动，解决了长期困扰学校的 "校门口停车" 问题。我校位于东门老街，学校门前是一条并不宽敞的单行道，每到上学和放学的时段，学校门前便被出租车、私家车等各种车辆堵得水泄不通，不仅增加了孩子们的安全隐患，也严重影响了来往车辆通行。针对这些安全隐患，我校严抓家长在校门口黄线区域停车接送孩子的行为。经过校方协调和学生的宣传，校门口禁停区不再有接送学生的车辆停放了。这些举措有效地消除了校园门前的道路交通安全隐患，为广大师生及家长出行提供安全、便利的通行环境，确保了出行安全。

（八）课题研究过程和成果赢得各界好评

在我校成功举行的市教育局直属学校 "廉洁文化进校园" 启动仪式、廉洁教育现场观摩会以其示范性、创新性得到各界高度评价。

在启动仪式活动中，我校展示的令人耳目一新的 "廉洁文化艺术汇演" 节目、内容丰富的廉洁教育成果展览、语文整合展示课等，吸引了二百多名领导、来宾和家长观摩。中国少先队工作学会辅导员专业委员会副主任、团中央《辅导员》杂志社原总编柯瑛认为，我校在纷繁的少年儿童道德教育体系中找到了切入点且抓得实、抓得深、抓得透，在引领孩子实践、养成等方面堪称一个成功的案例。深圳市纪委宣教室副局级主任颜涛、市委教育工委副书记陈贤德等领导对我校的廉洁教育活动也给予了极高的评价，认为我校在推进廉政文化进校园的试点工作中，取得了显著的成效并为全市开展这一工作起到了很好的示范作用。学校还作为深圳市 "廉洁文化进校园" 活动的示范单位，向全市展示教育成果。2008年，我校的廉洁教育还接受了深圳电视台的专访，节目在电视台播放，反响热烈。

我们的探索已经取得了阶段性的成果。下一步，我们将在继续深入开展廉洁教育实验研究和学科整合研究的同时，进一步拓宽廉洁教育的辐射面，着力构建起学校、家庭和社区三位一体的廉洁教育网络，形成廉洁教育的合力，为整个社会风气的好转作出应有的贡献。

17. 生态教育的行动研究报告[①]

一、问题的提出

把一所历史名校建设成为一所现代名校是一项开拓性的系统工程，不仅要有先进、科学的办学思想和理念作指导，还要有全新的、高效的、优质的教育实践，是在继承基础上的全面创新。我们孜孜以求，在用生态哲学重新审视教育的思索中，确立了一种全新的办学理念——生态教育，并在实践中逐步完善了"生态教育"。

（一）生态教育是一种先进的教育思想

20 世纪 20 年代以来，随着教育问题的复杂化和全球问题的多元化，人们开始将生态学的理论应用于教育学研究与实践之中。1976 年，美国哥伦比亚大学师范学院院长克雷明教授首次提出了"生态教育学"这一术语。之后，生态教育学在美国教育界产生了很大影响，之后又从美国传播到世界其他各国。现在，美国、英国、瑞典、日本、澳大利亚等国，都有专门研究生态教育学的机构。其中主要代表人物有：美国的克雷明教授、瑞典的克莱特教授、德国的赫克尔教授。国际上生态教育学已分化为个体生态教育学和群体生态教育学两个分支。

作为跨越教育学和生态学两个领域的一门新兴的交叉边缘学科，教育生态学主要借鉴这两个学科的研究方法，把教育放在自然环境、社会环境、规范环境中，研究这三种生态环境和人的生理、心理环境的各种生态因子与教育的相互关系。教育生态学还揭示了教育的生态结构、教育的生态功能、教育的生态原理、教育生态的规律、教育的行为生态、教育生态的演替、教育生态的检测与评估等方面的内容，并与教育学和生态学的其他分支学科有着内容上和方法上的交叉和联系，起着相辅相成、相互促进的作用。

[①] 杨焕亮、王纯旗主执笔。杨焕亮撰写的生态教育行动研究成果《倡导生态人际是建设和谐校园的关键》荣获 2006 年深圳市教育系统优秀党建论文三等奖和第四届"华强杯"广东省中小学校长办学思想论坛论文二等奖，《生态教育理念下的教师管理新概念》荣获 2009 年深圳市首届教育教学科研优秀成果奖论文类三等奖。

"教育生态学认为,教育生态系统的基本特征之一是其整体关联性,表现为教育生态系统与社会大系统的整体关联和教育生态系统内部各要素的整体关联。"这说明,生态教育已不囿于教育而研究教育,而是大教育观下的一种全新的现代教育观。

(二) 生态教育逐步成为时代的主旋律

生态教育的提出,至今也不过 30 年左右的时间,但却引起了理论界和实践领域的广泛重视和研究。

首先是对教育生态学的理论研究,对其基本观点和理论体系的研究,还处在探讨和逐步形成的阶段,也还存在着不同的看法和分歧。克雷明等人认为应以教育为主体,研究教育与生态环境的关系。台湾学者方炳林在他所撰的《生态环境与教育》一书中则提出以生态环境因子为主,研究各种生态环境与教育的关系及对教育的影响。我国学者吴鼎福、诸文蔚所撰的《教育生态学》一书则认为,应把上述两种体系一起来,从教育和周围的生态环境相互作用的关系入手,以教育系统为主轴,剖析教育的生态结构与生态功能,以教育的生态系统为横断面,然后扩展开去,建立起纵横交织的网络系统结构,从而集中地阐述其原理,揭示出教育生态的基本规律。

其次是对生态教育的研究,一般意义上都把生态教育归结为生态知识和环境保护方面的教育,对在大、中、小学,甚至对成人、公民如何进行环保教育均进行了深入研究和丰富的实践,近几年兴起的生态城市、生态社区、生态住宅等就充分说明了这一点。即使是把教育作为一个整体系统来研究,也仅仅局限于教育的宏观研究、理论研究,距实践层面相去甚远,还谈不上形成生态教育的思想论、方法论体系。

这些研究和实践,无论其观点是否相同,内容是否一致,有一点是可以肯定的,即在短短的 30 年时间里,生态教育正逐步成为人们关注的热点。我们相信,随着生态教育理论与实践的逐步融合,随着人们对教育本质的深层理解,随着科学发展观的逐步确立,生态教育必将成为我们这个时代,甚至未来时代教育的主旋律。这是一个"生态"的时代,生态的时代呼唤生态教育。

(三) 生态教育的研究在我国相对滞后

我国对生态教育学的研究相对滞后。我们以"生态教育学"为关键词检索中国期刊网,1994 年—2004 年中有关生态教育学的文章只有 9 篇,博士和硕士学位论文中没有一篇专门研究生态教育学的。其中代表性文章有:范国睿的《劳伦斯·克雷明的教育生态学思想述评》、刘克汉的《生态教育学与中小学素质教育》、盛喜连等的《生态学评价中的新理论与观点》等。目前，生态教育学还主要停留在介绍国外研究成果、探讨相关原理的阶段。据我们所知，还没有一所学校将生态教育学原理应用于相关研究与实践。

另一方面，我国对生态教育的研究也还停留在"环保教育"的层面，其代表性的实践就是"绿色学校"的建设。显然，这在理解上已与生态哲学、生态教育学的观点存在很大的偏差。因此，可以说，生态教育在我国还仅仅处于一个起步阶段，这也预示着生态教育在我国还有着十分广阔的发展前景。

（四）生态教育是现代名校的必然选择

我校早在 2003 年就提出并开始了生态教育的实践。这是我们创"现代名校"办学目标的必然选择。

深圳小学有着悠久的办学历史，在历史的长河中，尤其是在深圳经济特区建设和发展的 20 多年里，她一直以"实验性、示范性""窗口学校"的姿态领跑深圳基础教育，堪称深圳"传统名校"。如何在新的历史时期继续保持优势，继续为深圳的基础教育提供新的经验，这是我们现在必须思考和探索的重要课题。

我们认为，一所现代名校，一是应该具有超前的办学理念，使之能够成为学校领导、教师、学生和家长的行动航标和共同奋斗的目标；二是要有独特的校园文化，使之成为学校的灵魂和不竭的力量源泉；三是要有一个高效的管理运作模式，实现高效率办学和高效益办学；四是要有思新思进的意识和能力，有一个学习型团队，有一个较为完善的创新机制，有一个展示个性和创新能力的良好平台；五是要有多元的办学成果，各类人才都具有可持续发展的潜力。

显然，要做到这一点，固守原有的优势和模式是不行的，必须寻找新的途径，必须对学校进行整体的革新。

二、理论的建构

自 2003 年我们开展"生态教育"的行动研究以来，我们的研究过程既是一个不断丰富的实践过程，更是一个理论的建构过程。我们一方面在现有的理论体系中为生态教育寻找支撑，更在我们自己的实践中进行积极的理性思考，正如我们的课题研究方案中所期望的那样：通过我们的探索，初步构建起生态教育的思想体系和方法论体系。

（一）生态教育的基本概念

所谓生态教育，就是在生态哲学整体论观点指导下，努力通过优化整体办学资源，求得整体、高效、优质的办学效益的一种教育。

生态教育是一种全新的教育形态。这一形态的理论基点是生态哲学的整体论观点，表明了生态教育的价值取向，这是生态教育思考和解决学校一切教育问题的思想基础、理论基础；这一形态的内在特征是学校内部各种资源的协同作用，即学校内部各种资源不是简单的组合和叠加，而是相互补充、相互促进，使各种资源均发挥出超自身的作用和价值；这一形态的外部特征是整体、高效和优质，即其教育价值是整体显现出来，而非局部和个别，其教育的过程是高效率的，教育成本也是相对较低的，所培养出来的人是全面发展的、高素质的人才。

生态教育是一种全新的教育理念。这一教育理念有自身的思想论体系和方法论体系，它不局限于解决某个方面、某个环节的教育问题，而是力求从整体上解决学校教育中的各种问题。在生态教育中，整体可以是宏观、中观、微观上的整体，即每一个教育元素都被视为整体进行研究，又都被置于一个更大的整体中研究，可谓整体中有个体，个体中有整体。同时，在众多的教育元素中，又以人为核心元素进行整合，即把生命置于整体中至高无上的地位，具体到学校教育中，就是把学生和教师的和谐发展、可持续发展始终摆在首位。

微观上讲，生态教育又有一系列可供操作的办学策略（后面将会有具体的论述），即它既能从思想、观念上解决问题，又能从教育行动上解决问题。生态教育的思想、观念体系和策略体系既自成一体，又有极强的包容性，即它可以不断地从外部获得营养，使自身的体系得到丰富和发展，是一个典型的耗散结构体。

生态教育不是通常意义上的生态教育。人们通常所说的生态教育仅指生态知识和环境保护方面的教育，单纯地强调的是教育内容，其实就是环保教育，这与我们所说的生态教育是完全不同的两个概念，我们是在构建一种全新的、生态的教育形态。

生态教育也不是绝对自然生态意义上的教育。我们所说的生态教育强调的是社会生态和人文生态，但也不排斥对自然生态法则的改造和利用，绝不是把教育置于一种自生生灭、自然演变、放任自流的无序状态。从广义上讲，教育虽不是人类特有的一种生存状态，但从狭义教育的角度理解，教育却是人类特有的一种生存状态。因此，我们的生态教育应该是人类社会生态意义上的教育。

（二）生态教育的基本特征

生态教育具有五个基本特征，即开放性、个性化、和谐、共赢和可持续发展。

1. 开放性

生态教育是一个生态的耗散系统，突出的标志是其过程是一个动态的生成过程，并在不断地与系统外部的交换中循环演绎着"平衡—不平衡—平衡"。在这一系统中，物质资源和智力资源达到高度的共享，并能不断生成全新的智力资源，同时实现智力主体的自我完善。这一系统又与其外部相互作用，并在与外部的相互作用中完成系统自身的改造与更新，走向更高的境界。

生态教育的开放性还表现为广泛的包容性，一切先进的、科学的教育思想、观点和方法，一切优质的教育资源，都能为其所用，并有效地纳入其系统之中。

2. 个性化

生态教育是包含丰富个态的有机统一体，它既强调共同的规范，更主张个性的张扬。在这样的统一体中，施教主体、教育主体的个性不仅能得到充分的发挥，而且能相互包容、相互激励，彼此间既是情感的支持者，也是智慧的支持者。

生态教育的个性化特征还表现为对个体的高度尊重，给每一个个体以自主的生存、发展空间，使个体发展到应该、能够发展到的境界。

3. 和谐

生态教育是一个多元共存、共同发展的整体，整体中的诸要素均显示出"1＋1＞2"的效应。在这样的整体中，无强弱、大小、智愚之分，每一个体都得到同样的尊重，每一个体都在群体中居于同等的地位，发挥着同等重要的作用。

4. 共赢

生态教育是一个共同收获的时空，而且这一收获的时空是属于每一个个体的。即每一个个体在这一时空中都有从现实水平向潜在水平发展的经历。对于不同的个体而言，发展的大小、幅度可以不同，但确确实实都在发展，正如春天里，小草长一寸、大树长一尺一样。

5. 可持续发展

生态教育是高度关注生命的教育。在生态教育中，教育主体的生理健康、心理健康被置于至高无上的地位。最显著的标志是教育主体快乐地参与其中，并快乐地收获。当然，这里所说的参与包括行为的参与、情感的参与和认知的参与；

这里所说的收获是一种广义的收获，是包括生理、心理、人格、知识和生存能力在内的全方位的收获。

（三）生态教育的基本观点

任何一种形态的教育都应该有其鲜明的教育观、学生观、质量观、效益观和人才观。也正是这些基本观点的不同，才使一种形态的教育有别于另一种形态的教育。如应试教育与素质教育，它们就有根本的区别。

1. 生态教育的教育观

生态教育认为教育是一个多元共存、和谐发展的有机整体，教育是使受教育者获得最基本的生存能力（可持续发展的能力）和幸福生活的基本素养。

生态教育把生命置于至高无上的地位，不仅关注生命的现在，还关注生命的未来。从这个意义讲，生态教育的教育观其实就是教育的本真观。

生态教育的教育观以人本主义的价值取向，回答了为什么而教育，即教育目的问题。当然，这里并不排斥教育的阶级属性。因为，受教育者总是在一定的社会形态中生存的，要能生存和幸福地生存，他就必须具备适应这一社会形态的各种能力，必须具备相应的阶级立场并在为这一阶级服务中获得自己的生存权利。

2. 生态教育的学生观

学生是教育生态系统中最核心的主体，整个教育生态系统的运转都是围绕学生展开的。生态教育视学生为教育生态链的结点。偏离了这个核心和结点，整个教育生态系统将不复存在或失衡。

学生是生命的主体，生命最基本的需要是安全和健康。因此生态教育把学生的安全和健康摆在教育的首位，教育的一切工作以此为基本保证而展开。

学生是教育的主体，主体的需要（包括心理需要和知能需要）是教育得以顺利进行的前提，主体的满足（包括心理满足和知能满足）是教育阶段性成功的标志。教育是在主体需要和满足的螺旋循环中产生。

学生是发展的主体。教育就是要给予学生均等的发展机会和能力，而且这种能力不仅仅是以课程为主体的能力，还应该包括个性心理、生理在内的各种能力，以使他们将来能够适应社会、造福社会。

3. 生态教育的质量观

教育必须讲质量。生态教育认为，教育的质量以其"生态价"为衡量指标，即教育本身及其培养出来的人对社会环境的适应性，适应性越强，其"生态价"就越高，教育的质量就高。单就学校教育而言，能不能适应当时、当地社会政治、经济和文化发展的需要是其"生态价"的一个方面；能不能满足老百姓的口味，孩子放在学校能不能让家长放心、舒心是其"生态价"的另一个方面，我们通常所说的"家长的口碑"就是一个比较直观的评判标准。当然，其"生态价"最终还是体现在培养出来的学生对社会的适应性。

需要强调的是，这里所说的学生对社会的适应性不是一般意义上的适应，即仅仅能胜任工作而已，而是包括身体素质、思想素质、心理素质、文化素质和工作能力在内的广泛的适应性。

4. 生态教育的效益观

教育是要讲效益的。生态教育把教育效益定义为"生态价"与"生态耗损"之比（如下面公式所示），这从数学上比较容易理解，"生态损耗"越大，教育效益就越低，反之就越高。

$$生态教育效益 = \frac{生态价}{生态耗损}$$

影响"生态损耗"的因素很多，其中最主要的因素有：办学目标的共识度、人际关系的内耗度、教育资源的内耗度和教育教学效度。显然，这些指标是我们构建生态教育策略体系的直接基础。

5. 生态教育的人才观

教育是培养人的活动。因此，人才观是任何形态的教育都必须回答的问题。

生态教育主张社会所需者即人才。由于社会需要的多元性，所以生态教育所指的人才也是一个多元的概念。社会需要精英、领袖，教育就应该培养精英、领袖；社会需要普通劳动者，教育就应该培养普通劳动者。正如森林里需要参天大树，也需要无名小草一样。

显然，生态教育不主张整齐划一的培养目标和培养模式，把教育的功能回归到了它本来的定位。事实上，我们的教育一直在坚持和追求一种一统的人才标准，但从来也没有到达过这种境界，其实也永远到达不了这种境界。生态教育就是要把教育对象培养成教育对象应该成为的那样、希望成为的那样。

也正因如此，在生态教育的视野里，教育对象皆人才。

（四）生态教育的基本原则

生态教育的基本原则是：

1. 最适度原则

教育生态的个体、群体、系统在自身发展的一定阶段上，对周围生态环境的各种生态因子都有自己适应范围的上限和下限，在此范围内主体能很好发展，否则将走向反面，这就是教育、教学中应该遵守的最适度原则。

2. 控制局部生境效应原则

把学校教育置于整个社会生态系统中看，学校教育仅是一个局部的生态环境。仅仅生活在这个局部生态环境中的个体、群体，其生态阈值下降，生态幅变窄，生态价下跌，一旦离开此小生态环境，个体、群体，会失去生存能力。因此，封闭、半封闭的教育群体或教育系统，使学生脱离现实生活，从书本到书本也会产生局部生态环境效应。

3. 教育生态位原则

从大系统角度看，教育对社会各方面有促进作用，也需要一定的能量输入，与其他系统共存，彼此间应有恰当的能量分配比例，这里就有竞争、排斥的体现。在同一生态位中的竞争体现主动进取，起鼓舞斗志、激励向上之作用，但竞争、排斥也会有消极作用。教育、学校乃至教育工作应该准确地把握自己的生态位，避免不同生态位的竞争，适度控制同一生态位的竞争。

4. 教育节律原则

预习、听课（或实验）、复习是一种教育节律，单元考、期中考、期末考、升级考、毕业考也是教育节律。教育节律客观存在，按照教育节律的正常运转机制安排教育、教学活动，会有利于教育、教学质量的提高，促进学生全面发展。

教育者和被教育者都是人，人有各种生理节律。如果教育节律不与人的生理节律相适应，就会造成生物钟混乱，教育将达不到预期效果。

5. 阿里氏原则

与生物群聚性一样，在教育生态过程中也有各式各样的社会群聚性，一般分成四大类，即正式群体、半正式群体、非正式群体与参照群体。生物的群聚程度影响到群体的动态。阿里针对这种情形提出最适密度原则，这就是阿里氏原则。不论哪一种教育群体也都有自己最适当的群聚度，不适当的密度会对教育群体的活动和效能的发挥产生负面的影响。

三、主要成果

我们是以教育行动研究法来开展我们的课题研究的。在总课题组下设了三个研究小组，分别就"生态教学""生态管理""生态教育环境"开展了研究。2004 年至 2008 年的四年时间里，我们先后举办了 10 多场专题讲座、8 次"生态教育论坛"，并采用一边研究一边总结的办法，先后经江西教育出版社出版了《生态教育的管理探索》、《生态教育的国际视野》、《生态教育的课堂教学探索（上卷：专题研究）》《生态教育的课堂教学探索（下卷：教学课例）》等书籍。这期间，学校管理人员和教师还在市级以上教学报刊或学术会议上发表论文 20 余篇；有 4 个教学课例获全国一等奖，有 1 个教学课例获省级一等奖，近 10 个教学课例获市级奖。不仅如此，学校在德育、体育、卫生、艺术、学科竞赛、升学等各个方面也连连取得历史上最好成绩，并第二次获得市"办学效益优秀奖"。

概括起来，我校生态教育行动研究课题的主要成果有以下三个方面：

（一）生态的管理催生了和谐校园

深圳小学有一支精良的教师队伍，在深圳基础教育中又处于得天独厚的地位，带好这支队伍、办好这所学校，是每一位管理者应该思考的问题。然而，如果在管理理念上还停留在经典管理学的水平上，在管理实践中还浮于人、财、物的事务管理上，势必会断送这支队伍，断送这所历史名校，更谈不上实现创建现代生态名校的目标。

生态的管理必须遵循教育生态系统的基本规律，这是我校管理工作的一条基本原则。教育生态系统中有一条基本的规律，即迁移与潜移规律，是指在教育生态系统中的物质流、能量流和信息流，在宏观上主要表现为径流，即较明显的迁移，而在微观上则表现为潜流，即不明显的潜移。

有了新的理念和理论上的支撑，我们便大胆地开展了生态管理的实践。

1. 努力构建生态的人际环境

学校内部的人际关系主要是指学校领导、教师、学生以及家长之间的关系。

（1）领导与教师的关系。为在领导与教师之间建立起生态的人际关系，我们努力在领导与教师之间建立起一种互信关系。我们的基本做法一是以身作则树威信，要求领导在日常工作和生活中，在物质上不多吃、多拿、多占，荣誉上不争，并能公平处事。二是贴心服务赢信任，无论教师在工作上还是在生活上遇到困难，学校领导都尽心尽力帮助；教师在工作中出现错漏，领导要敢于承担责任。三是创造平台扬个性，学校经常利用各种方式为不同能力、不同个性特长的教师提供展示个人才华的机会，让每一位教师都能体验到成功和找到属于自己的位置。

（2）教师与教师的关系。为在教师与教师之间建立起生态的人际关系，我们在校园里极力倡导互相包容、互相欣赏、互相补台、互相谦让的互尊人际，并积极采取相关的行政措施营造学校的干事市场，让干事多、成绩多的教师荣誉多、培训学习的机会多。

另一方面，我们还建立了"和谐科组"评比制度，把组内人际关系、全组工作绩效、科组工作场所的文明卫生状况等均列入考核评价内容，一学期评比、奖励一次，以增强科组成员的集体荣誉感和团队意识。

（3）教师与学生间的关系。教师与学生间的关系是学校里所有关系的核心，建立起师生之间生态的人际关系是立校之根、办学之本、发展之魂。教师与学生之间关系生态的标准是互爱，即教师要关爱自己的学生，学生要爱戴自己的老师。

为使教师能够清楚地对自己与学生之间是否建立起互爱的生态关系进行及时的诊断，我们在总结一些老师成功经验并对一些学生进行调查的基础上，归纳出如下五个借助外显型行为进行判断的指标。

①教师能否宽容自己学生的不足并为他们找到信心的支撑点；
②学生能否主动跟老师说悄悄话；
③师生彼此是否对开展教学活动有期待心理；
④毕业后师生彼此是否惦记着对方；
⑤师生在背后是否互相赞誉。

（4）学生与学生间的关系。学生与学生之间生态人际的评价标准是互助。为了帮助学生建立起这种互助关系和在学生中传播这种美德，我们一方面极力倡导"互相关爱、互相学习"的互助精神，并通过班、队组织大力开展互助活动，使学生在活动中体验互助、学习互助；另一方面，我们还尝试性地在学校建立了自己的"义工联"组织，让小义工们时刻活跃在校园里，把关爱传递给学生，让互助精神成为深圳小学学生间的基本精神。

（5）教师与家长间的关系。教师与家长的关系在某种程度上讲，是校园人际关系类中的边缘关系，但在特定的情况下，这类关系又对学校的办学起着至关重要的作用。为了协调好这类关系，促进其向生态人际的方向发展，我们采取了四个常规性的行动。

一是加强师德教育。虽然这是在任何时候都必须做好的事，但将它置于创建现代生态学校的基本内容就显得尤为重要。与众不同的是，我们除加强教育外，全校教师还向家长、社会公开做了"师德八项承诺"，主动接受家长、社会对我们的监督。

二是加强师能教育。教好孩子，是构建教师与家长生态人际关系的决定因素。因此，我们十分重视师能教育，并于 2005 年启动了"蓝青工程"，还着手构建了以自主为核心的教师专业发展新模式。

三是把家长委员会建在班级。构建教师与家长生态人际关系的另一个重要因素就是互动和沟通。为了有效地促进教师与家长的互动、沟通，并形成制度，我们创造性地在全校每个班建立了家长委员会。从几年的实践来看，班级家长委员会不仅在互动、沟通方面发挥了重要作用，还在班级文化建设、班风建设等多个方面发挥了积极作用。

四是坚持开办家长学校。这是我校的优良传统，早在二十世纪九十年代我校就被评为省"家庭教育先进单位"。我们请专家、学者、有经验的教师、家长给家长讲授家庭教育方面的知识、经验，让家长们也懂得一些教育子女的知识和技能，这无疑对增进家长和教师之间的相互理解、相互沟通起到了积极的作用。

除此之外，我们还不定期地邀请知名专家、法律工作者，为家长举办专场青少年心理教育、未成年人保护法等的报告会，这都对教师与家长间生态人际关系的形成发挥了重要作用。

2. 努力构建生态的舆论环境

所谓校园生态舆论，就是能为校园鼓干劲、正风气、展形象的言论。校园舆论生态是否优化，主要是看校园文化是否能抑制舆论的负面作用和发挥舆论的正面作用，从而保证办学理念的高效实施。

我们的实践表明，在校园构建生态的舆论环境，有如下两个最基本的途径：

首先是要创造自由的舆论空间。这以学校领导班子虚怀若谷的民主情怀和教职工虚心的态度为前提，当然，这也是最重要的舆论空间，再大的空间也莫过于胸怀。法国文学大师维克多·雨果在《悲惨世界》就有这样一句名言："世界上最宽阔的是海洋，比海洋更宽阔的是天空，比天空更宽阔的是人的胸怀。"领导班子成员要能容得下正负面言论，让教职工知无不言、言无不尽；教职工也要善于听取领导、同事、学生及家长的意见，常抱"有则改之，无则加勉"的心态。

有了这个前提，再就是要开辟广阔的言论渠道。就学校而言，正常的言论渠道主要包括：

（1）校长室及各部门。学校领导的门要时刻为教师、学生、家长敞开，并要主动听取意见。

（2）工、团、妇组织。这些组织要善于听取大家的意见并敢于代表大家说话。

（3）校园网。通过 E-mail 进行个人之间的沟通或在 BBS 上发表个人意见。当然，发表意见要遵守网络道德与法规。

（4）座谈会。各级组织可以就一些热点问题分门别类地召开座谈会，听取大家的意见。

（5）书面问卷。就某些具体问题进行民意调查或征求意见。

其次是要不断提高个人的舆论责任感，这是非正常渠道舆论生态建设的关键。我们认为，生态的舆论环境也不是绝对自由的舆论环境，这是由生态系统的最适度原则决定的。学校有学校的舆论责任，个人有个人的舆论责任。

实践中我们认识到，学校的舆论责任可以由一定的纪律、规范来约束，如设立对外发言人和新闻发布人。个人的舆论责任只能靠教育和制度来约束，一般可从如下四个方面入手：

（1）提倡团队意识。个体是团队的细胞，永远不可能有"躯体坏死而细胞快乐地活着"的道理。这是需要让每一个教职工明白并真正体验到的道理。

（2）培植求是精神。言者据实而言，听者以是而断。

（3）遵守舆论道德。要让人人都遵守"不涉及隐私、不制造谎言"的舆论道德底线，并提高到人格的高度、职业的高度来认识。

（4）增强法治观念。要让人人都懂得舆论的法律底线并具有维权意识。

当然，就学校而言，最大限度地提高学校工作的透明度也是优化校园舆论生态的最有效的措施。及时、准确地将真实的信息告诉大家，便能有效地遏制猜度和流言。

3. 努力构建生态的工作环境

任何一个生物体都是生活在一定的环境之中的，并与环境发生着密切的作用。我们的研究表明，教师所处的工作环境对教师工作的质量和效率有着极大的影响。因为人是有情感、有思维的生态个体，其情绪和情感会随着环境的变化而变化，有时甚至会有强烈的变化。其具体关系可用如下的四分图表示，见图 4-2。

图 4 - 2 教师的工作质量、效率与工作环境关系四分图

显然，在管理工作中，Ⅰ、Ⅱ两种情况是我们应该尽力避免的，Ⅲ，Ⅳ两种情况是我们应该追求的。但在深圳这座具有优良物质条件的城市，特别是在我们深圳小学，生态的管理追求的应当是第Ⅳ种状态。

就校园内部而言，影响教师的工作环境因素大致有以下几类：

（1）办公和教学场所的卫生、采光、通风、噪音、舒适程度；

（2）教学（含办公）设备的方便、快捷程度；

（3）交通工具的安全、舒适程度；

（4）饮食质量、环境和休息场所的环境质量；

（5）休闲、保健场所及其环境质量。

在生态管理的实践中，我们把生态工作环境的建设摆在了十分重要的地位，在情感和资金的投入上均达到了前所未有的境界。其具体建设项目有：

（1）在未进行学校行政人员办公室装修前，先对教师办公室进行扩充和装修，配备了比较先进、舒适的办公台、凳、柜和装饰盆景、壁画，增设了洗漱和化妆设备，教师人均办公面积达到 4.8 m^2。

（2）对所有教室和功能室进行了装修，更新了课桌椅、讲台和相关的教学设备，更换了带有胶圈和磁碰栓的"安全门"，增加了保护视力的节能灯和电扇。

（3）更新了所有教职工的办公电脑，升级了校园网办公系统，增加了外网输出带宽，增置了高品质打印、速印、复印设备，新装了校内外直拨的电话系统，并做到人手一机。

（4）在学生活动密集区和操场铺设了降低噪音的人工草或塑胶，对办公室与教室之间的通道进行了防滑处理。

（5）进一步丰富了师生早、中餐的品种，为师生饮食健康食堂专门聘请了营养师，还对教师餐厅也进行了美化。

（6）投入数十万元建起了教师健身房，配备了多种健身器械、保健器材和全自动饮料机，每周三下午教师活动时间，还为教师提供水果和点心。

（7）教师上下班均由专用车辆、专职司机接送，教师用车每年定期进行保养。

（8）教学楼、办公楼每层都设有教师专用厕所，并由专门聘请的清洁工每天进行两次清洁，定期更换清洁用品并长期保持香熏。

（9）学校聘请了法治副校长和辅导员，以及法律顾问。

教师在这样的环境里工作，身心十分舒畅，不仅提高了工作效率和工作质量，还有效地促进了教师的人际关系的改善，即使是面对十分调皮的学生、较为蛮横的家长，教师也都能以一种平和的心态、和蔼的态度去面对和处理。

4. 努力构建生态的学习环境

现代名校建设离不开一支精良的教师队伍，而一支精良的教师队伍就应该是一个学习型团队。因此，在生态教育理念提出的时候，我们就同时提出了"建设一支'庖丁型'教师队伍"的目标。

实践中我们发现，教师个人的情况千差万别，专业知识基础和能力各不相同，所承担的教学任务也各不相同，仍沿用过去那种要求统一、培训一致的业务学习模式不仅没有效果，而且还会增加教师的负担，引起教师的不满。

经过几年的实践，我们找到了一种具有鲜明生态教育特征且富有实效的教师专业发展模式——深圳小学教师自主专业发展模式。

这一模式主要由以下两个部分构成：

一是《深圳小学教师专业发展激励制度》。这是学校为促进本校教师专业成长专门建立的定向性的扶持制度。扶持的内容主要包括：教师参加专业知识技能培训、学历进修、开展课题研究、发表教育教学论文、出版教育教学专著等。对于在这些方面有需要或取得效果的教师，学校均可从时间、经费等方面给予非常实惠的支持。如"教师出版专著如属学生或家长用书，学校将按全校学生人数1.2倍的数量回购专著"。

二是《深圳小学教师专业发展个人规划书》。以一学年为单位，每学年初由教师个人就自己本学年"参加专业知识技能培训、学历进修、开展课题研究、发表教育教学论文、出版教育教学专著"等方面的内容进行个人规划（学校提供了统一的规划书模板），并由学校统一备案待查。

规划书中"参加专业技能培训"和"开展课题研究"两项，均设置了"学习方式"一栏，由教师选择是"合作学习"还是"自主学习"。凡选"合作学习"者，应有合作对象的亲笔签名方为有效。检查执行情况时，合作双方同时接受检查。

与此同时，学校还为教师建议了三种合作学习的方式：

（1）"师徒式"。即青年教师与骨干教师结合，由骨干教师带领、帮助青年教师提高实际教学技能。

（2）"互助式"。即两位各有特长的教师结合，相互取长补短、共同进步。

（3）"协作式"。即两位有共同教学研究兴趣的教师结合，共同开展课题研究，在合作研究中实现专业能力的共同提高。

在合作学习的内容方面，我们也给教师们提出了具体的建议：

（1）班主任工作。主要包括班主任工作的基本方法、技巧，班（队）活动的内容、组织方法和技巧，学生思想工作、心理教育的基本方法和技巧，班级常规建设的方法与技巧，班主任如何与家长打交道，等等。

（2）教学基本功。教学基本功主要包括备课、上课、批改作业、课外辅导、考试与评价等各环节的工作，重点是如何搞好教学设计及其实施，即教材处理、教学结构、教学方法、教学手段、教学反思等。

（3）教学科研。主要包括课题研究、案例研究的基本程序和方法，以及所涉及的相关技能，如教学实验的设计，实施方案、报告、论文的撰写，实验数据的统计、分析等。显然，这一模式不仅与教师的岗位能力密切结合，还最大限度地满足了教师在专业发展上的个性化需要，具有很强的针对性和实效性。实施这一模式以来，我校教师的专业素质整体有了较大的提高，如青年教师快速成长，有6名教龄不足五年的青年教师在市教学比赛中获奖；教师的网络信息技术普遍提高，所有教师都学会了电脑和校园网络平台的操作，50%以上的老师学会了网页制作技术；两名教师各出版了2部个人专著，30%的教师近年来均发表过论文。

5. 努力构建生态的制度环境

制度，是秩序的保证。没有了秩序，工作和学习就无法正常进行，也就谈不上教师和学生的可持续发展。制度，是大家应该共同遵守的行为准则和规范，没有了这个共同的规范，个性化势必要受到冲击、动摇。只有在共同的规范下，个性才能得到公平的发挥、发展。因此，构建生态的制度环境是实施生态教育的一个十分重要的问题。

我们在制定学校管理制度时，一般遵循如下几个原则：

（1）尊重规律。即尊重人的发展的基本规律和教育教学的规律，以及管理学的基本规律，重在工作程序的规范化。如《学生安全事故应急处理制度》就规定：第一时间送医院治疗，第一时间通知家长，第一时间报告学校领导。

（2）正面激励。即以保护和引导教职工向着健康的、积极的职业方向发展。如前面所提到的《深圳小学教师专业发展激励制度》。

（3）人文情怀。即使再刚性的制度，我们也力求体现对教职工的关心和爱护。如在考勤制度中，我们就规定：在坚持坐班制的前提下，每位教职工每周有半天时间可自由支配，具体时间可由自己掌握。

（4）过程民主。即制度的制定、修改过程中，均事先广泛征求教职工意见，然后再交教代会讨论通过。

在制度建设的实践中，我们主要做了如下的尝试：

一是建立健全规范的教学管理制度。以教学过程的管理为主体，我们制定了《深圳小学教学常规管理条例》，从细节上规范了教师的教学行为；同时我们还加强了教学过程的考核与评价，建立了相应的考核评价制度，如《作业批改检查制度》《备课检查制度》，以及面向家长和学生的《教师教学满意度问卷调查制度》。

二是构建了教师专业自主发展制度体系。以岗位技能培训为主体，实施了"蓝青工程"，由教师自主选择专业发展内容、方式、合作伙伴，自主安排学习时间和方式，学习自己最想、最需要学习的教育技术和技能；与此同时，我们还相应建立了《深圳小学教师专业发展激励制度》，从时间、经费和外出培训的机会等各个方面，对积极进行专业学习、学历进修和开展专题研究、出版论著等的教师给予扶持。

三是完善了民主决策和监督制度。以"四项公开制度"为主体，规范了《深圳小学会议制度》，建立了《行政议事公开制度》（每次行政会议均以会议纪要方式在校园网上公开）；对于一些重大工作，如人事制度改革、评优、评先等，均通过民主渠道制定工作程序，并严格按通过的程序进行操作。

（二）生态校园文化得到空前繁荣

校园文化是学校的灵魂，也是一所学校最具代表性的品质。生态教育作为一种先进的教育理念，更把先进的校园文化建设视为核心内容。

生态教育的校园文化与一般意义上的校园文化既有联系又有自身的特色。

首先，生态教育的校园文化是一个整体的概念，包含丰富的内容。其一是校园的绿化、美化、文化设备、设施等物质形态的文化；其二是以人为主体的行为文化，如行为风格、行为气质等；其三是主导校园文化的思想文化，如教育思想、教学思想、道德观、价值观等。

其次，生态教育的校园文化是一个多元的概念，能够吸收各种先进的文化，只要是对培养现代人、未来人有意义和作用的，古今中外的文化均可融入其中，成为其组成部分。

再次，生态教育校园文化的核心是创新。这包括两层意思，一方面是说创新是生态教育校园文化的基本内涵，就像自然界不断新陈代谢、推陈出新一样，校园文化生态的显著特征就是创新；另一方面是说校园文化本身的创新，即校园文化建设永远是一个"扬弃"的过程，生态教育的校园文化建设把文化传承与文化创新摆在同等重要的位置。

最后，生态教育的校园文化是一种文化教育，不是为文化而文化，而是在于用文化建设的过程和文化本身去教育人、培养人。具体地讲，就是要丰富新生代的文化知识，扩大新生代的文化视野，增强新生代的文化理解力，启迪新生代的文化智慧和文化创造力。

既如此，生态教育校园文化建设的主体当然就是师生了，是师生的文化实践。有丰富个态的文化主体当然就能创造出校园文化生态的繁荣。

1. 以"名校气质"为核心建设"名校文化"

深圳小学要办成现代生态名校，就应该具有与之相配套的名校文化特质。我们把校园物质、行为、思想文化建设的核心确定为"大气大方的形象、得当得体的言行、思新思进的品质"，称之为"名校气质"，并以此开展了"名校文化"建设的实践。

显然，我们的这一定位具有鲜明的生态教育特征。学校是培养人的地方，其一切行为都应该是为了人的发展，文化建设当然也应该如此。这里，我们以人的形象、行为、品质为核心，着眼于具有这种文化特质的人的养成教育，这就与一般意义上的校园文化有了本质的不同，也从根本上实现了校园文化的回归。我们认为，培养出来的学生的"品位"决定着学校的"品位"，而非其他。

为培养师生的"名校气质"，我们的主要举措是：

（1）荟萃辈出名人名气名望之楷模，熏陶师生的"名校气质"。

我们实施了三大文化工程：一是投巨资兴建了在全国都极具影响力，由启功先生题写碑名、臧克家先生作序的"启笛楷书唐诗三百首碑林"，还配套建设了"启笛书法研究中心"、编写了《启笛楷书习字帖》，并以"四君子"的竹为主要装饰盆景，集古、近、现代文化名流的书法力作、人格品质于一体，让师生在吟诗、临帖、观景中获得文化的熏陶、人格的熏陶、气质的感染。二是拟筹备举办深圳小学历史上第一次大型校庆活动，届时将新建具有厚重历史韵味、极具现代感的校史室，新建具有教育功能、激励功能和强烈艺术感的功勋碑，邀请历届知名校友回访母校，举办高规格的"深圳小学发展论坛"，以使师生在活动中受到良好的校史教育和知名校友的激励、鞭策。三是师生自己动手收集、选择古今中外名人名言、警句格言，在每一楼层过道的顶梁上建起极为壮观的文化长廊，使师生能够在工作学习之余、举手投足之间获得一些人生的启示和教益。

（2）构建校内师生素质展示平台，苦练"名校气质"内功。

以"名校气质"为基本内容，我们在校内全方位地搭建起了师生素质展示的平台，以给师生提供更多的锻炼机会，从整体上增强师生"名校气质"的内功。

对教师而言，一是有主题展示课活动，每学期学校都组织一系列专门的展示课活动，如党员示范课、资深教师展示课、青年教师汇报课等，还在每年的六一期间举办一次"家长开放日"，让教师们在自己的本行上习得"名校气质"；二是有全员互动式的"教育教学论坛"活动，每个月由一个学科组承担一次，组内成员全部上阵，让教师们在学术研究活动中练就名师风度、学者风度；三是有师生活动策划请缨制，学校每次举行教师或学生的大型活动，每位教师均有资格主动请缨担任活动的策划和组织工作，学校将按其方案的优劣选定个人或群体做具体的组织者。

对学生而言，一是有各种形式的才艺展示活动，如面向全校的年级音乐会、诗歌季、科技季等；二是有学校少先队干部、班（队）干部的竞聘活动，每学年学校和各班都组织一次班、队干部竞聘上岗活动，每一位学生都有机会面对众人施展自己的演讲口才和亲和力；三是有各种社团和公益组织，如文学社、小记者协会、电视台、红十字会、义工联等，学生可以在这里习得交往能力和社会活动能力。

（3）构建国内国外学习交流平台，训练展示师生的"名校气质"。

早在1984年，我校就与日本野野市町小学建立了友好关系，两校二十多年不间断的隔年互访，打开了师生的国际视野，提升了师生的国际理解，训练了师生的国际礼仪。近几年来，我们又广开渠道，力争最大限度地为师生提供更广泛的对外交流学习机会：一是正与以英语为母语国度的学校联系，拟与一些学校建立长期友好关系；二是经常组织师生参加国外的夏令营，进行"名校气质"的学习与实践；三是与中国香港、北京、山东、内蒙古、贵州、吉林、长春等十几个地区的学校建立姊妹校关系，并经常组织师生参加姊妹校的活动或邀请他们来我校参加活动；四是借助深圳市教育局海外培训这个平台，每年都争取较多的指标派教师参加为期三个月的培训，至目前，全校已有十名教师先后到美国、英国接受过培训，另外，还派了三名教师到中国香港、贵州支教；五是建立了短期外派学习的教师专业培训制度，保证每位教师每年都至少有一次外出参加专业学习的机会，以使教师能够时时接触到新的东西，专业激情能够得到不断的燃烧，逐步习得思新、思进的品质。

（4）开发礼仪课程，建立"名校气质"培养长效机制。

为使"名校气质"能够在学生中传承和发扬，学校组织教师专门编写了《深圳小学礼仪教育读本》，并在各年级开设了礼仪课。这一长效机制的建立，不仅为"名校气质"的培养提供了有力的保证，还使"名校文化"建设步入了更加科学、规范的层次。

2．以"自主管理"为核心建设"特色文化"

个性化，是生态教育的基本特征之一。我们在校园文化建设的实践中也十分注重体现这一特征，因为这是实现校园文化繁荣、建设特色校园文化的基本思想和方法。

在特色文化建设中，我们最基本的策略就是"自主管理"，即让部门、科（级）组、班级、学生成为文化建设的主体，建立起有班级自己特色的班级文化。

我们每个班的教室门口都有一块学校统一制作的标示牌，上面有全班学生的合影、班级的管理理念、班级精神等内容。同样，在我们每个部门、级组、科组教师办公室的门口，也有一块同样的标示牌。而且进入教室或办公室，从其环境布置、文化装饰等等方面，都能让人感受到不同的文化气息。

与此同时，我们的一些班还开展了不同内容的班级文化建设实验研究。

（1）"我的事情我能行"班级文化建设实验研究。

该研究以培养学生的独立生活能力和自主精神为目的，让三年级学生参加生活自理劳动和从事一些力所能及的家务劳动，并由学校和家长共同考核、定期进行评价和奖励。通过一个学年的研究，该实验班的学生普遍有了较强的独立生活能力，而且在学习上也能够独立思考、不怕吃苦。

（2）"关爱他人我能行"班级文化建设实验研究。

该研究以培养学生的爱心和感恩之心为目的，让学生自由结成"爱心小组"，在日常学习生活中帮助别人、为他人或集体做好事，在家庭中用不同的方式向家长表达爱意和尊敬，班级还给每位学生配了一本《爱心行动记录册》，每周由家长和小组长进行登记，每月全班进行一次评价和表彰。通过一个学年的实验，"关爱他人"已成为该班的主流精神，好人好事蔚然成风。

另一方面，以"自主管理"为主旋律，学校大队部还推出了一系列由学生自主管理的项目，使"自主管理"本身就成了校园的一个文化特色。

（1）班容、班貌检查评比。每周由一个班（中高年级）的学生承担值周工作，除上课时间，从早到晚对校门口、教室进行值岗和巡查、量化打分，次周一早上评比表彰。

（2）放学路队管理。每天早晚放学，由各班自己组织本班学生排队按指定的路线放学并做到静、齐。

（3）书吧、网吧、听吧招标管理。对于学生课间公共活动场所的书吧、网吧、听吧，少先队将管理权向全校各班进行招标，中标的班级将担当起这些场所的管理责任，并能获得一点象征性的劳动报酬。

3. 以"时尚文化"为主体提升"文化情操"

"多元化"也是校园文化生态建设必须遵循的一条重要原则。因此，"时尚文化"理应是校园文化的重要组成部分。把健康、先进的时尚文化引入校园，目的在于使学生具备现代人应具备的文化素养，用现代的时尚文化和优秀的传统文化来提升他们的文化情操。

近几年，我们逐步建成的时尚文化项目有：

（1）书吧。在学校东、南教学楼的交会处，每隔一层我们都为学生建了一个雅致的书吧，内设书柜和阅读台、凳，学生在课余时间可以自由地在这里阅读书、报，其中的图书，一部分是由学校图书馆提供，每月更新或增加一次，还有一部分是由学生自己捐借。另外，为方便上学来得早或放学走得晚的学生，我们还在校门左侧为学生设了一个"露天书吧"，同样配有书架和易搬动的凳子。

（2）网吧。网吧是与书吧间隔楼层设置的，每个网吧内配有4至5台与内、外网连接的电脑，并在电脑的系统配置上均做了严格的安全防护，以避免学生浏览不健康的网页。

（3）听吧。听吧设在学校西、南楼的交会处，每层一个，每个听吧内配有5至8个壁式光碟机，碟片一部分由学校提供，一部分由学生捐借，学生在课间可以自由选择自己喜欢的歌曲，自主播放。

据统计，每天有四五百人次来这些场所"休闲、放松"，学生的课余生活得到了极大的丰富。

另外，一些年级组还尝试性地开展了一些时尚文化项目。如五年级组专门申请了一个网站，办起了有本年级教师、家长、学生参加的"读书部落"，在这个部落里，有大量电子读物，还有他们自己写的读后感、文艺评论，以及他们自己创作的童话、寓言，可谓丰富多彩，不仅提升了学生的文化品位，也为学生的课程学习提供了丰富的资源和训练的机会。

4. 以"文化实践"为手段体验"文化创新"

学生是教育的主体，也是校园文化建设的主体。学生是在文化实践活动中学习文化、体验文化的，也只有在文化实践活动中，学生的文化智慧才能得以燃烧，学生的创新意识才能得以激发，校园文化也才能真正得以繁荣。这是生态教育在校园文化建设上的一个基本观点。

如前面所述，我们除让学生参与自主管理和大量"名校气质"的学习与体验活动外，我们还组织学生开展了丰富多彩的文化实践和创新活动：

一是在"小学生廉洁文化教育实验研究"课题中，我们创造性地提出并开展了"十二式"廉洁文化体验活动，即"读廉洁书、唱廉洁歌、绘廉洁画、办廉洁报、编（演）廉洁剧、制廉洁网、写廉洁信、做廉洁卡、议廉洁事、访廉洁人、讲廉洁故事、作廉洁诗等"。学生在这些活动中，显示了极大的创新热情，创作了数千个廉洁文化作品，优秀作品不计其数。

二是借85周年校庆筹备之际，我们面向学生、教师、家长开展了校庆徽章、吉祥物和宣传口号的征集活动，学生充分发挥自己的聪明才智创作了数千幅极具创意的作品，经全校师生几轮投票，在入围的作品中有60%是学生的作品，最后胜出的也都是学生的作品。

三是把一些校园文化装饰项目也交给学生去做。如全校20多个厕所内的装饰画，学校只制作了统一的画框，其内容都是由各年级学生承包完成的（人人创作，再选出年级学生中的最佳作品），且每学期更新一次；再如每次学校搞文化建设项目，都会以书面或会议的形式邀请学生参加，听取他们的意见，使他们成为校园文化的建设者。

校园文化生态的建设是一项长期而艰巨的工作，其效果也不是立刻能够表现出来的。因为生态教育在校园文化建设中追求的不仅是校园环境的美丽，更追求的是校园文化对学生一生的影响，是要为学生一生思想、观念、行为的形成打下基础，留下印记。如果有一天，从深圳小学走出去的学生，他们还能忆及今天深圳小学的某一个文化建设项目，还能把他的成功归功于深圳小学校园文化对他的影响，这便是深圳小学今天校园文化生态建设的最大成果，也是生态教育的最大成果。

（三）生态的教育教学已产生效应

教学永远是学校工作的中心。生态教育只有在这个中心上有了突破，才能真正显示出其整体、高效和优质，也才能真正显示出其成功。

在生态教学的研究中，我们以建立积极的、和谐的生态课堂为目的，着力从各个学科的教学入手，以期建构起生态教育的课堂教学策略体系以及相应的教学模式，以此来获得课堂教学效益的整体提高。

1. 生态的课堂教学策略体系

生态的课堂应该不同于一般的课堂，这种不同，除应表现在教育理念上外，还应该表现在实现这一理念的教学行为上，即教学策略上。

在构建生态教育的课堂教学策略体系时，我们从生态教育的基本特征出发，确立了两个基本点：

（1）生态的课堂应该是开放的课堂、个性化的课堂、和谐的课堂、共赢的课堂、可持续发展的课堂。

（2）生态的课堂必须以"民主的教态"来实现"自主的学态"。

从这两个基本点出发，我们在充分调查研究了"学生在课堂上需要什么"等问题的基础上，各学科分工就不同的侧重点展开了研究。经过四年的实践，我们归纳整理出如表4-1所示的生态教育的课堂教学策略体系：

表4-1　生态教育的课堂教学策略体系

类别	教学策略	操作建议
满足学生课堂需求的策略	1. 满足学生的情绪安全感	（1）建立一个温暖的，学生彼此熟悉、相互接纳的学习场所。 （2）教师轻松自如地承认自己的未知领域
	2. 让学生体验到学习的乐趣	（1）根据学生的兴趣和语言编排学习内容。 （2）用一些能引起学生兴趣、激发学生思考的方式向学生提供信息和提问。 （3）采用有意义的方式，让学生参与到学习任务之中
	3. 不断增强学生的自信心	（1）给予学生需要或渴望的额外帮助。 （2）认真检查、监督学生的理解程度
	4. 让学生时刻体验到归属感	（1）让每一个学生都能感受到你在关心他。 （2）在教室里创造家庭般的环境和规则。 （3）经常组织学生开展合作学习

类别	教学策略	操作建议
建立积极课堂人际关系的策略	1. 尊重每一个学生	（1）坚信没有教不好的学生。 （2）认真倾听每一个学生的发言。 （3）宽容地对待学生的错误
	2. 信任每一个学生	（1）在讲授内容的处理上，当讲的则讲，不当讲的则不讲，可讲可不讲的也不讲。 （2）在练习内容的处理上，应该以思维和能力训练为主，并呈现出明显的梯度。 （3）在课内问题的设计上，应尽可能避免提无需思考就能回答的问题，而应该多设计一些开放性的问题
	3. 建立民主的课堂气氛	学术的民主。教师和学生在任何一个问题上的观点和看法，都应该得到同样的重视，产生同样的影响
	4. 给学生提供独立或合作学习的机会	让学生自主选择独立或合作学习的方式
	5. 尽可能地避免课堂内的竞争	（1）多给学习有困难的学生以帮助。 （2）在各方面给学习有困难的学生以优先、优待。 （3）竞争应在群体中展开，表彰也以群体为主
师生共同控制学习过程的策略	1. 给学生选择的机会	（1）让学生选择学习方式。 （2）让学生选择表达方式
	2. 汲取学生的反馈并切实做出反应	（1）善于找出学生还没有学懂的问题。 （2）不怕影响教学进度，耐心解答学生提出的问题
	3. 采用学生主导的学习活动	（1）自由选择合作伙伴开展合作学习。 （2）根据研究的问题开展合作学习
	4. 让学生进行自我评价	（1）交流讨论后的自我评价。 （2）书面作业后的自我评价。 （3）操作过程后的自我评价
支持学生创造性学习的策略	1. 课堂中投入激情	（1）精神饱满地走进教室。 （2）让学生感觉到你是陶醉在教学中的。 （3）适时地为学生的表现表示出激动的情绪
	2. 教师勇于示范"冒险"的做法	（1）对同一个问题提出多个解决方案。 （2）有意识地尝试错误
	3. 提供有意义、富有挑战性的学习任务	（1）经常让学生用学过的知识解决生活中的问题。 （2）多一些操作性的作业
	4. 布置"个性化"的作业	（1）作业形式的"个性化"

续上表

类别	教学策略	操作建议
教会学生自我控制的策略	1. 让学生参与课堂规范的制定	（1）师生一起建立课堂常规。 （2）师生一起确定作业的形式和数量
	2. 让学生自己进行"即时修正"	（1）对在课堂中违规的学生多以暗示的方式提醒
	3. 给学生对自己行为负责的机会	（1）在一些教学环节之后增加一个学生自我反思的环节。 （2）不轻易找家长处理学生的错误

不同的教学理念、不同的教学行为，当然就能带来不同的教学效果。实施生态教育四年的时间里，我校各科教学质量有了显著的提高。2004 年 1 月至 2007 年 5 月间我校学生在各级各类学科竞赛中获奖高达 259 项（具体情况如表 4 - 2 所示），这从侧面反映了我们生态教学的成果。

表 4 - 2　2004 年 1 月至 2007 年 5 月学生在各类学科竞赛中获奖情况统计

类别	级别			
	市级/人次	省级/人次	国家级/人次	国际级/人次
语文类	6	1	16	
数学类			22	
英语类	3	5	5	
体育类	10		1	
艺术类	74	1	2	8
科技信息类	15		69	
其他类	9			
合计	117	7	125	8

2. 生态的阅读教学模式研究

以生态教育理念为指导，我们选择在小学语文教学中占比重最大的阅读教学开展了教学模式的实验研究。这一研究期望解决的问题是：

（1）构建起阅读教学中全员主动参与的学习平台，给每位学生以均等的发展机会，即实现"自主的学态、发展的势态、共赢的状态"；

（2）克服阅读教学中"为阅读而阅读"的倾向，立足于培养学生的听、说、读、写，以及思维能力而开展阅读教学。这一模式的基本教学程序如图 4 - 3 所示。

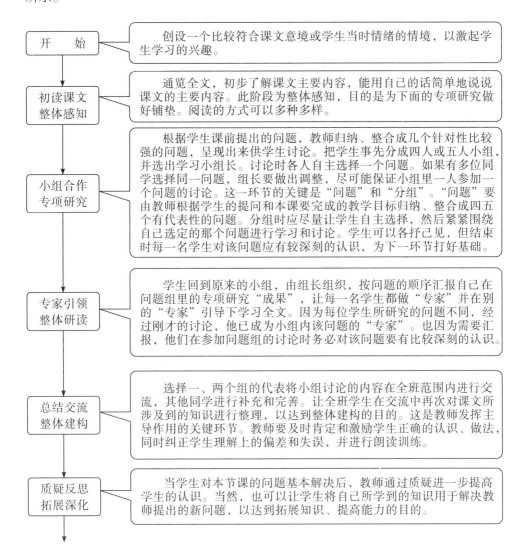

开 始 — 创设一个比较符合课文意境或学生当时情绪的情境，以激起学生学习的兴趣。

初读课文 整体感知 — 通览全文，初步了解课文主要内容，能用自己的话简单地说说课文的主要内容。此阶段为整体感知，目的是为下面的专项研究做好铺垫。阅读的方式可以多种多样。

小组合作 专项研究 — 根据学生课前提出的问题，教师归纳、整合成几个针对性比较强的问题，呈现出来供学生讨论。把学生事先分成四人或五人小组，并选出学习小组长。讨论时各人自主选择一个问题。如果有多位同学选择同一问题，组长要做出调整，尽可能保证小组里一人参加一个问题的讨论。这一环节的关键是"问题"和"分组"。"问题"要由教师根据学生的提问和本课要完成的教学目标归纳、整合成四五个有代表性的问题。分组时应尽量让学生自主选择，然后紧紧围绕自己选定的那个问题进行学习和讨论。学生可以各抒己见，但结束时每一名学生对该问题应有较深刻的认识，为下一环节打好基础。

专家引领 整体研读 — 学生回到原来的小组，由组长组织，按问题的顺序汇报自己在问题组里的专项研究"成果"，让每一名学生都做"专家"并在别的"专家"引导下学习全文。因为每位学生所研究的问题不同，经过刚才的讨论，他已成为小组内该问题的"专家"。也因为需要汇报，他们在参加问题组的讨论时务必对该问题要有比较深刻的认识。

总结交流 整体建构 — 选择一、两个组的代表将小组讨论的内容在全班范围内进行交流，其他同学进行补充和完善。让全班学生在交流中再次对课文所涉及到的知识进行整理，以达到整体建构的目的。这是教师发挥主导作用的关键环节。教师要及时肯定和激励学生正确的认识、做法，同时纠正学生理解上的偏差和失误，并进行朗读训练。

质疑反思 拓展深化 — 当学生对本节课的问题基本解决后，教师通过质疑进一步提高学生的认识。当然，也可以让学生将自己所学到的知识用于解决教师提出的新问题，以达到拓展知识、提高能力的目的。

图 4 - 3 教学程序

虽然我们的这一研究还处于过程之中，但也初步显示出它的效果来。我们仅从语文作业情况做了如下简要的分析：两个原基础无显著差别的班级，分别采用新、旧模式教学同一篇课文后，对于字词的掌握，大体上差不多，正确率都在

82%左右；但对课文的理解，解答相关问题的正确率，一个为47.3%，一个为72.5%；质疑时学生提出的问题的数量一个为人均0.3，一个为人均1.7。这足以说明新的教学模式对整体提高学生理解课文的能力是十分有利的。

研究中我们还发现，对于平时语文成绩不够理想的学生，他们也能在小组合作学习过程中充分发表自己的意见，经常也能够较好地完成"专家"的任务。在这样的模式下，他们的表达能力、理解能力提高最快。在课后我们也与这些学生进行了交谈。据他们说，小范围进行讨论，他们发言时没有了"怕说错"的顾虑，所以"敢说"；再者，小组讨论的问题是他们自己按自己的意愿选择的，所以"愿说"；在第二次小组学习时，每个人所说的问题是全组人中他掌握得最全面的，心里有底，所以很有信心把它"说好"。

这一模式显示出来的效果，给了我们研究的信心。相信在不久的将来，我们就能够很好地解决我们期望解决的问题。

3. "玩数学"教学理念及实践

"玩数学"是生态教育理念下一种全新的学科教学理念。它是从小学生自主游戏活动中得到的启示，是完全顺应小学生生理、心理规律的一种教学理念。

这一理念的基本策略是以"变纸笔"训练为活动操作，即让学生在对一些随手可得的学具操作或游戏的过程，获得对所学知识的先期经验或熟练掌握某一技能。实际操作时是由同桌的同学以游戏或比赛的方式来完成的。

如，为培养学生的空间观念，我们设计了"我摆你画"的活动：一位学生用小棍在桌子上逐一摆出如图4-4所示的图形（当然学生也可以按自己的想法摆），另一位学生马上在纸上画出这个形来。过一段时间后，两人交换。

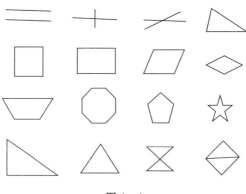

图4-4

按照这一理念，根据小学数学课程标准的要求，我们从培养学生的数感、空间观念、统计观念、应用意识、推理能力五个方面分类开展了"玩数学"的活动设计，并在边设计边实践的基础上总结出 77 个不同的玩法，供教师选用或参考。另一方面，为了帮助我们的家长对孩子进行数学兴趣、数学意识的早期训练，我们还把这些玩法编辑成《家长和孩子一起玩数学》一书，由新疆青少年出版社正式出版发行。

正如我们所期望的那样，在课堂中让学生"玩数学"使我们的课堂教学发生了明显的变化，这种变化主要表现在：

（1）学生参与课堂学习的热情更高了。在我们的课堂上，你能看到学生们只有在玩电子游戏时才能表现出来的兴奋和专注，无论是参与课堂学习的面、参与的层次都较过去有了十分明显的提高。

（2）学生们的自悟水平有了明显提高。任何一项知识的学习最终都必须通过学习者的自悟来完成，别人讲得再清楚、明白，都还没达到"学会"的层面。"玩数学"的活动过程，变抽象的数学概念为直观生动的操作，其实就是给学生提供了一个自悟的过程和情境，给学生提供了一个抽象数学概念的现实模式型，当然就能使学生愿悟、能悟、会悟。如在五年级教学"圆的面积计算公式"时，我们通过"只用一把剪刀剪一个圆"的活动，使学生很快就悟到了几近准确的"极限"的概念，并顺利地找到了多种面积公式的推导方法。

（3）"差生"的学习状况有了明显改变。学生对学习数学感到困难，一方面是由于数学本身就比较抽象，对他们来说是比较难的一门学科；另一方面，也是更重要的，学生在困难面前逐渐失去了对数学的兴趣，感觉数学越来越枯燥、无味。而"玩数学"都是一些简单的操作活动，不仅形式轻松活泼，而且还生动直观，给学生们一种"不难""好玩"的感觉，他们当然愿意去"玩"。如我们曾用"倒说数字""快速记忆""数字赢家""数字接龙""布岗哨"等玩法对一些数学成绩较差的学生进行了"数感"的专门训练，发现他们不仅很愿意参与这种训练，而且每训练一次他们自己都能感觉到"有一点进步"。

当然，这一操作性极强的教学理念，也使我们的数学教学质量有了很大的提高。在近几年各级各类数学竞赛中，我校学生均取得优异成绩，曾两度代表深圳市参加香港国际数学邀请赛，均取得这一赛事的历史最好成绩。在对部分高一级学校我校毕业生的跟踪调查中也发现，我校学生在数学上有明显优势。

4．个性化的英语作业及实践

我校英语科组是选择"个性化作业"为突破口来开展生态教育行动研究的。之所以选择这一研究方向，是基于如下两个原因：

（1）多数学生对学习英语的兴趣不高，仅仅把英语当成一门课程而已；

（2）在一次关于"你是否喜欢做英语作业？"的问卷调查中，回答"是"的仅占全校学生的7%左右。

"个性化作业"就是要打破单纯背诵、抄写的作业模式，以满足学生个性的需要为手段，来提高学生做英语作业的兴趣、学习英语的兴趣。

在"个性化作业"的研究过程中，我们重点从三个维度上去把握作业的设计：

其一是学生的兴趣。我们发现，小学生参与学习有三个层次的表现，即行为参与、情感参与和认知参与，且处于行为参与层次的学生占有很大比重。基于这一事实，活动和游戏性质的作业是学生比较感兴趣的作业形式，即让学生动起来，让学生的行为先参与到学习中来。随着学生行为的参与，其对英语的认识会逐步加深，进而就会引起其情感、认知的参与。

其二是学习语言的环境。学习语言，首先就得解决一个"愿说"的问题，而"愿说"的基本前提是要有一个真实或基本真实的语言环境，在这样的环境里，"说英语"是极其自然的事，而不是一项"学习任务"。显然，这样的环境只能在小学生的学习和生活环境中去开发和利用。

其三是多元智能的开发和利用。每个学生都是不同的，各种智能是有强、弱之分的。以其在其他方面的才干引领其学习英语，往往会使其兴趣发生迁移，进而能使其多元智能得到综合开发，一举多得。

通过实践，我们逐步找到了多种个性化极强的英语作业类型，具体如表4-3所示：

表4-3　小学英语个性化作业分类表

作业类别	具体形式	示例
实践型	英语"百宝箱"	收集常见的英语缩写词汇：WTO、CEO、GTP…
	贴标签	给日常生活用品做标签：desk、blackboard、…
	采访调查	上网查找奥运项目的名称，用图文介绍给大家
	课题类作业	制订英语课、电脑课、美术课等的 rules

续上表

作业类别	具体形式	示例
创新型	模仿 show	选择课文中的人物进行模仿表演
	自编 chant	用"歌词新作""老歌新唱"把单词、句型编成儿歌
	编辑 paper	选定一个主题，如"food""animals"自编小报
合作型	亲子合作	与家长一起设计交通路牌并标出英文
	师生合作	师生互发英文 e-mail 进行书面交流
	小组合作	小组合作自编英语短剧

这些只是我们在实践中摸索出来的基本作业形式，很多时候我们是把这些形式综合使用的，效果更好。

经过几年的实践，绝大多数学生学习英语的兴趣提高了，英语成绩也有了显著提高。在一些机构举行的英语竞赛（如 ACT）中，学生自愿报名参加比赛（每次 50～80 人），有 90% 以上的获奖率，且获得一等奖的学生人均数超过获奖总人数的一半；在连续三年参加市外国语学校招生考试时，我校的录取率、平均分等综合指标均位居全市前列，且有两年是我校学生取得全市第一名。

四、实践的反思

生态教育的实践，使我校各个方面发生了深刻的变革。它所产生的效果让我们感到兴奋，给了我们信心，也让我们看到了它的美好前景。同时，我们清醒地认识到，我们现在的研究，只不过是很小的一角，它的丰富内涵还有待我们在进一步的探索、实践中去挖掘，还需要我们做长期的努力。

（一）师资培训滞后生态实践进程

随着生态教育实践的深入，我们越来越感觉到它的实践领域的广阔性和实践内容的丰富性，几乎涉及学校办学的各个方面。因此，在理论上生态教育也向我们提出了更新、更高的要求，管理者和教职员工的培训也就成了当务之急。

实践中我们感到，虽然我们努力建立起了生态的师资培训模式，也从各个方面给予师资培训极大的投入，但仍然跟不上实践发展的进程，某些方面还存在一定的盲目性、不系统性和发展的不平衡性，这在一定程度上影响了实践的进一步发展，缩小了研究的成果。

下一步，我们将会进一步加大师资培训的力度，在完善模式、加大投入的基础上，在更广泛的层面上开发和利用外部资源，如寻求与专业师资培训机构、高等院校、教育科研院所等合作，开展与生态教育实践同步或超前的师资培训。

（二）研究效度还有待进一步检验

深圳小学是一所历史名校，在全国范围内比较，办学条件可谓是一流的，因此其研究成果势必会有一些先天的因素，能不能在更广泛的领域加以推广和运用，还有待进一步的实践。

我们初步设想，在深圳小学新校区继续深入开展这一课题的研究。与此同时，我们还将在与我校结有"姊妹校"关系或我校对口帮扶的学校中选择 1～2 所学校扩大我们的研究，以使我们的研究具有更高的外部效度，研究成果更具有科学价值。

（三）生态教育的美好前景之展望

我们的研究及其成果才仅仅是一个阶段性的，但也让我们感受到生态教育具有广阔的研究前景，其内涵的丰富性、实践的广泛性以及成果的价值都说明生态教育是一种先进的、科学的、高效的教育模式，且具有鲜明的时代特征。

我们预测，生态教育将从以下几个方面越来越清楚地显示出她的理论价值和实践价值：

（1）引导人们对现代教育观进行重新思考，对教育在人类社会发展中的地位进行重新定位，使教育更好地为生态社会、和谐社会的建设服务。

（2）从理论和实践上给学校管理学、教学论、课程论、校园文化建设理论等提供更加丰富的内容，能够在教育理论的创新方面发挥一定的作用。

（3）为实现教育公平、素质教育提供一个极具实践价值的操作模式。

（4）引领学校管理人员、教职员工的教育教学观念和行为的变革，在更深的层面上构建起更加和谐的学校、家庭、社会之间的关系，逐步实现全社会教育资源的最佳整合。

18. 生态教育理念下名校生态文化建设研究①

——以深圳市深圳小学为例

摘要：学校管理的最高境界应该是通过高品位的学校文化建设带动教育现代化，从而为培养更多更优秀的人才奠定基础。在新的历史时期，一些老牌名校也面临着教育教学的内外形势的诸多挑战，原有学校文化模式与时代发展之间出现了明显的不适应。学校迫切需要有一个全新的、科学的办学理念，营造新的学校文化氛围，以确保学校办学之树常青。生态教育理念为学校文化建设提供了新的视角和可行的问题解决路径。

论文以生态哲学的世界观和方法论作为方法论视角，综合运用文化哲学、教育学、心理学、管理学、经济学等学科的理论成果，以深圳小学为个案，具体采用行动研究法、文献研究法和案例分析法对生态教育理念下名校生态文化建设进行了理论与实践相结合的研究。主要内容包括：一是对生态教育的内涵及研究范围进行理论探讨；二是用生态教育理念对生态学校文化概念进行理论探讨，从生态视角分析当前学校文化建设存在的突出问题，提出名校生态文化的功能；三是以深圳小学为个案，对在生态教育理念下如何建设名校生态文化进行实际的探讨，提出构建名校生态文化的基本策略。

关键词：生态教育；生态学校文化；学校文化建设；名校气质

一、引言

（一）问题提出

不同的学校培养的学生有不同的气质。学生们"不同的气质"从何而来？这是从学校不同的文化氛围浸润出来。文化是优质学校的名片。"正如名牌衣饰、豪华居所不能替代一个人的品位、气质一样，支撑名校成'名'的根本在于名校的精神、名校文化。"文化有传统也有现代，有先进也有落后之分，故学校与

---

① 本文为杨焕亮 2012 年 10 月修读贵州师范大学在职教育硕士专业学位论文，选编时略作修改。

时俱进，选择现代的、先进的文化，教育才能为学生烙下鲜明的时代印记。"学校管理的最高境界应该是通过高品位的学校文化建设带动教育现代化，从而为培养更多更优秀的人才奠定基础。"

20 世纪教育思想不断发展，一个显著且重要的表征是生态意识的引入，生态方法的应用。"生态学向人类生态学发展，这使生态学走向哲学。"随着生态学发展为生态哲学，教育生态化正成为新时期教育发展的新思潮。在这种背景下，人们开始思索将生态意识和生态方法吸纳到教育领域中，将生态思维模式应用于教育研究。受生态哲学原理的启示，以生态的视角来考察学校文化问题，我们或许可以发现当前学校文化中存在的新问题，并找到更新、创新学校文化的另一路径。

在新的历史时期，一些老牌名校也面临着教育教学的内外形势的诸多挑战，原有学校文化模式与时代发展之间出现了明显的不适应。本研究的个案——深圳小学在深圳教育发展史上肩负每个时期教育的特殊使命，也享有特殊地位、声誉，但在新的历史时期，也要直面新的外围激烈的竞争和内部尖锐的矛盾。第一，它是深圳市建立经济特区至今唯一的市教育局直属完全小学，历来被教育系统内部和社会各界昵称为"独生子女"小学。学校建于 1911 年，是深圳特区这座新兴城市少有的几所"百年老校"之一。但与其他"百年老校"不同的是，校名不管怎么变更，都被冠以"深圳"之名，如中华人民共和国成立前为"私立深圳小学"，中华人民共和国成立后先后更名"深圳实验小学""深圳第一小学"和"深圳小学"。学校也名副其实，在深圳地区不同发展时期都承担各级各类教育改革试验，发挥办学示范性作用，被称为"特区窗口小学"。第二，深圳市由一个中心向多中心发展，学校办学也呈多元快速发展新格局，老牌学校都要直面后起之秀学校的挑战。深圳成立特区后相当长一段时期，中心地带几乎只有一个，也就是只有一个区叫罗湖区，只有一条街叫人民北路，只有一所大学叫深圳大学，只有一所中学叫深圳中学，只有一所小学叫深圳小学，只有一所幼儿园叫深圳幼儿园。中学、小学、幼儿园这三所优质的校（园）都在罗湖中心区被称为全市"一条街"的人民北路两边。现在全市中心已经西移到福田区，各个行政区也都设有自己的中心区，各个区也都有自己重点建设的中心或重点中小学、幼儿园。因此，深圳小学既成为全市各小学的排头兵，各区属小学也自然成为深圳小学的追兵。第三，深圳小学承担深圳市事业单位人事制度改革首批试验工作，造成严重的内伤，急需"刮骨疗毒"。2001 年，深圳小学试点这项人事制度改革，因为涉及教师员工切身利益的工资收入重新进行分配，引起了部分工资没涨或稍降的老教师和教辅人员的极大不满和接连投诉且矛盾逐步尖锐，矛头直指行政班子，特别是校长，导致校长 2002 年度测评考核难以过关，教育教学质量直线下滑，家长意见很大。从事业单位人事制度改革试验的理论层面来看，诸如因事设岗，不养闲人，实行年度公开、公平、公正竞聘职位机制等，几乎都是符合当前市场经济的时代潮流的。但是，学校毕竟是公办教育单位不是营销企业，弄得像企业，校长弄得像老板，教师员工弄得像企业员工，道理再大，广大教师员工也难以一下子明白和适应，何况教育还有很多特殊性，是绝对不能参照企业刚性标准来评价的，自然就使百年老校出现办学的乱阵脚了。正如广州美术学院教授李公明所说："强行推行真理则会比推行谬误更可怕。"

基于教育育人的自身发展要求，生态哲学对教育产生的越来越大的影响，以及深圳小学特殊的办学地位，特殊的办学使命，特别是面临新时期教育教学的内外形势的诸多挑战，造成办学过程暂时出现"失衡"状态，学校迫切需要有一个全新的、科学的办学理念，营造新的学校文化氛围，再凝聚教师共识，再点燃教学激情，再优办学资源，再活管理机制，以确保百年名校办学之树常青。这个全新的、科学的办学理念，就是生态教育。

（二）研究目的及意义

1．研究目的

研究生态教育理念下学校文化建设，最主要的目的有三个：第一，探索生态教育理念下如何建设生态学校文化。例如：生态教育理念与学校文化建设如何有机融合？生态教育理念下的学校文化是一种怎样的校园文化？这种文化能对学校可持续发展带来怎样的良好影响？诸多生态理论和学校文化有机融合的命题有待通过研究找出思路、途径、方法和结论等。因此，探索生态教育理念如何与学校文化建设有机融合，最终生成生态学校文化，特别是名校生态文化，是本文最重要的内容。第二，从生态视角对学校文化建设中出现的问题进行考察，提出解决路径。比如，深圳小学在区域内教育发展新时期中的关键节点碰到的以上尖锐问题，如果解决不好，在所在区域内近百年领先的办学地位就可能被动摇，原来的办学"尖兵"就可能黯然转身为办学"追兵"，原来的办学"追兵"也能华丽转身为办学的"尖兵"。因此，名校如何通过更新、创新文化有效解决教育不同发展时期出现的尖锐问题，也是本文要探索的内容。第三，探索生态教育理念下名校文化更新、创新的规律。普通学校为何在同任校长管理下还经常出现办学质量大起大落的现象？或校长换任总出现一段较长时间的较不稳定的办学波动期，且严重影响办学质量的现象？就是因为普通学校还没有形成自身办学的稳定的文化。名校相对较少出现以上普通学校的现象，是因为学校文化相对稳定，得以确保办学质量也相对较稳定。清华、北大也有校长更替的状况，但没见办学阵脚大乱，办学质量大幅下滑。各省、市中小学中的重点名校更经常出现校长更替现象，但总体办学稳定发展，尤其没出现很多普通学校出现的原校长、现任校长私底较劲，甚至公开叫板，以致教师队伍分队、办学理念撕裂的现象。但这并不意味着名校进行学校文化更新、创新就不紧迫、不重要，相反，名校正因为具有较强的文化更新、创新能力，才有效地避免以上普通学校办学出现的学校人际、办学质量大波动等问题。因此，中小学名校文化的更新、创新规律，也是本文重点要探索的内容。

2. 研究意义

研究教育生态化的命题，各类高校及各级教育研究机构的教育专家，还有教育专业的硕士、博士研究生等大批人在做，但基本属于理论研究。在教育、办学实践中，提出教育生态化口号或进行阶段性、局部化探索教育生态化的教育工作者日益增多，但是真正依靠办一所学校，坚持周期化、系统性的应用或行动研究的人，目前还甚少。因此，本文关于教育生态化的系统应用或行动研究，居于国内同行领先地位，将可能给类似应用或行动研究提供有价值的借鉴。另外，本文主要受生态哲学原理的启示，以生态的视角来审视名校文化更新、创新的问题，特别是通过学校文化更新、创新的办法来确保中小学名校有效解决新时期办学关键节点出现的突出尖锐的问题，从而使办学之树常青，也将可能为区域内甚至全国中小学名校办学的可持续发展带来有价值的启发。

（三）研究思路与方法

1. 研究思路

本文是在生态哲学原理指导下建构生态教育办学理念，并以此来引领中小学创建生态学校，营造生态学校文化，属于在教育、办学实践中的应用或行动研究，因此基本遵循以下的研究思路：

首先，对"什么是生态教育"进行理论探讨。本文拟借鉴生态哲学"整体论"的基本观点和"运用整体性观点观察和理解现实世界"的方法论，联系笔者多年办学实践的经验和体会，建构关于生态教育概念的内涵，以及研究的范围。

其次，以生态教育理念对生态学校文化概念进行理论探讨，从生态视角分析了当前中小学学校文化建设存在的突出问题，提出了生态学校文化的功能，为如何在生态教育理念下构建中小学名校生态文化奠定理论基础。

再次，以深圳小学个案，对如何在生态教育理念下构建中小学名校生态文化进行实际探讨。笔者拟将自己亲身经历的各个独立的办学典型案例，通过运用生态哲学的基本观点和方法论进行分析，分别找出构建名校生态文化的某种策略；再把各个独立的典型案例和各种策略整体联系起来，寻找构建名校生态文化的整体策略或基本策略。

最后，提出构建中小学名校生态文化对老牌名校继承与发展的启示与建议。

2. 研究方法

本文以生态哲学的世界观和方法论作为方法论视角，综合运用文化哲学、教育学、心理学、管理学、经济学等学科的理论成果，对中小学生态学校文化建设进行多学科理论的审视和实践考察，以期对名校生态文化建设的规律有所把握，对名校生态文化建设实践有所裨益。

在具体的研究方法上，主要结合笔者办学的实践，采用了行动研究法、案例分析法和文献研究法。

二、生态教育与学校文化建设

（一）关于生态教育

1. 从生态学发展为生态哲学

（1）各类生态危机相继发生：促使人类生态觉醒。

这些危机主要有：自然生态危机，如泥石流频发、沙化严重等；社会生态危机，如恐怖活动、民族冲突等；教育生态危机，如片面追求分数和升学指标、课程设计与学生身心智及社会发展脱节等。各类危机相继发生，迫使人类深入反思和加快觉醒，进而形成人类新的发展共识，即必须道法自然，开展生态化建设，保证可持续发展。

（2）随着研究主体的转向：生态学发展为生态哲学。

"从根本上讲，贯穿于其中的生态学核心思想是两个：生态系统和生态平衡。"生态系统（ecosystem）概念是 1935 年英国生态学家阿瑟·乔治·斯坦利（Sir Arthur George Tansley）在《生态学》（*Ecology*）杂志发表的一篇文章中首次提出的。他认为：生态系统是一个"系统的"整体。这个系统不仅包括有机复合体，而且包括形成环境的整个物理因子复合体……这种系统是地球表面上自然界的基本单位，它们有各种大小和种类。生态平衡（ecological balance）是指在一定时间内生态系统中的生物和环境之间、生物各个种群之间，通过能量流动、物质循环和信息传递，使它们相互之间达到高度适应、协调和统一的状态。

生态问题引发生态运动，生态运动又极大地推动生态学的发展，使生态系统和生态平衡的思想及其他生态学的规律、原理，广泛地应用于人类社会各领域，"特别是生态研究的重点从研究以生物为主体的生态，转向研究以人为主体的生态，普通生态学发展到人类生态学。……生态学向人类生态学发展，这是生态学走向哲学。"

什么是"生态哲学"？它是运用生态学的基本观点和方法观察现实事物和理解现实世界的理论。现代生态学把世界看作是"人—社会—自然"复合生态系统，生态系统整体性是生态系统最重要的客观性质，反映这种性质的生态整体性观点，是生态学的基本观点，也是生态哲学的基本观点。运用生态系统整体性观点观察和理解现实世界，是把生态学作为一种方法，即生态学方法，也是生态哲学方法。中国社会科学院余谋昌教授对生态系统整体性观点做了三点表述：①和谐性；②有序性；③动态性。美国生态学家康芒纳归纳了生态学的四条原则，生动通俗地表述生态系统的整体性观点：①每种生物都与别的事物相关，这是生态关联的法则。②一切事物都必然要有去向，这是物质不灭定律。③自然界所懂得的是最好的，这是"生态智慧"原则。④没有免费的午餐，这是"生态代价"原则。

2. 生态教育的内涵

什么是生态教育？传统意义的生态教育，是指与环境教育密切相连的教育，对中小学生来说，一般要求是普及生态学和环境科学知识，培养学生的生态和环境意识、环境道德规范，以及利用、创造和优化环境等能力。随着生态学发展为生态哲学，生态哲学的基本观点和方法论与教育科学一经结合，就自然产生生态化教育的学说。"生态化"就是将生态学原则和原理渗透到人类的全部活动范围内，用人和自然协调发展的理念去思考和认识经济、社会、文化等问题，根据社会和自然的具体可能性，最优地处理人和自然的关系。吴林富在所著的《教育生态管理》一书指出：所谓"教育生态化"，其实质是把教育与其生存生态环境的发展一体化，把教育与生态有机辩证地统一起来，最终促进教育与生态环境持续、健康、稳定发展。正式提出"教育生态学（ecology of education）"这一术语的是美国哥伦比亚大学师范学院前院长克雷明（Cremin，L，A），他于1976年在《公共教育》（*Public Education*）一书中列专章加以探讨。何谓教育生态学？教育生态学是研究教育与周围生态环境（包括自然的、科学的、规范的、生理心理的）之间相互作用的规律和机理的。从方法论角度，它强调了整体论（holism），采用了系统分析（systems analysis）的理论和方法进行研究。也就是说，教育生态学以生态学的观点和方法来研究教育。

综上所述，笔者认为现代意义的生态教育，是指以生态哲学的生态整体性这个基本观点，和以生态哲学的运用生态系统整体性观点观察和理解现实世界这种方法论，来指导教育更新观念和规范行为，从而构建一种先进的、科学的、高效的、优质的，确保学校教师和学生三方和谐共赢、持续发展的教育。生态教育研究的对象是教育生态系统，目的是优化教育生态，确保教育生态平衡。教育生态系统有宏观与微观生态系统。"教育生态系统（Educational Ecosystem）是教育生态最高、最复杂的层次……通常人们总是把一个国家或一个省（州）作为一个大的教育生态系统……一所学校特别是一所大学，通常是一个微观的教育生态系统。"本文要研究的是深圳小学的教育生态系统，是微观的教育生态系统。

（二）关于学校文化建设

1. 文化

"文化"这个词有着非常广泛的意义。美国学者克鲁克·洪（C. Kluck hohn）认为"文化是环境中由人创造的那一部分。"派克（Park）与布尔格斯（Burgess）指出："一个群体的文化是社会遗产组合成的总体，由于群体的历史与种族的气质而得到社会意义。"西方学者舍恩（Schein）认为，文化"是组织在学习解决外部调适与内部整合问题时，所创造发展出来的一套基本假设模式，其运作被视为有效，并被教导给新成员，作为认知、思考、感觉相关问题的正确方式。"由此可以对文化做出这样的归纳：文化是人创造的，是历史沉淀的，是组织内部公认遵循的。

2. 学校文化

最早提出学校文化概念的是美国学者威拉德·瓦勒，他早在 1932 年就在其《教育社会学》一书中使用了"学校文化"这个词，并定义为"学校中形成的特别的文化"。后来专家学者们对学校文化达成的共识是：学校文化是学校综合的个性文化，一般可以分为物质层面、制度层面和精神层面三个层面，包括校容校貌、校风校纪、规章制度和全体师生共同遵守的行为准则、共同操持的价值观念，以及由此而产生的相对稳定、浓郁持久的精神氛围。其中，最核心的内容是学校在长期办学过程中所形成的共同价值观。

3. 学校文化建设

华东师范大学陈玉坤教授认为，学校的发展可分为三个阶段：第一阶段学校的管理主要依靠校长的观念、人格和能力；第二阶段学校的管理主要依靠一套完善的规章制度和机制；第三阶段学校的管理主要依靠学校文化。可见，学校的建设发展，归根结底要着眼和落脚于学校文化的建设发展。学校文化的教育价值之巨大，正如特伦斯·E.迪尔所说："如果我们不重新赋予学校和教室文化色彩，我们就无法重建或重设教育改革家们期望的成功标准。"如何确保学校文化有效建设发展？观念先行最重要。主要是树立两种观念：一种观念是，文化管理已成为教育改革新的生长点，成为学校发展的新境界、新趋势和新阶段。另一种观念是，一所没有文化根基的学校，是一所没有可持续发展力的学校；一个不注重文化积淀和传承的学校领导，是一个缺乏发展眼光和发展底气的管理者。

（三）生态教育理念下学校文化建设的现实审视

1. 关于生态学校文化

生态是一个包容性很广的概念，上至宇宙天体，下至肉眼看不见的微小生物，只要有生物存在，就必然有其活动的环境，二者就组成一个相对的生态单位，并且生态含有一定程度的有序性，是一个自组织系统，又与它系统相关联。生态学校文化就是把学校文化生态化，也就是以生态哲学的基本观点和方法论为指导，来构建的学校文化。因此，生态学校文化应该是这样一种文化：它首先是属于一个独特的生态单位——学校的文化；其次是以整体论的观点和方法来建构这个学校的办学理念，更新教育教学观念，规范办学与教育教学行为；最后是富有生命力的先进文化，也就是"应有五个生态特征：开放性、个性化、和谐、共赢和可持续发展"。

2. 生态视角下学校文化建设的突出问题

从生态学的视角来看，当前学校文化建设出现的突出问题，主要原因如下：

第一，生命个体的多样性受到漠视。生态体系的完整、稳定，是因为所有生物体共同作用，每一个物种都发挥了存在的价值。生态伦理学创始人莱奥波尔德认为，一切事物趋于保护生物群落的完整、稳定和美丽时，它就是正当的；而当它与此相反时，就是错误的。西方深层生态学的代表耐斯也指出，具有一百个物种的生态系统显然要比仅有三个物种的生态系统具有更大的丰富性和稳定性，这种丰富性和多样性正是生态系统稳定和健康发展的基础。但是，当前的学校管理往往强调了规则的严厉，却淡忘了对生命的关注。管理体制的集权化、刻板化，淡漠了管理对象鲜活的主体性，淡漠了生命个体的尊严。2012 年 10 月 15 日深圳电视《第一现场》栏目就有这样的报道：一名小学一年级学生家长煞费苦心对孩子进行六年的个性发展教育，结果入读小学一年级一个月，就几乎全部被学校教育抹杀了。比如，上课坐姿全班一个样，教科书书皮一种型号，统一使用 2H 铅笔，姓名书写统一在一个地方，等等，担心再也找不到孩子与众不同的表现了！

第二，生态系统整体性的观点未被全面理解和运用。莱西和威廉斯在《教育、生态与发展》（1987）中首次提出"学校是一个文化生态系统"。因此，学校文化建设必须全面理解和运用生态系统整体性的观点，才能整体科学规划、分步建设出富有内涵且具有学校自身特质的校园文化。但是，目前为数不少的学校领导由于存在不同程度急功近利的心态，故在学校文化建设过程中过重追求立竿见影的效果——优先建设物质文化，出现推迟甚至忽视精神文化建设的现象，使得学校文化建设缺乏顶层设计，建成今一锄明一耙，东一块西一处的"补丁"文化。也由于各地区多建立五六年一任的校长交流制度，使得学校文化建设过程因领导变更也不同程度出现继承与发展的断层现象。以上原因，必然造成学校文化建设缺乏科学整体规划和完整建设周期被破坏的后果。学校文化建设闹出诸如"大学顶个球""小学都是老人头"的千篇一律的校园雕塑的笑话，就是这种原因造成的典型的现象。

第三，生态系统各种因素相互作用、协调发展的规律常遭违背。"教育生态系统是按照一定的教育生态目标运行的多种生态环境因子综合作用的动态整体……一个优化的教育生态系统，必须是按照一定的教育目标稳定有序地向前发展。"学校文化建设发展，也必须符合学校环境各种因素相互作用、协调发展的规律，必须按照一定的教育目标稳定有序地向前发展。但是，当前的学校文化建设不少存在"长官意志"，即以校长文化替代师生文化和学校沉淀的传统文化，使学校文化建设蜕变为校长个人文化倾向、兴趣爱好的"独角戏"。这种违背生态规律的现象在学校校长更替的过渡时期表现尤为突出，如未经广泛征求师生意见或教代会审议，继任校长就大刀阔斧开展更换办学理念、修改学校校训、拆除学校文化墙等运动。在教育生态系统中，人的动力是决定整个系统协同发展的关键，人的决策对教育生态发展目标具有重要意义。如果校长的学校文化建设决策正确，可以推进学校教育生态系统的演化；反之，决策失误，将导致整个学校教育生态系统缺失和失调。其实，社会各领域引入生态哲学原理，很大程度是为了实现人的"生态自我"（ecological self）。人"达到'生态自我'时，便能'在所有存在物中看到自我，并在自我中看到所有的存在物'"。王选院士援引美国一位心理学家的一个公式："I + We = Fully（developed）I"。他说："只有把个人融入集体，才能体现完整的自我价值。"处在学校文化建设过程中的校长，如果达不到"生态自我"的境界，个人未融入学校集体和办学历史之中，其文化决策也必将体现不了学校历史、集体和自我的完整价值。

3．关于名校生态文化的功能

（1）落后学校（教育）文化的负能量。我们的教育，多少年来不同程度存在一个严酷事实，就是没从生态哲学整体论出发来理解教育和善待师生生命，造成这样的后果：教育的胜利，生命的摧残！

（2）生态学校文化的正能量。生态观念催发生态学校文化，生态学校文化又将给办学带来怎样的正能量呢？校园人文的发展进入了生态人文的时代。生态人文要求当代人类重新返回到自然的怀抱中，返回到生物圈的有机联系之中。"具体实践上，要让师生做到观念的生态化、课堂的生态化、管理的生态化和行为的生态化。"在学校这个生态单位里面，文化与教育存在怎样的关系？文化是作为教育生态的主要规范环境，教育要在文化环境中发展，它受到文化环境中多种生态因素的影响。同时，教育对文化又起到传递、传播、发扬与创造的作用。所以，生态学校文化将把学校教育带入教育生态平衡的康庄大道。

生态学校文化要熏陶的人是带有"生态"特质的"生态人"。所谓"生态人"，或"理性生态人"，学者徐嵩龄是这样认为的："具有充分的生态伦理修养和生态环境意识。"同"经济人"比较，"生态人"行为规范的主要原则是：①实行人的和谐的自然观；②生态安全的原则；③综合效益原则；④公平与正义的原则；⑤双赢的竞争方式；⑥整体主义方法论。

（3）名校生态文化的功能各有独特内涵。不同的学校有不同的办学定位，不同的文化追求，因而就有不同的育人宗旨。就深圳小学独特的办学背景来讲，以生态教育理念引领构建的是名校生态文化，其总体目标就是：优化学校现代教育生态，创建师生和谐发展平台。具体目标就是创建"十态平衡"的校园，即强健的体态，健康的心态，规范的行态，丰富的个态，民主的教态，自主的学态，人文的情态，科学的神态，共赢的状态，发展的势态；宗旨是打造师生"大气大方，思新思进"的名校气质。

三、生态教育理念下名校生态文化建设的个案研究——以深圳市深圳小学为例

(一) 坚持"五律"结合，优化学校理论生态

案例 1：人事制度改革事件

深圳小学 2001 年成为深圳市首批事业单位人事制度改革试点单位，因改革精神有：校长拿全校最高工资体现责任最大，引进市场竞争机制，拉大教师员工收入差距以调动中青年骨干教师积极性，岗位定期民主测评竞聘，可以自筹自主分配工资等。理论虽然对头，改革方案实施后也有 85% 的员工涨工资，只有 15% 的没涨，其中少数几个略降工资，但实施一年导致这样的后果：矛头直指校长及行政拿过高职务工资，少数收入没增加特别略降的员工天天上访告状反对改革，说共产党的"干部干部，先干一步"怎蜕变为"校长校长，工资先涨"?! 结果连涨工资的员工因为怕被指责拿了别人腰包的钱也不敢支持改革，每年折腾搞一次民主竞聘岗位迫使员工之间在民主测评时拉帮结派互相抬高或压低分数而导致校园人际关系撕裂。学校领导整天被人事烂账纠缠，教师普遍无心抓好教学，最终校长成为改革事件"替罪羊"被民意测评赶下台，一所百年名校办学质量急速滑坡，社会口碑马上变调。

分析：帕累托改进（pareto improvement）是以意大利经济学家帕累托（Vilfredo Pareto）命名的，是指在不减少一方的福利时，通过改变现有的资源配置而提高另一方的福利。这种改进才是有效的，才能维护员工的稳定，且能调动员工的积极性。学校人事制度改革方案虽客观上使 85% 的员工涨工资，但 15% 的员工没涨且其中少数降工资，这就造成"谁动了我的奶酪"的动荡后果。依据心理学研究结果，人的生活水平达到较高水平时，少量的利益刺激是调动不了积极性的。改革方案制定每一级工资差在 500 元左右，而在深圳，2003 年教师的工资月均 5 000 千元左右，故月增、减 500 元左右，改变不了生活的实质，调动不了积极性不说，涨工资的骨干教师因被降了工资的员工说"从别人腰包里拿钱"还蒙受委屈，这就使改革不合人的心理发展规律。此外，教育是良心活，教育对象固有的差异，加上教育效益还具有滞后性，故以一年为周期就对教师教学质量进行刚性、量化的测评，再以此确定教师员工聘任的岗位及工资等级，确实有违教育的规律。还有，在中国办任何事情，永远都不要脱离中国国情，即社会主义初级阶段、中国特色社会主义发展的规律。

对策：由上可见，教育已经不可能独立于社会进行关门办学，必须坚持与市

场经济规律、人的心理发展规律、生态规律，特别是与教育规律和初级的、特色的社会主义发展规律相结合，才能解决好教育改革发展的重点、难点和热点问题。因此，构建生态学校文化，"首先要优化教育理论生态。这是实施生态教育理念的最重要前提，因为没有生态的教育理论，就不可能有生态的教育行动。"生态的教育理论应该有以下三个主要特征：第一是科学性。符合教育的规律是科学性的唯一标准。第二是开放性。生态的教育理论是要以生态哲学和教育科学理论为基础的，但不是关门排斥而是要尽可能吸收各学科各行业的科学理论成果，用生态哲学整体论的观点加以有机整合，以求形成自己独特的理论体系和有效发挥科学教育理论的指导作用。第三是先进性。这就要求在开放的基础上，教育理论要适应信息时代快速发展的步伐，及时更新理论，以确保鲜明的时代性和强大的生命力！

（二）形成"链条"管理，优化学校管理生态

案例2：教代会代表当场举手表决的后果

深圳小学2001年人事制度改革试验方案，是在市人事局指导下，先由学校主管行政起草后行政会讨论为主，报市人事局初审后，就交由学校教代会讨论表决。由于教代会大部分代表对上级改革精神未全部吃透，对学校改革试验方案未全面理解，导致会上存在比较大的争议，但是为了赶上全市人事制度试点改革的申报日程，学校班子在教代会讨论不下的情况下，采用当场举手表决的方式，勉强通过人事制度改革试验方案。后来，"改革事件"引爆干群和群群之间尖锐矛盾，其中改革不民主透明，投票以举手表决方式进行，因大家不敢当面得罪学校领导，是被迫违心赞成方案的，成为群众告状投诉的重要依据之一。

分析：美国第七十九届国会于1946年6月通过了《行政程序法案》（Administrative Procedure Act，简写为APA）。该法案秉持和体现了美国一贯尊崇的民主、效能、公平原则，是美国最重要的行政法规之一，也是世界最完备最经典的一部行政程序法典。它为各国制定行政程序法提供了宝贵的经验，并成为西方许多国家行政程序法的蓝本。它所确定的信息公开、听证、仲裁、司法审查等基本行政程序原则和制度规定，因其经过实践检验的可行性，为世界范围内行政法学领域广泛推崇。所以，美国的官员不怕办错事，就怕办事没按程序走。按程序办事，对了自不必说，错了问责起来，不是办事人的错，而是程序的错。在群众维护权益意识日强的当今，像学校人事制度改革这样深涉教师员工切身利益和学校发展的大事，不严格走民主程序、集中群众智慧怎能不出大事呢?! 在自然界，各级生物靠食物链维持种群的繁衍，只有食物链健全，各生物种群的生命才

能保持可持续的发展。如果食物链有一环缺失，会导致生态系统失衡。学校管理也是一环紧扣一环。如果有哪一环节疏漏，就会导致管理信道的不畅，造成管理的失效，从而影响学校教育的生态平衡。这就是一个严重的问题。因为，"教育的生态平衡，是教育生态理论的核心问题，是教育生态的一条基本规律，把握这一条规律，就能从根本上全面地揭示教育方面存在问题的实质，推动教育更好地协调发展。"

对策：建立学校生态管理链条。生态管理链条模式是：党总支→教代会→校长室→副校长室→中层行政办公室→基层级科组、工、团、妇→教师职工→学生及家长。这样的管理链条有以下三个突出的特点：一是分层管理层层负责把关，最高境界是追求师生自主管理，无为而治；二是民主集中互相制约，特别是校长自觉置于党支部、教代会的监督之下行使校长负责制的权利，以求决策的科学性；三是改变传统各级工作是向上级领导负责任的观念，体现学校与员工的一切工作的终极目标是向学生及家长负责任的管理新理念。要使这个管理链条发挥生态管理效益，学校还要在此模式上逐步明确链条各环节的管理权限和责任，特别是基层部门负责人，以及所属师生员工的权限和责任，并制定符合学校实际的各链条管理考核评价办法，从而使链条管理每个环节畅通高效，每个程序合理优化，最终形成生态的学校管理局面。

在这个链条管理中，笔者要强调的是，要注重校长文化的构建，从而以校长文化引领整个学校生态管理文化。何为校长文化？从根本上说，它是一种根植于现代社会分工的职业文化，它是学校校长的世界观、人生观、价值观在其职业实践中的反映，其核心的内涵是教育观。从某种意义上说，校长文化代表着学校的办学思想，决定着学校的发展方向。教育界有句名言：一个好校长，就是一所好学校。"学校精神不会自发产生，校长理所当然是学校文化的引领者和塑造者，是学校文化的精神导师，从某种意义上说，校长甚至要像传教士一样'布道'。"

校长如何引领学校生态管理文化呢？首先要确立做事非做官的治校观念。"校长不过是率领职工给教授搬椅子、凳子的。"这是教育家梅贻琦先生的一句名言。笔者认为，仅为诸如"教授"的教育教学第一线人才、骨干搬椅子、凳子还不够，学校的职工在给"教授"搬椅子、凳子后，不能让他们站着。谁来为他们搬椅子、凳子？当然是校长。只有校长带头树立为全体教师员工"搬椅子、凳子"的全员、全程的服务观念，教师员工才能树立为学生、家长"搬椅子、凳子"的全员、全程的服务观念。校长自己这样做，也带动教师员工这样做，校长就不会如常言所道"是学校里最孤独的人"了，自然会得到师生员工的爱戴、家长的好评。其次要全身心投入，才有可能保证把事——管理学校——

做好。"国家把整个的学校交给你，要你用整个的心去做整个的校长。""管理者的时间往往只属于别人，而不属于自己。……是组织的囚徒。"有私利，或分心，如扩大办学规模一个人兼几所学校校长，或不潜心学校教育教学却叫手下顶替本属于自己的部分工作责任而自己热衷跑关系等行为都不能保证办好学校。试想，校长对自己本职工作都不上心，怎能感召教师员工热爱岗位，点燃教育教学激情呢?! 生活中有很多口头禅道明坚守岗位才能产生管理效益的大道理。如，汤是要煲的——广东饮食文化里的老火汤要"煲三炖四"，煲三个小时、炖四个小时才有好味道；孩子是要抱的——谁抱孩子多了，孩子就亲谁，谁就影响孩子更深刻；班是要泡的——班主任不坚持多待在班级，不坚持多与学生在一起交流甚至游戏，就会失去班主任在学生心目中的良师益友的美好形象和权威的影响力，班风、班级凝聚力自然要大打折扣。第三要注重感情移入式管理。何谓"感情移入式"? 人们行为的依据是他们如何看待自己，如何看待他们所面对的形势以及他们在行动时持有的目的。领导者要善于发现人们行动背后的意图，才能真正做好人的管理工作。这种倒推行为的含意的过程被称为"感情移入"（empathy），是一种从别人的观点设身处地看问题的能力。每一天，学校的领导都要面对包括人和物两方面的问题。领导很少会因不能处理好"物"而失败。当领导者犯了大错时，常常是因为他们在与人打交道时缺乏艺术。人类自诞生以来，一直试图控制和操纵我们所处的环境的所有方面。这样一来，人们自然以对付物质性事物有效的办法和人打交道。这被西方学者称为"强力操纵"（manipulation-of-forces）的处理方法。企业管理因为基本属于物的产品的管理，这种方法比较行之有效。但这种企业化的模式不适于领导工作以人为本的方面。在企业里，工人被认为是生产出产品的机器的一部分。但在学校，学生和教师是产品，办学的目的是为了学生和教师的双方发展和健康幸福。如果企业是为了企业工人的事业发展和健康幸福而设计，它绝不会照那种"强力操纵"的模式来组织。因此，校长就必须根据学校管理的本质属性以"感情移入式"代替"强力操纵式"，开展生态化人性化的管理，以自身的生态管理文化丰富生态学校文化。

（三）构建"五互"关系，优化学校人际生态

案例3：教工互相抬高或打压分数的学年度民主测评

学校进行人事制度试点改革的第二年开始，因为大家对改革方案越来越不满，故每学年度涉及自己切身利益的互相民主测评过程，变成互相抬高或打压分数的过程。民主测评不是看德、能、勤、绩的综合表现了，而是抱团取暖打分，如青年教师针对中老年教师，教辅人员针对专任教师，本地教师针对外省教师，

某省地教师自成一团等各种抱团形式，团内互相抬高至最高限制分数线，团外压低至最低限制分数线，结局是校园评价功利横行，公理缺失，进而导致校园山头林立，人际关系撕裂。

分析：在自然界，基于生物学特性，有生物的群聚。教育生态结构中的人是高等的生物，也有群聚的习性，概括地说有四大类，即正式群聚体、半正式群聚体、非正式群聚体、参照群体。

非正式群体是自发形成的，它没有明确的组织和法定的领导人。它是建立在相互有好感、共同的情趣、心理相容、同情、友谊、思想一致（或气味相投）的基础上的，是个人好恶关系的一种表现。共同的特点：一是自发性，二是具有较强的凝聚力，三是非正式群体的群体意识比较强烈，容易抱成团，群体行为趋向一致，可能出现排压其他非正式群体的倾向；四是领袖人物的作用大，由于个人素质上的差异，领袖人物受到自然的拥戴，而不是加封的。根据非正式群体的性质和作用，可以分为三种：一是积极型群体，二是消极型群体，三是破坏型群体。

生物学家阿里（Allee's Principle）提出最适密度原则，又称阿里氏原则。他认为，种群的疏密程度随生物的种类和环境条件的变化而变化，过疏或过密都会起限制作用，所以，每种生物都应有自己的最适密度。

生态位（ecological niche）是指一个种群在生态系统中，在时间空间上所占据的位置及其与相关种群之间的功能关系与作用。生态位重叠是指生物群落中，多个物种取食相同食物的现象，由此造成物种间的竞争，而食物缺乏时竞争加剧。竞争都是在处于同一生态位的群体间发生的。

生物在形成自身生态位的过程中遵循下述原则：趋适原则、竞争原则、开拓原则和平衡原则。趋适原则是指生物出于本能需要而寻求良好的生态位，这种趋适行为的结果导致生物所需资源的流动。竞争原则发生于不同生物之间对资源和环境因子的竞争。开拓原则是指生物不断开拓和占领一切可以利用的空余生态位。平衡原则是指作为一个开放的生物生态系统，总是向着尽力减小生态位势（竞争所导致的理想生态位与现实生态位之间的差距）的方向演替，因为一个生态位势过大的系统是一种不稳定的系统。上述的趋适和竞争原则解释了生物竞争行为的根源，开拓原则说明了生物可以主动地去改变自身状况，而平衡原则则说明每个生物在整个生态系统中都会找到一个最适宜生存的生态位，这就要求生物通过最恰当的竞争策略去寻找自身最恰当的生态位。

对策：首先统筹安排教工岗位，化解"同位"竞争矛盾。针对教工们混乱的"同位"恶性竞争局面，学校经过举办民主座谈会，校长与各"群团"教工代表个别恳谈后，综合大家意见，召开行政、党团工妇联席会议，决定取消教工学年度互相测评竞聘岗位的规定，各岗位由学校结合实际情况统筹安排，并基本做到本地与外省、青年与中老年、骨干与普通、男与女、性格内向与外向教工的合理搭配。特别注意到非正式群体容易抱成团，可能出现排压其他非正式群体的倾向，原则上把他们统筹到各年级各科组。在消除了紧张的"同位"竞争后，在平时工作安排中，为了调动各方积极性，对老教工多采取照顾的政策，如期末安排年轻教师帮他们统计学生分数和登记学籍册等，对青年骨干教师多采取磨砺的办法，如多压担子，也多给外出考察学习机会，锻炼业务能力，开阔教育思路视野。为尽量减少群体之间发生利益冲突的现象，在学年度考核评先评优及职称聘任中，原则上实行兼顾各群体利益的两条腿走路——即把老年与中青年，骨干与普通或功劳与苦劳，男与女，教龄长与短等情况加以整体考虑，统筹分配。

在制度化解决"同位"竞争矛盾的基础上，学校大力倡导学校生态人际。何谓学校生态人际？就是基于以人为本和与人为善而形成的人与人之间友好共事或互学的人际关系。校园里人际主要有哪些关系呢？主要有领导与教师、教师与教师、教师与学生、学生与学生、教师与家长等几对人际关系。

领导与教师之间是否形成生态的人际，最重要的一点是看是否互信。笔者切身的体会是：干群能否建立互信关系，关键看校长！干群关系紧张，校长要负主要责任！任何一所学校，干事的教师是绝大多数的，搞事的教师毕竟是极个别的。个别人如能兴风作浪成功，原因主要还是学校领导管理出了问题，给人有机可乘。校长如何才能赢取教师的信任？笔者在前述"链条"管理已论述，在此处补充一点：树立校园科学人才观，构建良好个性发展平台。美国教育家霍华德·加德纳在他的名著《多元智能》中阐述了人有七种智能：音乐智能、身体运动智能、数学逻辑智能、语言智能、空间智能、人际关系智能、自我认识智能。这种观点同样可以借鉴移植来评价教师在教育工作中的才能和价值、作用。此外，生态理论的观点认为，自然界正是由于"和而不同"才生动活泼和丰富多彩。这种自然的规律也同样适合于借鉴来对才能各异的教师进行科学的评价。因此，校长有必要建立教师评价新概念，确立科学的人才观。什么是学校的人才？就教师而言，就是有良好个性特长的教师。校长关心教师，关键就要关心其发展前途。因此，校长首先要有正确的人才观点，即有良好的个性特长就是人才，从而为公平评价、对待每一个教师奠定主、客观认识基础。其次要创造各种平台，让不同能力、不同个性特长的老师展示自己的才华。"管理者的任务不是去改变人。管理者的任务，在于运用每一个人的才干……让各人的才干、健康以及灵感得到充分发挥，从而使组织的整体效益得到成倍的增长。"每个教工都能在校园里体验到成功和找到属于自己的位置，且能从内心感到跟着领导走"有奔头"，这样，教师们才会真正把校长当知心人，才会把学校当自己的家。

教师与教师之间关系生态的标准主要是互尊。在人才济济的重点学校，更显出互相尊重的可贵。否则，更多有水平的教师一起工作，如果不能形成合力，内耗反而就更严重。笔者所在学校就曾出现同科组三名骨干教师，因各有特长业绩，不服彼此，使科组长一职都很难确定，后来虽确定了组长但科组正常活动都无法保证的现象。想要教师们之间互尊，要从以下四方面着手建立生态人际关系：一是互相包容，二是互相欣赏，三是互相补台，四是互相谦让。

教师与学生的关系是学校里所有关系的核心，他们之间形成生态的关系是立校之根、办学之本、发展之魂。教师与学生之间关系生态的标准是互爱，即老师要关爱自己的学生，学生要爱戴自己的老师。教师与学生建立互爱的生态关系，具体体现在以下五个方面：一是教师能宽容自己学生的不足并为他们找到信心的支撑点，二是学生能主动跟老师说悄悄话，三是师生彼此对开展教学活动有期待的心理，四是毕业后师生彼此惦记对方，五是师生背后互相赞誉。

学生与学生之间生态人际的评价标准是互助。互助要体现在以下两方面：一是生活之中互相关爱，二是求学方面互相学习。

教师与家长的关系在传统意义上讲，是校园人际关系类中的边缘关系。但随着家长对孩子教育的重视，对维护孩子教育权益的觉醒，也因为教师在某个意义上又起着代表学校的作用，使得家长和教师的关系在特定环境或事件中迅速质变为学校各种关系中最敏感、最脆弱的关系，从而成为校园重要的一对人际关系！因此，如果处理不好，也一样影响教师个人和学校集体的形象。要使教师和家长之间建立生态关系，最主要的是在教师良好的师德师能基础上，建立互动机制。互动的作用很大，互动能及时消除误会，能加快增进情感，能有效建构信任，能激发教育智慧，能收获教育附加值。良好的互动，就是教师与家长生态人际的标志。

教师与家长要建立良好的互动机制并带来好效果，就要建立班级家长委员会，使教师与家长有一个互动的平台，可以及时进行沟通。深圳小学就是利用这个平台，发动家长参与学校教育。家长们积极性很高，或组织郊外亲子活动，或请名人到班级作报告，或开展家庭教育沙龙等等，使家长委员会充分发挥辅助学校教育的功能。另外，在活动之中，家长体会到教育之艰辛，从而更加自觉理解现在学校及教师从事教育的不容易。家校互动带来的这些教育附加值，如单靠学校、教师如何宣传，都是达不到这样的效果的。

（四）倡导"三能"言论，优化学校舆论生态

案例4：校长表扬谁，伤害谁

有一次，学校开展广播操强化训练，迎接全市"广播操标兵学校"评选活动。一位青年女骨干班主任积极性很高，在学校集训之余，还带领学生利用下午放学后半小时开展强化训练，更特别的是调动家长的积极性，请班级家长委员会的家长一起分组抓好学生的训练，从事武警工作的家长还自发带兵来"参战"，使训练效果特别好。笔者就在教工大会上予以高度表扬，号召班主任以此为榜样，齐心协力，优化家校资源，创建"广播操标兵学校"。会后有一次，这位教师到校长办公室，先感谢校长对她的表扬，再恳请以后不要在大会表扬她，说校长您刚来还不了解，这里有这种现象，谁被领导表扬了，谁就可能在下次民主投票时票数大跌，反而那几个经常顶撞领导或被领导批评的，票数领先！也真灵验，这位教师在期末评先评优投票中票数还比不上很多普通老师，跟她上学年度相比更是下降十几票。

案例5：好事不出门，坏事不过夜

刚到学校上任时，例行拜访一位已退休的、德高望重的市教育局老局长，他给了很多管好市直属"独生子女"小学的提示和启发，其中有一条笔者至今印象深刻：教工大多数与市教育局、市政府及各区重要部门的领导有这样那样的裙带关系，所以，学校好事不一定传出校门，但是坏事一定没过夜就传出来，特别是很快传到领导耳朵里。做校长时刻要注意自己的言行！

分析：木秀于林，风必摧之！妒忌心理而非敬佩心理，文人相轻而非携手共进，甚至还存在鲁迅先生所谓的"看客"心理，巴不得受领导表扬的或心目中原就嫉妒的骨干教师出点什么事，增加点茶间饭间的"谈资"，加上教师们多少存在的逆反心理，使得个别有理无理对领导的要求"顶牛"的教师反而成为教师拥护的对象，在不少重点学校、名校内部都不同程度存在这种现象。重点学校的教师与教育主管部门领导的裙带关系较复杂，哪怕与教育主管部门的领导非亲非故，丰富的家长资源也决定教师丰富的社会资源。俗话讲得好，好事不出门，坏事传千里。这种较复杂的社会关系，决定学校一有什么负面的风吹草动，甚至无中生有的事情，都可能当天当夜就传到各政府部门领导的耳朵里，传到社会上。

对策：由上看出，重点学校，特别关系较复杂的老学校，营造学校生态舆论、优化学校舆论生态很有必要。

什么是学校生态舆论？就是在学校里能鼓干劲，能正风气，能展形象的"三

能"言论。创建和谐校园需要优化舆论生态，优化舆论生态必先倡导生态舆论。在某种意义上讲，生态舆论也是推动学校协调持续发展的生产力。评价校园的舆论生态是否优化，主要是看校园文化是否能善于抑制舆论的负能量和发挥舆论的正能量，从而确保办学理念的高效实施，校园精神的长期饱满。因此，务必倡导、营造校园生态舆论。

首先，校长要负起引领校园生态舆论的使命。要完成此使命，最重要的是必须"阳光治校"，使学校权力、决策都在教工、家长和学生的监督下运作。像深圳小学，每学期都在征求教工、学生、家长的意见之后，才形成学校工作计划。涉及教工利益的方案都必须走完征求群众意见—行政、党团工妇联席会议审议完善——教代会讨论表决的严格程序才付诸实施或试行，每周行政会都形成"行政会议纪要"向教工公布，连校长及行政职工谁外出开会、出外考察学习等都在网上公布。"阳光治校"才能最大限度铲除负面舆论产生的温床，才能最大限度消除教工的猜疑误会的心理，才能最大限度抑制老学校负面舆论的产生和传播的历史惯性。

其次，要创造自由的舆论空间。生态的学校舆论是"百花齐放，百家争鸣"。因此，校长和教工都要学习"齐王纳谏"，共同创造校园自由的舆论空间。有效的办法，一是校长及行政要有虚怀若谷的民主情怀，容得下正负面言论，让人家知无不言，言无不尽，这是开启群智的前提。否则，教工在学校怕校长不敢当面轻声说，只能跑到校外去大声说。二是教师员工要有虚心的态度接受行政、同事、学生及家长的意见，常"抱有则改之，无则加勉"的心态。三是建立有效的干群、师师、师生、家校沟通渠道，及时听取意见、建议并化解矛盾、误会。

再次，是在自由宽松的舆论生态背景下，要十分强调个人的舆论责任感。增强校园的舆论责任感要从以下六方面着手：一是提倡团队意识。要让每一个职员都明白自己是构成整个校园团队的"细胞"，永远不可能有躯体坏死而单个细胞快乐地活着的道理，时刻维护团队荣誉。二是具有求实精神。实事求是对指导形成生态舆论一样富有实际意义。因此，讲也好，听也好，我们都应有实事求是的精神，杜绝捕风捉影、造谣传谣。三是不涉及隐私。一个集体不应该有个体户或自由撰稿人，人人应该关爱与尊重身边的每一个人，其中包括不要任意闯进别人的"情感自留地"，以免践踏别人的心，更不要在别人的伤口上自觉不自觉地撒把盐。人人都把握好这个原则——不是所有的事实都可以拿来讨论笑谈的，我们同事之间就可能多点艳阳天，少点愁云惨淡。四是做好对外新闻发布工作。这是学校所需，更是形势所迫。特别要求做好两点：一是对外只有一个声音。特别是重大、敏感事情，因为主管与非主管的信息是不对称的，任何教工不能擅自对外发布信息，一切由对外新闻发言人负责发布，防止混淆视听，酿成严重后果。二是新闻发布及时高效。现在都市百姓对事关自己孩子学习之事异常关切，随之而来的维权意识也日益强烈，还有媒体的眼睛时刻紧盯民生教育，随时介入深度报道。因此，凡涉及家长、学生利益之事，特别收费、安全事故等，要争取在家长投诉之前、在记者登报之前就予以及时沟通解释、解决为好。万一被投诉、被登报，更要及时高效做好善后工作，努力消除已造成的社会负面影响。在社会舆情方面，化危为机，这是新时期学校营造生态舆论，优化舆论生态必须时刻准备的公开课。

（五）精设"记忆"风景，优化学校环境生态

案例6：集名望名诗名书于一体的"启笛楷书唐诗三百首碑林"

2006年，深圳小学建成全国第一个校园大型书法碑林——"启笛楷书唐诗三百首碑林"，其由书坛泰斗启功题名，著名诗人臧克家作序，由当代书法家、郭沫若的关门弟子启笛书写，修碑部分款项由深圳市知名企业或企业家捐资。时任全国政协副主席的白立忱和张思卿、深圳市政协主席李德成、深圳市委副书记李意珍等领导出席碑林揭幕式，李意珍副书记还做了重要讲话。革命老人齐心女士专程到学校参观书法碑林。三百首唐诗楷书碑林以黑花岗岩精心雕刻后镶嵌于浅灰色围墙，再加红色艺术印章点缀，地面还配以各种绿竹盆景衬托，环绕学校操场东、西、北面，可谓集名人名望、名诗、名书于一体，自然也就在全市学校里成就最富有特色校园文化的"名气"。这样的校园文化，与语文课本互补，成为弘扬国学的缩影，潜移默化浸润学生的心灵。深圳小学克服困难并以深圳速度建设这项工程，没有丝毫的名利色彩！如果真要说有"名利"追求，学校追求的"名"是——荟萃辈出名人名望之楷模，实现培育名生名师之理想，成就再创名校名气之抱负；追求的"利"是——利于弘扬中华优秀传统文化，利于创建独特的名校校园文化，利于熏陶师生的名校气质。在书法碑林中成长的深圳小学的学生，如果能以杜甫"读书破万卷，下笔如有神"的诗句激发热爱读书、热爱书法的热情；如果这些学生再过十年、二十年，或者在不久的将来走上社会后，无论在事业成功之时还是在人生磨难之秋，还能感悟出碑林中启笛先生"五岁习字，至今毛笔未干一天"这句话的人生哲理；或者他们在异国他乡追寻梦想之时，还能常常吟起李白"举头望明月，低头思故乡"的诗句……这项校园文化工程就很有历史意义和教育价值了！

案例 7：承载百年校史的铭碑

2007 年，学校借 96 周年校庆建成铭碑，意谓"铭记校史"之碑，刻录了以下内容：修碑原由，已收集到的办学至今教师、历届学生名录，历年办学大事记，捐建铭碑的爱心人士名录等。铭碑刻于汉白玉石，字着金色，底为黑大理石，地面配以中国传统各式盆景，建在操场南面，与书法碑林环绕呼应，形成一体。铭碑使百年名校更富内涵，更显厚重，也使师生更感荣耀。如今学生在毕业告别母校之际，都会自觉到铭碑前合影留念。已到高一级学校就学或已参加工作的校友，回母校了都会在铭碑前流连，寻找属于自己的记忆。相信，铭碑还会吸引越来越多的校友、老教工，或带着男女朋友，带着爱人，或带着儿女、孙子孙女前来一起追寻、分享昔日在深圳小学求学、工作和生活的美好回忆……

案例 8：校园也兴"吧"文化

学校利用各楼层走廊可开发利用处所，建设校园"三吧"——音乐听吧、绿色网吧和漂流书吧，盘活学校、家庭的用地、图书、音乐等教育资源，丰富学生课间生活。特别是音乐听吧的建设，音乐光盘采用学校提供和学生把家里好音乐贡献给学校交流分享等形式，再加上每周一次通过校园电视/广播由音乐老师和学生互动主持音乐赏析节目，使校园音乐时刻伴随学生成长。岁月如歌，如歌岁月。现在的成年人，特别是老年人，对很多过去发生的事都忘记了，但当他们听到熟悉的旋律时，又能勾起关于从前的回忆。音乐的记忆能力是最强的。学校要努力创造音乐环境，发挥音乐的记忆功能，让学生在美好的音乐中快乐地度过在学校学习的时光，也让音乐把学生关于在校学习和生活的故事刻录在心灵深处，作为一生美好的回忆。

案例 9：毕业典礼上的心愿箱和让眼泪飞

不知谁讲过这样一句话，"与你一同笑过的人，你很快就会将他忘记；与你一同哭过的人，你却永远不会忘记他。"对学生来讲，哭和眼泪，一般是伤心事要避免，但是哭和眼泪，有时具有深刻、巨大的教育价值，必须让学生的眼泪飞！

每年的毕业典礼，学校都把它当作课程认真策划成最后的大型公开课，使学生在怀念、感恩和希望的浓浓氛围里，再次播种下关于母校的最后一颗种子。特别是讲怀念母校的故事、播看在母校的照片、告别母校诗歌朗诵等，都让师生、家长泪花闪烁，师生有的独自哽咽难言，有的甚至抱头痛哭，场面感人。学生最后还要再做一次"当堂作业"——把自己的心愿写下，按班级分封好，锁进校史室的心愿箱，并约好二十年后再相会，一齐打开心愿箱。

案例10：以师生为封面人物的深圳小学年报

学校每年都编印年报，通过师生民主评议产生的"年度办学十件大事记"，"优秀师生风采录""班级故事""科组建设"等栏目，把全校师生共同成长的故事，把学校不断发展的轨迹，永远记录下来，传承下去。在年报里，也实践生态教育理念——"优化学校现代教育生态，创建师生个性发展平台"。每年的年报封面封底，哪怕有国家、省、市领导到校指导工作，或校长本人摘取荣誉，原则上都不安排刊发在这个突出的位置，全部留给取得突出成绩的师生，展示他们的风采。年报发予师生，因为人人都能找到自己的年度"光彩"，师生都爱不释手；发予各级领导、社区共建单位、友好学校等，影响广泛。

分析：环境造人。苏霍姆林斯基说："在学校走廊的墙壁上、在教室里、在活动室里——经常看到的一切，对于他精神面貌的形成具有重大的意义。"心理学家勒温（Lewin. K）提出行为公式：$B = F$（PE）（注：B = 行为，P = 个人，E = 环境），意思是行为是人和环境的函数，这表明环境对于一个人的重要性。实施生态教育理念，更要注重科学规划，发挥学校生态环境的育人功能。

对策：环境造人。生态教育理念下的校园环境，是烙下"生态文化"特别印记的环境。要具有这个特别印记，就要求学校环境必须有"记忆功能"。校园风景会记忆——既能记下师生成长的脚印，又能成为师生永远铭记的风景，校园环境就有强的生命力，校园环境就是生态的。学校办学，特别名校办学，校长要有历史使命感和超前意识，使母校永远留下关于师生的美好记忆，也努力使师生永远留下关于母校的美好记忆。建设有历史厚重感的名校，让学校和师生彼此都留下美好的记忆，这也是深圳小学营造生态学校文化的重要策略之一。

（六）力推"两主"课堂，优化学校教学生态

案例11：弹劾英语老师

因教师生病请假或出国参加"海培"，学校个别教师岗位常需临时调整。某次一年级某班第二学期把英语老师调换了。原来这位年轻的女老师上课融合音乐、舞蹈、唱游、多媒体等生动活泼的形式，还制定了有效的课堂激励机制，学生都以得到鼓励或奖励为荣，对教师上课有很强的期待心理。但是新接手的一位女教师，虽英语八级双学位，是全校英语老师英语专业水平最高的，但是课堂教学方式方法比较单一枯燥，结果导致学生一周后就意见很大。其中有一个小男生在一次中午午托班——部分学生留学校吃午餐和午休，发动学生举手选择"喜欢"还是"不喜欢"接手的英语老师，结果三十几个同学都举手"不喜欢"。后来这名小学生带几个同学代表把结果报到校长办公室，要求换回原来喜欢的那位

英语老师。

也还是这个小学生，在升上三年级的时候，开学典礼结束后校长在回办公室的走廊上碰到他——因为他给校长留下深刻印象，校长就问他："同学，今天你记得校长的要求没有？"他的回答令校长惊讶："校长您以后不要讲那么多没用的话，就讲新学期给我们同学准备哪些好玩好用的就行了！"

案例12：第二组课堂抢答罢赛

一次，笔者给三年级上品德与社会课，采用分组竞赛的办法学习教材，为了公平，要求每组对每类题只有一个回答机会，如回答不了其他组就可以抢答，对了可以加分。气氛开始很热烈，特别是抢答环节。笔者根据每组举手热烈程度安排抢答先后顺序，也是机会均等的，开始从第一组、再到从第三、四组，这样，第二组分数就暂时落后。当叫到第二组时，全组沉默。笔者问"为什么"。一个小女孩站起来说："我们全组一致决定罢赛，拒绝参加抢答，因为不公平，我们一直举手都没叫我们回答，导致我们组落后！"虽笔者做了"规则是机会均等，但不管怎样，安排四个小组回答，肯定客观存在有的组先、有的组后"的解释后，他们还是坚持罢赛。课堂气氛一下子紧张起来！

分析：现在的学生，特别深圳特区的学生们，自小就在多元化、国际化、自由化的大都市和开明的家庭成长，见多识广，自然就富有主见，个性鲜明。如果我们的老师没有深刻理解孩子们因所处新时代、特区而造就的特质，还按自己成长的经历或以往的教育教学经验，在课堂上依旧单向传授，简单压制，是难以有效提高课堂教学效率的，可能还会引爆对抗情绪。

对策：教学生态要有效优化，必须建构"两主"课堂，即"民主的教态"和"自主的学态"的课堂。

对学校教学来说，教学生态主要指课堂教学生态。在生态教育理念指导下，优化学校教学生态，中心任务是建构生态的课堂。何谓生态的课堂？"生态的课堂应该是开放的课堂、个性化的课堂、和谐的课堂、共赢的课堂、可持续发展的课堂。"苏霍姆林斯基说过："要像对待荷叶上的露珠一样，小心翼翼地保护学生幼小的心灵。"北师大肖川教授也说："课堂是生命相遇、心灵相约的场域，是质疑问难的场所，是通过对话寻求真理的地方。"著名教育家叶澜教授更是这样疾呼："让课堂焕发出生命的活力。"因此，生态课堂的最高使命是关注学生生命的健康成长，而建构"两主"课堂则是优化学校教学生态的核心措施，呵护学生生命健康成长的关键支撑。

下面谈谈小学如何建构"两主"课堂。

第一，教师实施童心理念的"六一"策略是基础。即，每位教师最少每年会唱一首小学生流行的歌曲，会玩一个学生课间热衷的健康游戏，要掌握一个学生新流行的词句，要了解一本学生爱看的书，要了解一个学生共同关注的影、视、剧、网新信息，要了解学生崇拜的一个偶像。

陶行知先生早就强调教师拥有"童心"对做民主教师的意义："儿童园内无老翁，老翁个个变儿童。""民主的教师，必须要有：……跟孩子学习……是说只有跟小孩子学，才能完成做民主教师的资格，否则即是专制教师。"教师只有关注、了解了自己学生的生活、兴趣、爱好等，也就是坚持向自己的学生学习，才能使自己永葆"童心"，才能更好地尊重自己的学生，才能在课堂与学生有共同语言，才能拉近师生距离，真正成为学生的良师益友。这是教师具备"民主的教态"的基础。

第二，明白学生需要什么是核心。"一切为了学生，为了学生的一切。"现在我们的教育理念都没问题，关键是经常没有落到实处，最突出的表现就是没有把学生当成富有情感和旺盛生命力的个体，而是当成知识的"容器"或者驯服的"工具"，对"学生在想什么？学生需要什么？"等问题不深入研究甚至置之不理，导致本该自主学习、主动发展的学生只能被动接受或按照学校、教师、家长的设计"艰难"地成长。

经典的研究表明，学生在课堂上强烈希望得到的，一是情绪安全，二是学习的乐趣，三是自我满足，四是归属感。这是一个很"生态"的研究成果，它更多地反映了作为"自然人"的学生的内在需要。生态课堂的教学策略就是要尽各种办法满足学生的这些要求。这也是每一位教师应尽的责任和义务。

明白学生的需要，教师就不会在课堂教学过程一味机械地、片面地灌输知识，追求分数，而会自觉地把教室营造成一个家园——让学生体会到温暖、安全和有归属感；设计成一个乐园——让学生体会到与同学、老师一起学习趣味无穷，快乐无穷；建设成一个果园——让每位学生每天都能摘到属于自己的那一份"果实"，体会到学习带来的满足感。这才是呵护生命健康成长的生态的课堂。

案例13：数学课与学生生命健康成长

有位小学低年级的数学老师在执教"认识人民币"一课时不仅仅为了认数字，学数学，而是很好地应用了"生态教育整体论的观点和实践为了学生生命健康成长"的理念，精心设计课堂教学。下面是其教学的精彩环节及笔者的点评：

教师请同学们仔细观察人民币设计图案，然后把自己的发现说给大家听听。

教师结合学生的发现，重点引导学生了解了国徽、山河、领袖等图案的设计意义。（评：这是有机进行爱国主义教育。）

教师出示文字简单介绍销售组、顾客组、工商质检组的职能要求后，请同学们自由组合，分成销售组、顾客组、工商质检组模拟市场买卖。（评：这是实践"数学←→生活"的教学理念。）

场景1：学生找赎时，将一张一元币值的旧纸质人民币从橡皮筋里抽出来时不小心扯掉了一角。

教师结合课堂出现的意外，及时进行爱护人民币的教育，还出示法律处罚条文，说明故意损坏人民币应受的处罚。（评：这是有机进行公民守法教育。）

场景2：学生售货时由于算错多收了一角钱，后来马上送还购买的同学顾客，并表示歉意。

教师对此及时点评："学数学计算不能马虎，做买卖诚信为本。"还要求工商质检组马上给售货组颁发"诚信经营"奖牌。（评：这是有机进行廉洁文化教育。）

这样的课堂，才是生命的课堂，才是生态的课堂。

第三，优化教学资源是关键。这点主要强调教师综合素质在建构"两主"课堂过程的关键作用。因此，首先要求教师要学会整合自身的教学资源，使课堂教学生动活泼，时刻吸引学生的眼球。《沉默的信息》一书指出，人们在谈话时所表达的内容只有7%有赖于词汇，38%依靠声调，另外55%则是依赖我们的脸部表情及身体语言。由此可见，一位教师如果课堂教学连自身的教学资源，如语言、表情、动作和知识等，都无法整合优化，内容和形式肯定就比较枯燥乏味，课堂教学也就无"生态味"了。其次，充分发挥信息技术在课堂教学中对整合教育资源具有的扩容、增趣、提效的作用。现在的学生，都在信息更替快速、高效的电子屏幕环境里成长，如果我们的课堂教学还单靠大黑板小黑板、挂图幻灯片等传统媒体，蜗牛式地推出教学信息，肯定不能有效调动学生参与教学的热情、兴趣。笔者的一位同学在初中当数学教师，二十几年来执教成绩一直名列学校前茅，最近却发出这样的感慨：教学拼不过年轻人了。除了自己年龄渐大、精力不如年轻教师外，更主要的是年轻教师掌握最新的信息技术，大大增强了学生学习的兴趣，高速丰富课堂教学的信息，进而有效提高课堂教学的效益。现代教育技术条件下，面对一群在屏幕前成长的学生，教师的课堂教学内容和形式如果无法做到快速"刷新"，肯定也是缺少"生态味"的。教师不能给课堂营造勃勃生机的"生态味"，学生哪来学习的趣味性和主动性？

第四，培养学生学习自我控制概念是目标。生态教育理念下的教与学应该是和谐的，而教与学和谐的关键是谁来主宰教学。我们常常说学习的主体是学生，而实际教学中学生的学习大多是由教师来控制的，如教学的内容、目标、进度，其至学生学习的方式、方法等等，完全掌握在教师的手中，学生的学被动服从于教师的教，几乎是一种完全"他主"的学习。"先生的责任不在教，而在教学，而在教学生学。"因此，培养自主学习的学生应该成为生态课堂追求的最终教学目标。

下面谈谈如何培养学生学习自我控制概念。

首先，给学生选择学习的机会。教师要允许学生选择适合自己的学习方式，如习惯托腮听课，就不必强求双手摆放整齐；鼓励多种表达方式，如"能说的"就让他们说出来，"能写的"就让他们写出来，"能画的"就让他们画出来，"能演的"就让他们演出来——当然，最后教师要有机会让大家各自展示、分享学习成果，互相学习提高，才是一个既注重"个性化"又追求"共享""共赢"的生态课堂；留给选择作业的空间，作业要设计必答题和选做题，既保证学生课程达标，又兼顾学生个性差异和特长发展。

其次，采用学生主导的教学活动。在生态教育理念下，学生当然应该是学习、有时甚至是教学的主导和主体。这就要求教师在教学中应该逐步淡化自己的"主控"地位，发挥指导的作用。学生主导的教学活动方式多种多样，课堂内通常采用的方式有，自由选择合作伙伴开展合作学习、根据同感兴趣的问题开展合作学习、自读质疑学习、汇报交流学习、自我评价等等。

现在，国外最新流行的"翻转课堂"更是典型的学生主导的教学活动，很值得借鉴。什么是翻转课堂？翻转课堂是从英语"flipped class model"翻译过来的术语，也被称为"反转课堂式教学模式"，简称翻转课堂或反转课堂。传统的教学模式是老师在课堂上讲课，布置家庭作业，让学生回家练习。与传统的课堂教学模式不同，在翻转课堂中，学生在家完成知识的学习，而课堂变成了师生之间和学生之间互动的场所，包括答疑解惑、知识的运用等，从而达到更好的教育效果。互联网的普及和计算机技术在教育领域的应用，使翻转课堂变得可行和现实。学生可以通过互联网使用优质的教育资源，不再单纯地依赖授课老师去教授知识。而课堂和老师的角色则发生了变化，老师更多的责任是去理解学生的问题和引导学生去运用知识。翻转课堂做到了真正的"以学生为中心"，做到了因材施教。学生是主动地自主学习，教师是有针对性地个别指导。

再次，汲取学生反馈，鼓励学生参与教学控制。"生成的课堂则是无法预期的，课堂教学中的一些'意外'会被教师当作宝藏去发掘，尽量开采出更多的'无法预约的精彩'"。在大型的教学活动中，常见学生冒出意料之外的问题，教师也常以过人的教育智慧迅速精彩应变，观课者随即皆报以热烈的掌声。其实，汲取学生反馈来及时调整教师的教学，实际上就是鼓励学生参与课堂的控制。共同参与教学控制，才能张扬师生作为教学共同体的生命力。要保证有效鼓励学生参与教学控制，教学设计必须解决几个关键性的问题：一是情境预设，力争教学情境能引起学生共鸣，求得"一石激起千层浪"的效果；二是问题估计，即对学生可能会提出什么怎样的问题，会怎样解决问题事先有底和谱；三是应急预案，即要做足功夫，自如应对学生可能冒出的各种稀奇古怪的问题。"这种教学的特点是教师的教顺应学生的学，即'教师总是想在学生之前，却始终走在学生之后'，学生始终掌握着学习的主动权。"

最后，培养学生共同制定和检查执行教学规则。学生自主是在集体中的自主，并非个人自主可以影响集体合约。在培养学生学习自我控制概念之中，要注重建构集体学习规则概念，才能够有效建设一个生态和谐的学习环境。因此，教学各方面诸如作业、发言次序、奖励评比等规则的制定，以及如何监督执行等，都可以发动学生自己来完成。规则不怕不科学完善，不科学完善就试行后再修订；执行若存在偏差，也可以在发现问题后再集体讨论纠正。"生态哲学强调生态过程，……不是把自然作为状态，而是作为过程来理解，那么，自然就不是僵死的。""生命成长是有规律、有季节的，不可操之过急的。教育是一种过程而不单是一种结果。"在培养学生学习自我控制概念时除坚持以上论及的生态的"过程观"外，还应该把握好自我控制的"范围论"，即，"学生愿意负责的事体，均可列入自治范围；那不应该由学生负责的事体，就不应该列入自治范围。"

四、构建名校生态文化对老牌名校继承与发展的启发与建议

深圳小学在生态教育理念引领下构建生态学校文化，自 2003 年初至 2010 年底坚持探索近八年时间，其间成功解决了学校因承担全市事业单位人事制度改革试点工作留下的诸多"疑难杂症"，特别是有效植入"生态"意识，建立了学校的生态人际，形成了学校的生态舆论。人心齐，泰山移。学校在继承名校厚重办学沉淀的基础上，再创发展新优势，再创办学新辉煌。

构建名校生态文化对老牌中小学名校做好校园文化的继承与发展的启发与建议，主要有以下几点：

第一，老牌名校只有与时俱进，不断更新、创新办学理念，才能与时俱进，永葆办学之树常青。

第二，办学就是办氛围。必须坚持以先进办学理念引领建构先进学校文化，才能使学校凝聚正能量，形成正气，从而创造更大的教育价值，自然带来丰富的教育附加值。

第三，稳定就是质量。名校积淀厚，队伍强，资源丰，只要保证队伍稳定、

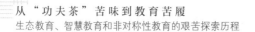
不出乱子，办学质量就有根本的保证。但是一旦教师队伍乱了，一年乱，最少要用三年重聚人心，重整旗鼓，而更严重的是给几届学生造成无法弥补的伤害，代价极大！因此，未经充分论证的有关人事晋职、经济分配等涉及教师员工切身利益的任何改革举措，都必须防止功利之心，政绩之图、慎之再慎！

第四，名校掌门校长不管个人工作再苦，功劳再大，能力再强，威望再高，任何时刻都要保持低调，把教师员工的功劳、贡献永远摆在自己之上。因为名校资源丰富，换了任何一个有德有能的校长都能办出名堂。

第五，"生态"是一个开放兼容、发展动态的概念，学习、引进生态原理探索生态教育，构建生态学校文化，永远不能理解为以一种姿态去追求某个教育结果，而要认识为以一种动态去引领整个教育过程。这样，"生态"才不会僵化，而是永葆"生态"。

第五章

智慧教育理念探索的初步成果

1. 中小学优质课程视频资源建设存在问题与对策①

摘要：中小学优质课程视频资源建设正对教育产生着巨大的影响，也存在"运动式"开展，暴露电教馆（站）短板，部分课例视频"散重差"等问题，改进策略是做好顶层科学规划，保证视频课堂生命活力、人财教电联手推进、建立有效机制增强建设持久动力等。

关键词：中小学课程视频　科学规划　联手推进　机制保障

《国家中长期教育改革和发展规划纲要（2010—2020 年）》明确提出加强优质教育资源开发与应用，特别是 2011 年底，时任教育部副部长杜占元在教育资源建设与共享座谈会上的讲话中强调"做好资源建设与共享非常重要也非常紧迫"，全国各地教育行政部门更加积极地组织中小学加入到优质课程视频资源建设中来。

一、成效概述

全国各地中小学两年多来开展的优质课程视频资源建设，对促进各地区教育均衡化，对发挥名校名师的示范、辐射作用，对提升信息技术服务教学功能等方

---

① 本文发表于《教育信息技术》2012 年第 6 期，选编时略有修改。

面都产生着巨大的影响，也使得"网课"和"淘课"成了校园的新的热门词语。

深圳市近两年大力开展中小学优质课程视频资源建设，已取得显著成效。据统计，从 2010 年中至 2011 年约一年半的时间，深圳市电教馆共推出 4 000 多节优质课例视频。截至 2012 年 4 月初，"网络课堂"点击量达 113 万多人次，高清互动电视"电视教育"栏目"中小学课堂"总收视量达 118 万多人次。2012 年 4 月，有关部门对全市高中、初中和小学共 1 379 名学生所做的问卷调查显示，收看过网络、电视课程视频的学生中，有近 85% 的学生给予"良好"的评价。这还是在教育主管部门没有向教育系统和全社会策划公开宣传网络、电视课程视频的前提下收获的成效。在深圳市高级中学拍摄"名校名师优质课例"视频时，有位摄影师对执教教师的魅力、精彩的课堂发出这样的感慨："我读中学时，如果有这样的老师给我上课，那么我也可能考上清华、北大了！名师课例视频为民生做了一件大好事！"优质课程视频资源建设，也有力提升了市、区电教馆（站）的教育影响力。市局直属学校某中学初中部一位副校长就这样评价："很多基层教师原来只知道有市教科院，参与优质课程视频资源建设后，才知道还有市电教馆。"

二、问题分析

正如一切新生事物都不可能完美一样，优质课程视频资源建设也客观地存在不少问题，突出的有以下四方面：

（一）以行政手段开展"运动式"的课程视频征集展播活动容易引起教师的抵触情绪

《国家中长期教育改革和发展纲要（2010—2020 年)》强调教育资源建设后，各地教育行政部门就迅速发起此类行动，呈现不甘落后他人的势头。教育资源建设是要花费大量时间、资金和人力精力的，如果加上教育行政部门对工作有"做大"的需求，要求在短期内建成上规模的课程视频资源库，更需要中小学教师承担原教育教学任务之外的大量工作。中小学教师本来日常教育教学工作就基本是满负荷的。这样强行组织"运动式"的教育资源建设，特别对沿海等经济发达地区、每天工作与生活节奏快、维权意识日益增强的教师，必然使其产生不同程度的抵触情绪。广东省不少市级电教馆（站）的馆（站）长和学校校长呼吁教育行政部门早日出台教育资源建设奖励办法，以便调动教师自觉参与的积极性。还有全省不少市、县年度课程视频资源征集任务连按量完成都保证不了的现象，就是这种抵触情绪的反映。

（二）靠电教馆（站）为主开展课程视频资源建设明显暴露教学管理的短板

目前，不少地方教育行政部门都把教育资源建设的主攻任务交给电教馆（站）负责落实，其实电教馆（站）对各学段学科课程设置，对各区（校）的各科教师能力结构、教学优劣势等具体情况都是不太清楚的。电教馆（站）最大的优势是为教育资源建设提供技术、设备、摄制和网络、电视展播平台等支撑。因此，在这种情况下，不可避免地暴露了电教馆（站）在教育资源建设过程中对课程摄制策划、师资优选和区域教学优势互补等方面存在的短板问题，影响整个教育资源建设的有序、高效、优质推进。

（三）各地课程视频资源普遍存在"散重差"问题

散，即课程视频资源未成体系。课程视频资源建设方案没做科学规划，建设过程又注重数量，忽视体系，结果是整体课程视频资源与中小学教材配套还存在很大距离。

重，即同课课例视频重复上传展播。如某市"网络课堂"中"比一比"和"解决问题的策略"等课例视频，在同一个区就发现不同教师执教的该课视频有十来个。

差，即部分课例视频质量低下。质量差主要体现在三方面：一是部分课例视频摄制存在格式或分辨率不合要求，镜头主体丢失，音频、视频不同步等现象。二是有时在线收看展播课例视频时出现网路不畅、音像不清等现象。三是个别教师为应付任务随便对待，录制的课例视频给人观后印象极差。如某市一节网课40分钟，大部分时间是学生进行讨论，重难点不突出，节奏不紧凑，教师的语言也缺乏启发性、感染力。教师在学校课堂的教学效果打折扣只是学生的损失，但在"网络课堂"上不好课，那包括教师自己和学校，甚至整个教育的形象，都大大受损了！

深圳市电教馆所做调查结果显示，教师和学生对课程视频资源评价"差"的比例分别占 6.8% 和 11%。深圳市在建设优质教育资源上的成效走在广东省的前列，但离师生的要求还是有一定的距离。

（四）设备系统未配套与人员培训未同步都不同程度影响课程视频资源的建设与应用

部分电教馆（站）与学校可能因为缺乏资金致使录播设备和共享系统不到

位，也可能自动录播设备和共享系统到位但未配套，这些都不同程度造成对课程视频资源建设与应用的影响。例如，深圳市和各区教育局投入大量资金支持电教馆（站）和学校开展优质教育资源共建共享工程，但由于部分自动录播设备和共享系统不是同一公司生产，结果出现高清自动录播设备摄制的课例视频容量都超过1G，而共享系统最大限度是500M，需要手动二次转换视频后再传的问题。共享系统还出现转换一半就自动退出，不能同时上传教师课件等问题。还有，各地电教馆（站）因对学校负责传送课例视频的教师未作同步的培训，所以部分教师或对传送技术标准未熟悉掌握或责任感不强，也都不同程度影响课程视频资源的建设与应用。

三、对策思考

要解决好以上存在的问题，必须在教育资源建设管理和教育信息技术优化两方面作专业化的规划和行动。主要对策如下：

（一）优质教育资源建设坚持以课例视频为中心，并做好顶层科学规划，保证视频课堂生命活力

优质教育资源的内容、形式丰富多彩，但对中小学而言，永远要坚持以"课堂"为中心，就是要以摄制"优质课例视频"做为教育资源建设的中心，同时要科学规划，做好顶层设计。

1. 核心课程先行，分步实施，形成视频课程体系

要以中小学迎中、高考科目为核心课程，分步建设，且定期更新内容，最终使视频课程与现行中小学教材配套，健全各年段的科目、课题搜索功能，从而增强实用性，服务广大师生和社会家长。

2. 区域分工协助，优势互补

各地市所属的各区（县）学校教育教学客观上都存在优劣长短并存的事实，在视频课程录制过程中一定要按此事实科学分配科目、教师，采集各地区各学校的优秀教师或优势学科的课例视频，发挥区域教育优势互补的作用。

3. 策划专题，推陈出新，保证视频课堂的生命力

视频课堂的生命力就是"要从教师和学生的视角出发来进行开发建设，不能只从行政部门的视角出发，也不能完全从产品开发的角度出发，要从教育需求出

发。"2011 年深圳市电教馆精心策划在高清互动电视的"电视教育"栏目中展播的"深圳市名校名师优质课例",就取得很好的收视效果,深圳市外国语学校有一节英语课上线一周就达 4 000 多人次收视量,近 200 节课在没做任何宣传的前提下,几个月收视量就达 86 000 多人次。因此,要精心策划,适时推出专题视频课程,如中、高考备考答疑,师生、家长心理健康热点问题解读,父母更年期与子女青春期如何和谐快乐度过,名师视频课堂等抢眼球、合心理期盼、能解决现实问题的专题课程,才能使视频课堂吸引大批来"追看"和"跟帖"的粉丝。

4. 本地视频课程与国内、世界各地视频课程"同台大合唱"

课程开放运动主要有三种实践模式:一是独立开发实施自己的开放课程;二是成立开放课程协作体或联盟,共建共享开放课程;三是翻译已发布的开放课程资源,并进行教学应用。与普通课堂相比,办视频课堂更要有"大课堂"的胸怀和视野,要通过采集省市外、翻译国外优质视频课程,带给本地师生新感觉、新思维、新活力。正如西安交通大学原校长郑南宁所说一样:将大师和经典引入共享平台,营造百花齐放、百家争鸣的氛围,实现"智慧的汇聚"。

(二) 发挥政府主导作用,教育行政部门协调各主管部门保障教育资源共建共享形成合力

1. 政府驱动推进

政府驱动是指国家职能部门为了指导教育改革和发展方向,提出一系列政策纲领和发展战略。以政府驱动为动力,是保障我国教育系统资源建设的基础。政府有强大、广泛的职能,首先是要动员大家都来参与资源建设,还要创造环境和出台政策,制定统一的教育资源标准及元数据规范,建立教育资源评价标准,完善教育资源的评价制度,指导优质教育资源的设计与开发,还要推动发展机制的建设。

2. 人财教电联手推进

各级教育行政部门要明确所属人事、计财、教科研、电教馆(站)四个部门联手推进优质教育资源建设与应用的不同任务、要求。人事部门要把教师参与优质教育资源建设与应用的成果纳入职称评聘、名优骨干教师评比等的重要指标,这一点最能调动教师的积极性;计财部门要设立专项经费支持电教馆(站)和学校建设优质教育资源;教科研部门要做好视频课程的科学规划和各年段学科

执教教师的优选工作，制定评课标准，保证视频课程的执教质量；电教馆（站）要更新录播设备、完善共享系统、提高摄制人员水平、保障展播平台流畅，为优质教育资源建设与应用提供一切设备、平台和技术支撑；等等。

（三）建立有效机制，增强学校及教师参与优质教育资源建设与应用的持久动力

1. 以奖励机制保障持久动力

深圳市教育局大力支持优质教育资源建设，经过多番争取，2012 年 4 月，市政府法制办给予批复，高规格出台了具有行政法规性质的《深圳市中小学优质课例视频资源建设评比奖励暂行办法》，设立了教育资源建设"组织奖"和课例视频"质量奖""摄制奖""创新奖"等奖项，有效地调动各级教育部门和教师参与优质教育资源建设的热情和积极性。这在全国各省市，还是第一个奖励优质课例视频资源的法规性文件，对全市教育信息化（电教）改革发展来说，也是一个具有里程碑意义的文件，值得其他地方借鉴。

2. 以公众媒体推动机制增强光荣感

2012 年 4 月，深圳市教育局在全市开展"两提升活动"——提升教育服务质量，提升公众对教育满意度，共推出"九大行动"，深圳晚报在报道此新闻时，特别着重报道了其中的加强"网络、电视课堂"建设，可见视频课堂在媒体记者心目中的分量。因此，有必要建立公众媒体推动机制来推动此项工作。公众媒体推动机制，指以大型主流报刊、综合门户网站为代表的媒体参与资源建设过程，借助其传播力量，营造积极的舆论导向，以扩大社会影响力，最终促成新媒体技术与文化的渗透。深圳市虽然教育资源建设卓有成效，但是因为宣传不够，连教育系统的师生对此都知晓度不高。据调查，只有 50% 的师生知道本市的"网络课堂"和"电视教育课堂"。因此，借助媒体加强宣传，既能提升对此项工作认真对待的教育部门、教师的光荣感，又给未做好工作或开好课的教育部门、教师施加紧迫感，还可以扩大课程视频在社会、家长、学生中的影响。这样，课程视频的质量就更有保障，课程视频的资源就能发挥更大的社会效能。

3. 以开放和保护机制实现共享权和知识产权双保护

教师提供课例视频供共享展播必须签自愿承诺书，课程视频展播平台必须发表声明，严禁企业、单位或个人下载用于收费展播及制作出售等商业活动，以及

窃取别人成果用于发表、参赛等行为，这既保护社会公众共享优质教育资源的权益，又保护执教教师的知识产权，也约束了社会教育市场的商业侵权等违背法律道德行为。麻省理工学院开放课程 Open Course Ware（MIT OCW）等项目关于开放共享协议的应用实践表明，解决资源网上发布的版权问题是一个可以控制的过程。他们在保护教师的知识产权和课程资源的共享重用方面实现了很好的平衡。MIT OCW 资源的"开放"并不意味着放弃对资源的所有权，而是按照有关法律条文的约定，把资源贡献给公众领域。MIT OCW 的这些理念和做法值得我们借鉴。

（四）设备系统配套和人员培训同步，保证课程视频日常摄制、传送入库、在线展播的高效畅通

这主要要求教育主管部门要给教育资源建设以足够的资金，支持购买、维护设备和加大网宽提高网速。各级电教馆（站）要制定录播设备、共享系统的建设标准，指引学校采购录播设备和共享系统。现在教育技术设备市场中，此类产品优劣良莠并存，采购时一定要严格走规范程序，即对产品要先走充分论证、检测，再走试用、采购推广等程序。还要对负责的技术人员同步进行操作要领，特别是责任心等方面的培训。

2. 深圳市中小学"网络课堂"优质课例视频资源建设与应用[①]

优质教育资源共建共享是加快基础教育信息化进程的核心内容。《国家中长期教育改革和发展规划纲要（2021—2020 年）》中明确提出"加强优质教育资源开发与应用"，教育部"三通两平台"建设中将构建教育资源公共服务平台作为重要内容，党的十八届三中全会《中共中央关于全面深化 改革若干重大问题的决定》中进一步提出"构建利用信息化手段扩大优质教育资源覆盖面的有效机制"。

深圳是一座移民城市，流动人口数量远高于户籍人口，从而导致义务教育阶

---

① 本文为深圳市电化教育馆"网络课堂"项目组所撰，入选"2013 年度全国教育信息化建设与应用典型深圳案例"，发表于《中国教育信息化》2014 年 10 月专刊。以此文为基础完善后的《基于教育云的"网络课堂"数字教育资源建设与应用》获深圳市第三届教育教学科研优秀成果奖中小学组教育技术类二等奖。

段深圳户籍学生和非深圳户籍学生比例倒挂,为悬殊的 3 : 7,原特区内外优质教育资源分布不均衡的问题较为突出。

在此背景下,运用教育信息化促进教育优质、均衡发展成为必然的有效手段。2010 年以来,深圳市开展中小学"网络课堂"优质课例视频资源建设与应用,努力构建教育资源公共服务体系,促进教育公平,提升教育质量,推进教育治理体系和治理能力现代化,不断满足广大师生日益增长的对优质教育资源的需求,取得显著成效。

图 5 - 1　深圳市"网络课堂"首页

一、主要做法

(一) 领导重视,区校联动

"网络课堂"优质课例视频资源建设,是深圳市为进一步推进基础教育均衡发展,以信息化推动教育现代化,促进网络教育资源共建共享,深化教育信息技术与教学实践整合应用的一项重要举措。我们依托本市教育优势,按照政府主导、多方参与、应用驱动、共建共享的原则,市、区、校三级共同参与。每年年初,制定周密的全年课例征集与展播方案,市、区、校未雨绸缪,成立专门的领导小组和工作小组,及早部署、安排各项工作,层层落实,确保年终完成征集和展播任务。

（二）拓展渠道，促进共享

除了通过每年一度的全市性的中小学优质课例视频征集与展播活动进行资源建设，2013年下半年深圳市还举办了首届微课大赛，获得教师的积极响应和参与。此外，还与深圳市广电集团合作，推出"电视教育"栏目，展示我市"名校名师课"以及"校园风采""多彩课外"等丰富资源。通过多种信息化手段，超万节在线优质课例资源为我市师生和广大社会民众提供足不出户、送教上门的主动服务，时时处处可在线享有优秀教师的大量优质课堂教学，便捷、免费获取各类教学相关资源，大力促进名师优质资源共享，缩短薄弱学校与名优学校之间的差距，获得社会的广泛好评。

图5-2　2013年深圳市首届微课大赛网站首页

图5-3　深圳广电集团高清互动"电视教育"栏目界面

（三）分步建设，保质保量

优质课例视频资源通过四年分阶段建设（见图 5－4），每年明确指标任务。经过逐年分解落实，在保证数量任务的同时，对课例的质量也提出明确要求。当数量达到一定规模后，重点严把课例征集质量关。要求征集的课例视频与教材配套、发挥各区（校）名师名校长工作室等各类优秀骨干教师的特色和学科优势，共同努力逐步建成覆盖全市各学科学段、完整的优质课例视频资源库。

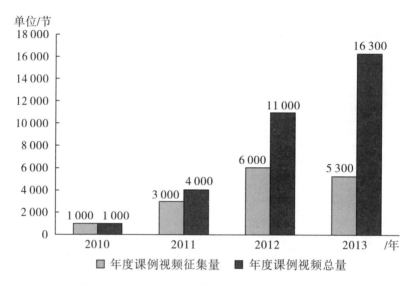

图 5－4　2010—2013 年课例视频资源数量统计图

（四）建用结合，提升效益

在建设优质课例视频资源库的同时积极推动应用，建用结合，进一步提升优质资源的应用效益。例如支持学校教师开展网络教研，开展案例观摩学习和教研讨论活动、微课研讨和大赛，以及现场推介会等应用，边建设边开展应用、拓展活动。同时借助大数据分析、社会关系网络等技术，按师生不同的兴趣、爱好、年级、学科等需求主动推送教学资源，为教师搭建起一个基于课堂视频案例的学习与交流的大平台，为学生自主学习提供丰富的课例资源。

图 5 - 5 "网络课堂""电视教育"现场推介会上学生踊跃向执教名师索取签名并合影留念

图 5 - 6 在网络学习空间中为师生个性化教与学提供智能资源推送服务

(五) 探索机制, 持续发展

在扎实推进课例视频资源建设的同时, 为提高学校和教师的积极性, 出台配套评比和奖励措施, 对贡献突出的单位和个人给予及时的表彰奖励。2012 年, 我市出台《深圳市中小学优质课例视频资源建设评比奖励暂行办法》并认真贯彻落实, 使参与资源建设和应用的单位获得荣誉, 做出贡献的教师获得表彰。除此之外, 贡献课例的教师还可以选择继续教育学时折算, 较大地提高了学校和教师的参与积极性。

《深圳市中小学优质课例视频资源建设评比奖励暂行办法》摘录：

第二章 奖项设置和奖励范围

第四条 设立中小学优质课例视频资源建设组织奖（以下简称组织奖）、中小学优质课例视频质量奖（以下简称质量奖）、中小学优质课例视频创新奖（以下简称创新奖）和中小学优质课例视频摄制奖（以下简称摄制奖）。

组织奖用于奖励在全市中小学优质课例视频资源建设和应用中作出突出贡献的区（含新区，下同）教育行政部门、市局直属学校。评奖数不超过年度参评的区教育行政部门和市局直属学校总数的40%。

质量奖用于奖励在全市中小学优质课例视频资源征集和在线展播活动中，综合教师素质、教学设计、教学过程、教学效果、信息技术与学科教学融合程度等要素评选产生的高质量课例视频。评奖数不超过年度征集课例视频总数的30%。

创新奖用于奖励在全市中小学优质课例视频资源征集和在线展播活动中，综合教学理念、教学模式策略、师生关系、信息化应用创新和教学效果等要素评选产生的创新性突出的课例视频。评奖数每年度不超过10个。

摄制奖在每年度获得质量奖的课例视频中，综合摄制技术应用水平和摄制规范等要素评选出达到最佳摄制效果的课例视频，对其参与摄制的个人或团队给予奖励。评奖数不超过年度质量奖总数的5%。

第五条 参与当年度中小学优质课例视频资源征集和在线展播活动的单位和个人均有资格参加年度评比。

第三章 评比和授奖

第六条 深圳市教育局负责奖励的评比组织，其中质量奖、创新奖和摄制奖的评比，可委托深圳市电化教育馆对市局直属学校及其教师提供的课例视频，委托各区教育行政部门对区属学校及其教师提供的课例视频进行初评。

第七条 获奖单位和个人由深圳市教育局颁发获奖证书，并给予表彰。

第八条 未获奖的在线展播优质课例视频，由深圳市电化教育馆颁发展播证书。

第九条 参与全市中小学优质课例视频资源征集并获得在线展播的，每节常规课例视频（片长30~40分钟），可为该课例视频中的执教教师折算3个教育信息技术继续教育的学时数；微型课例视频（片长10~20分钟），可为该课例视频中的执教教师折算2个教育信息技术继续教育的学时数。教师可凭获奖证书或展播证书，由市、区教师继续教育管理部门予以登记确认继续教育学时数。

历经 4 年多时间的积累与完善，我市中小学"网络课堂"和高清互动"电视教育"平台课例总数超过 16 000 节，初步建成具有一定规模的优质课例视频资源库。其中 2013 年底举办的微课大赛，短短两个多月的时间，就征集了近 4 000 节微课。优质课例视频资源库中特级教师、省市名师、学科带头人和骨干教师授课占 60% 以上。截至 2014 年 4 月初，视频课例点播量达到 1 500 多万人次，有力地促进全市教育优质、均衡发展。《深圳特区报》《深圳商报》等主流媒体都做了相关专题报道。

社会反响：

2011—2012 年进行的网络调查和问卷调查显示，用户给在线展播课例打五星级（评价最高级）的达 97%，评价课例"内容实用"、播放"流畅清晰"的达 98%。

罗湖区、福田区教育部门认为收集的课例都是经过教研部门评选的，对教学有指导意义。红桂小学的校长认为网络课堂展播课例里有不少优质课，为学校开展教师教研培训提供了很好的素材。

龙岗区教师在调查问卷中反馈：通过选取优秀老师的范例视频，有效地展播到各个学校，提供了一定的参考及模仿利用价值。

福田区一名授课老师来信说：感谢市电教馆为老师们提供了向同行学习的一个很好的平台。自己上交课例既可以支持网络教育资源建设，也增加了跟同行交流的机会。

南山区一名教师说：当时他在上这节课，三年后再回过头来看这节课，真是感慨万千……对教学反思有帮助！

光明新区的一名教师说：网络课堂的形式发挥了网络的优势，为较偏远学校的老师提供了向市里优秀老师学习的便利条件。不仅是同学科的老师可以学习，而且跨学科的老师，也可以从其他学科教学中取得有益经验。

江苏一名教师把深圳中学史强老师的电子白板课"圆锥曲线的共性研究"视频下载下来，不断研读，并这样评价：气氛很好，能激发同学的兴趣和积极性，不愧为深圳中学的老师。从网上看了两个探究活动课堂的内容，设计合理，组织到位，课件也很不错。

一名在校中学生说：观看和学习别的学校老师、学生的课对提高自己的学习有帮助。

一位家长反馈：可以通过网络视频，让家长们了解各个科目。在这些课例视频的帮助下，辅导孩子功课变得容易多了。

最热播微课视频"校园托利拆利实验"点播量截至 2014 年 5 月逾 31 万人次。

高清互动"电视教育"栏目最热播课例视频收视率截至 2014 年 4 月突破 8 万人次。名师高清课例录制得到中小学校的鼎力支持，上线展播后，精彩的课堂和清晰的画面引起广大师生的强烈反响。在市高级中学录课时，连电视台的技术人员都这样赞叹："我读中学时有这样的老师上课，我也能考进北大清华！"

全国有多名专家在学术报告中介绍和播放我市典型课例视频。如教育技术专家黎加厚教授在学术报告中多次介绍我市福田区景龙小学的优秀微课案例。

二、主要经验

（一）始终将优质教育资源建设摆在教育信息化优先发展位置

我们认识到，目前优质教育资源数量已经比较丰富，但是类型比较单一，教育资源是动态发展的，要实现规划纲要中提出的"以教育信息化带动教育现代化"的目标，教育资源建设要走在前面。

优质教育资源共建共享的核心是人的观念问题。广大师生在优质教育资源建设与共享中的认识不足，积极性不高，影响到优质资源的共享程度和可持续发展。因此，构建教育资源公共服务体系，不仅要解决资源配置的技术问题，更要提升教师信息化教学观念和教学能力，以开放合作的态度和熟练的信息技术应用能力，共同推进优质教育资源的建设与应用工作。

（二）始终将优质教育资源建设与应用摆在同等重要的位置

优质教育资源建设的最终目的是促进教育公平，提升教育质量，因此，优质教育资源要做到实用、好用、易用，使师生爱用、善用、受用。为此，我们始终坚持需求导向，从教师和学生的视角，注重系列化、微型化、优质化发展，重点建设名师、名校课堂等课例专栏，基本建设覆盖中小学各学段核心学科主要知识点、成系列化的优质课例视频资源库；引导教师制作开发微课资源并探索与学科课程、移动学习方式等的有机融合。

同时，我们将构建教育资源公共服务体系与网络学习空间进行整合，共同纳入深圳教育云建设，师生以实名身份登录云门户后，即可享受教育云提供的各类教育应用服务，包含了网络学习空间、资源推送、教育云盘等。目前相关建设与应用模式、策略和评价指引等试点工作已在深入开展。

（三）始终将可持续发展作为优质教育资源建设的不懈追求

我们注意到，优质教育资源建设的初期，需要政府政策支持和经费投入，政府必须发挥主导作用，才能引导和促进资源共建共享的良性循环。在教育资源公共服务体系初步构建起来后，政府需要转变角色，发动社会各方面力量，调动社会参与积极性，努力创设良好政策环境，及时发布资源建设的需求，为学校和服务企业提供导向服务，并制定统一的资源标准和评价体系，逐步建立和完善与我市教育改革和发展相适应的优质教育资源共建共享机制与实施策略。

我们也及时研究国内外技术发展新趋势，加强与其他地区同行的交流合作，不断满足新型学习的需要，开发适应新型教育环境下的优质教育教学资源，使技术更好地支撑教与学的过程，提升教学效率和教育质量。

三、下一步思考

2014年初，我市制定并实施《进一步推进深圳市优质教育资源建设与应用的工作方案（2014—2016年)》，拟在三年内通过统筹规划、分步实施，建设深圳市优质教育资源云服务平台。进一步完善市级现有资源、整合各区（校）自建资源、吸纳社会优质资源、开发名校名师特色课程资源，构建我市品质优秀、类型丰富、机制健全、主动推送、体验先进的教育资源公共服务体系，为教师教学研修和学生自主学习，提供随时、随地、随需的优质资源服务，促进教育优质均衡发展。重点任务有：

（一）建设智能化的教育资源云服务平台

在深圳教育云项目中建设优质教育资源云服务平台。通过资源海量存储，智能化的采集、市区数据接口推送、统计分析等一系列先进技术手段，为深圳市广大师生提供优质资源的一站式检索、下载、评价、推荐、社交化分享服务。

（二）创建优质丰富的教育资源库

（1）视频课程。征集建设与中小学现行教材配套的精品课例视频，重点是微课视频，实现常规课例视频和微课视频对教材知识点内容的全覆盖。

（2）配套资源。开发、采购配套视频课程的参考教案、题库、课件等多媒体教学素材，拓展的课外读物等，为师生的教与学提供贴心的服务。

（3）特色资源。充分发挥我市名校名师的辐射作用，推进各区（新区）、校教育资源有效整合，用3年时间逐步建立30个特色资源专题社区，为广大师生提供更加丰富优质的资源服务。

（4）企业资源。通过向企业购买服务、合作开发等多种方式拓宽资源获取渠道，探索性地引入国际先进的数字教育资源并有效"本地化"，实现教育资源多样化，满足师生个性化需求。

（三）制订教育资源评价标准和管理办法

结合信息技术与学科教学相关要求制订数字化优质教育资源评价标准和管理办法，规范教育资源建设与应用的管理工作。建立资源建设绩效与各级各类名师、骨干教师评聘挂钩的机制，鼓励教师开展系列化、专题式的数字化优质教育资源建设，发挥名优教师在优质教育资源建设方面的辐射作用。

3. 基于教育资源优化配置的深圳教育云[①]

摘要：面对云计算、物联网等新兴技术带来的机遇和挑战，深圳结合城市发展转型中从"深圳速度"向"深圳质量"的转变，开展教育云建设，整合市内外优质教育资源，实现资源优化配置。本文从教育资源优化配置中存在的问题出发，提出深圳教育云的建设理念、服务内容和实施策略。

关键词：教育云；教育资源；优化配置

教育资源是指可用于教育教学服务的一切要素，包括人、财、物、信息等，比如：教学课件素材、教具、教师资源、基础设备设施、教育政策法规等。本文中教育资源主要是指用于教学过程的媒体资源，以及教育管理过程的软件系统和平台资源。

近年来，以云计算、互联网为主要特征的信息技术应用到教育领域，并引领教育发生深刻的变革，为教育资源建设提供了新的解决手段，使之促进教育公平，提升教育质量，不再停留在传统的增加教育投入、加大教育资源建设，而转向教育资源的整合与优化配置，扩大优质教育资源覆盖面，推动教育均衡优质和可持续发展。

---

① 本文发表于《教育信息技术》2014年第11期，第二作者为刘治刚，第三作者为王奕奕，选编时略有修改。

一、存在的问题

深圳教育信息化建设发展虽然信息基础服务能力较强、智慧产业基础雄厚、应用基础较好，但也面临许多问题和挑战。

（一）网络带宽不足

教育部门不断提升行政效能，学校深入开展多媒体教学、移动智能终端应用，大量管理数据、教学工具素材、高清视频等资源的储存和调用，对深圳教育城域网的网络带宽、学校信息化环境提出了更高的要求。

（二）区域投入不均衡

由于教育观念、经费投入以及对教育资源重视程度的差异，中小学校在教育资源建设和应用水平上表现出新的不平衡，部分学校的信息化教育教学系统、教与学工具应用水平不高，优质教学资源存在结构性短缺。

（三）优质适用资源缺乏

互联网技术使得学习资源获取越来越便捷，但优质适用的资源严重缺乏，资源的有效利用共享水平较低，技术与学科的深度融合还有待深入。学习资源在应用过程中没有充分考虑学习者个性和偏好差异，使得学习者容易出现迷航等现象。信息技术与学科课程的融合还大多停留在表层，集中表现为技术支持下的个性化学习、学习资源的深度应用、有效的师生互动、有效的教与学的学科案例模式、科学全面的教育评价等问题，需要开展系统深入的研究。

二、深圳教育云的建设理念

为优化资源配置，提供集约化服务，减少教育资源重复建设，深圳教育云项目依托深圳云计算中心，建设基于深圳教育城域网覆盖全市的教育云，在整合资源、信息共享、流程优化的基础上，提供安全、稳定、可靠的公共教育云服务，满足深圳教育行政管理和学校师生教育教学需求，以及家庭、社区、社会公众的终身学习需求。

（一）创新机制

建设深圳教育云数据中心，统一资源接入与交换标准，构建市、区、校一体化的资源服务平台。鼓励支持社会力量参与教育信息化建设，探索"企业建设平台、政府购买服务"的信息化建设与服务新模式，探索完善教育云运营服务机制，以购买服务、开放共享、市场配置等方式丰富教育基础数据、教学教研资源、资源生产交换与共享工具等，加快教育应用开发。完善政府规范标准和第三方评估体系，形成各方共建共享、持续发展的教育信息化服务生态机制。

（二）服务师生和社会

以云平台服务师生和社会为核心，建设集"教育管理、教育教学、科学研究、社会服务"四位一体的教育云服务平台。探索智慧校园环境、智慧教学课堂、智慧教育管理、智慧师生培养的模式和策略，构建以教师网络教研、学生网上学习为核心的网络学习空间应用模式。为每个师生建立学习成长信息档案，实现每人拥有一张教育信息卡和一个网上学习空间。构建云端课堂，引入境内外优质课程资源，打造大规模网络在线课程学习体系。利用数据挖掘、学习分析技术为师生提供个性化资源推送服务。扩大教育优质资源覆盖面，为促进教育公平创造更为有利的条件。

（三）教育大数据支持教育决策

运用教育大数据服务教育决策，扩大政府部门管理信息网上互通共享，及时监测各级各类教育和区域教育发展情况，建立教育管理、教育决策数据模型，完善基于教育大数据的决策服务体系，提高教育管理水平。

三、深圳教育云的服务体系

借助云计算等技术和架构，深圳教育云建立起资源配置与服务的集约化、效益化、优质化发展途径，提供稳定可靠、低成本、随时、随地、随需的教育资源公共服务体系。

（一）实现一站式资源服务

深圳教育资源云平台建立起接入与采集机制，与全市各区（校）自建资源平台（库）、市外资源平台实现跨区（校）交换与应用，提供各类优质教育资源的一站式服务。

（二）提供优质的资源使用体验

深圳教育资源云平台提供在线预览、智能采集、智能推送等技术，加上与学科课程相配套的资源目录体系和资源标准规范，实现了对各类教育资源的集约化管理，丰富了用户体验。

（三）满足个性化的资源需求

深圳教育云的MOOC（开放网络课程）平台，提供课程制作与资源管理工具服务，为教师提供优质资源的便捷检索、下载、评价、推荐、社交化分享、视频资源切片分析等服务，为学生提供在线选课、自主学习、学习评测、网上答疑、课堂笔记、学习轨迹分析、网络证书等应用需求。支持多种终端，有效实现"一对一"数字化学习、翻转课堂和个性化协同学习。

（四）探索基于大数据的学习分析

深圳教育云平台利用大数据，开发与建设资源结算系统和学习分析数据报告。通过收集和分析网上学习活动交互情况，指明师生需要改进的领域，如何配置资源以及对学习项目、学校和整个教育系统进行有效评估。

四、深圳教育云的实施策略

深圳教育云通过整合市内外优质教育资源，努力实现资源整体结构的最佳化和整体效益的最大化，最大限度地减少我市中小学校在信息化建设与应用方面的重复投入，有效节省了政府的投入成本，有力促进了深圳教育的高位均衡和优质发展。

（一）构建信息化基础支撑环境

在主干环带宽2.5G、覆盖全市十个区（新区）的深圳教育城域网基础上，借助深圳云计算中心的海量存储和高性能计算资源，对现有的网络设备、出口带宽进行了更新升级，构建起深圳教育云服务基础支撑环境，为资源共享和推送、个性化学习、教育管理、教育公共服务等提供优越的基础支撑环境，奠定坚实基础。

（二）建立教育资源应用服务云平台

按照国家"三通两平台"总体要求，逐步建立起深圳教育资源公共服务云平台和教育管理公共服务云平台。我市建成的中小学网络课堂和高清互动电视教育平台，制作超过万节的优质课例视频和教育节目，鼓励名师名校发挥示范辐射作用，提供丰富的优质教育资源共享和多样化公共教育服务。采取一个学科围绕同一研讨主题录制两节课和两场讲座的模式，构建本土化的网络课程，全市中小学网络课程开发数占当年总课程数比例达到20%以上。

出台《深圳市中小学优质课例视频资源建设评比奖励暂行办法》，每年对先进个人、单位进行奖励，调动全市教师参与资源课例建设的积极性。截至今年10月份，有优质课例视频约16 000节，点击量1 400万人次。其中微课视频在百度搜索位置居首页，一度居前三位，有力助推教育优质均衡发展，使教育信息化产生较大社会影响。

在教育管理公共服务领域，结合"鹏云"系统，采用云计算架构整合各种应用，为深圳市义务教育阶段就读和免费资格协同审核（"双免"）、教师专业资格申报评审、三级公文交换与行政审批、中小学学籍管理、中高考考场视频监控等提供教学管理云服务，以满足教育系统各级行政部门及各级各类学校的业务需求。同时，为全市的学生、教师、教育管理者和公众提供了便捷的教育信息网络服务，满足广大群众获取教育信息与教育服务、参与教育监督的需求，提供的服务涵盖学生学习情况查询、家校信息互通、网上教育信息查询、教育事务办理、教育监督评价等。

（三）开展教育云应用实践

各区、学校围绕深圳教育云建设开展了各种应用实践。作为我市教育云服务应用试点的宝安教育信息综合应用云服务平台于2011年9月正式开通运行，为全区450多所公、民办学校，50余万师生、学生家长和广大市民提供统一的云盘存储、协同办公、媒体资源点播直播、教学资源管理等教育云应用。福田、罗湖、南山、龙岗等区开展一对一数字化教学、电子书包等试点应用。许多学校正在积极开展数字化特色教学应用。如：南山实验学校利用平板电脑等手持终端设备开展语文读写、数学、科学、美术、音乐等学科特色教学，并加入全国C20慕课联盟开展"翻转课堂"教学实验；南山区后海小学开展基于iPad移动终端的以生为本"云课堂"；罗湖区翠园中学开展"智慧课堂"活动，构建以学为本的智慧课堂，开展限时作业等教学活动，提升课堂教学质量；罗湖区红桂小学开展基于Moodle平台的信息技术课程探索，并利用"罗湖教育博客"进行分享；宝安区海旺中学开展基于物理大视野电子读本的探究式学习；龙岗区凤凰山小学开展基于云环境和平板电脑的数字化教学；福田福民小学开展远程协作电脑绘画；深圳市第二实验学校开展"个性、互动、高效"的有效教学云课堂；等等。

4. 深圳智慧校园工程建设与应用实践[①]

摘要：深圳智慧校园工程，是顺应"互联网＋"时代背景下新技术和产业变革新趋势，推动信息技术与教育教学深度融合，促进教育变革的重要举措，也是助力智慧深圳建设，成就师生幸福的民生工程。本文从对智慧校园的理解、做法、特色、成效等维度，以案例的形式介绍了深圳的智慧校园建设与应用实践。

关键词：互联网＋；智慧校园；教育变革；师生幸福

近年来，随着信息技术的飞速发展，人们的工作方式、学习方式、思维方式、交往方式乃至生活方式都在发生深刻的变革。因此，习近平主席在2015年5月22日专门给在青岛召开的国际教育信息化大会所发贺信中指出："因应信息技术的发展，推动教育变革和创新，构建网络化、数字化、个性化、终身化的教育体系，建设'人人皆学、处处能学、时时可学'的学习型社会，培养大批创新人才"。深圳市在《智慧深圳规划纲要（2011—2020年)》中提出："智慧深圳"是市委市政府在新的发展起点上，顺应国际科技、经济、社会发展形势和先进城市发展潮流做出的战略决策，旨在通过以城市智慧化为特征的新一轮城市现代化建设，促进各种创新要素智慧交融，催生新的技术、产业、业态和商业模式，抢占城市与产业发展制高点，使深圳成为智慧城市示范区、智慧产业领跑者。2015年全国电化教育馆馆长会议在青岛召开，教育部副部长杜占元在会上明确指出："推进教育信息化重点工作，必须与当地建设发展有机结合，服务当地建设与发展。"深圳市教育局于2014年6月公布首批"智慧校园"122所试点学校名单，正式开展智慧校园示范学校的建设与应用的探索工作。深圳市教育局推进智慧校园工程的目的，就是以此为重要抓手来推进教育信息化重点工作，以实现信息技术推动深圳教育变革和创新，确保教育信息化在全国的领跑地位，助力智慧深圳建设，成就师生幸福的教育梦想。

[①] 本文发表于《教育信息技术》2015年第10期，选编时略有修改。

一、智慧校园的概念与特征

智慧校园，是指运用新一代信息技术，为师生构建一个网络化、数据化，具有一定智慧（如感知、推理、辅助决策）的教学时空环境，从而推动教与学观念、方式和方法的创新，并利用教育大数据促进教育管理与服务的创新，最终促进师生智慧发展的新型校园。智慧校园应用信息技术推动传统课堂教与学方式的变革与创新，提高教师的教学效率，提升学生的自主学习能力和学习兴趣，培养学生的创造性思维能力和综合解决问题的能力，实现高效课堂，推动信息技术与教育教学的全面深度融合。

智慧校园有四个主要特征：一是能为广大师生提供一个全面的智能感知环境和综合信息服务平台，提供基于角色的个性化定制服务；二是将基于计算机网络的信息服务融入学校的各个应用服务领域，实现互联和协作；三是通过智能感知环境和综合信息服务平台，为学校与外部世界提供一个相互交流和相互感知的接口；四是师生能智慧地应用好校园的智能设备设施，并在校园的智慧环境中潜移默化成长为智慧型师生。

二、主要举措

为顺应信息技术时代背景下"智慧校园"建设提出的新要求，深圳市如何构建自己的智慧校园呢？浙江大学鲁东明教授曾表示："智慧的校园信息化系统，应当涵盖便捷的办公模式、泛在的育人模式、时尚的娱乐模式和实时的科研模式，而智慧型校园建设的目标是要使我们拥有一个'绿色节能型、平安和谐型、科学决策型、服务便捷型'的校园。"因此，深圳市重点从促进师生智慧发展、推动信息技术与教育教学的融合创新、推动学校教育管理智能化、泛在的教与学环境等四个方面探索智慧校园建设与应用，并提出了相应的举措。

（一）做好统筹规划和顶层设计

（1）纳入发展规划。在深圳市编制下发的《深圳市教育信息化发展规划（2015—2020 年）》及其 6 个配套文件中，明确把智慧校园建设与应用作为全市教育信息化发展的一项重要工程，以智慧校园为抓手推动全市信息技术与教育教学的全面深度融合。

（2）谋划深圳教育云。深圳教育云项目，市财政计划投入专项资金，对深圳市"三通两平台"有关内容进行整体规划、全面升级，以支撑智慧校园建设与应用。

（3）探索制定标准指引。结合智慧校园建设与应用试点实践，探索制定《深圳市中小学智慧校园建设与应用标准指引（试行）》，为智慧校园建设与应用提供量化指标，为全市中小学校探索信息化环境下的教育教学新模式、新方法和未来学校新形态提供理论参考和评估依据。

（4）列入省市改革试点项目。2014年，智慧校园工作被列入深圳市政府重点工作计划及深圳市承接国家部委和省改革任务。2015年，智慧校园工作被列入广东省深化教育领域综合改革试点项目、深圳市政府和市教育局2015年重点工作计划，通过改革试点项目和重点工作有效推动全市智慧校园建设与应用工作的开展。

（5）资助示范校特色校建设。深圳市教育局对通过智慧校园示范学校评选的学校，安排专项资金进行资助奖励，还正式发文对智慧校园示范学校提出"五个一"特色发展意见——一校一特色、一校一示范活动、一校一课题、一校一结对和一校一骨干，也正在拟订资助标准，以鼓励学校积极发展特色、树立品牌。

（二）建设泛在的智慧校园环境

结合智慧校园的承载需求，城域网主干节点带宽从目前的2.5G升级至10G，出口带宽升级至5G，逐步推广校园无线网络覆盖，构建无线为主、有线专用、移动网络为补充的可靠网络，为海量资源存取提供安全高效的网络环境。

（三）促进优质教育资源共建共享

（1）建设智能化的教育资源云服务平台。建设优质数字教育资源云服务平台，实现一站式检索、审核、下载、评价、智能推送、社交化分享等功能，为深圳市广大师生提供优质教育资源服务。

（2）从质和量两个维度加强教育资源的开发和积累。连续数年投入专项资金推进中小学"网络课堂"和高清互动"电视教育"优质课例视频建设，举办微课、微电影大赛等活动，制定实施《深圳市中小学优质课例视频资源建设评比奖励暂行办法》等文件，在全市公开征集遴选12所中小学作为"优质教育资源共建基地"开展配套教材的系列化视频课程建设等，规范全市教学资源建设，有效调动各区、校和广大教师参与教育资源共建共享积极性。目前"网络课堂"视频课例总数达19 000多节，网上点播量超过1 600万人次，其中2013年底开始的微课大赛长时间占据百度对"微课"词条搜索的前8名。多位全国知名教育信息化专家在国家级培训中提及深圳市资源建设成效，或在全国性论坛中展示深圳市微课视频。深圳市教育资源建设与应用案例入选了"2013年度全国教育信息化建设与应用典型案例",刊载在《中国教育信息化》杂志上。

（3）创新开发深圳特色资源，展示特区教育风采。2014年9月起，深圳市分批推出"精彩百分百"——"7个百和3个十"——"7个百"，包括百部优秀校园微电影、百名"健康阳光"学生成长微视频、百名优秀教师示范课例视频、百名青年教师实验课例视频、百名优秀班主任德育示范课例视频、百个优秀微课视频、百个获奖校园艺术节目视频；"3个十"包括10部"十佳校长"办学治校理念专题片、10部"十佳教师"课改经验专题片和10部"十位师德标兵"德育经验专题片的征集展播活动，利用现代信息技术展现深圳市丰富的校园文化生活，展现特区教师的教学理念和德育成效，展现特区学生的创意和才华。

（四）应用信息技术助推教育教学深刻变革

1. 探索信息技术与教育教学深度融合的实践

探索在无线网络环境下，微课、学科题库资源、互动工具支持下的新型教学模式（翻转课堂、混合教学模式等），根据学校特色，以课堂教学为重点，积极开展信息技术融入课堂教学的理论与实践探索，形成一批在智慧校园环境下信息技术融入课堂教学的新型教学模式和典型教学案例，以点带面、辐射推广。

2. 探索智慧型师生的素养培养模式和策略

深入开展信息时代智慧型师生的培养模式与培养策略研究，通过环境建设策略、制度保障策略、师生自主发展与团队合作策略等，促进学校教育的变革与创新，从而实现以技术启迪智慧，促进师生智慧成长。

三、深圳智慧校园的应用案例分析

深圳市智慧校园的建设紧扣国家关于教育信息化推动教育信息化发展的战略目标，按照标准先行、示范引领、市区校联动等多种策略稳步推进，经过几年的建设涌现出一系列典型案例。案例呈现覆盖面广、智能化程度较高、校际特色鲜明等特点。

（一）互动反馈新技术支持下的个性化智慧教学

智慧教学是深圳市智慧校园建设的主阵地，也是各学校践行素质教育，实施个性化教学的内在需求。依托最新的交互媒体设备及云计算、大数据技术，各学校积极探索传统课堂向智慧型课堂转变的途径和方法。如南山区向南小学通过自带设备（BYOD）的方式（如图5-7），实现了学校半数以上班级教学的网络化，并构建了"一对一"网络学习环境下的"超市化"教学模式，实现了智慧教学的常态化。深圳中学则按照"按需办学，按需选课"的理念，依托完善的无线校园网络，实施泛在学习环境下的个性化教学，学生可通过APP实现选课、上课、评课的一条龙流程，并可同教师互动交流，取得了良好的效果。罗湖区笋岗中学依托社会性软件WIKI构建了协作学习模式，实现了网络环境下知识的协同建构。宝安区坪洲小学按照"办开放教育"的理念，依托云平台构建了开放教育模式。龙岗区平岗中学则以视频微课为载体建立"可汗式"开放课程，在信息技术与学科教学的深度融合方面做了大量探索。南山实验学校则将翻转课堂的教学模式常态化，实现了个性化教学资源支持下的学生自主学习。其他如福民小学、布心小学、景龙小学等学校则在平板支持的云课堂方面做了深入的研究和探索，通过学习环境的重构探索深度学习、高效课堂的实施路径。

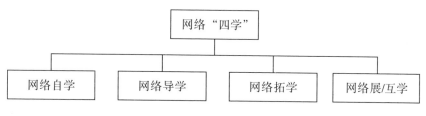

图5-7　向南小学"超市化四环节"教学模式

（二）"互联网+"理念支持下的智慧成长与创客教育

促进学生的综合能力发展及教师的专业成长也是构建智慧校园的重要目标。同时，智慧校园的智能化手段可以有效实施"数据驱动的发展模式"，为促进师生成长提供了良好的平台和保障。如深圳市第二实验学校将大数据应用于促进教师专业成长的领域，有效发挥了大数据评价在绩效考核、激发积极性、避免职业倦怠等方面的重要作用（如图5-8）。松岗中学则通过构建基于网络的教师专业发展实践共同体促进教师的网络研修。

学生发展方面，深圳市高级中学为推动学生"八大素养"的培养和评价，建设了"我的青春@紫色城堡"学生综合素质评价云平台，通过大数据分析等方式对学生发展状况做提前预测与风险预警。其他包括书香小学等学校，也在智慧校园促进学生幸福成长方面做了大量有益的尝试。深圳市还将智慧校园同创客教育有机结合起来，促进"互联网+"视域下新时代素质人才的培养。如南山区海滨实验小学将传统的艺术教育同互联网创客模式有机融合，以创客模式践行

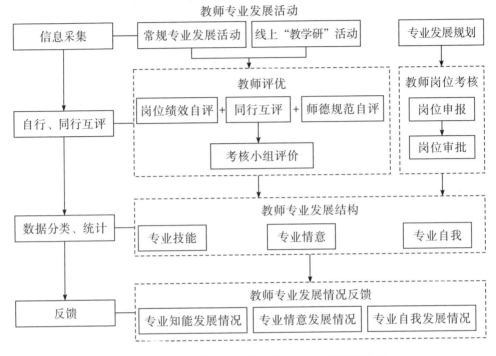

图 5-8 深圳市第二实验学校教师专业发展评价模型

STEAM 教学目标与 OBE（outcome-based education，成果导向）教育范式，打造创客人才培养模式与支撑体系。深圳市第二高级中学则构建了创客空间，以全开放的姿态面向学生，课外时间都有不少同学聚在这里进行头脑风暴、思维碰撞，享受"造物"的过程与成果分享的快乐。

（三）物联网与大数据支持下的智慧管理

如何通过智慧手段提升校园管理效率一直是教育信息化的重要实践领域。深圳市在完善智慧校园顶层设计过程中，就不断加强物联网与大数据在管理自动化、评价科学化方面的应用。如深大附中构建了基于校园卡的智能化管理平台，实现了校内各事项的"一卡通"。华侨城中学将校园的各项管理流程电子化，通过数字化综合平台促进学校管理效率的提升。珠光小学则建立起一套行之有效的卓越绩效管理体系，并将其作为智慧校园的重要支撑。其他包括指纹识别、人脸识别等技术在深圳市多所学校的管理中已经有了成功应用。

（四）云技术支持下的特色智慧环境建设

深圳市智慧校园建设从技术角度一直紧跟国内外最新的信息化发展趋势，并以开放的视野将社会、企业中最新的技术与应用成果引入到智慧校园建设，构建出"网络化""智能化""服务化"与"协同化"的特色智慧环境与生态体系。如北师大附中将"云桌面"引入学校的信息化管理与教学，实现了学校终端的"虚拟化"与信息化服务的"透明化"，实现了将传统数字校园向云支持的智慧校园转变；盐田高级中学则从绿色能源角度打造生态型智慧校园；深圳中学通过校企合作，构建了八大别具特色的创新实验中心；育新学校则将虚拟现实、物联网等新技术应用于德育教育，将智慧校园成功打造成深圳市德育教育基地。

四、深圳智慧校园建设的应用成效

（一）智慧成长，让师生更幸福

深圳智慧校园建设与应用，以成就师生未来幸福为根本宗旨，以国际标准为参照系，探索信息化条件下人才培养新模式，助力提升深圳市中小学学生品德、身心、学习、创新、国际、审美和信息等素养，实现师生教学相长，促进师生的智慧成长。

（二）智慧教学，让学习更快乐

通过构建"智慧教学，快乐学习"的智慧课堂，推进了信息技术和课堂教学深度融合，变革、创新教与学的观念和方法、方式，使教师乐教，学生乐学。快乐教学提高了教学效果，助力深圳教育质量的提升，为信息技术与教育教学的融合实践积累了宝贵的经验。

（三）智慧管理，让决策更科学

充分利用网络技术提升教育治理能力，开展大样本的抽样调查和大数据的准确分析，实现了学校教育发展情况、教育教学质量和学生综合素养发展水平的智能监测与分析，推动学校教育科学决策、高效管理。

（四）智慧环境，让校园更生态

智慧环境是智慧校园的基础，通过构建泛在、生态、智能的智慧校园环境，为智慧校园建设与应用提供稳定、可靠、安全的基础支撑环境。

五、结语

本文在对智慧校园基本概念、特征进行梳理的基础上，结合深圳市的具体举措、案例以及成效进行探索，并提出了对智慧校园的几点思考。

（1）智慧校园目前仍是一个新生的事物，我们对智慧校园的理解还处于起步阶段，还有待不断深化、总结。

（2）智慧校园示范学校如何进行特色发展，如何对学校的特色成效进行评价等，还有待在实践中进行探索、提炼。

（3）如何将企业的技术和科研力量应用于学校的教育教学，满足广大师生对技术的需求，还有待深入研究。

5. 打造智慧校园　成就未来幸福①
——深圳市教育装备建设与发展的实践和体会

一、深圳教育装备建设与发展概况

（一）深圳教育基本情况

截至 2018 年，深圳市有各级各类学校 2 300 多所，在校学生近 200 万人，教职工近 18 万人，其中，中小学 700 多所，在校学生 138 万多人，教职工近 10 万人。中小学户籍学生与非户籍学生之比是 3：7。普通教育民办学校 1 765 所（占比 76.41%），学生 97 万多人（占比 50.22%）。深圳是广东省第一个教育强市、第一批教育现代化先进市，承担教育部教育电子政务试点和第一批教育信息化试点，以及广东省 "粤教云" 试点等重大试点任务。2012 年首届全国中小学信息技术教学应用展演、2013 年亚太地区教育信息化高层专家会议、2016 年广东省基础教育信息化应用首个现场会都在深圳举办。

（二）深圳教育装备建设战略性文件

（1）2010 年，《中共深圳市委　深圳市人民政府关于推进教育改革发展率先

---

① 本文发表于《教育与装备研究》2018 年第 2 期，选编时略有修改。

実現教育現代化的決定》（深発〔2010〕10号），明確提出要打造教育信息化高地，把教育信息化納入全市信息化整体規划。

（2）2012年11月，《深圳市义务教育学校设备设施配置标准》和《深圳市普通高中学校设备设施配置标准（试行）》发布执行。

（3）2015年初，制定实施《深圳市中小学"智慧校园"建设与应用标准指引（试行）》。

（4）2015年5月，《深圳市教育信息化发展规划（2015—2020年)》及6个配套文件，明确全市教育信息化发展的总体目标、任务和行动计划。6个配套文件包括：2项工程，即深圳教育云建设与应用工程、深圳市智慧校园建设与应用工程；4个行动计划，即深圳市中小学优质数字教育资源建设与应用行动计划、深圳市教育管理信息化行动计划、深圳市师生教育信息技术应用能力提升行动计划、深圳市教育网络环境优化行动计划。

（5）2015年11月，《深圳市深化教育领域综合改革方案（2015—2020年)》获国家教育体制改革领导小组办公室备案。深圳是唯一获国家备案的副省级城市，其中"打造全国教育信息化高地"是改革方案八大重点任务之一。

深圳教育装备建设与发展思路，明显由传统教育装备加快向教育信息化转型，且定位高。

（三）深圳教育装备重点项目经费投入概况

据不完全统计，近3年，全市各区（新区）在基础教育领域对教育装备与信息化重点项目投入近45亿元，可见深圳对提升教育装备与信息化水平的力度有多大！本市教育装备与信息化市场有多大！企业做好深圳市场、辐射全国意义有多大！（见表5-1）

表5-1 教育装备与信息化投入情况

单位：万元

序号	隶属	2015年		2016年		2017年		3年合计
		教育信息化投入	教育装备投入	教育信息化投入	教育装备投入	教育信息化投入	教育装备投入	
1	市教育局	2 500	90 000	7 500	50	8 000	50	108 100
2	福田区	1 100	5 411	2 100	7 083	2 700	5 035	23 429
3	罗湖区	2 870	1 820	3 090	2 774	1 550	3 80	12 484

221

续上表

序号	隶属	2015 年		2016 年		2017 年		3 年合计
		教育信息化投入	教育装备投入	教育信息化投入	教育装备投入	教育信息化投入	教育装备投入	
4	南山区	2 100	16 828	5 360	21 725	4 535	33 218	83 766
5	盐田区	1 662	2 655	2 605	3 902	2 933	4 560	18 317
6	宝安区	16 200	13 210	14 400	12 017	5 382	27 080	88 289
7	龙岗区	2 120	12 597	2 154	11 638	1 817	12 105	42 431
8	坪山区	1 000	3 000	1 500	2 500	2 000	3 000	13 000
9	龙华区	2 960	3 100	4 850	2 930	9 130	4 500	27 470
10	光明新区	1 161	4 027	3 459	5 877	2 131	4 158	20 813
11	大鹏新区	806	2 700	1 100	2 400	0	3 000	10 006
12	小计	34 479	155 348	48 118	72 896	40 178	97 086	44 8105

说明：中小学通过生均拨款、发改立项专项经费、部门预算或新学校开办费等投入教育装备和信息化的经费未统计，高校的投入也未统计。

（四）深圳教育装备行业组织发展情况（见表5-2）

表5-2　教育装备行业组织发展情况

序号	成立时间	协会名称	会员单位数量/家
1	2015 年 10 月	深圳市教育信息化行业协会	215
2	2016 年 9 月	深圳市教育信息化同业公会	181
3	2016 年 11 月	深圳市教育信息化产业促进会	203
4	2017 年 9 月	深圳市教育装备行业协会	133
合计/家			732

教育装备与信息化企业在深圳如果具备两个条件，就一定能分到蛋糕：一是具有适用的技术解决方案；二是具有先进的应用服务模式。

二、基于智慧校园的教育装备建设与发展实践

（一）智慧校园建设与应用的背景

（1）要有一个抓手，提升校长教育信息化领导力和教师信息技术应用能力。

（2）要有一个项目，促进信息技术与教育教学融合创新，以信息技术推动教育改革发展，为全国创造新模式、新经验。

（3）要有一个使命，助力深圳"智慧城市"的建设发展。

（二）对智慧校园的认识

（1）智慧是无边的。"智慧校园"的建设与应用可以作为智慧教育的突破口来抓。

（2）"智慧校园"是基于信息技术如大数据、云计算、物联网等新技术构建的智能化的校园教学、教研、管理、学习，以及生活的新校园形态。

（3）目前全国大多地方以电教或信息部门承担信息技术与教育教学融合应用工作，主要目标是通过提升师生信息素养，进而助力提升师生综合素养和培养智慧型师生，成就未来幸福。

（4）智慧是无穷的，技术是发展的。智慧校园没有终极版，智慧教育永远" + ing"。

（三）智慧校园建设与应用的主要举措

1. 开展中小学"智慧校园"示范学校评选

建设目标：2014—2016 年，3 年评选 100 所"智慧校园"示范学校，每所资助 20 万元，共资助 2 000 万元。

建设主要思路：

（1）试点推进。不一次性大投入打造几所"智慧校园"样板，主要理由是，教育均衡、技术发展快、智慧无边。

（2）注重标准"指引"。2015 年初制定颁布《深圳市中小学"智慧校园"建设与应用标准指引（试行）》（深教〔2015〕100 号），设四大指标——基础支撑环境、数字教育资源、应用能力水平和可持续发展机制保障。强调"指引"，说明"智慧"是没有固化标准的，引导学校八仙过海，各出奇招，贡献智慧。

（3）强调"应用"导向。在以上四大指标中，分值共 150 分，其中"基础

223

支撑环境"分值只占 37 分，但"应用"类分值占 103 分（占比近 70%）。目的是引领校长不攀比投入经费多少，而比拼"应用"效果大小。这个导向也将成为深圳基础教育信息化建设、配置标准的总思路。"应用"要好，肯定也离不开软硬件设备、系统的支撑。

2. 开展中小学"创客实践室"评选

建设目标：三年为周期，评选、建设 100 个创客实践室，每年每个资助 15 万元，三年共资助 4 500 万元。目前已投入预算经费 9 000 万元。第一批 100 个建设周期 2015—2017 年已进入验收阶段，第二批 100 个建设周期 2018—2020 年已评选且预算经费。

建设主要思路：

（1）制定五个创客指南。创客实践室建设、课程建设、与学科融合、导师专业发展和评价指南。

（2）资助经费使用构成。创客实践室要求最少 200 m^2，容纳 40 人以上。建设资助经费主要用于：a. 硬件设施、工具设备 20%～30%；b. 空间装饰、环境布置 5%～10%；c. 课程引进、科研指导 20%～25%；d. 人员配置、师资培训 15%～20%；e. 虚拟空间建设 10%～15%。

教育装备软、硬件投入比例约 45%。这五项指标只是"原则上"的"基础建设版本"，鼓励学校在此基础上进行优化提升。

（3）教企共建创客教育基地。直属与各区属学校积极利用全国和深圳本土的世界著名企业、高等院校联手打造"创新体验中心"，借助这些平台开设"校本课程"，开展"高端学术"活动，为培养学生的兴趣爱好，挖掘他们的创新创造潜能以及促进个性化的发展，发挥了重要的作用。

a. 深圳中学案例。2011 年，先后共建的主要体验中心有：深圳光启创新体验中心、华大基因创新体验中心、中国科学院深圳先进技术研究院创新体验中心、大疆创新有限公司创新体验中心、建设银行深圳分行"金融创新体验中心"、港中大（深圳）实验室等。

b. 福田区案例。2016 年，由福田区教育局牵头，福田区教科院配合，分别在红岭教育集团、侨香外国语学校等 15 所学校进行了"福田区 STREAM 教育实践基地学校"挂牌成立仪式。共有 9 所中小学与科大讯飞股份有限公司结对，开展基于语音识别、智能机器人、智慧校园、智慧课堂等前沿领域的体验、实验与探究；共有 8 所中小学与易尚展示股份有限公司结对，开展基于 3D 打印、3D 扫描，以及 AR、VR 等前沿领域的体验、实践与探究。

3. 开展中小学"未来教室"评选——以南山区为例

建设目标:制度化年度评选一批。自 2014 年开始已经持续了 4 年,其中 2014 年投入 500 万(12 所)、2015 年投入 500 万(13 所)、2016 年投入 500 万（15 所）、2017 年投入 1 000 万(26 所),共使用教育附加项目经费 2 500 万元。

建设主要思路:

(1) 分类建设。a. 普通教室未来学习改造。使其符合未来日常教学的要求,满足移动化教学、项目化学习、游戏化学习、创客教育等深度学习的需要。b. 功能室数字化提升。将实体资源、虚拟现实资源、远程实验资源以及个性化场景等有机融合,满足未来学习对实践环境的要求。c. 创新实验室建设。探索未来教育一些新领域、新理念、新技术、新手段建设实验环境,进行开创性和特色化研究。

(2) 规范建设。学校制定建设方案→专家评审→下拨费用(区承担 60% ~ 70%,校承担 30% ~ 40%)→学校按导向性(资助性)经费使用办法自行招标和建设。

4. 补助民办学校提升教育信息化水平

2015 年,给全市民办学校每个班级补助 10 万元,专项经费近 10 亿元,有效提升民办教育装备,主要是提升教育信息化水平,助力教育优质均衡发展。

(四) 智慧校园建设与应用的主要成效

1. 点了火

创建"智慧校园"示范学校活动最大的成效就是点燃了全市中小学校校长、教师们重视教育信息化的热情。如:三批"智慧校园"示范学校评选竞争越来越激烈,申报入围率分别是 80% 、70% 和 50% ,可见创建"智慧校园"示范学校这个抓手有效提高校长们对教育信息化的认识;2016 年组织全市近 700 所中小学校长封闭 5 天开展"教育信息化领导力"专题培训,结果有 1 000 多人次正副校长报名参加培训,可见校长们对教育信息化的重视程度越来越高;2017 年组织 100 所"智慧校园"示范学校封闭 5 天开展"'智慧校园'示范学校教育信息化应用骨干教师高级研修班"培训,非信息技术学科教师占比为 45% ,其中语英数等传统"考试"学科教师占比高达 38% ,而以往类似培训非信息技术学科教师占比一般不超过 20% ,可见教师们参与教育信息化应用的自觉性提高了,信息技术与学科教学的融合面扩大了。

2. 结了果

创建"智慧校园"示范学校活动点燃了校长和教师们的热情，热情又引燃了校长和教师们的智慧。目前，全市中小学教育信息化应用呈现出百花齐放的好局面。如：市育新学校引进信息化教学辅助系统——"e采云"教育系统，一方面构建丰富的课堂互动活动，创造趣味性课堂环境，提高学生学习兴趣，吸引学生参与课堂教学；另一方面实时记录学生课堂动态，建立学情数据系统，关注个体学生的微观表现，提高教育教学的针对性。南方科技大学附属学校"基于信息技术的课程统整项目"开发与应用，在全市乃至全国产生很大的影响。南山区珠光小学基于微信平台自主研发的"学校卓越绩效管理系统"，打破了信息孤岛，实现了移动办公、移动管理、智慧物联、全程记录教师工作数据，学校管理的信息化有效支撑学校管理的现代化；三年中举办近1 000场校园创客展示、近100场专题学术交流活动，还荣获800多项国家、国际级奖项，吸引全国数百个创客教育考察团前来调研。

我市教育信息技术中心在专家指导、提炼的基础上，把100所"智慧校园"示范学校的经验成果加以整编，取名为《智慧教育，成就未来幸福——深圳市"智慧校园"建设与应用典型案例集》，目前已出版发行3辑，很好地发挥了"智慧校园"示范学校的示范、辐射作用。

三、深圳教育装备建设与发展下一步主要工作思路

（一）进一步提升智慧校园内涵

（1）达成"一个共识"。推动"内涵式"发展，培育"智慧型"师生。

（2）采取"五一行动"。即一校一特色、一校一示范、一校一课题、一校一结对、一校一骨干，促进智慧校园示范学校创新发展、特色发展、持续发展，发挥示范引领作用。

（3）聚焦"一个中心"。推动"智慧校园"中心环节——"智慧课堂"的建设与应用。目前已制定《深圳市"智慧课堂"评价标准指引》和评选方案。

（二）修订2017年版基础教育装备标准

总体思路：加大信息化力度，以信息化支撑引领教育现代化；标配——促进均衡优质，选配——支持特色创新。

（三）建成深圳教育云

实现"6i"云服务和"四个统一"，即云空间（iSpace）、云课堂（iClass）、云超市（iEdustore）、云政务（iGov）、云沟通（iMessape）、云档案（iF‑ile），和统一基础数据、统一身份认证、统一应用接入、统一数据交换。

（四）开展"十百千"人才培训

开展教育信息化 10 位领军人才和 100 位专家培养对象培训，市、区教育信息化主管领导和中小学校级领导兼任的 CIO（首席信息官）1 000 人次培训。

四、教育装备工作主要体会

（1）思想与温度。一定要有先进教育理念引领，关注生命健康成长，成就师生未来幸福。

（2）适用性与融合度。技术发展太快，适度超前确保适用即可，而提高融合度确保用好才是关键。

（3）程序与底线。确保大量资金使用安全，一要严程序，二要重廉洁。

（4）课程与课堂。教育装备务必支撑课程改革和服务课堂提效，对学校才有教育的生命力，对企业才有市场的发展力。

6. "互联网 + 教育治理" 现代化支撑体系的构建[①]
——以深圳市为例

摘要：互联网作为推进教育治理现代化的重要平台，在实际教育治理工作中发挥着重要的作用。深圳根据本市实际，结合"互联网 + 教育治理"的内涵，从管理信息化、智慧校园建设与应用、数字教育资源建设与应用、信息化队伍建设等方面开展"互联网 + 教育治理"的探索，逐步构建"互联网 + 教育治理"现代化支撑体系，为助力推动教育治理现代化提供可参考的经验和做法。

关键词：互联网 + ；教育治理；现代化支撑体系

[①] 本文发表于《教育信息技术》2018 年第 6 期，第二作者为梁为，选编时略有修改。

一、引言

随着信息技术的快速发展，"互联网＋"的理念为教育治理实践提供了行动指南。在互联网技术的支撑下，数据采集和互联互通将更加深入广泛，这不仅为教育科学决策提供了实时、科学的数据支撑，也为教育业务厘清条线逻辑，促进管办评分离，为"放管服"增效，对推进教育治理水平与能力的现代化提供了保障。2016年6月教育部颁布的《教育信息化"十三五"规划》提出："要利用信息化实现政府部门、学校、家长和社会广泛连接与信息快速互通，推动教育评价主体多元化、公共服务人性化，使各级各类学校、相关教育机构和广大人民群众更加及时、准确地获取教育信息，更加便利地享受到教育服务，更加深入地参与教育治理过程，形成一个有效的教育治理体系"。2017年5月，《广东省教育信息化发展"十三五"规划》也提出要"全面实现依托信息化条件的业务流程优化和重组，实现教育管理和服务的便捷高效，形成基于大数据的教育科学决策和个性化教育服务体系，以信息化推进教育治理现代化"。2017年12月，时任教育部副部长杜占元在首届"教育智库与教育治理50人圆桌论坛"上指出，要推进"互联网＋"环境下的教育信息化2.0，推动教育信息化由融合应用向创新发展转变。2018年初，时任教育部科技司司长雷朝滋指出要探索信息化时代的教育治理新模式。

二、"互联网＋教育治理"的内涵

（一）"互联网＋教育治理"现代化支撑体系的理解

我们所理解的"互联网＋教育治理"现代化支撑体系，不仅仅是互联网、移动互联网技术在教育管理上的应用，也不仅仅是利用互联网技术建立各种教育管理平台，而是互联网、移动互联网与当代的教育治理进行深度融合，是利用互联网的技术优势推动教育治理现代化、提升管理效率、推动组织变革、增强教育创新力和生产力的具有战略性和全局性的教育变革支撑体系。

（二）"互联网＋教育治理"的教育表现形式

综观"互联网＋教育治理"的教育表现形式，主要包括三个方面：一是利用互联网提高教育管理水平和公共服务水平，简化优化教育公共服务流程，为人民群众提供优质、高效、便捷的教育公共服务；二是通过对数据的采集分析，预测教育需求，以便提供更加智能与高效率的管理和服务，促进教育发展；三是构建安全有序的教育信息化环境，抵制不良信息侵袭，确保网络和数据安全。

（三）"互联网＋教育治理"的发展趋势

"互联网＋"时代背景下的教育治理，将有以下的发展趋势：一是立足网络大数据资源优势，突破传统教育模式的时间界限、地理界限和心理界限，进而实现"互联网＋"时代教育组织流程再造；二是教学行为不再局限于教室等物理空间，教育终身化、国际化趋势日渐明朗；教育学习资源借助网络媒介得以大规模、扁平化传播；教学手段日益多元，线下教育与线上教育紧密结合、自主学习与翻转课堂遥相呼应；三是从精英教育向大众教育、从批量式教育向个性化教育、从封闭化教育向开放式教育转变。

三、深圳构建"互联网＋教育治理"现代化支撑体系的主要举措

近年来，深圳一直坚持把教育信息化作为实现教育治理体系和治理能力现代化的有效途径，对教育信息化的作用有以下四个定位：一是教育资源均衡配置的有效途径，二是教育质量内涵提升的有效途径，三是推进教育全民化、构建教育大格局的有效途径，四是教育治理体系和教育治理能力建设的有效途径。2015年11月，《深圳市深化教育领域综合改革方案（2015—2020年）》获国家教育体制改革领导小组办公室备案实施，深圳是唯一获国家备案的副省级城市，其中"打造全国教育信息化高地"是改革方案八大重点任务之一。2015年5月，市教育局印发《深圳市教育信息化发展规划（2015—2020年）》及6个配套文件，明确把教育管理信息化作为一项重要行动，力求通过"四大转变"——即发展理念由教育信息化向信息化教育转变，发展模式由投入驱动向应用驱动转变，教学方式由个体应用向协同创新转变，人才培养由信息技能教育向信息素养教育转变，加快深圳教育信息化的步伐，打造全国教育信息化高地。

（一）深化管理信息化，提升治理能力

1. 建成一批迫切需要的深圳教育云应用项目

初步建成网络备课、在线作业、远程互动等教学应用及教育资金管理与财务决策分析、教师信息化管理和绩效管理等应用。在100多所中小学校开展教学应用试点，有效地提升了教学效果。此举措得到试点学校师生的广泛欢迎，得到省教育厅、省教育技术中心、高校和市教科院有关专家的充分认可，并得到市内主流媒体的高度关注和深入报道。

2．全面开展教育管理信息化，提高管理效能

（1）"让数据多跑路，让群众少跑腿"。结合深圳电子政务资源中心信息共享平台目录，优化业务办理流程，提高共享数据应用，减少群众在业务办理中需要提供的材料。目前，深圳民办中等职业学校设立申请、民办普通高中变更、民办普通高中筹设申请等12项市级教育行政审批业务的办理全部实现全流程网上办理，办理人足不出户就可以办理相关审批业务。

（2）强化信息惠民和服务创新。一是利用信息化手段实现小一、初一新生网上报名。深圳福田、罗湖、南山、宝安、坪山、盐田等区及光明新区均实现由学校主动提供报名材料扫描服务，涉及小一报名材料15项（含深户和非深户）、初一报名材料19项（含深户和非深户），不再收集报名材料复印件，为社会节约了大量的纸张，使广大家长减少准备报名材料复印件的麻烦。二是根据深圳市幼儿园和中小学校面广、点多的分布特点，采用系统联网、开放多网点服务的模式，向广大家长、学生提供一站式服务，做到相关事项办理只需到就近幼儿园或学校提交一次基本材料，即可完成业务的办理。

（3）积极开展教育大数据应用。一是对往年新生报名、学生分流、学校办学特色、人口分布、人口生育等情况进行大数据分析、评估，为大学区试点建设提供数据服务。二是充分应用深圳"织网工程"信息交换平台数据，通过大数分析比对，集中、高效地完成了与市卫计委、社保局、综治办、公安、规土委等部门的计生、社保、出租房、户籍、房产等信息的核验，为义务教育阶段学位申请、在园儿童健康成长补贴、民办中小学学位补贴等涉及多部门证件的资格审查工作提供技术和数据支撑。

3．加强信息安全建设

全面落实教育系统信息安全等级保护定级备案，2014年完成了教育信息系统等级保护测评。开展教育网络与信息安全监测和检查，做到认识到位、管理到位、责任到位、技术到位和保障到位，将安全工作落到实处，确保信息和服务系统安全、可靠、完整。2014年编制了《深圳市基础教育信息系统安全等级保护工作指南》和《深圳市教育局直属单位（学校）信息安全绩效评估实施工作指南》，指导各区和各中小学校开展推进教育信息系统安全等级保护工作。如罗湖区组织全区59个学校网络管理员完成培训并获得证书。

（二）建设智慧校园，驱动应用融合

物联网、云计算、移动网络等新一代信息技术的出现，为中小学开展智慧校

园的建设与应用提供了技术的可行性，极大地促进了信息技术与教育教学的融合。根据智慧城市建设的战略部署，出台了《深圳市中小学"智慧校园"建设与应用标准指引（试行）》，从2014年开始积极开展创建"智慧校园"示范学校活动，分三批评选出100所"智慧校园"示范学校，成效显著。

（1）创建"智慧校园"示范学校活动最大的成效就是点燃了全市中小学校校长、教师重视教育信息化的热情。例如，三批"智慧校园"示范学校评选竞争越来越激烈，申报入围率分别是80%、70%和50%，可见创建"智慧校园"示范学校这个抓手能有效提高校长对教育信息化的认识；2017年组织100所"智慧校园"示范学校封闭5天开展"'智慧校园'示范学校教育信息化应用骨干教师高级研修班"培训，非信息技术学科教师占比45%，其中语英数等传统"考试"学科教师占比高达38%，而以往类似培训非信息技术学科教师占比才28%，可见教师参与教育信息化应用的自觉性有所提高，信息技术与学科教学的融合面得到了扩大。

（2）创建"智慧校园"示范学校活动点燃了校长和教师的热情，热情又引燃了校长和教师的智慧。目前全市中小学教育信息化应用呈现百花齐放的局面。深圳教育信息技术中心在专家指导、提炼的基础上，把100所"智慧校园"示范学校的经验成果加以整编，取名为《智慧教育，成就未来幸福——深圳市"智慧校园"建设与应用典型案例集》，目前已出版发行3辑，很好地发挥了"智慧校园"示范学校的示范、辐射作用。

（三）深化数字教育资源建设与应用，助力教育公平

1. 制定标准和办法推动数字教育资源的建设与应用

深圳先后制定颁发了《深圳市中小学优质课例视频资源建设评比奖励暂行办法》《深圳市中小学数字教育资源评价标准》和《深圳市中小学数字教育资源建设与应用管理办法》，有效地调动了学校教师的积极性，规范了数字教育资源的建设与应用。在深圳外国语学校等12所优秀中小学校建立"优质数字教学资源共建基地"。目前，深圳"网络课堂"共享的自建优质课例视频资源超过26 000节，点播量超过1 900万人次，有效地促进深圳基础教育优质均衡发展。其中，为配合资源建设所开展的微课大赛曾长期占据百度对"微课"词条搜索的前8名。深圳资源建设成绩在2017年4月召开的全国电教馆馆长会议上被中央电教馆王珠珠馆长列入讲话稿，作为先进典型经验进行介绍；在2017年5月召开的全省教育信息化工作会议上，被省教育厅点名表扬。

2. "网络夏令营" 成为提升学生综合素质的网络教育特色品牌

从 2003 年至今已连续举办 14 届的深圳学生网络夏令营，成为应用信息技术促进素质教育的有效阵地。网络夏令营自创办以来已有 500 多万人次师生参与，汇集了超过 5 万件（篇）作品，曾在中国专利年会上获得 "全国校园发明与创新优秀奖""校园发明平台创新奖" 两项大奖。教育部先后将 2012 年首届 "全国中小学信息技术教学应用展演"、2013 年亚太地区教育信息化高层专家会议安排在深圳举办，并委托深圳具体承办。上述活动均取得圆满成功，得到各级领导和国内外教育同行的高度评价。2015 年 5 月在青岛举办的国际教育信息化大会上，以 "智慧教育，成就未来幸福" 为主题的深圳展厅成为展览活动中人气最旺、最受欢迎的展厅之一，赢得活动组委会颁发的 "最具人气奖"。

（四）抓好教师队伍建设，提升应用能力

推进教育信息化 "十百千" 人才培养行动（即培养 10 名教育信息化领军人才培养对象，培养 100 名教育信息化专家培养对象，开展 1 000 人次中小学校长教育信息化领导力培训），在全市范围内遴选确定 40 名领军人才培养对象和 100 名专家培养对象，积极推进教育信息化高端人才培养工作，分 6 期完成对全市 694 所中小学校的校长、信息中心主任，以及市、区教育信息化业务主管部门有关负责同志共 1 000 多人次的教育信息化领导力轮训，在全国范围内率先建立全市性基础教育 CIO（首席信息官）管理机制，组织中小学分管教育信息化的校领导参加 CIO 专题培训，未来还将组织中小学信息技术中层干部开展 CTO（首席技术官）培训。与此同时，市教育局还为完成培训的中小学校长、教育信息化领军人才培养对象、专家培养对象颁发证书，作为职称评聘和岗位晋升的重要依据，极大地调动了中小学校长、教师参与活动的积极性。

四、深圳 "互联网＋教育治理" 现代化支撑体系的构建成效

（一）提升教育信息化服务与治理能力

深圳通过推进教育云建设与应用，提供了集约化管理服务，建立了统一的教学和教研平台，为提升教育治理能力、提高教学服务质量和教学研究力提供有力的技术保障，并积累了宝贵的经验。

（二）深化教育教学融合应用

深圳积极探索智慧校园在教育教学、教学管理、教研提升等方面的优势之

处，形成了切实可行的智慧校园建设与发展方法，为全市其他学校的智慧校园建设提供参考与借鉴，使更多学校加深了对智慧校园的认识与理解，为推动智慧校园全方位、深层次发展奠定了坚实的基础。

（三）助力推动教育优质均衡发展

深圳通过数字教育资源的建设与应用，逐步构建品质优秀、类型丰富、机制健全、主动推送、体验先进的教育资源公共服务体系，为教师教学研修和学生自学习提供随时、随地、随需的优质资源服务，助力推动教育优质均衡发展。

（四）促进教育信息化队伍建设

深圳组织实施的"十百千"、CIO 等培训，提升了全市中小学校长、教师对教育信息化工作的重视程度，开阔了校长、教师的视野，建立了教育信息化工作学习和交流沟通平台，探索出了一套教育信息化核心队伍建设的有效模式。深圳市的教育信息化领军人才培养对象和专家培养对象受邀在各种培训、大会上进行经验分享，起到了很好的辐射带动作用。

五、思考与展望

总结深圳在利用互联网开展教育治理方面的思路和做法，我们有以下两点思考。

一是如何利用教育大数据推动教育治理和服务模式转变。在大数据背景下，教育治理能力现代化仍面临诸多困境，如信息孤岛的阻碍、人才短缺的牵制以及制度设计的缺失等。因此，强化数据治理思维、加强教育治理数据库建设、探索大数据人才培养机制以及突出大数据法律与制度建设，可以视为大数据背景下教育治理能力现代化的路径选择。

二是如何加强教育信息化队伍建设。推动"互联网＋教育治理"工作离不开教育信息化人才队伍的建设，当前深圳中小学信息技术教师普遍配备不足，职业发展空间狭窄，极大地制约了教育信息化人才队伍的发展，仅从培训层面推动队伍建设成效还不显著，需要从岗位设置、职称评聘等方面研究推动教育信息化队伍建设。

未来，深圳将加强教育云和学校信息化平台建设，探索移动互联网、大数据、云计算、物联网等新技术环境下教育管理、课堂教学、教育评价、教育服务的新理念、新模式、新方法，初步构建起"互联网＋"时代的新型教育教学模式，利用信息技术助力推动教育治理的现代化。

7. 从应用融合向创新融合发展转变①
——《深圳市基础教育信息化发展报告》解读

摘要： 随着云计算、移动互联和大数据技术等在教育领域应用的不断深化，我国基础教育信息化呈现出融合与创新的趋势。党的十九大对教育现代化和信息化均提出了新的要求。在总目标的指引下，深圳市计划到 2020 年建成国家教育综合改革示范区、高水平人力资源强市和学习型城市。该文首先简要介绍国内外关于基础教育信息化的发展方向，阐释深圳市基础教育信息化发展的特点与核心，对《深圳市基础教育信息化发展报告》进行解读，旨在梳理深圳市基础教育信息化建设和应用实践工作，以期为其他区域基础教育信息化发展提供参考，逐步形成具有区域特色的教育信息化发展道路。

关键词： 基础教育信息化；教育现代化；区域特色发展

一、引言

党的十九大报告指出，必须把教育事业放在优先发展的战略地位，深化教育改革，加快教育现代化。深圳市积极响应国家号召，在教育信息化应用模式构建、全社会参与的推进机制、探索中国特色教育信息化道路等方面，推动教育信息化从 1.0 向 2.0 转段升级，实现了信息化时代教学、管理、服务的思路与方法创新，建成了较为完善的信息技术与教育融合发展的工作体系和基础设施建设体系，形成了一系列具有深圳特色的信息技术与教育教学融合发展的实践模式。然而，在推进信息化工作的进程中存在两方面问题：一是教育从业者对教育信息化工作的理解和认识程度不足；二是教育行政单位对于教学和管理等方面的优秀经验和案例缺乏提炼和推广的过程。因此，为全面反映深圳市基础教育信息化的发展状况，聚焦基础教育信息化发展的主要战略任务及重点突破的核心瓶颈问题，提炼优秀应用案例与典型示范工作，深圳市教育信息技术中心启动了《深圳市基础教育信息化发展报告》的编制工作（以下简称《发展报告》），梳理出深圳市基础教育信息化工作的系统框架理论和实践应用案例，提出切合实际、切实可行

---

① 本文发表于《中国电化教育》2018 年第 12 期，署名为唐烨伟、钟绍春、杨焕亮等，选编时略有修改。

并且具有一定前瞻性的发展方向、工作目标和重点，为深圳市下一步基础教育信息化的政策制定提供科学决策支持。目前，深圳市已在智慧校园应用、优质资源建设、信息化人才队伍培养、信息安全保障、信息化教学常态应用、创新应用驱动等方面形成了区域特色。

二、基础教育信息化发展国内外现状分析

教育信息化是教育现代化的基本内涵和显著特征，是信息时代促进教育改革、引领教育创新、提升教育质量，促进教育公平的有效手段。因此要牢牢把握住这一基本方向，以开阔的世界眼光和深厚的本土意识，紧扣教育信息化发展的时代脉搏和未来趋势，吸收和借鉴其他国家基础教育信息化发展战略规划上的成功经验，整合多方优质资源，把发展需要和现实能力、长远目标和近期工作统筹起来考虑，进而挖掘自身发展中存在的问题，寻求适合本地化的基础教育信息化发展路线，这对于基础教育改革和发展具有重要意义。

在"互联网＋"时代，随着大数据、物联网、云计算、人工智能等新技术渗透并广泛应用于教育领域，信息技术对教育的革命性影响日趋明显，美国、英国、新加坡、日本、韩国等国家早已敏锐地察觉到技术对教育发展的巨大作用，并通过实施一系列教育改革政策和战略，促进基础教育信息化的发展，在基础设施、学习资源、信息技术与教学融合、教师专业水平发展、教育均衡发展以及教育信息化管理等方面均取得了显著成效。（1）在基础教育信息化的目标导向方面：中国旨在缩小数字鸿沟，促进基础教育的均衡发展；美国积极构建技术支持下的学习型社会，从而实现教育系统的根本性变革；新加坡注重培养学生的学习能力，促进其全面发展。（2）在基础教育信息化重点关注的领域方面：中国着力推动信息技术与教育教学融合，重视学生信息化环境下学习能力的培养；美国重视基础设施和可持续发展，强调利用信息技术促进教师的专业发展；新加坡强调为信息技术在教学中的应用创造良好条件，注重信息技术的创造性应用。

上述国内外关于基础教育信息化建设举措的提出，为深圳市基础教育发展提供了重要的参考价值，深圳市发布的《发展报告》结合了深圳特色，努力实现"教育资源建设、信息技术与教育教学深度融合、教育信息化应用能力建设、教育管理系统建设、基础设施建设、教育信息化机制创新"六大目标，兼顾全面并突出重点，深入推进教育信息化发展工作策略。深圳市也将积极落实教育部印发的《教育信息化 2.0 行动计划》，进一步实现教育改革发展的要求，通过实现"三全两高一大"的发展目标，在继续深入推进"三通两平台"的基础上实现教学应用覆盖全体教师、学习应用覆盖全体适龄学生、数字校园建设覆盖全体学

校，持续推动信息技术与教育教学的深度融合，促进信息化应用水平和师生信息素养的普遍提高，构建一体化的"互联网＋教育"大平台。

三、《发展报告》内容结构及主要特点

（一）《发展报告》的内容结构

深圳市坚持信息化基础设施基本普及、优质教育资源共建共享、信息化建设工作机制全面落实的建设目标，以信息技术与教育教学的深度融合作为发展的核心理念，从而真正实现从融合应用阶段迈入创新发展阶段、开展常态化教学应用。《发展报告》分为绪论、教育信息化建设与应用情况、特色与创新工作、趋势与挑战四个部分：首先，分析了《发展报告》的编制背景与思路、深圳市信息化布局与成效两部分内容；其次，梳理了包括"信息化建设、信息化应用、信息化人才队伍建设以及信息化保障机制"四个层面的教育信息化方面的建设与应用情况；再次，凝练了包括"规范标准引领、重大工程驱动、人才培养保障、创客教育创新以及创作活动实践"等教育信息化特色与创新系列工作；最后，明确了深圳市基础教育信息化建设方面的"三大发展趋势"与"四大发展挑战"，并给出相应的发展建议。《发展报告》的内容结构如图 5 – 9 所示。

特色与创新

规范标准引领发展
重大工程驱动发展
人才培养保障发展
创客教育创新发展
创作活动践行发展

绪论

编制背景与思路
信息化布局与成效

建设与应用

信息化建设
信息化应用
信息化人才队伍建设
信息化保障机制

趋势与挑战

发展趋势
挑战与建议

图 5 – 9 《发展报告》的内容结构

（二）《发展报告》的主要特点

《发展报告》作为深圳市在基础教育信息化发展过程中工作落实和推进的工作报告，具有梳理工作、聚焦落实，面向全局、荟萃典型，前瞻指引、明确挑战的特点。

（1）梳理工作、聚焦落实。《发展报告》以满足深圳市教育信息化持续发展的重大战略需求为目标，结合国内外教育信息化发展前沿，通过实地考察、网络问卷调查和座谈等多种形式，对深圳市基础教育信息化现状开展大规模调研，并系统梳理、分析优秀信息化教育、教学、管理、队伍建设、保障机制等方面的相关案例，明确教育信息化重大项目、任务及常态化教学现状，为找出推动基础教育信息化发展的关键因素提供有力依据。

（2）面向全局、荟萃典型。《发展报告》中根据《深圳市教育发展"十三五"规划》和《深圳市深化教育领域综合改革方案（2016—2020年)》等政策文件，定位于构建创新型、开放式、现代化的城市教育体系，探索教育发展新路径，率先实现教育现代化。通过梳理优秀信息化教育、教学、管理、人才队伍建设、保障机制等方面的相关案例，旨在全面、客观地呈现出深圳市基础教育信息化典型做法，进而形成示范和辐射效应，用以推动基础教育信息化可持续发展。

（3）前瞻指引，明确挑战。《发展报告》明确了深圳市基础教育信息化的发展状况，强调了信息技术在强化传统教育变革方面的重要作用，兼顾探索与普及应用，构建具有战略性、综合性、实用性的教育信息化发展策略，以形成新的应用模式，目的是发挥信息技术优势，促进信息技术与教育考核融合，推动教育变革和创新，构建网络化、数字化、个性化、终身化的教育体系，最终建成"人人皆学、处处能学、时时可学"的学习型社会，为深圳市科学制定教育信息化顶层规划和系统架构提供重要参考。

四、《发展报告》核心解读

（一）规范标准引领发展

在推进教育信息化建设与应用工作中，应采取相应措施来保障教育信息化工作的推进。制定标准机制，提高教师参与资源建设共建共享的积极性；通过厘清教育管理体制，推进教育的公平、均衡发展。深圳市基础教育信息化工作坚持标准先行的工作理念，以标准带动高效建设，促进优质创新，保障持续发展。在各项标准的指引和各项工作的持续推进下，深圳市教育信息化普及程度越来越高，覆盖面更加广泛，机制日趋完善，统筹力度逐步增大。同时，聚焦教改和教学应用，细致深入地推进技术与教育融合应用发展，形成较为成熟的特色教育信息化人才培养模式，教育管理信息化应用呈现多样性。深圳市主要针对信息化装备、智慧校园建设与应用和教育信息化领导力培训三方面进行标准制定。规范标准建设层面如图 5 - 10 所示。

图 5 - 10　规范标准建设层面

1. 信息化装备标准

随着教育信息化工作不断深入推进，国家以及地方财政逐步加大了对基础教育装备的投资力度。随着互联网技术的快速发展，教育装备产品以及实际教育教学需求都发生了重大改变。技术装备在义务教育均衡发展中地位和作用的提升已引起广泛关注和重视。为了充分发挥信息技术在义务教育均衡发展中的作用，深圳市制定满足义务教育均衡发展的信息化装备标准。

2. 智慧校园建设与应用标准

智慧校园在教育领域是一个新生的事物，它在物联网、云计算、移动网络等新一代信息技术的推动下取得飞速发展。深圳以国家首批教育信息化试点为契机，于 2013 年启动了智慧校园建设与应用试点工作，随着工作的不断深入，各试点学校智慧校园的建设与应用呈现出百花齐放的局面，积累了不少的案例和经验。为了高效指导中小学开展相关实践活动、评价建设并衡量实践成效，深圳市制定了《智慧校园建设与应用标准指引》，一定程度上提高智慧校园建设与应用发展方面的合理性和科学性。

3. 教育信息化领导力培训标准

为贯彻落实第二次全国、全省教育信息化工作电视电话会议精神，加快基础教育信息化进程，提升信息技术与教育教学的融合创新水平，发挥教育信息化引领支撑教育现代化的作用，根据教育部《教育信息化"十三五"规划》相关意见，深圳市针对CIO（首席信息官）培训和教育信息化领导力培训建立了配套管理制度，这一举措有利于建立高水平的人才队伍，为人才的培养和管理提供了标准与保障。

（二）重大工程驱动发展

随着教育信息化和教育改革的不断推进，近年中小学数字化校园建设已然成为国内基础教育发展的热点，基础教育在利用信息技术开展教育活动过程中可以通过"教育云"改善教育不平等和资源浪费等诸多问题。智慧校园是教育信息化发展的新阶段，通过综合信息服务平台，依托物联网、云计算、移动互联、社交网络、大数据等关键技术，集成了校园的分布式信息系统资源，为广大师生提供了全面、协同的智能化感知环境，同时也为教学、科研、管理和生活提供智能化、个性化、便捷化的信息服务。深圳

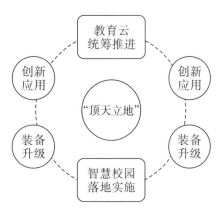

图 5 - 11　统筹推进与落地实施工程

教育信息化的建设与应用工作开展以两项重大工程为抓手，教育云工程负责统筹建设，智慧校园工程负责推进应用。目前，在两大重点工程的引领下，深圳教育信息化已经形成以教育云统筹全市信息化规划与建设、以智慧校园推进学校师生应用的"顶天立地"的建设与应用格局。统筹推进与落地实施工程如图 5 - 11 所示。

1. 教育云统一提供教学服务，推动教育信息化优质发展

深圳教育云是云计算技术在教育领域中的创新应用，是深圳市贯彻《国家中长期教育改革和发展规划纲要（2011—2020 年）》、教育部《教育信息化十年发展规划（2011—2020 年）》等总体方针，实现"以教育信息化带动教育现代化，破解制约我国教育发展的难题，促进教育的创新与变革"的重要举措，是全面落实国家"三通两平台"建设要求的重点工程。通过整合市内外优质教育资源，实现集约化教育服务，达成资源整体结构最优化和效益最大化。利用信息化设施突破学习的围墙，积极将信息技术作为学科课程教学改革的实现工具，为学生提供良好的学习情境，稳抓教育教学改革的关键，最大限度地减少深圳中小学校在

信息化建设与应用的重复投入，从而解决资源配置不平衡、利用效率低、政府的投入成本过高等问题，促进了基础教育均衡化和优质化发展。深圳市教育云总体架构如图 5 - 12 所示。

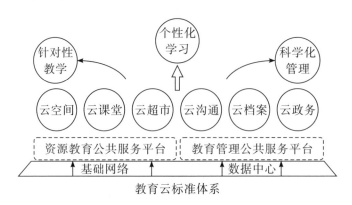

图 5 - 12　深圳市教育云总体架构

2. 智慧校园应用百花齐放，促进教育教学融合创新应用

深圳市教育局积极响应《国家中长期教育改革和发展规划纲要（2010—2020）》关于"开展智慧教育工程"的要求，将"智慧校园"建设与应用工作作为推进教育信息化的重要载体，并积极开展了中小学"智慧校园"建设与应用试点工作，评选出百所"智慧校园"示范学校，探索制定了标准方案。随着深圳市中小学校"智慧校园"建设深入推进，智慧校园建设工作形成了"一校一特色、一校一示范、一校一课题、一校一结对、一校一骨干"的示范化模式。各示范校积极探索智慧校园在教育教学、教学管理、教研提升等方面的优势之处，形成了切实可行的智慧校园建设与发展路径，既为智慧校园的建设提供参考与借鉴，又进一步推动全市智慧校园全方位、深层次发展。深圳市智慧校园建设模式如图 5 - 13 所示。

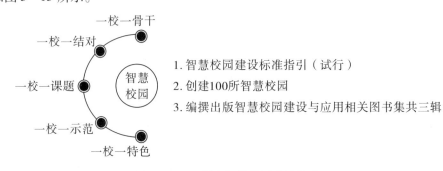

图 5 - 13　深圳市智慧校园建设模式

（三）人才培养保障发展

教育信息化管理是实现基础教育信息化建设过程中教学变革的支撑与保障，从而对教育信息化过程合理地进行计划、组织、协调和控制等。因此，教育信息化不能仅停在对教育手段、教学设备等方面的信息化，忽视学校管理层面的信息化。实践表明，以校长为代表的管理者的信息化领导力将深远地影响学校教育信息化的发展与深层次应用，在面向信息化的教师专业发展、学校教学和管理能力、师生信息素养等方面的影响起到了关键性作用。深圳一直以来注重教育信息化人才培养，通过人才培养建立一支队伍，总体提升信息化融合创新的教育教学理念，增强信息技术应用技能，为深圳教育信息化的发展提供人才保障。近几年，深圳市开展了分层次信息化人才培养，目前已形成了具有深圳特色的人才培养模式，主要分为校长教育信息化领导力、基础教育系统 CIO、"十百千"教育信息化人才三个部分。

1. "十百千"教育信息化人才培养工程

深圳市目前中小学教师教育技术应用能力培训普及率为 100%，主要针对教育信息化在深化教育领域综合改革、助力解决教育改革发展重大问题、加快推进信息技术在教育现代化进程中的重要作用与地位等进行培训，通过计划三年内培养十名教育信息化中青年领军人才、一百名以上教育信息化骨干教师、开展一千人次以上中小学校长教育信息化领导力专题培训的形式，逐步提升全市教育信息化工作一线队伍的意识与能力。

2. 基础教育系统首席信息官（CIO）培养工程

深圳市教育局在初步探索建立基础教育系统 CIO 管理制度的基础上，不断完善并深化相关机制。从教育信息化在深化教育领域综合改革、助力解决教育改革发展重大问题、加快推进信息技术在教育现代化进程中的重要作用与地位等方面，帮助 CIO 进一步深入理解如何进行学校教育信息化规划、建设与实施，同时提升其信息化领导力、策划力和创造力，打造一批具有现代化教育理念、全球化眼光和创新精神的教育信息化首席执行官。

3. 校长教育信息化领导力提升工程

信息技术对促进教育教学发生变革过程有着重要意义，校长在推进教育信息化进程中对促进学校教育信息化、学校创新与变革有着不可替代的重要作用。深圳市面向全市中小学校长的教育信息化领导力开展了专题培训，主要以深圳教育云和"智慧校园"建设与应用为契机,加快推动深圳市基础教育信息化深入发展,切实提高了信息化领导力,科学统筹规划并有效推进落实了各学校的教育信息化工作,为将深圳市打造为全国教育信息化高地、做"互联网+教育"的领跑者做出新贡献。

(四)创客教育创新发展

创客教育是一种融合信息技术,秉承"开放创新、探究体验"教育理念,以"创造中学"为主要学习方式和以培养各类创新型人才为目的的新型教育模式。创客教育借助与信息技术的融合,为学生发挥创意提供一个公平、开放和自由的学习环境,为学生提供越来越多的新工具、新材料、新技巧,实现创新能力提升和创新人才培养新模式,将创客理念融入到学生素养培养的各个环节,在一定程度上能解决当前人才培养中存在的高分低能、创新人才缺乏等现实问题。深圳市在顺应互联网与各行业深度融合的背景下,创客教育氛围日益浓厚。深圳市以创客教育形式为抓手,以培养学生自主创新能力为中心,鼓励学生开展创意活动,在动手操作实践中开拓学生视野,让学生在不同认知发展阶段获得能力与素质的提升,形成别具特色的学生网络夏令营、雏鹏奖校园影视大赛、创客活动,拥有了独具特色的创客教育区域经验。深圳市创客教育开展系列活动如图5-14所示。

图5-14 深圳市创客教育开展系列活动

1. 学生网络夏令营

深圳市"学生网络夏令营"以搭建广大师生交流创意、分享智慧、共建共享创新学习模式平台为目标,以鼓励学生从生活细微之处发现创造为手段,以促进学生全面发展、提升广大学生综合素质特别是信息素养为核心,开展了创意编程、电脑绘画大赛、奥林匹克大玩家、学生微课、无人机航拍创意赛、英语名著微视频、创课学堂和电脑动画等方面的项目活动，让学生网络夏令营成为怡情养志、涵育文明的网络教育平台，让学生通过各种创新实践活动，成为具有人文素养的"云时代"创新型人才。

2. 雏鹏奖校园影视大赛

深圳市中小学校开展形式多样的影视教育和创作活动，对促进信息技术与教育教学的深度融合，推动实施素质教育，助力教育均衡化、现代化发挥了重要作用。校园影视作为学校德育教育的有效载体之一，充分发挥了学生的创造潜能，对优化学校教育环境提供有力的保障，使德育活动的形式与内容更加贴近学生的实际生活，寓教于乐，对学生产生"润物细无声"的教育效果，在培养学生情操、行为养成习惯、展示德育实践活动成果、提高学生的综合素质和丰富校园文化等方面起到积极的推动作用。

3. 创客活动

深圳市积极推行创客教育，通过一系列创客活动的开展，充分激发学生自主学习、自主成长的潜力。为了规范创客活动发展，发挥其在推动中小学教与学变革中的作用，深圳市制定并发布了一系列指导性文件，成为全国范围内率先实现政府为创客教育提供系统性支持的地区之一。在政策的指引和推动下，深圳市创客教育如火如荼地展开，同时充分利用深圳创新企业平台和技术的优势，倡导中小学与腾讯、华为、比亚迪等知名企业共建创新体验中心，让企业文化、创业经验、创新精神进入校园，丰富了创客教育的内容和空间，在创客文化建设方面发挥了标杆引领作用。

五、结束语

深圳市通过长期建设和逐步发展，基础教育信息化各项标志性工作和重点工作都取得了显著成效。《深圳基础教育信息化发展报告》的发布为各级各类教育行政部门开展教育信息化工作明确了方向、理清了思路，形成了一套有价值、可推广、可复制的经验。迈入 2.0 时代的教育信息化要全面推动教育现代化，要抓住大数据、人工智能等新技术的发展机遇，深刻变革教育理念和教育模式，开启智能时代教育的新征程。

第六章

非对称性教育理念探索的初步成果

1. 新时代特殊学校"非对称性"治理策略初探①
——以深圳市育新学校为例

摘要："非对称性"教育理念对特殊学校现代治理具有重要的理论和实践意义。深圳市育新学校是一所特殊学校，有着独特的结构、生源和使命。本文旨在探析在"非对称性"教育理念的指导下，育新学校的治理策略，以期为其他特殊学校建设提供一定的借鉴意义。

关键词：新时代；策略；学校

一、学校办学的特殊性

（一）特殊的结构

深圳市育新学校原是由市教育局和市公安局合办的一所初中专门学校（以前称"工读学校"），近年来，逐渐发展成为全市中小学德育基地。学校集初中专门教育、全市中小学德育基地和中职教育于一体，具有独特的"三位一体"办学模式。

---

① 本文发表于《课堂内外（初中教研）》总第 954 期，选编时略有修改。

（二）特殊的生源

学校初中生源主要是全市普通初中的传统称谓的"双差生"和轻度情绪障碍者。职高面向全市招生，学生主要由三方面构成：一是本校专门教育初中毕业生；二是在中考前以"自主招生"的形式招收的生源，主要是普通初中"推荐"的"双差生"，也有个别"特长生"，但文化课成绩总体较差；三是中考成绩不理想而自愿报考或通过其他途径招收的"低分生"。

（三）特殊的使命

专门学校是指对存在严重不良行为的未成年学生进行教育的学校，是教育现代化必不可少的组成部分，负有教育的神圣使命。从事专门教育的教师必须秉持无私奉献的教育情怀。为了保护学生隐私和维护学生尊严，专门学校的教师，只能默默奉献，做到"俏也不争春，只把春来报"。

二、教育理念的先进性

2017 年度世界热销书籍《爆裂》用具体事例论述了在信息化时代"不对称性"所具有的"蚂蚁战胜大象"的威力。如一些小规模的黑客团伙给美国政府数据库带来的那一场浩劫：失业操盘手纳温德·辛格·萨劳（Navinder Singh Sarao），只是在他伦敦公寓的电脑上安装了一个小程序，就给美国证券市场带来了一场蒸发掉1万亿美元市值的大麻烦。虽然这个例子有点负面，但不妨碍人们理解"不对称性"在信息化时代的爆裂力。习近平主席也肯定了"非对称性"理念对我国科技工作的价值。"我们科技总体上与发达国家比有差距，要采取'非对称'赶超战略，发挥自己的优势"；"我们在科技方面应该有非对称性'杀手锏'，不能完全是发达国家搞什么我们就搞什么"。据不完全统计，习近平主席近几年在五个重要场合提到"非对称性"理念的战略意义。

学校提出的"非对称性"教育理念就是据此而来。何为"非对称"？"非对称"是指图形或物体对某一点或直线在内容、大小、形状和排列上所表现出的差异性。"非对称性"是指事物或现象等具有"非对称"的属性。"非对称性"教育理念是指应用"非对称性"原理，建构关于特殊学校现代治理、教书育人"非对称性"的思想、思维，以引导特殊学校师生探索"非对称性"成长的方向、方法，实现打造特殊学校不一样的办学密码，成就特殊学校师生不一样的精彩的办学追求。

（一）融合性

在"互联网＋"背景下，跨界融合代表着先进的理念和方法。所谓"跨界"，跨的是原来区域划分或产业分类意义的界，实现资源的共享。"融合"，也不是社会分工的对立面，并不意味着相关产业都融为一体，使产业回归分工前的"混沌状态"，也不是在现有的产业框架下对原来各自分离的产业简单整合，而是在相互渗透中形成新的产业框架结构。

"跨界融合"创造了新的发展空间。随着新一轮技术革命和产业变革的兴起，"跨界融合"进一步拓展到更宽的领域和范畴。因应新技术发展而跨界融合产生的"非对称性"理念，天生就具备先进性。

（二）适配性

如果把办学理念比作鞋，把师生教学相长比作脚，把学校使命比作路，那么鞋必须适合脚，还必须适合路。普通学校如果穿"对称性"的鞋，适合师生教学相长的脚，有利于走学校定位使命的路；而特殊学校如果跟着普通学校穿"对称性"的鞋，显然不适合自己的脚和路，只有穿"非对称性"的鞋才适合特殊学校的脚和路。因此，"非对称性"的适配性，自然成为特殊学校因应新时代要求和新技术发展的教育理念选择。

三、践行理念的有效性

怎样使先进的教育理念在特殊的育新学校落地生根并开花结果？学校提出这样的办学策略：发扬"三位一体"办学模式；打造"四轮驱动"育人范式——即结合办学特殊性，着重提升学生文化素养、职业素养、军事素养和信息素养，争取以此为突破口让学生烙印下深深的教育的"育新胎记"；实施"五个提升"行动计划——即师资素养提升、专业课程提升、学生社团提升、综合实践提升和教育信息化提升，以五个教育提升行动计划的具体措施推进"四轮驱动"育人范式的有效落地。

先进的办学理念激发创新的办学灵感，催生科学的办学举措，也带来有效的"非对称性"的办学效益。下文以案例形式简要介绍践行"非对称性"教育理念十条举措及初步成效。

案例一：做校长作业——让学生参与学校民主治理

2018年春季开学典礼上，校长特别告诉师生：每个人都走在完成作业的路上，不同人生阶段完成不同的作业，学生求学时代完成老师布置的作业，老师任教生涯完成教好学生的作业……为以身作则，号召全校学生给自己布置"校长作业"，主题是"校长怎样给同学们在校学习、生活创造更好的环境、条件"，形式是要求个人或小组出题，且必须写明重要性或迫切性等客观理由。全校近600名同学反响热烈，一个月内给校长布置了115道"校长作业题"！为了给校长"减负"，更为了精准服务学生成长，学生成长指导中心指导学生会组织召开学生代表大会。民主评选出"2018年度校长作业"五道大题——聘请外教上英语课、增设高考班、改善课程设置、改善校园设施、优化订餐系统，并由学生会主席在星期一升旗仪式上郑重向校长布置"2018年度校长作业"。"校长作业"获得师生和社会好评。一位教师这样评价："校长作业"体现了校长现代教育管理理念，开辟了民主治校的新途径。初中一位学生悄悄留字条给校长："读小学至今，还没有一位校长像您一样坐下来认真听我们的意见，还认真做学生布置的作业！"期末学生会对校长完成"2018年度校长作业"的满意度组织全校学生进行民主测评，结果满意度为98%。南方都市报于2018年2月17日在"深圳大件事"以《这位校长不按套路出牌，开学就让学生给他布置作业》、深圳卫视于2018年4月12日在"本地城事"以《大胆，学生竟向校长布置了115份作业》、"南方+"于2019年5月22日在"深圳大课堂"以《新鲜！深圳这所学校学生可给校长布置"作业"》等醒目标题予以报道。2018年7月10日南方都市报以《深圳一学校校长期末赶着交作业，能否过关学生说了算》报道后，一下子阅读量就有近7万人次。现在，年度"校长作业"已成为校长服务学生成长的"必答题""第一提案"。

案例二：讲教育故事——让师生用故事阐释办学理念

如何让师生理解、践行"非对称性"教育理念？按以往经验，多是请专家作专题辅导报告或对实施方案进行咨询论证，给下定义、定原则和设路标等。既然理念是"非对称性"，理解与践行能否也体现非同以往的做法？因此，学校策划组织"践行非对称性教育理念，成就师生不一样的精彩——我的教育故事"征集活动，让师生用精彩的教育故事阐释如何理解和践行"非对称性"教育理念。

汽修专业科组长蒋老师在《技能大赛参赛亲历记》讲述如何分析汽修专业"天下形势"，最后扬长避短把"钣金"项目作为特殊学校学生的"技能"突破口，进行科学的强化训练，使学生连续三届在全国职业院校学生技能大赛中获奖的故事。

市"名班主任"尹老师在《育新，育心》讲述了如何用"苦心、爱心"去"育心"，最终实现秉"偏心"用"偏方"成功教育转化了表现"偏常"的"怪人"小林的故事,特别是小林顺利考上大学后,一个中秋夜晚思念老师打来电话说的"老师,您看到月亮了吗?我走在操场上看着月亮在想您!想您曾经满操场找我,喊我的名字!"。"育心"之功效确实让人读了震撼心灵!

2014届酒店管理专业L同学发来的《曾经一周六次酒吧,如今的一周六次图书馆》故事,单题目就透出"非对称性"教育理念对学生成长所产生的巨大、正向的牵引力!L同学在故事中讲了班主任"小黄妈"对她暂时性的"偏常"付出了自己长期性的"偏爱",最终让她戒了烟戒了酒,并重新与妈妈牵手和好,重建了良好的亲情关系;也讲了数学杨老师擅长发掘学生个性特长、学习潜力,并借数学重树学生学习信心,让L同学插上梦想的翅膀,经过自己努力高考数学取得147分的优异成绩,顺利考上广州大学纺织服装学院。师生用鲜活的教育故事阐释如何理解和践行"非对称性"教育理念,启发性胜过十场专家报告,强过百篇专业文章!

案例三:建"军"字社团——让学生烙下教育的"育新胎记"

学校承担市直属及部分区属学校高一新生军训已有26年了,学生军训也已成为学校的一块"军"字招牌,深受来训各学校的好评。陈锡联老将军曾来校考察并给予充分肯定,还欣然为学校题写"深圳市少年军校"的牌子。但是,存在"墙里开花墙外香"的窘况,即学校没有把军魂烙印进本校学生的精神气质里面。为此,2019年上半年学校启动开发三年三主题的"学生军事素养"系列课程,确定每学期开学第一周即开展系列化的军训,军训内容强调育"气"育"心",目的是培养能影响学生一辈子的军人气质——丰富的军情、挺拔的军姿、严格的军纪、不屈的军威等。2019年秋季正式实施军训系列课程时,高二第二次军训前,一位女同学向校长投诉反对,说如不撤销高二军训,还要"策反"高一一起反对军训!但经过校长真情动员、班主任与教官细致沟通后,该女同学由带头反对到脚扭伤了还轻伤不下火线,坚持完成各项目训练任务,被校长在军训结营仪式上重点表扬并赠送纪念品、合影留念!因军训过程育"气"育"心"工作到位,结营仪式上教官与学生因艰苦付出后收获满满,特别是建立了深厚感情,仿如军营送老兵退伍一样,彼此泪流满面,场面感人!学生成长指导中心负责人汇报时感叹:这届高一新生军训效果是历届最好的!高二、高三军训比刚入学高一新生军训时还要认真见效!为以点带面推进强"军"工作,学校专门组建军乐团和国旗护卫队,其中首批军乐团的31名成员中有29名之前对各种乐器一窍不通,但经过近3个月的强训,居然就能奏好国歌和进行曲!军乐团一位之前学过小号的S同学都感到难以置信,因为自己参加社会艺术机构的培训,用近三个月才学了些基础知识和技能,没想到同学们从零开始,三个月就能奏好两首曲子！这31名男、女同学组成的国旗护卫队经过两个多月强训，着"军装"配"礼宾枪"后站姿、行进、升旗和口令等，宛如天安门国旗护卫队一样威武！军乐团与国旗护卫队第一次一起惊艳亮相升旗仪式时，全校师生自发报以长时间的热烈掌声。之后每周的升旗仪式他们都吸引着全校师生的眼球，更一次次震撼着师生的心灵！一位市教育局领导来校调研听取学校汇报时，看了军乐团和国旗护卫队表演的视频，连说几个"惊"字："惊讶！惊喜！惊叹！惊奇！"军乐团和国旗护卫队正产生辐射作用，几所区里的学校提出带升旗手来校观摩培训或诸学校派教官到他们学校指导培训升旗手。"学生军事素养"系列课程，让学生感受到有异于其他学校学生的"育新印记"——军人气质，从而收获了不一样的自豪感！"军"字社团建设，让学生学有一技之长且站在集会"C位"，从而增强了不一样的自信心！

案例四：办虚拟航空研学——让学生借助信息化插上梦想的翅膀

学校原来就建成的航空体验馆配有先进的设备：1：1波音737飞机模拟系统，4D技术全仿真体验，坐进模拟飞机驾驶舱仿如驾机翱翔蓝天。如何用好这些先进信息化设备，提升学生的信息化素养？学校组建虚拟航空研学社团，开发飞机驾驶与空乘礼仪课程，聘请空姐指导学生的空乘礼仪，聘请机师指导学生的驾机技术，还安排英语教师开展双语教学提高学生的外语交际能力。社团分组"执飞"国内与国际虚拟航线，虚拟研学了航线所经过区域的气象、地理、民族、历史、风俗、国家、经济、政治、文化、科技等相关内容，强化了家国情怀，提升了国际视野。学校领导经常激励虚拟航空研学社团学生要有这样的梦想：新中国成立80周年国庆阅兵能听到你驾机飞过天安门广场接受国家领袖和全国人民检阅的喜讯！校长、老师乘机能偶遇学生空姐空哥！

案例五：讲爱情诗歌——让学生明白学习好，恋爱才精彩

如何更有效解决特殊学校相当部分学生学习动力不足的问题？每年给高一新生上"校长第一课"时，校长都会结合学生"青年男子谁个不善钟情？妙龄女子谁个不善怀春？"的成长心理特征因势利导。

如举学生所熟悉的流行歌曲《我多喜欢你，你会知道》的歌词："我喜欢你的眼睛，你的睫毛，你的冷傲。"再举宋朝柳永《雨霖铃·寒蝉凄切》词："执手相看泪眼，竟无语凝噎。"以及毛泽东主席《贺新郎·别友》词："眼角眉梢都似恨，热泪欲零还住。"同样借描写眼睛、眉毛表达爱情，流行歌词虽写得真切直接，但显得浅俗！古今两首名词却写得深切婉约，让当事人读了顿生"直教人生死相许"之情，也让后人读了刻骨铭心。由此引导学生：文化素质不同，连写恋人的眼睛、眉毛，都分出高低雅俗。学习好，恋爱才精彩！

南方都市报 2018 年 9 月 6 日以《接地气！深圳一校长为中学生打鸡血：学习好的人，恋爱都精彩》为题作了报道，点击量一下子就升到 19 万多。

案例六：设"奖肉金制"——让学生感受校园美好生活

中国工程院院士、香港中文大学（深圳）校长徐扬生教授说过："你一辈子最好的老师，不一定是教你多少课本上的知识，或是讲课有多么好的老师，而是那位撼动你心灵的人。"

确实如此。20 世纪 80 年代初，物资紧缺，要凭肉、油、糖、布等票（证）购物，一般过年过节农村家庭才能吃到肉和糖。一位农村贫困家庭出身的学生紧张备战中考的时候，正是七月酷暑，下午又饥又渴又累时经过语文李老师宿舍门口，老师不顾学生谢绝，硬是从仅做了两碗的小锅里盛一碗黄糖姜薯汤给学生吃，让学生心中涌起一股暖流。后来，这位学生以优异的成绩考上县第一中学、大学，再分配到深圳工作，年岁渐长，却始终忘不了那碗午后的黄糖姜薯汤！此后每逢假期回家，这位学生一定会带点手信去看望李老师，向他汇报一段时间以来生活、工作的情况。

在以上事例启发下，学校调查绝大多数学生喜爱吃食堂做的卤蛋、炒河粉和炸乳鸽，于是推出"奖肉金制"，给获得"非对称性"成长、成就不一样精彩的学生奖励"奖学鸽"或"奖学蛋"或"奖学粉"，且策划仪式感强的颁发"奖肉金"仪式来提升获奖学生的成就感。新举措一出，获得全体学生的欢呼，他们个个跃跃欲试，暗自发力争取品尝到"非对称性"成长的奖励。

经南方都市报以《深圳一学校将对表现优秀的同学奖励乳鸽、卤蛋、炒河粉》、深圳广电第一现场公众号以《奖学蛋、奖学粉和奖学鸽听说过吗？同学们一片欢呼！》为题报道后，一个月左右时间，境内外包括中新社、环球等各大媒体转载近 70 次。

美味是瞬间的，影响却是终生的。学校相信"奖肉金制"会给学生增添校园生活的美好，更会给学生留下关于校园美好生活的永恒记忆……

案例七：赠校长赠本——让学生体验不一样的精彩成为新常态

校长为了与学生进行常态化思想交流，除了定期开设"校长讲坛"、组织"校长午餐会"、开展"校长杯篮球赛"并组织学生冠军队与校长带领的教工队 PK 等活动外，还特设"校长赠本"——精美笔记本，封面印"校长赠本"，扉页印"校长赠言"，每页印"名人名言"。学生有特殊事迹或特殊需要就由学生成长指导中心报请校长发"校长赠本"并赠言。如上述案例三的女同学在高二军训时由进"黑名单"变上"光荣榜"，为表彰其"轻伤不下火线"的军人精神气质，赠言"万水千山只等闲"；2020 年，H 同学在社区积极参加防疫并得到社区表彰，校长赠言"抗疫站前头，少年显风流"予以表扬；品学兼优且懂事的高三女同学 F，因母亲工作不稳定、父亲久病导致疫情期间虽家在深圳经济特区，却连日常温饱都成大问题，有次晚自修课间她被发现为此躲在楼梯黑暗处偷偷哭泣，学校了解情况后马上减免她在校吃住等费用，还送够一家人吃两个多月的米面油等生活必需品，保证该生毕业前日常基本生活无后顾之忧，校长赠言是鼓励学生"做生活的强者"，还另特赠路遥著的《平凡的世界》，以之激发该生战胜目前困难的勇气；一位班主任说班里有位爱好写作的 X 同学发布在付费阅读性网站的小说习作《英雄祭礼》第一次进账 2 分钱，虽是 2 分钱，但第一次尝试靠特长赚钱也很值得为其骄傲，校长赠言"写作成就梦想"激励其梦想成真。

两年来学校已赠学生"校长赠本"100 多本，"校长赠言"都复印编号存档，并记录赠予学生的届别专业、姓名事迹，再加上学生获赠本与校长合影留念时 100 分的笑容，可以期待：也许再过五年十年，或者十年十五年，甚至更久的将来，践行"非对称性"教育理念成就学生不一样的精彩将不再是一句简单的办学口号，而是一串串丰硕的教育成果！

案例八：献花周边单位——让学校积累教育"融资"的信誉

一个企业平时不注重市场信誉的"投资"，发展的关键时刻谁支持你的"融资"？学校办学的道理也一样。2020 年教师节，学校在给教工献花致敬时，突然萌发想法：学校虽是市直属学校，但校址在远离市中心的光明区里，办学每一项工作或发展都离不开周边区属单位领导的关心支持，他们也是广义的"育新人"，应该给代表这些单位的领导也献花致敬！有的同事开始感觉有点委屈，说："教师节按理是周边单位领导带队到校给教师慰问才对，怎么现在反成我们上门给他们献花了？"我们分析：以前没这么做，现在其他学校也没这么做，但如果学校突破惯例登门献花致敬，也许周边单位领导以后在学校需要支持时就会对等给予突破惯例的支持。果然，此举广获好评！周边一重要单位 S 局长来信、电赞叹："校长为人、做事都值得我们学习！我局将大力支持学校危楼改造工程。"另一周边重要单位的 M 书记接过鲜花时表态："很惭愧！教师节本应是我们给校长、老师们献花慰问。也好，特殊节日的鲜花提醒我们要更加关心教育、关心学校办学，以后学校有需要，我们定当大力支持！"社会各界、本校教工也在学校微信公众号该通讯留言栏纷纷点赞，其中一位社会人士留言："这种创意不但拉近了学校与社会的关系，也主动延伸了教育的意义！"市教育局相关局、处领导也给予肯定。有一位局老领导给予"放大招，是高招"的点赞，一位处长给予"校长到哪里都会有新气象、新成绩、新的更加和谐教育环境"的好评。

在"非对称性"教育理念引领下，一束鲜花竟有这大的魅力！

案例九：立师训新机制——让教师练就"非对称性"教育功夫

办好特殊教育，关键还是要靠教师具备特殊的师魂和师能！国家各级各类师范院校几乎没有专门的教育专业，适应专门教育的师魂师能怎么来？学校的生源特殊，加上没有升学压力，课堂上学生经常趴睡一片，这让认认真真备课上课的教师没了"成就感"；也几乎没有学生能在课堂课间挑战教师的学识，这让教师没了"危机感"；学生这种学习常态，还可能让原本素质优良的教师渐废"武功"。必须立新机制，开新风气，引领教师练好适应专门教育的"非对称性"教育功夫！

一是以信息技术引领教育变革。学校加大力度推进教育信息化工作，增加投入购置相关设备、系统，并通过申报省教育信息化2.0试点，借应用教育新技术倒逼、引领教师变革教育观念与行为。

二是对应赛项搞竞赛。市里有"年度教师"评选，学校有"魅力教师评选"；省市有"班主任专业能力大赛"，学校有"班主任沙龙、班主任教育案例评比"；省市有"教师课堂教学基本功比赛"，学校有"中青年教师课堂教学基本功比赛"……以赛促教、促研。

三是办"青师训练营"。校长亲自带徒，资深教师当导师，请专家量身定制课程，每期10名青师集训2年，助力青师加快成长。

四是优选种子选手集训备赛。对应上级各类比赛项目，学校从校内比赛中挑选成绩优秀者或综合素质佳、可塑性强者，组建梯队种子选手，有计划地开展备赛训练，以期树新风、创佳绩。

五是加强专业进修。目前了解到全国只有鲁东大学教育科学学院设有服务国家特殊需求"问题青少年教育矫正管理"博士项目，且该学院的苏景春教授是全国这一类教育的知名专家，拟与该学院洽谈合作教师进修项目，努力为教师修成专门教育第二学历或学位创造条件，以期提升教师专门教育理论素养和实践能力。

案例十：创育新范例——让学校在新时代办学先行示范

深圳市要创建新时代中国特色社会主义先行示范区，作为全市唯一的专门学校也必须要有自己办学先行示范的表达。为此，学校提出打造"育新范例"，并在得到局领导大力支持下，采取一系列行动措施：

一是计划制订。按局领导"专门教育办'特'，中职教育办'精'，综合实践教育办'强'"的要求，打造"育新范例"三年行动计划。

二是条例立法。借力深圳市立法权，招标购买服务，请第三方专业机构研制深圳经济特区专门教育工作条例，争取通过立法解决专门教育发展瓶颈问题。

三是集团筹建。目前在高中课程里，综合实践活动学分是 14 学分，而高中总共毕业学分要求是 144 分，综合实践活动学分占了差不多 1/10，是所有科目里占分最高的。综合实践教育在中小学学生综合素养中占比越来越重要！但是，市直属公办综合实践教育基地只有育新学校一个，是远远满足不了全市约 200 万中小学学生综合实践活动的需求的。在市教育局大力支持下，拟创新机制制定章程，采用"1＋2＋N"模式——1 即以育新学校教育基地为本部；2 即再扩建两个市直属公办教育基地；N 即同时制定规则，把区属和基础较好的民办教育基地、市区各局委如文化部门管辖的博物馆等纳入教育基地范围，组建全市"中小学综合实践教育集团"。目前正招标购买服务，请第三方专业机构研制"深圳市中小学综合实践教育集团章程"。

四是联盟倡建。国家日益重视中小学研学旅行，要抢抓粤港澳大湾区建设新机遇，发起、倡建深港澳中小学研学旅行联盟，整合大湾区教育资源，服务大湾区教育发展。特别是 2019 年香港"修例风波"引发的问题很值得教育界反思。学校比邻港澳，如能好好利用已有的爱国主义教育资源辐射港澳中小学生，现实和历史意义将极其深远！专门教育立法、公办中小学综合实践教育集团筹建和深港澳中小学研学旅行联盟倡建，在全国都是创新之举，具有先行示范的意义。

四、践行"非对称性"教育理念五大原则

指导特殊学校践行"非对称性"教育理念有很多原则，概括起来针对性强的有五大原则。

（一）同桌原则

潮州办宴席时有这样分桌的风俗：小孩桌、女人桌、大人桌、老人桌、喝酒桌。同桌，说明是同类、同辈或同趣等。达克效应（D-K effect），全称为邓宁—克鲁格效应（Dunning-Kruger effect），它是一种认知偏差现象，指的是能力欠缺的人在自己欠缺能力的基础上得出自己认为正确但其实错误的结论，行为者无法正确认识到自身的不足，辨别错误行为。这些能力欠缺们沉浸在自我营造的虚幻的优势之中，常常高估自己的能力水平，却无法客观评价他人的能力。教师从事专门教育，最忌以自己的"光辉历程"甚至"学霸"的眼光、尺度去评价、看待自己的学生，那样的话就很可能让自己的学生产生反感，使教师与学生彼此永远存在"达克效应"。因此，教师必须首先遵循同桌原则，和自己的学生"做同桌"，才可能与学生平等友善相处，走进学生内心，理解学生表现，满足学生需求，引领学生成长。

（二）助燃原则

教育工作，其实就是教师帮助学生"点火炊烟"，激发学生自己燃烧学习热情，并举起火把奔跑在求知成长之路。燃点是指在规定的试验条件下，应用外部热源使物质表面起火并持续燃烧一定时间所需的最低温度。助燃过程，首先是帮助学生醒悟学习的重要性，降低燃点提早燃烧；其次是帮助学生持续延长自己燃烧的时间，保持学习热情。这就要求教师要善于发掘学生的天赋与潜力，学校要全力为学生个性成长搭建"非对称性"发展平台，人人为学生赋能赋值、提振信心，时时、处处成就学生不一样的精彩。

（三）双成原则

也就是必须让每一位从事专门教育的教师清醒地认识到这个道理："只有先成长学生，才能成就教师；离开学生的成长，素质再优秀的教师，也绝无成就可言。"

（四）自适原则

自适是指能改变自身性能以适应不同环境的一种系统能力。理解、践行"非对称性"教育理念，特别强调教师要适合自己特质和适应学生特点，因此，也就没有"教科书式"的方法、路径等，而是提倡"百花齐放""八仙过海"和"无论白猫黑猫，抓到老鼠就是好猫"的个性化、科学化的理解与践行。

（五）转换原则

践行"非对称性"教育理念见效了，就要及时总结经验，提炼策略，形成示范，有机转换为"对称性"教育理念，使之能在特殊教育的同类教育现象中辐射推广，才更显示"非对称性"教育理念引领新时代特殊学校治理的生命力。

2. 后疫情期"四风""有氧"课堂建设策略探究^①

——以深圳市育新学校为例

摘要： 本文以深圳市专门学校育新学校为例，在实践基础上探讨了后疫情期学校建设生命通风、铸魂班风、活趣教风和自燃学风等"四风""有氧"课堂策略，并对这些策略实施后取得的效果进行了总结：教师主题学研新招频出，师生对疫情的反思较为深刻，学生对学习的追求更自觉、对教师的表白见真情、对学校的认可趋客观等。

关键词： 后疫情期；"四风""有氧"课堂；建设策略

在 2020 年防控新冠疫情的非常时期，按照广东省教育厅统一部署，第三批返校学生为中职学生，时间是 5 月 18 日。学生返校适应一周后的星期一、二、三，学校专门安排行政连续随机巡堂，调研师生返校后的课堂教学状态：星期一上午第一节课，大部分班级约有 10 名同学趴桌睡觉，严重的一个班级近 50 名同学只有约 10 名同学在听课，只有 1 个班级无人入睡；下午第一节课大部分班级有 3~5 名同学趴桌睡觉，较严重的个别班级有十几位同学趴桌睡觉，也有 2 个班级无人入睡。星期二、三随机巡堂 2 节课，大部分班级有 2~3 名同学趴桌睡觉，个别班级约有 5 名同学趴桌睡觉，2 个班级无人入睡。三天随机巡堂发现这样三个突出现象：双休日学生作息估计大多没规律，回校后的星期一第一节课睡觉的人最多，可以称为"星期一困乏现象"；个别班级无论哪位教师上课，趴桌睡觉的比例都比较高，这是班风问题；有的教师上课到哪个班级，该班级学生趴桌睡觉的比例就较高，这应该是师能问题。

课堂上学生趴睡情况严重，还怎么保证教学质量？育新学校是全市唯一的从事专门教育的专门学校。虽然学校的特殊性决定了生源的特殊性，即是本校职高学生普遍比不上普高、其他普通职高学生学习的主动性和积极性，但也不能放任学生在课堂趴睡！后疫情期，如何有效解决课堂上学生困乏综合征的问题？本文以育新学校为例来探索后疫情期建构"四风""有氧"课堂的策略，努力唤醒课堂趴睡的学生。

---

① 本文发表于《深圳教育研究》2020 年第 4 期，选编时略有修改。

一、"四风""有氧"课堂的内涵

所谓"四风"课堂,是指学校课堂或班级应具有生命通风、铸魂班风、活趣教风和自燃学风等。其中,生命通风,是个体自觉养成科学健康的生命观念和生活方式,使生命新陈代谢良好并与自然、社会和谐共处;铸魂班风,是要在班级里营造积极进取、凝聚力强的风气,在学生中培育自律、自信、自强的精神;活趣教风,是富有时代色彩的鲜活有趣、节奏感强的课堂教学方法、方式;自燃学风,是教师要发挥"吹烟"作用,营造自主学习风气以唤醒学生内心自发的强烈求知欲望,从而使学生持续自我点燃求知热情。

"有氧"课堂,引申自"有氧训练"的内涵。所谓"有氧训练",是通过连续不断和反复多次的活动,并在一定时间内,以一定的速度和一定的训练强度,要求完成一定的运动量,使心跳逐步提高到规定的安全心跳范围。可见,有氧训练的特点是:要规定时间,要有合理的训练过程,要有合适的训练任务,要有质量高的训练结果。因此,"有氧"课堂是指在一节课的课堂教学中,教师有效组织、管理教学,具备教育教学能力和教育机智,有质量地完成课程标准所规定的教学任务。

"四风""有氧"课堂就是在课堂上建构教学全过程保持"四风"对流常态化,以实现学习生命体德、智、体、美、劳全方位保持"新陈代谢"生态化的教学模式。

作为特殊的专门学校,探究后疫情期"四风""有氧"课堂的策略,具有重要意义。它可以在确保师生身心健康的前提下,保证课堂教学效果,为专门学校的师资与理论建设探索经验。

二、"四风""有氧"课堂建设策略

(一)生命通风的建设策略

生命通风的核心是个体自觉养成科学健康的生命观念和生活方式。后疫情期我们对学生行为养成教育采取"刚性"与"弹性"有机结合的原则,建设策略包括:

1. 刚性规范学生卫生行为

由于学生日常保洁习惯养成较差,正好借疫情开展全校性卫生教育与检查评比活动,以此强化学生养成卫生习惯,在日常生活中自觉开启"生命通风"的生活方式，持续自我供健康之"氧"，以保证课堂学习有旺盛的精力。主要措施如下：每个班防疫常识"课程化"和"一眼清"——学校要求从校门口、楼梯口，再到食堂门口、教室门口、宿舍门口等关键处所，防疫常识要做到"课程化"和"一眼清"，因此要求每个班结合实际设计制作了个性化防疫宣传墙报，从而使学生在强化的防疫环境中自觉筑牢防疫意识。测温数据预警"实时化"和"精准化"——学校在校门口、宿舍门口、教学楼梯口和食堂门口四处学生进出必经通道设立人脸识别红外测温设备，并实现数据互联互通，既保证学生人人每天最少三次测温，又能第一时间把未按要求测体温或体温异常的学生名单智能化报送到校医室，以信息化手段使防疫预警实现"实时化"和"精准化"。防疫管理"准军事化"——因为学校具有"三位一体"，即初中专门教育、高中职业教育和深圳市德育基地的特殊办学模式，使得学校拥有一支专门负责市直属高中高一新生军训和承接全市中小学生综合实践教育的教官队伍。因疫情期间暂停承接军训和综合实践教育活动，学校调配全体教官到初、高中部，与各班主任分工配合，对学生实现"准军事化"管理，确保了诸如排队一米距离、餐前洗手、餐中禁止交谈和规范戴口罩等防疫指引得以刚性落实。

2. 弹性处理学生特殊需求

疫情期间，学生居家使用手机、电脑上了两个多月"空中课堂"，肯定不乏"光顾"网上游戏等娱乐项目。据相关报道和调查，家长或学校疫情期间因对孩子使用手机或游戏机处理不当已造成严重后果！学生返校上课若按以往要求紧急刹车严管手机使用，肯定会产生摩擦甚至激烈冲突。这就要求学校在校园里在某一合适时段设立类似"减速带"，给学生使用手机开个小口，再逐步过渡到全程限用手机。学校采用分层与分时并举的管理办法，即初中保持准军事化管理在校期间全程严管手机使用，职高则上课和夜晚就寝时间严管手机使用、课间可自由使用手机。

学校初、高中共 522 名同学，全部教官从德育基地调来服务本校学生后，教工共有 203 位，平均约 1 位教工服务 2.6 位学生，人手充足。学校对学生进行"准军事化"管理的同时，又能给有合理特殊需求的学生以"人性化""个性化"的服务，使得防疫非常时期的学校管理增添温度。如学生不管白天还是深夜发烧，一定会有教师或教官全程护送到校医室或医院就诊。甚至如果有个别家长因为上夜班没有时间或没有私家车且家里离学校又一两个小时以上车程，都由教官或教师按防疫指引在深夜护送学生回家，将学生平安交到家人手里再返校，基本一趟来回就是一个通宵。又如个别学生肠胃或身体不适，学校食堂调配师傅专门

257

连续几天给他们"开小灶",满足学生的个性化饮食需求。人手充足还保证了非常时期校园安全巡查做到全方位和全程化,得以及时发现2017届酒店专业品学兼优的F同学晚自修时在楼顶独自哭泣徘徊。经过学生成长指导中心主任和班主任及时谈心,才了解到该同学父亲长期病休,家里爷爷奶奶、三个姐弟妹全靠妈妈一人在超市打工支持生活,由于疫情期间超市生意不好妈妈收入也自然减少,以至几近无米下锅的窘况!在深圳经济特区,竟然还有衣食成忧的家庭,竟然还有为下一顿饭着落担心哭泣的孩子,确实令人惊讶和同情!学校在党政联席会专门讨论此事,决定除减免该生所有住宿、伙食等费用外,还购置足够支持该生全家至她毕业时间(还剩两个多月)的日常生活用品,并专门安排学生成长指导中心主任代表学校上门慰问,确保学生在非常时期能解决生活上的后顾之忧,顺利完成高三学业。

3. 利用信息技术助力学生科学管理健康

如何借助信息化、大数据和人工智能等新技术纠正学生不科学的健康观念与行为,并引领学生通过健康饮食和科学锻炼有效提升自身免疫力和预防新冠病毒?学校拟推出两大举措:

(1)正设计建设智能化点餐系统。学生日常饮食大多只注重口感,个别甚至以小店碗仔面和饮料为主食和饮用水,不但无益,还可能损害健康。学校正设计新建的智能化点餐系统,具备以下几个突出的新应用功能:首先是兼容学生卡、银行卡和手机、人脸识别等支付方式,学生可以很方便地在班牌、走廊订餐机提前一天订餐;其次是配备带有芯片的碗盘和人脸识别等支付功能的自动计价电子柜台,满足未订餐的学生到食堂后现场自助式点餐和智能化购餐;三是订餐系统与小店智能化销售系统数据互联互通,家校可以实时监控、指导孩子在校日常饮食等消费行为;四是实时给学生每餐所饮所食推送营养参考值并提供科学健康饮食指导意见;五是学生日常校园饮食等消费数据每学期将与操行评定、学习成绩、体质达标和体检报告等方面的数据进行比对,如果比对数据结果显示学生日常注意科学饮食后不但增强体质,还提高智力,或相反的行为和结果,将有效发挥新技术引领学生建立科学健康饮食观念和养成科学健康饮食行为的助力作用。

(2)计划建设室外智能化健身房。深圳市中心公园和红树湾公园已建成"市政公园版"室外智能化健身房,学校正与相关厂家洽谈设计"中小学校园版"室外智能化健身房。这个智能化健身房将建于学校操场一角,集各种适合师生日常锻炼的健身器材于一体,设计要求实现以下几个主要的智能化健身功能:

首先是配合体育课标的达成，学生日常多使用这些健身器材就有利于体质达标考核，这样就自然增强学生光顾健身房的主动性；其次是自动人脸识别"打卡"并智能评选"校园运动达人"，健身房显眼处设立大型显示屏，自动评选每天、每周、每月、每学期"校园运动达人"，并由学校颁发相关健身证书和奖品，这将有效提升学生参与健身运动的积极性；最后是提供健身专业指导，学生可以登录厂家网站查询自己的健身数据，并与同龄段健身标准数据比对，获得网站健身教练的远程指导等。此项功能将有效提高健身的科学性。

（二）铸魂班风的建设策略

专门学校职高学生总体基础比普高、普通职高学生弱。如，录取分数线一般低普通职高三四个档位，学生自律能力较差，部分父母对孩子的期望值和学生对自己学业的抱负水平都偏低，由于普通学校的教育评价导向使不少教师难以做到"偏爱差生"，故导致学生自认是"被放弃的教室墙角的学生"而主动放弃追求。2017 年酒店专业的 F 同学这样自省：入学后听了班主任和科任老师与之前学校的老师不一样的语重心长的教育引导后，才开始重新认识自己，才开始反思以前天天混日子多不应该，才开始规划未来，才开始有梦想并尝试行动！可见，"魂"是一个人、一个班级保持活力的"氧"。铸就有"魂"的班风是班主任的首要工作，可以从三方面入手：

1. 生成班级理念公约

生成，就是不只是老师或班干部一方、两方制定的，而是要班主任、生活教官和班干部等多方共同引导同学们一起民主协商、反复酝酿，找到班级理念、公约的最大"公约数"后制定的。这样，班级理念、公约才有公信力，才有约束力，也才有生命力。学校职高部班主任 H 老师带班经验丰富，开过民主生成班级理念、公约的主题班会公开课，也在日常班级管理中有效践行，学校行政几次巡堂发现她执教时课堂无人入睡，其他老师到她所带班级上课，学生也极少趴睡。

2. 挖掘学生优点赋值

深圳现在招聘教师的条件要求越来越高，这些综合素质较高的教师如太偏重用自己成长、成功的经验或一般学校"普通性"的教育理念看待、评价专门学校的职高学生，那就可能产生"饱汉不知饿汉饥""站着说话不腰疼"的"达克效应"，以致难以发现学生的诸多与普高和普通职高学生不一样的闪光点和成就他们不一样的精彩，同时也就更难找到激励教师自己职业追求的兴奋点和增长点！2017届电商专业Z同学刚入学时带着在之前学校的惯性，常常把课室当寝室，趴桌睡觉"白日做梦"。但自从他爱上学校丰富多彩的社团，特别是当上机器人社团团长后，仿佛打了鸡血似的，把寝室当机器人训练室，时时夜里"梦回教室"做着拆装训练机器人的美梦！因此，专门学校教师的育人功夫就是要费心去挖掘学生的特点与优点，甚至做适度"无中生有"的工作帮学生添加优点，并以此为每位学生分配在班级合适的生活与学习的角色，让学生们在班级里活出自己的价值，活出自己的地位，活出自己的尊严。罗振宇曾说："教育的本质，从来都是人点亮人。"教师善于给自己的学生"打气加氧"赋值、赋能，自信自豪的学生也肯定能互学互帮，班级的正能量也就一定能日益增加。

3. 师生关系"同凳同心"

中国工程院院士、香港中文大学（深圳）校长徐扬生教授说过："你一辈子最好的老师，不一定是教你多少课本上的知识或是讲课有多么好的老师，而是那位撼动你心灵的人。"学校不少学生在以前的学校比较缺少的是教师的关心、关注，师生关系总体缺少"心有灵犀一点通"，甚至导致个别学生成为老师、班级的"反对派""破坏者"！故班主任更要注重"心灵输氧"，与学生亦师亦友，坐同一条板凳，平等交心，乐其所乐，忧其所忧，才能走进学生的心里，才能赢得学生的信任，才能取得"亲其师，信其道"的"撼动心灵"的教育效果。

（三）活趣教风的建设策略

《后浪》是bilibili在2020年五四青年节推出的由国家一级演员何冰演讲的视频，3小时观看量破100万。但人们发现，看后感到热血沸腾、深受启发，立马转发到群里的绝大多数是中老年群体，在校学生群里远没那么大的反响！笔者就此问正读大三的孩子知否，他答"不知"。随机问学校两三位同学知否，有的答"听说但没去看"，有的答"看过但没特别的感觉"。那就对了。如果后浪为前浪的演讲痴迷，就不是后浪了！这就给教师一个深刻的启示：面对后浪，面对"二次元"的思维，面对专门学校教育的特殊对象，需下功夫新解传统的"传道受业解惑"和新构适合拥有新时代新思维、新节奏的学生的活趣课堂。建构活趣的教风可以用鲁迅的"拿来主义"和信息时代的"跨界融合思维"为指导，着重掌握三条策略：

1. 确立教师教学新风向标

何为教师教学新风向标？概括起来就是要围绕一个中心、抓住两个基本点。

围绕一个中心，即是课堂含"氧"量高、充满生命活力；抓住两个基本点，一是优设教学内容与形式的活，一是匹配学生思维与节奏的趣，以此来引领、建构活趣的新教学、新课堂。

2. 注重教学过程的"期"与"气"

就是针对学生普遍厌学和文化基础普遍偏差的现象，专门学校教师要比普通学校教师更注重对学生的期待和打气，而且一定要坚持"不唯分数论"，否则又将"重蹈覆辙"。学校数学科 Y 老师经常鼓励自己的学生："我不会放弃任何一位同学，请你们也不要放弃我教的数学课！"语文科 Z 老师每节课的口头禅："老师今天已经把能讲的东西都讲完了，看看老师还能不能再多帮帮你们？"正是有这些注重教学过程对学生的"期"与"气"的各科老师，2018 年学生向校长强烈申请增加高考班学位时，2017 届电商专业 1 班班委才这样集体动情地向校长陈词："到学校后听了科任和班主任老师关于未来、关于高考、关于梦想，特别是关于学长们成长的经验与教训的描述后，很多人开始睁大眼睛吃力听课，开始感觉每天学习时间的不够用！"

3. 活用"直播带货"思维

新冠疫情导致不少地方优特产品滞销，很多心系百姓生活的官员第一次尝试上网"直播带货"助力促销，收获的经济、社会等综合效果远胜传统促销方式！《半月谈》专门发文点赞并提出"要带货，更要带新思维"：以"直播带货"为代表的新治理模式不断涌现……以开放姿态拥抱新技术和时代变化，以更加开放、灵活、亲民的态度实现公共服务多元化、均等化。一直以来在人们心目中严肃刻板的官员，都能够尝试用新技术探索社会治理新的、活的模式，教师与满身散发新时代气息、思维活跃的学生朝夕相处，怎能不重视借鉴"直播带货"的新思维、新风尚，建构活、趣的，含氧量高、充满生命活力的新教学、新课堂？

（四）自燃学风的建设策略

教师如何激发学生自我点燃学习之火？可以尝试三点与当下疫情紧密关联的教导思路：

1. 科学技术战疫的启示

钟南山、李兰娟、张伯礼等八位医学院士提出中西结合的科学有效的"战疫八策"，无人机宣传疏散人群、大数据精准研判疫情发展、骑"码"出入等等战疫手段，说明掌握先进医学技术和拥有先进科学技术在战胜疫情过程中所发挥的关键性、决定性的作用！作为一名学生，现在不认真学好科学文化知识，以后肯定缺少解决现实问题的能力，也肯定缺乏适应社会快速发展的潜力。

2. 冒险出门打工的启示

2020年元宵节后第一天，疫情还正严重之际，上广深高铁站就已人头攒攒，挤满出门打工的人们。有媒体记者在广州南站随机采访这些人，问为何要此时就冒着生命危险出门打工？人们不假思索地说："得新冠病毒死亡率才2%。过完年家里没钱吃饭，没钱交水电费房租，没钱给孩子交学费补习费……总之留在家里却是100%死！"如果冒险出门打工的人们中，有同学们的父母或兄姐，自己还不努力学习，怎对得起他们？如果冒险出门打工的人们，没有同学们的父母或兄姐，更说明只有现在掌握好科学文化知识，以后才更可能找份收入比较稳定的工作，免得一阵风雨刮来，日子就难以过下去！

3. 滴滴美团评价的启示

人们每次叫滴滴代驾，安全到达目的地时师傅都不忘请求顾客给个"五星级"评价。叫外卖成了疫情期间人们生活的新常态。送外卖的小哥一般还在楼下就先打电话让顾客确认，并请求帮点评"准时送达"。如顾客因故忘了点评，就是过了半个多小时，小哥还会专门打电话请求支持点评！滴滴和美团所设置的引导员工努力做到优质服务的评价机制，如此为员工所重视且自觉遵守，很值得教师们去了解并借鉴来设置引导学生自觉学习、努力争优的评价机制。

三、效果

（一）教师主题学研出新招

建构"四风""有氧"课堂策略取得的第一个明显效果，是在教师队伍的学习、研究新风建设方面。如，班主任每月举办一次主题沙龙，请有经验的行政人员、班主任主讲，分享、交流带班经验与教训，特别是探讨如何破解专门教育的"疑难杂症"问题和后疫情期的心理健康问题；教学工作聚焦信息技术与教学融合创新，着重探讨后疫情期线上、线下教学的有机衔接和VR在汽修专业喷漆、钣金教学中的融合应用；党总支部也围绕学年度办学重点在庆七一时举行主题为"献金点子，做新贡献"的分享交流座谈会，着重探讨在深圳创建先行示范区大背景下如何打造新时代"育新范例"，争取通过"专门教育条例"立法把专门教育做特、创建综合实践教育集团把综合实践教育做强、优化专业设置把中职教育做精。

（二）学生主动学思见新效

建构"四风""有氧"课堂策略在学生学习、生活方面也取得明显效果。

1. 对疫情的反思较为深刻

学生返校听了"校长第一课"、防疫卫生和心理健康专题辅导课后，做了深刻的反思。如，2017届酒店专业4班的S同学认识到：科技的发展真的很重要，学好科学文化，个人才有发展潜力。平时不少同学不顾健康，一下课就围住小店买饮料喝，爱叫外卖吃"垃圾"快餐。这场疫情让该班X同学对自己身体的健康更为重视，感悟到如果没有健康一切都是0。又如，2019届酒店专业3班L同学感叹：作为中国人真是自豪，国家都是将人民的利益放在第一位，这是世界上其他任何一个国家都学不来的！

2. 对学习的追求更自觉

平时汽修专业学生动手能力较强，读书自觉性偏弱且课堂趴桌睡觉比例较高，但返校近两个月时学校图书馆统计数据却发现，2019届汽修专业借阅图书人次居全校各班级前四位，2018届汽修专业M同学还在疫情期间网购英语高考复习资料，每天早上5点多悄悄起床，借宿舍走廊灯光读书、背单词。市教育局因应疫情发展，为减轻学生学习负担，通知取消非中、高考和毕业水平测试的期末考试，学校在通知下发第二天专门随机调查三个班级学生对此安排的态度，欢迎与反对（含无所谓、不表态）的比例是：初二9：1，高一30：1，高二15：2。调查结果让学校担心期末师生没了紧张复习备考会放松节奏，引发新的安全隐患，还专门开了教务、学生、心理、安全等部门负责人联席会，研究配套措施确保期末工作有序、安全。但通知下发后第二周学校巡查发现，学生周日返校晚自修虽没有教师只有教官看班，但绝大多数同学依然自觉看书学习，星期一、二早读绝大多数学生自觉看书、做练习，反而没了以往几乎每班有几个趴桌睡觉或闲聊等现象。

3. 对教师的表白见真情

班主任W老师全身心投入班级管理，因此给部分同学留下"唠叨"的印象，还曾经引起一位行为特别、一时难以适应的Z同学与其家长"威胁"要投诉，但在 2020 年 Z 同学即将毕业迈进高职院校之际，家长和 Z 同学却自发前来当面感谢和道歉！

4. 对学校的认可趋客观

2020 年职高毕业典礼是在防控新冠疫情的非常时期举行的，2017 届电商专业 Z 同学作代表发言时，针对入学时同学们普遍存在的对自己自暴自弃、对学校不满存疑等等问题，连发三问："同学们，这所学校到底好在哪里?"点赞了学校结合办学特殊性所提出的"非对称性"教育理念指引下响亮喊出"你是一匹藏獒，我给你一片青藏高原"的口号，以及办学行动上努力为学生个性特长发展创建多种平台的初心使命；感谢老师们"即使在同学自己放弃依旧想再试试让你成就不一样精彩"的教育情怀；更肯定了同学们曾经对成绩不屑一顾，如今为了成绩挑灯夜读、为了分数痛哭流涕的巨大转变。

罗振宇推崇曾国藩讲过的一个故事：两个挑重担的人相遇在南方农村狭窄的田埂上，谁都不容易让路，故谁都不愿意让路，彼此负重坚持，对视许久。这时候来了一个旁观者，但他却不做只看热闹的旁观者，而是跳到了水田里，对其中一位说：来，把担子交给我，我替你挑一会儿，你侧身过去。等他过去了，我再把担子还给你！结果，看是无解的事件顺顺利利解决了！因此，想要干事的人，就要勇于直面挑战，躬身入局，这样才可能干成事！面对基础较弱的专门学校职高学生，探索建构"四风"的"有氧"课堂，也许不是一件很容易的事情，但只要教师们不做旁观者，而是把自己也摆进去，做到正如美国小说家大卫·福斯特·华莱士所言的"发自内心真正在乎他人需要，并且每天以无数琐碎的、看似很不起眼的方式为他人付出"那样，不少看似无解的教育难题，也许就有了好答案！

3. 后疫情时代专门学校信息化建设的非对称性策略[①]
——以深圳市育新学校为例

摘要：针对专门学校（深圳市育新学校为例）后疫情时期学校治理方面存在的问题，文章从专门学校后疫情时期的治理困境出发，践行"非对称性"教

① 本文发表于《教育信息技术》2021 年第 6 期，选编时略有修改。

育理念，在智慧食堂、智慧健身、智慧安监、特长发展智慧平台、智慧校园等方面进行了有益的探索，为"特殊学生"健康成长创造条件，以期为专门学校治理和发展提供参考。

关键词：专门学校；后疫情时代；教育信息化；非对称性策略

《教育信息化十年发展规划（2011—2020年）》提出了教育信息化发展要"努力为每一名学生和学习者提供个性化学习、终身学习的信息化环境和服务"，要"建设智能化教学环境"。《教育信息化2.0行动计划》中提到：坚持育人为本，面向新时代和信息社会人才培养需要，以信息化引领构建以学习者为中心的全新教育生态，实现公平而有质量的教育，促进人的全面发展。以人工智能、大数据、物联网等新兴技术为基础，依托各类智能设备及网络，积极开展智慧教育创新研究和示范，推动新技术支持下教育的模式变革和生态重构，探索在信息化条件下实现差异化教学、个性化学习、精细化管理、智能化服务的典型途径。《中国教育现代化2035》也指出：加快信息化时代教育变革，利用现代技术加快推动人才培养模式改革。在教育信息化快速发展的背景下，学校以非对称性理念为指导，将进一步加强信息化建设，全力提升专门学校信息化治理的力度。

一、问题的提出

专门教育是社会主义教育体系的重要组成部分。但在法律保障欠缺、社会标签化评价、招生程序变更为"三自愿"（家长、学生和原就读学校自愿）及自身教育管理体制的掣肘下，目前全国的专门学校大都面临着困境。在教育教学方面，专门教育被污名化、学校招生困难、教育教学滞后、教学质量评估体系缺乏、工读矫治效果欠佳和学生心理健康教育不足等问题严重，在困境中寻求发展和突破已经成为新时期专门学校发展的新常态。

2019年3月，中共中央办公厅、国务院办公厅印发了《关于加强专门学校建设和专门教育工作的意见》通知，其中明确要求，专门学校和专门教育要"明确定位、凸显特色"，构建既有别于普通学校又有别于司法监所的管理体系和运行机制，制定具有自身特色的教育体系和考评标准。《中华人民共和国预防未成年人犯罪法》这样表述："国家加强专门学校建设，对有严重不良行为的未成年人（注：12~18周岁）进行专门教育。"专门学校如何明确定位、凸显特色，不忘初心、面向未来，在普通教育激烈竞争的大背景之下脱颖而出，产生积极的社会影响和教育转化成效，是专门学校的立身之本。

二、概念界定

（一）专门教育

专门教育（工读教育）是我国基础教育中的一种特殊教育形式，其面向具有严重不良行为、不适合继续留在普通学校学习的未成年人，开展相应的义务教育及行为矫治。专门教育既不是刑罚方法，亦不属于行政处罚，而是一种对未成年人违法犯罪行为进行超前预防的有效措施。因此，专门教育被认为是预防青少年犯罪的最后一道防线。

（二）专门学校

专门学校（原工读学校）拥有普通学校不具备的独特功能，承担着教育、矫治和挽救问题青少年的重任，是预防青少年犯罪的一道重要防线。

（三）非对称性教育理念

习近平主席曾明确指出："我们在科技方面应该有非对称性'杀手锏'，不能完全是发达国家搞什么我们就搞什么。"如果普通学校践行"对称性"教育理念，那么专门学校、专门教育就应有自己教育理念的"杀手锏"，即践行"非对称性"教育理念。

作为全市唯一一所专门学校，结合学校学生学情实际，我们提出了专门学校教育发展的创新性理念——"非对称性"教育理念。本文所提的非对称理念，特指在专门学校学生及教师个体成长发展等教育相关竞争领域中，如何深入挖掘学校及师生自身的独特优势，有所为有所不为，形成学校建设有特色、师生发展有突破的指导思想。"非对称性"理念传承了学校建校以来的理念精髓，坚持"兜底原则"，注重活动体验，以更务实的举措，成就师生不一样的精彩，为全国专门教育提供深圳经验。

三、后疫情时期的专门学校学生现状

专门学校的学生本来就不愿意上学，在历经了疫情的严峻考验，经历了长达三个月的居家网上学习后，返校复学的学生将面临环境、心理上的一系列变化，甚至会出现一系列负面情绪及消极做法。

（一）学生无法适应学校节奏，出现课堂趴桌睡觉等现象

居家期间，不少学生养成了睡懒觉、在被窝里听课、在饭桌上听课，甚至偷

懒刷课的习惯。疫情期间，他们学习强度不大，休闲时间充裕，娱乐时间多。但返校后，学生面临重复的规律生活，而且由于疫情防控，他们的行动范围受限，能从事的活动形式受限，比较难以适应。根据观察，学生返校后的课堂状态为：大部分班级约有十名学生趴桌睡觉，个别班级四五十名学生只有约十名学生在听课；双休日学生作息大多没规律，回校后的星期一第一节课睡觉最多，可以称为"专门学校星期一困乏现象"。

（二）疫情防控的统一配餐措施，限制了学生的个性化需求

很多学生认为既然已经开学，就意味着疫情解除，所以对学校提出的严格防疫措施产生强烈的抵触情绪。学校食堂严格执行防疫指引，结合师生就餐实际统一实行配餐制。返校复课后约两个月，学生思想开始反弹，或嫌肉菜贵，或嫌不对口味，甚至聚众到校长室强烈投诉并要求恢复自由点餐，或要求开放外卖入校。

（三）学生心理问题凸显，出现课后聚众欺凌现象

专门学校学生因品行、性格或情绪障碍等因素时有冲突很正常，但疫情后学生的心理问题明显增加，甚至出现多起课后聚众欺凌现象，多以突发冲突、个别学生之间的冲突为主。但家长的不冷静处理导致事件持续发酵，对学生身心和学校发展造成较大负面影响。这就要求我们要加强事前预防，加大信息化在预防学生突发事件中的使用。

四、后疫情时期专门学校信息化建设的非对称性策略

深圳市育新学校的信息化教育教学设施设备齐全，且在不断升级更新。未来教室、人工智能教室、多媒体教室等多间课室配备智能化教学一体机，师生基本配备可移动学习终端；每位教师均配置电脑，校园网络带宽充足，可保障教师随时上网查找资料。学校被评为深圳市"智慧校园"示范学校，今年也成为广东省首批信息化2.0项目的试点学校。根据专门学校的学生特点和疫情后学生在用餐、身心健康、安全保障和特长发展等方面的需求，学校以非对称性理念为指导，进一步加强信息化建设，全力提升专门学校信息化治理的力度。主要非对称性策略如下。

（一）定制食堂智慧订餐系统——指导学生科学饮食

学生日常食堂用餐出现的主要问题包括：学生大多重口感、轻营养科学搭

配；现场点菜排长队耗时长，其间大量口沫飞溅，不符合疫情防控要求；肉菜配送与烹饪不能精准预测导致出现菜品时少时多或被投诉不够吃或浪费倒掉的现象；学生每餐余食无法精准统计使防浪费教育流于形式等。为有效解决以上问题，学校正设计建设的智慧订餐系统，具备以下几个突出的新应用功能：一是兼容学生卡、银行卡和手机、人脸识别等多种支付方式，提前一天订、退餐终端；二是配备带有芯片的碗盘和人脸识别的智能计价电子柜台，满足学生到食堂后按订餐自助取餐和智能购餐的需要，还可监督未按订单取菜的违约行为；三是订餐系统与校园小店智能化销售系统数据互联互通，家校可以实时监控、指导孩子在校日常饮食等消费行为；四是实时给学生推送每餐饮食营养参考值并提供科学健康饮食指导意见；五是学段分区就餐，区间种植无土栽培日常食用有机菜，且用物联网记录生长日记，安排值日生管理记录劳动日记，把"谁知盘中餐，粒粒皆辛苦"场景化；六是饭后餐盘投入智能洗消设备时有过秤流程，记录每位学生是否有浪费行为。

（二）建设室外智慧健身房——激励学生打卡、健体、防疫

疫情期间室内健身房比较封闭，存在诸多防疫隐患，部分城市在市政公园运动区域配套建有室外智慧健身房，较好地兼顾健身与防疫需求。学校正与相关厂家洽谈设计"中小学校园版"室外智慧健身房。这个室外智慧健身房将建于学校操场一角，集各种适合师生日常锻炼的健身器材于一体，设计要求实现以下几个主要的智能化健身功能：首先是配合体育课标的达成，学生日常多使用这些健身器材就有利于体质达标考核，增强学生健身运动的主动性；其次是自动人脸识别"打卡"并智能评选"校园运动达人"，健身房显眼处设立大型显示屏，自动评选每天、每周、每月、每学期"校园运动达人"，并由学校颁发相关健身证书和奖品，打卡评奖功能将有效提升室外智慧健身房的激励性；再次是提供健身专业指导，学生可以登录厂家网站查询自己的健身数据，并与同龄段健身标准数据比对，获得网站健身教练的远程指导等，此项功能可有效提高师生健身的科学性。

（三）升级人脸识别预警系统——助力防控异常行为

以往特殊学校的"特殊学生"日常教育转化或发生较严重问题时，靠教师平常间断性观察或事后调查解决很费时费力，更难保证评判的客观全面与科学公正。"随着可穿戴技术、物联网与人工智能技术的兴起，传统教学场景中的多元化数据得以采集。研究者可以利用数据感知技术、一卡通、视频监控、智能移动

终端、穿戴设备、二维码、无线网网络设施等，随时感知与测量学习者的学习数据、生理数据、行为数据、管理数据等并对其进行记录和存储。"因此，要创建这样的信息化环境，把学生在教育教学公共场所的言行、表情等过程数据既有针对性、全程性，又能动态化、可视化地保留下来，以保证对学生问题的分析解决与教育转化的客观性与科学性。据说，深圳一中学生在自家小区不幸坠亡，坠亡前独自上天台抽了两包烟、喝了几瓶啤酒。可见，学生发生严重后果之前，有的存在一个可以干预的时空。因此，还要使校园人脸识别系统对学生涉足诸如楼顶天台等危险地带、午休晚休和课堂课间异常行动、情绪变化异常等情况及时预警，以赢得时间把严重后果解决在萌芽状态。

（四）人机结合发现学生特长——精准创台扬长强心

"特殊学生"之所以来到特殊学校，很多就是因为适应不了普通学校"以分数为纲"的评价方式。这也导致很多学生被追求升学率的普通学校"排斥"，被望子成龙的家长"训斥"，从而对学习失去兴趣和信心。但是，"特殊学生"里必有"特长生"。特殊学校有责任借助新技术等特殊手段助力孩子们健康成长！"分析建模是精准化学习评价过程中至关重要的一步。分析建模主要包括学习者画像、预测模型与预警模型三类。学习者画像通过采集到的基础信息、学业数据、学习资源等实时数据，基于文本挖掘、自然语言处理等方法，对学习者的学习特征与个性特征进行描述，帮助教学利益相关者了解学习者学习情况。"人脸识别、大数据和物联网、人工智能等新技术可以弥补传统仅靠教师肉眼、经验等的主观判断和有限时空观察的片面数据就对学习者个性特征下结论的不足。因此，要进行人机有机结合，以便科学、有效地发现"特殊学生"的学习个性特征，特别是其天赋、特长，为其发挥特长、增强学习兴趣和提振信心，成就不一样的精彩创设平台。

（五）创建校园数据中台——实现学校治理数据化

狭义地讲，数据中台是一套实现企业数据资产化的工具集；广义地讲，数据中台是一整套将数据用起来的机制和方法论，进而帮助机构实现数字化转型。目前学校信息化应用基本由不同企业设备、系统组成，数据孤岛问题突出，很有必要创建学校数据中台实现统一数据标准和数据服务，通过数据共享和交换实现跨域数据整合和知识沉淀，逐步消除校园信息孤岛现象。如，每学期将学生日常校园饮食等消费和健身运动的数据与操行评定、学习成绩、体质达标和体检报告等方面的数据进行比对，如果比对数据结果显示出学生日常注意科学饮食、健身运动后不但增强体质，还提高智力，或呈现出相反的行为和结果，将有效发挥大数据引领学生建立科学健康饮食、健身的观念和养成良好行为习惯的功能。又如，建立"特殊学生"成长电子档案，供专家"会诊"时回放、分析痕迹化管理记录的数据，以求得"特殊学生"的"特殊病因"，实现以信息化助力教育转化。

五、结语

特殊教育遇上非常疫情，只有努力创新教育理念，借力教育信息化，才能获得科学的专门学校治理新策略，精准破解后疫情期专门教育新问题，为"特殊生"健康成长创造更好的条件。

4. 浅谈"非对称性"视角下专门学校供给侧
改革和需求侧管理①

摘要：专门学校教育属于特殊教育。新时代专门学校要创新办学理念，积极践行"非对称性"教育理念，探索推出供给侧改革和需求侧管理的有效举措，以实现创设办学不一样的密码、成就师生不一样的精彩、不负特殊教育初心使命的办学追求。

关键词：专门教育；"非对称性"；教育理念

2021年，中央经济工作会议强调了"需求牵引供给、供给创造需求"，重点提及注重"需求侧管理"的同时，要求紧紧扭住供给侧结构性改革这条主线。

什么是专门学校?《中华人民共和国预防未成年人犯罪法》（下文简称《犯罪法》）这样表述："国家加强专门学校建设，对有严重不良行为的未成年人进行专门教育。"因此，可以给专门学校下这样的定义：专门学校是对有严重不良行为的未成年人进行专门教育的有效场所。什么是专门教育？"专门教育是国民教育体系中的组成部分，是对有严重不良行为的未成年人进行教育和矫治的重要保护处分措施。"专门学校属于特殊学校，从事的教育属于特殊教育，与普通学校最明显的区别是生源的特殊性。目前，我国各地专门学校主要有两类，一类是司法、公安等部门主办的专门学校，基本招收的是有严重不良行为甚至轻微违法

---

① 本文发表于《生活教育》总第326期，选编时略有修改。

犯罪的未成年人。这类学校相比教育部门主办的专门学校，特殊性、专业性和复杂性、隐私性更强。另一类是教育部门主办的专门学校，招收的学生基本也是传统定义的"双差生"——品行差、学习差，还有一些是心理存在某种程度的"情绪障碍者"。这类学校的学生按已有教育评价标准，在普通学校教师教不好，在家庭父母管不了，不得已才到专门学校接受专门教育。不管哪一类专门学校，其担负的专门教育是整个教育必不可少的组成部分，负有教育"兜底"的特殊使命。因为教育部门主管的专门学校更有专门教育的普遍意义，因此更应引起专门教育工作者的深入思考与研究。

一、专门学校供给与需求的主要问题

教育部门主办的专门学校教育供给与需求存在以下两大突出问题：

（一）学生评价问题

一是入口的招生入读和出口的转化毕业，目前全国没有特制、专业、权威的专门教育评价指标，各省市也基本没有教育主管部门制定的专门教育评价指标，基本是各学校自制的专门教育评价"土政策"。二是没有特设的专门教育课标、课程和教材，九年义务教育阶段基本还是用当地普通初中通用的教材版本施教，教师基本按普通初中或中职教材与课标施教与评价。三是初中专门学校学生毕业时基本还是要参加当地中考，这就导致教师实施教学时为了达到"对没有完成义务教育的未成年人，应当保证其继续接受义务教育"的要求，从某种程度上讲，还是离不开"分数"，这很不切合专门教育学校学生的实际。

（二）教师成就感问题

据不完全统计，全国为专门教育教师提供展示的平台极少，相比普通学校师生有中高考、数理化各科竞赛等各种"普通"的成功途径，专门学校师生鲜有"专门"的出彩通道。特别是教师，哪怕调入时与分到普通学校的教师一样其至更优秀，因为没了出彩通道，日常课堂学生也没能挑战教师的学识，不要说从事教育的成就感，很多学生在课上睡觉，让教师连认真备、上课都可能缺乏内动力。深圳是许多大学应届毕业生求职向往的活力之都，招收多少清北研究生、博士生入职中小学也成了近年市区教育部门、学校外宣的亮点之一。但是，深圳市唯一的专门学校——深圳市育新学校 2020 年招聘的 3 名全日制应届毕业研究生，适岗试用期 3 个月未满就有 2 名自动放弃入职资格，主要是因为专门教育工作难度高，成就感低。

二、"非对称性" 视角下专门学校教育供给侧改革与需求侧管理的主要举措

教育部门主办的专门学校虽与司法、公安等部门主办的专门学校名称一样，但前者重在 "教育"，后者重在 "矫治"，还是有性质的不同。因此，要办好这类专门学校，教育的供给侧改革与需求侧管理还需要探索不一样的举措。

（一）创新教育理念引领专门学校办学

特殊的学校、特殊的教育要管好、教好 "特殊" 的学生，必须有 "秘方"。教育的认识决定教育的行动。专门学校首先必须有不同于普通学校的独特科学教育理念引领，才可能有特效的科学办学行动。技术引领变革，"非对称性" 理念应信息技术迅猛发展而生，因此天生具有先进性。普通学校如果践行 "对称性" 教育理念，那么特殊学校、特殊教育就应有自己教育理念的 "杀手锏"。"非对称性" 教育理念就有 "杀手锏" 的意义，正好与专门学校、专门教育具有适配性。"非对称性" 教育理念的先进性与适配性，自然就成为专门学校、专门教育办学理念的时代性、创新性与必然性选择。何为 "非对称性" 教育理念？它指融合信息化思维、应用 "非对称性" 原理，建构关于特殊学校现代治理、教书育人 "非对称性" 的思维、思想，引导师生探索 "非对称性" 成长的方向、方法，以实现创设不一样的密码，成就不一样的精彩的办学追求。

（二）专门学校教育需求侧管理举措

"非对称性" 教育理念引领下，教师员工不忘初心使命践行 "非对称性" 教育理念，成就不一样的精彩，是专门学校教育需求侧管理的目标导向。

1. 强化办学初心使命

教育部门主办的专门学校所招收的 "双差生"，基本属于《犯罪法》界定的 "不良行为的未成年人"。这就需要教师员工以问题驱动直面学生各类问题，探究管教办法。暂时找不到管教办法的，也只能给予学生以最大的包容、呵护。否则，过早将其推向社会，就可能毁了孩子一生、毁了一个家庭，甚至给社会带来不同程度的负担或危害。因此，专门学校、专门教育有必要强化切实肩负为教育 "兜底" 的神圣使命。此外，普通学校教师经常有成就感甚至享受师生获奖等高光时刻，但专门学校教师员工即使成功转化了问题学生，为了保护其隐私与尊严，也只能讲教育情怀，做到 "俏也不争春，只把春来报"。教师只有心存特殊

教育使命与情怀，才能在特殊教育艰难的路上海人不倦。

2．注重典型案例

普通教育遵循的德育为重、教学为主，在"非对称性"视角下的专门教育如何理解和践行？德育为重方面，教师在对待有不良行为的"特殊生"时，既要注重对"不良"问题的分析分类，更要注重找到"不良"问题的科学教育良方，并做成一个个具有科学性、启发性、示范性的"特殊生"教育转化典型案例。教学为主方面，教师就要对不适应普通学校的"分数为纲"的评价方式的学生，淡化分数评价，转化为既注重发现"特长生"，更注重为其搭台铺路，并做成一个个赋能、赋值、强心的"特长生"培优扬长典型案例。

3．做好"四特"有机结合

何为"四特"？教工的特点、学生的特长、学校特色和政府特设（各级政府、教育主管部门和获得政府批准的有关专业委员会特意为专门教育设立的评比项目）。做好这"四特"有机结合，师生教学追求就能围绕政府特设的目标，用好学校特色的资源，发挥教工的特点和学生的特长，持久发力发功，就可能收获"特殊生"教育转化典型案例及"特长生"培优扬长典型案例等特殊的教育教学成果。

（三）专门学校教育供给侧改革举措

"供给创造需求。"专门教育的供给丰富了，师生教学的热情才高涨。"非对称性"教育理念引领下，为师生教学相长创设不一样的发展平台是专门学校教育供给侧改革的目标导向。具体举措如下。

1．对接政府"特设"，创建备赛队

要提高对"以赛促教促学""以奖荣教荣学"的认识。尽管各级政府或教育主管部门以及社会专业社团为专门学校教育设立的评比项目相对缺少，但专门学校领导更要珍惜稀有机会，对应各级"特设"评比项目，创建备赛队，坚持制度化训练，日常以"特设"项目驱动提升师生综合素养，参评时打有准备之战，力创佳绩，实现"以奖荣教荣学"。学校还要创造条件鼓励、支持师生积极参加面向各类学校师生的教育教学评比活动。

2．合理调整课标、课程、评价，争取自主中考

首先，要研制适合专门教育的课标与课程。与其教师上课"讲倒"一片学

生，不如适应 "特殊生" 学习基础与能力，对课标、教材进行合理的同频调整。学生能消化的，就讲全讲透；学生不易消化的，就降低难度与容量；学生消化不了的，就只简单介绍甚至不必讲了。昆明市专门学校金殿中学在全市统一课标、教材和中考的前提下，对教学提出 "降低难度、减缓坡度" 就是做了很好的尝试。其次，要研制适合专门教育的学业评价标准，并争取自主中考。评价与中考这根指挥棒不调整，课标、教材调整得再适合 "特殊生"，也可能难以落地。

3. 结合师生校 "三特"，创设社团密码

人通常是一个矛盾体，有强必有弱，有弱必有强。"特殊生" 里也必有 "特长生"。课内降难度、减容量后，课外就要结合师生校 "三特" 开展丰富多彩的课外活动，以发掘、发展各类 "特长生"，创设专门教育的社团密码。深圳市育新学校是一所集专门学校、全市中小学德育基地和职业高级中学 "三位一体" 的特殊学校。特别是国防教育方面，20 多年来，学校承担市直属学校高一新生军训的任务，已打造成办学的一面旗帜。20 世纪 90 年代，陈锡联老将军到校视察后给予高度肯定并题写 "深圳少年军校"。在新时代，学校发挥办学优势，研制军事素养校本课程2.0，打造的军乐团、国旗护卫队和虚拟航空研学等特色社团，成为校园的一道靓丽的风景线，让学生烙印教育的 "育新胎记"。军人的精神气质将成为学生将来走上社会过关斩将的 "人生密钥"，"军" 字特色社团也已成为学校新时代的 "办学密码"。

4. 中职教育部分技能培训项目适当下移

现在不少专门学校为解决初中毕业生的升学问题，配套建设了职业高中，有条件让中职教育下移，让学习文化课普遍吃力但动手能力普遍较强的初中学生扬长避短，提前接受职业技能培训。这种做法也符合《中国制造2025》有关技能人才培养的要求："坚持把人才作为建设制造强国的根本，建立健全科学合理的选人、用人、育人机制，加快培养制造业发展急需的专业技术人才、经营管理人才、技能人才。"

5. 创新校企研学合作机制，帮助学生正面了解社会

专门学校学生一般读书较少，社会间接经验不多，怎么办？有配建区域性中小学德育基地的学校以学校为营地中心，没有配建的学校或以学校或以某个青少年综合实践教育基地为营地中心，联合社会培训机构开发延伸至周边的研学路线和课程，努力创造条件让学生走出校门了解新时代中国特色社会主义建设新成

就，了解正面的国情、社情，培养正确的世界观、价值观和人生观。校企合作开展研学一是必须守住安全底线，确保学生外出可管可控；二是必须选择有办学资质和组织青少年外出开展研学经验丰富的培训机构；三是契约要明确各自的安全责任和保险类别等级。

6. 利用信息技术助力"特殊生"精准教育转化与安全防控

新时代学校管理者要建构信息化思维，使信息化与专门学校治理融合创新。比如，利用人脸识别系统等先进信息技术，不但可以监控学生异常出门或翻越围墙离校并第一时间发出警报，甚至从学生表情变化的异常、涉足诸如天台等安全警戒线的危险行为也可以马上自动报警。利用信息技术助力"特殊生"精准教育转化与安全防控必须做到两点：一要科学建模。这就要求汇集教育、心理和技术等方面专家的智慧，使信息化系统能科学、准确、及时读取、分析、判断、预警"特殊生"异常的表情与行为。二要严格保密。这就要求信息化系统对内要设置严格的调用权限与数据管理制度，对外要加强"防火墙"建设与适当升级信息安全"等保"，以保护学生隐私与尊严。

7. 利用特殊办学地位为师生争取权益

光讲特殊教育的使命、情怀而没有特殊教育的红利、福利，久而久之，使命、情怀也可能变得苍白无力。专门学校要巧用一般县、市一所的独特办学地位，巧借即将于 2021 年 6 月 1 日施行的犯罪法，争取主管领导支持，为专门教育特设诸如特教班主任、教龄和退休优待等专项奖补津贴、特教职称评聘指标、特教国际、国内专业交流培训和学历进修机会，以及以县、市名义组织的特教奖教奖学荣誉评比等项目。此外，争取上级出政策照顾教工子女入读优质学（园）。为师生特别是教工争取权益，才能确保教师队伍稳定并积极争优创先服务好学生健康成长。

8. 为普通学校"特殊生"教育提供解决方案

目前，各县、市一般只配建一所专门学校，不少地方满足不了当地专门教育的需求，个别学校甚至学位供不应求。有的学校因教育转化"特殊生"的成效显著，学位就供不应求，只能哪个学生问题严重哪个先入读。此外，由于部分家长、学生心存顾虑，或家长不肯，或孩子抵触，不能确保有需要的孩子都自愿到专门学校接受专门教育。因此，普通学校也需要专门学校提供"特殊生"教育解决方案。提供途径一是专门学校可以定期为普通学校德育骨干、班主任、"特殊生"家长开办专门教育培训班，二是定期为普通学校"特殊生"开办专门教育短期集训班。

9. 呼吁立法解决专门教育发展瓶颈问题

现在专门学校建设、专门教育发展碰到不少瓶颈问题，如专门教育指导委员会的牵头领导与工作机制、学校建设与教育装备配置标准、师资配备标准与特教津贴政策、招生规范与转化评估指标、课程与评价标准等。没有立法，只靠公检法教团等部门行政协调，很难突破瓶颈问题。各地专门学校要主动呼吁，推动当地党委、政府出台专门教育工作意见，并由县、市主管领导挂帅协调。有条件的地方要积极推动通过专门教育立法，从根本上解决瓶颈问题。2020年底，深圳市育新学校抓住国家创建粤港澳大湾区和新时代社会主义先行示范区"双区驱动"的历史机遇，借力深圳经济特区具有立法权的独特优势，取得市教育局领导大力支持，争取专项经费并通过招标购买第三方专业机构服务，启动研制"深圳经济特区专门教育工作条例"工作，将为各地以及国家专门教育立法闯出一条先行示范之路。

"非对称性"理念、供给侧改革和需求侧管理理论与专门学校建设、专门教育治理有机结合，是新时代发展的必然。虽然之前没有经验可借鉴，但随着对其引领新时代专门教育的理论价值的先进性的认识的加深，更多人参与探索研究、更多成熟研究成果涌现、更多专门学校师生受益也是必然。

5. 遵循非对称性原则，成就师生不一样的精彩
——2018年12月参加深圳市公办中学校长高级研修班学习与工作思考

2018年12月18至28日，笔者在东北师大参加"深圳市公办中学校长研修班"培训，通过听专家报告、下校调研和与学员交流，以及阅读教育书籍等环节，所学到的教育思想和所交流的办学经验等，对办好笔者所在的深圳市育新学校这所特殊专门教育（以前叫工读教育）学校，颇有启发。

一、学校特殊背景

（一）特殊的结构

深圳市育新学校是市教育局直属学校，创办于 1993 年，是正处级单位。其原先是一所初中工读类特殊学校，因为转化工读生的思想品德工作在全市、全省乃至全国树起了品牌，又发展成为深圳市中小学德育基地承接中小学生开展综合实践教育、开办少年军校，承担市直属学校高一新生军训，年均承接约 4 万名中小学生来校训练。后来为了初中工读生的升学出路，又创办了深圳市新鹏职业高级中学。在全国工读类学校首创"三位一体"的办学模式，得到全国同行的肯定和效仿。因为学校还成立面向社会成人开展拓展训练的具有独立法人的培训中心，所以学校其实是一块牌子四个业务部门。

（二）特殊的环境

学校虽是市直属学校，却偏居于市中心外约 40 公里的原深圳特区外的宝安区、现光明区。建校初期，校址所在地堪称"不毛之地"，选址目的可能是利于对工读生进行半军事化的封闭教育管理。

（三）特殊的生源

办学的特殊性决定生源的特殊性。初中生为来自全市的、以前习惯称谓的"双差生"——品行差和学习差，随着社会的发展变化，现在又增加了有某种程度心理障碍的学生——笔者基于保护学生和学校的特殊性，把以上学生暂且称为"特殊性学生"——后为解决这些学生升学出路办了职高，虽绝大多数学生面向全市招生，但学生主要由这三方面构成：一部分学生是在中考前普通初中主动与学校协商推送进来的所谓"双差生"，另一部分是成绩进不了市、区较好的职高不得以才报考进来的，只有学校"自主招生"部分才整体素质较好，但也远远比不上市区其他主要中职学校的学生。

（四）特殊的使命

学校担负着为城市教育"兜底"的使命——学生违法违规未到收监管教、心理障碍未达住院治疗的程度，学校就要无条件"兜底"接收。让每一个特殊性学生有书读，不至于过早被推回家庭或被推上社会，哪怕只有一个学生也要办好这所学校。这是育新学校见证深圳这座城市和教育发展的伟大之所在！这也是见证育新学校教师那种"俏也不争春，只把春来报"，一辈子默默耕耘、无私奉献的教育情怀之所在！

二、非对称性原则

《爆裂》是 2017 年度世界热销书籍。其中用举例子论述了在信息化时代"不对称性"所具有的"蚂蚁战胜大象"的威力，如，一些小规模的黑客团伙进入美国政府数据库带来了一场浩劫；失业操盘手纳温德·辛格·萨劳（Navinder Singh Sarao），在他伦敦公寓的电脑上安装了一个小程序，造成美国证券市场蒸发 1 万亿美元市值。虽然这两个例子有点负面，但不妨碍我们理解"不对称性"在信息化时代的爆裂力。因此，"非对称性原则"对特殊学校走内涵式、特色化发展有着特殊的指导意义！

在本次培训中，东北师大黄国宝教授在"差点教育"的专题报告中提出"尊重差异，研究差点，缩小差距，共享差别"的观点，也对育新学校这所特殊学校遵循"非对称性原则"，以促进特殊性学生的特殊成长具有现实的指导意义。

三、"三四五"办学发展总策略

学校在 2017—2018 学年度以"行知班"名义招了光明新区义务教育阶段两个普通初一班共 50 名同学，结果在全区学科教学水平两次检测中，除语文成绩与全区平均分不相上下外，其余各科平均分都大大低于全区，排在区公办初中末尾，甚至比几个民办初中平均分还低！光明新区教育行政部门教育科负责人把结果通报给学校并商谈如何努力提高学生成绩。学校教师虽努力，但到学年度期末考试时成绩还是远差于区其他学校。造成这样的结果，原因主要有：据说生源不是公平分配，而是由区公办学校"选择"后拨给育新学校的，且多是打工父母在小学五六年级才把小孩从内地转来深圳的学生，学习的基础和习惯较差；学校没有普通初中教学与教研经验。可见，特殊学校采用"对称性原则"与普通学校比拼是缺乏竞争力的，必须去短扬长才能真正给师生以希望，才能让师生得成就，才能为学校富内涵。因此，从 2018—2019 学年度开始，学校提出"三四五"办学发展总策略：

"三"是指发扬专门教育、综合实践教育和中职教育"三位一体办学模式"。明确提出，如市教育局未明确改变学校办学方向和定位，全校师生不再折腾，要结合已有办学定位，集合已有办学优势，汇合广大师生智慧，把"三位一体办学模式"发扬光大。

"四"是指打造文化素养、职业素养、信息素养和军事素养"四轮驱动育人模式"。这个模式是深入分析社会发展对人的要求，以及学校办学的已有优势和生源的特殊性而提出来的，力求以此创设办学的"育新密码"，让学生烙印鲜明的"育新胎记"。

"五"是指实施师资素养、课程与专业、学生社团、教育信息化和综合实践教育"五个三年提升行动计划"。"五个三年提升行动计划"都走了校内骨干征求意见、专家咨询论证和党政联席会民主审议的程序，力求以科学、务实、前瞻且具体、可操作的行动计划和措施把"三位一体办学模式"和"四轮驱动育人模式"落到实处。

四、探索中的初步收获

实施办学发展总策略的方法论是：巧设项目后精做案例。抓住契机设立重点教育项目，并精心做成典型教育案例，对启发师生结合自己教、学情境，科学理解、灵活应用"非对称性原则"，起到立竿见影又潜移默化的引领作用。

（一）做校长作业，谋民主管理

为了解学生对学校的需求，发动学生参与学校的民主管理，增强行政和教师服务学生和家长的意识，校长任职后在第一个开学典礼上就请学生给校长布置"校长作业"，结果共收集到115道作业题，再交学生会民主投票聚焦五道"2018年校长作业"：（1）聘请外教加强口语交际；（2）增设高考班；（3）提升专业课程设置；（4）改善校园环境；（5）改进订餐系统。"校长作业"也在升旗仪式上，富有仪式感地由学生会主席代表全体同学递交到校长手里，校长庄重接过作业意味着服务学生发展的庄严承诺！这一举措开始就得到校内外热烈反响：有的学生感动地留言："以往都是校长、老师给学生布置种种作业。这是我上学至今，第一次有校长愿意坐下来认真听我们的意见，让学生给校长布置'校长作业'"。有的老师这样点赞："'校长作业'体现校长先进教育理念，对学生的尊重和全心服务学生的成长，将有效推进学校的民主管理和学生的自主成长。"社会影响方面，南都、晶报和晚报等报纸，以及各流媒体相继当重要开学校园新闻予以报道或转载，标题有"大胆！学生竟向校长布置了115份作业"，有"深圳这位校长不按套路出牌开学就让学生给他布置作业"，两个星期左右点击量就近7万人次！2018年年底进行一次全体学生参加的民主测评，"2018年校长作业"完成情况得到学生98%满意的评价。

（二）学习好的人，恋爱也精彩

热爱书籍，勤奋好学，这是一个老生常谈的话题。如何让特殊学校的学生听得进去、学得进去？校长通过精备"校长讲坛"主题报告，迎合青春期学生心理需求，讲出学习的重要性。其中一个环节是引用学生们大多知道和会唱的《我多喜欢你，你会知道》这首歌，其中有句"我喜欢你的眼睛，你的睫毛，你的冷傲"的歌词，与不少同学读过的柳咏《雨霖铃》"执手相看泪眼，竟无语凝噎"比较后，再引用毛泽东送别妻子杨开慧写的《贺新郎》"眼角眉梢都是恨，热泪欲零还住"做进一步比较，得出结论："学习好与否，写恋人的眼睛眉毛都分出高低；学习好的人，恋爱都精彩！"这样讲学习的意义，不但让处于"善于钟情，善于怀春"阶段的特殊性学生感到新鲜、乐于接受外，媒体也给予积极报道。如南方都市报就通过传统和流媒体作了题为"接地气！深圳一校长为中学生开学打鸡血：学习好的人，恋爱都精彩"的报道，两周时间点击量超 20 万人次。

（三）送糖水乳鸽，温暖在点滴

香港中文大学（深圳）徐扬生校长在《摆渡者》一书中曾说过："学生长大后，老师教给什么知识大多忘记了，但能够震撼学生心灵的教师言行却一辈子忘不了！"笔者初中时是 80 年代初，农村物质还很紧缺。记得在紧张备战中考时，正是七月酷暑，有次午休时间后去找树荫复习功课，路过教语文的李老师的宿舍门口，他刚煲好解暑的红糖番薯生姜汤，马上盛一碗招呼我吃。在那个农村物质还紧缺的年代，特别是糖还是要凭票供应的紧缺物品，父母常教育不要随便拿、吃别人家东西，要学会刻苦，因为别人家也日子紧巴巴的！李老师是单身汉，其实是用小小的锅煮的，最多就两三碗糖水，我更觉得不好意思吃，但因李老师一见我影子就喊我进宿舍并马上盛好一碗糖水盛情递到我手上，我只好吃了。天酷热，人饥渴，红糖番薯生姜汤，还真是好喝解渴，按现在年轻人讲就是"爽"，真让人刻骨铭心！后来，本人考上县第一中学、大学，再分配到深圳工作，每逢假期回家、特别过年过节，必定备点茶叶或酒或月饼等手信去看望李老师，这几乎成为我回老家的"规定动作"。李老师也夸我是所教的学生中唯一年年看望他的，甚至有一回还当着一起去看望他的其他同学的面说，还有瓶酒是我送的，已珍藏了近 20 年了！

教师教育特殊性学生，更应该让他们有"震撼心灵"的成长经历！因此，2018 年高、中考期间，学校克服人手紧等困难，在高、中考期间两周时间，由校长带领行政和食堂师傅，在每天最热的午休后、上课前，给高三、初三毕业班同学送莲子银耳或红枣豆沙解暑糖水，赢得毕业班学生和教师好评后再接再厉，在 11 月举行的校运会期间，每天免费送一个荤菜给学生，特别是最后一天送食堂的招牌菜——每位学生一只卤炸乳鸽，使"乳鸽"成为学生盛赞该届运动会

"创新、超越、感动、怀念、乳鸽"等几个关键词之一!

在这次校长提高班培训期间,央视四套早间新闻播报日本有间学校推出"奖肉金"——学校给学优、学特的学生奖励"肉",由于可以凭奖肉券到附近定点餐厅吃烤肉,结果深受学生喜欢。育新学校于是借鉴日本做法,对在"非对称性原则"下表现突出的学生,推出"奖学鸽"——奖食堂招牌菜卤炸乳鸽,"奖学粉"——奖学生喜欢的炒河粉,等等。温暖虽是点滴,但在学生这个吃吃喝喝就容易得到快乐的岁月里,学校的真诚和精心,肯定对学生成长有着深远的影响!也许,五年、十年,甚至更久的将来,学生关于学校、关于老师、关于同学的美好回忆,可能就是这些点滴的温暖!

(四)建特色社团,强军事素养

特殊性学生与普通学生进行"对称性"竞争,如比拼读书考分、中考高考升学率、学科竞赛成绩等,肯定永远处于下风,更可怕的后果是又让他们受到"二次伤害",失去对学习、对学校、对老师的兴趣或信任,甚至失去对自己的信心!因此,以"非对称性原则"优化专业课程设置和丰富校园社团文化极其重要。2017届电商专业邹荣鹏同学,听说刚入校上课时基本在趴桌睡觉,但参加机器人社团后整个生命被重新激活。他2018年为参加上海交通大学自主招生机器人比赛,给校长发了这样的信息:"我是机器人社团的社长邹荣鹏。抱歉打扰您了,我们收到上海交通大学举办的比赛邀请。我们很希望参加,并且很有信心!这次的比赛对自主招生意义重大,所以我自己选择参加了这次的比赛,由于时间不足的原因,我想周末留在学校进行特训,加紧练习拼装、操作机器。教官说要学校的同意,请校长支持我参加比赛。谢谢校长!"有这样的学生校长当然很欣慰,立马回信强调安全和鼓励支持!针对学生处自然担心的安全和食舍管理等问题,校长马上协调有关主管行政,解决生活教官和食堂师傅的加班费等问题,为学生"非对称性"成长开绿灯!学校除承担直属学校高一新生军训外,还承担部分区中小学学生综合实践教育活动,且一直得到好评!为解决"墙里开花墙外香"的问题,学校2018年上半年决定每学度组织开展"强化学生队操集会规范"评比活动,除强化本校学生军事素养外,还于下半年开设"国旗护卫队"和"军乐团"两个与军事特色匹配的社团,计划用两三年时间建成全市中小学独一无二且社会声誉鹊起的品牌校园社团,更力求强化学生军事素养,使之成为学生核心素养的硬核和教育的"育新胎记","以点带面"打造能影响学生一生,特别在人生遭遇艰苦岁月时能发挥"胜利在最后五分钟"关键作用的坚强军人品质!

（五）析社会发展，构未来概念

笔者记得 80 年代初读县第一中学时，有个老师在课堂讲完课后"插曲"畅想未来："未来每个人必备三种能力：外语、电脑和开车。"那时，外语大家正在勉强学，目标只有高考，根本没想到过出国时和到外企就业时应用。电脑没见过，但高二学校分来了一位北师大毕业、学过计算机的老师，他开设第二课堂，给同学讲了几节 BASIC 语言，纯口讲和板书，同学连电脑是啥样的挂图也没见过，加上大家一心解题背书冲高考，自然脑海里没有关于电脑的印象。那时农村普通家庭连单车都买不起，城里重要单位才有汽车，农村学生见过汽车但没机会更没钱极少坐过，上县城读书多数由亲人踩单车送，个别家境好的同学才自己踩单车上学，所以关于开车更没有丝毫念想。目睹现在出国游热、手机电脑控和车多堵城等现象，不得不怀念、敬佩 30 多年前县城第一中学校长、老师教育的前瞻理念和开阔视野，以及对学生未来成长所产生的强大的引领力！

现在科技突飞猛进，时刻引领社会深刻变革。"春江水暖鸭先知"，教育如果做不了"先知鸭"，没有先知先觉就不可能教出适应社会变革发展的学生。在 21 世纪的第一个十年，笔者判断，未来每个人最少要具备五种能力：信息化应用能力、创新能力、职业规划能力、社会情绪能力（EQ2.0 版）、健康管理能力。这个判断，要通过"校长讲坛"，还要通过每个教师课堂，逐步传递给学生，共同建构关于未来的概念，让学生更好地适应未来的发展。引领学生建构未来概念，这是教育的重要使命！

宋代禅宗大师青原惟信提出参禅的三重境界：开始见山是山，见水是水；后来见山不是山，见水不是水；到最后见山还是山，见水还是水！这对办学校、当校长也是很有启发的！笔者于 2001 年开始任第一任校长期间，重在模仿别人的治校经验；2003 年开始任第二任校长时，重在学习建构新潮理念；2018 年在当了八年教育局正副处长后，年龄也上了五十，又回到学校开始第三任校长任期时，重在追求教育情怀，让育人回归朴真。因此，育新学校这块特殊教育的园地，本人在治理上会把她当作"四面红旗"——深圳中学、实验学校、外语学校和高级中学四所全市直属名校去用力；育人过程的每个日常案例，在策划上要把它做成"唐诗宋词"去用心。遵循非"对称性"原则，这样坚守、坚持下去，育新学校创设"育新密码"和烙印"育新胎记"，让师生教学相长、成就不一样精彩的教育梦想就一定能梦想成真！

6. 专门学校师生"非对称性"成长路径初探

摘要： 2021 年 6 月 1 日实施的《中华人民共和国预防未成年人犯罪法》特别强调依法办好专门学校和专门教育。新时代专门学校要创新办学理念，积极践行"非对称性"教育理念，探索师生"非对称性"成长路径，以实现成就师生不一样的精彩，不负专门教育初心使命的办学追求。本文在践行"非对称性"教育理念，探索师生"非对称性"成长路径方面具有一定的理念和策略的先行示范价值，以期能为新时代专门学校治理提供一定的借鉴意义。

关键词： 专门教育；"非对称性"教育理念；"非对称性"成长路径

新修订的《中华人民共和国预防未成年人犯罪法》已于 2021 年 6 月 1 日正式实施，其中给专门学校教育赋予新时代使命。如何不辱新时代教育使命，为新时代青少年健康成长护航保驾？每一位专门教育工作者要深入思考和切实行动。

一、特殊的办学定位必须配置特殊的办学理念

什么是专门学校？《中华人民共和国预防未成年人犯罪法》这样表述"国家加强专门学校建设，对有严重不良行为的未成年人进行专门教育。"因此，可以给专门学校下这样的定义：专门学校是对有严重不良行为的未成年人进行专门教育的有效场所。什么是专门教育？"专门教育是国民教育体系中的组成部分，是对有严重不良行为的未成年人进行教育和矫治的重要保护处分措施。"可见，专门学校相比于普通学校、特殊学校具有自身的独特性和复杂性。

教育的认识决定教育的行动。专门教育必须建构专门的办学理念，才能引领专门学校采取不同于普通学校、特殊学校的独特的科学的能见特效的办学行动。《爆裂》是 2017 年度世界热销书籍，其中举例子论述了在信息化时代"不对称原则"所具有的"蚂蚁战胜大象"的威力。习近平主席曾明确指出："我们在科技方面应该有非对称性'杀手锏'，不能完全是发达国家搞什么我们就搞什么。"技术引领变革，"非对称性"理念因应信息技术迅猛发展而生，因此天生具有先进性。如果普通学校、普通教育穿"对称性"的鞋走路，那么专门学校、专门教育就应该穿"非对称性"的鞋才合自己的脚。"非对称性"教育理念就有"杀手锏"的意义，正好与专门学校、专门教育具有适配性。"非对称性"教育理念

的先进性与适配性，自然就成为专门学校、专门教育办学理念的时代性、创新性与必然性选择。何为"非对称性"教育理念？它是指融合信息化思维、应用"非对称性"原理，建构关于专门学校现代治理、教书育人"非对称性"的思想、思维，引导师生探索"非对称性"成长的方向、方法，以实现创设办学不一样的密码，成就师生不一样的精彩的办学追求。

二、"非对称性"成长路径

在"非对称性"教育理念引领下，专门学校针对独特的教育对象如何探索师生"非对称性"成长路径呢？下文阐述粗浅思考及策略。

（一）问题导向，做精"专门生"教育转化典型案例

以往都把专门教育（以前称"工读教育"）、聋哑儿童教育称为特殊教育，但国家"十四五"规划已明确了"普惠性学前教育、特殊教育和专门教育"为不同定位且为并列关系的教育类别。因此，称接受专门教育的学生为"专门生"，以示有别于接受特殊教育的"特殊生"。专门学校教育对象既然是"有严重不良行为的未成年人"的"专门生"，学校和教师首要的使命就是以问题为导向，以典型案例为抓手，探索"专门生"教育转化的"杀手锏"策略。

（1）管理数据化。应信息技术的发展，加快信息技术与专门教育的融合创新。以往"专门生"日常教育出现或突发较严重的问题，靠教师平常间断性观察或事后调查了解来解决问题很费时费力，更难保证客观全面与科学公正。"随着可穿戴技术、物联网与人工智能技术的兴起，传统教学场景中的多元化数据得以采集。研究者可以利用数据感知技术、一卡通、视频监控、智能移动终端、穿戴设备、二维码、无线网网络设施等，随时感知与测量学习者的学习数据、生理数据、行为数据、管理数据等并对其进行记录和存储。"要创建这样的信息化环境，把学生在教育教学公共场所的言行、表情等过程数据既有针对性、全程性，又能动态化、可视化地保留下来，以保证对学生出现问题的分析解决与教育转化的客观性与科学性。

（2）探索会诊制。"专门生"问题形成及较严重问题突发都涉及比较复杂的家庭与社会背景，以及教育与心理、道德与法制等多方面因素，更因目前我国各级师范院校也几乎没有开设专门教育专业，故教师也基本上是到了专门学校才开始在专门教育岗位上学习专门教育，所以仅靠几位教师、一个学校的力量，明显不够应对学生"跨界融合"的问题。医院对疑难杂症有组织各科专家召开病情"会诊"的制度，专门学校可以借鉴探索建立"专门生"严重问题的"会诊"机

制，召开教育、心理、公检法团等跨部门、跨专业联席会，回放、分析迹化管理记录的数据，以求得教育转化"专门生"的"专效药"。在此基础上对"专门生"的每类问题进行科学归类，如网瘾、烟瘾、攻击性、校园欺凌、习惯性偷盗等，每类问题由 2~3 位教工组成教育转化指导小组，同时外聘专家定期指导，坚持跟踪学生在校就读 2~3 年，甚至在学生自愿前提下跟踪升学、就业后 3~10 年的数据，以探究学生每一问题类型的成因及教师教育转化是否取得"杀手锏"的效果，并认真建档和做成"专门生"教育转化的典型案例。这也是专门学校教师岗位专业培训最重要、最有效的途径。

（3）打磨分享会。普通学校师生在各级评比活动争金夺银后会开"分享会"以介绍经验、发挥榜样的力量，但专门学校没有多少这样出彩的机会。怎么办？要创造"专机"——专门教育专业成长的机会。精心打磨举办"专门生"教育转化典型案例分享会就是这样一架"专机"，让一线教师成功的介绍经验，失败的介绍教训，让所有教师"乘机"收获成长经或成就感。定期举行教育转化典型案例分享会要成为专门学校教研活动的新常态，并通过分享会平台总结、提炼出"专门生"的问题类型与教育转化模式，努力把分享会打磨成助力专门学校教师专业——实践与理论双提升的重要平台，更把分享会办成传承专门教育精神、浓厚专门学校文化的高端专门教育论坛。

（4）健全保密制。为保护"专门生"隐私与尊严，要健全学校保密制度，强化教工保密意识，加强典型案例材料保存、使用的技术防护，通过"人防"与"技防"双管齐下，使学生过程数据和案例情节得到有效管控。

（二）专长挖掘，做精"专长生"扬长强心典型案例

"专门生"里必有专长生。人通常都是一个矛盾体，有强必有弱，有弱必有强。古希腊神话里有个力大无穷的勇士叫阿喀琉斯，但他遗憾地存在致命弱点"阿喀琉斯之踵"。电视剧《暗算》里的"阿炳"虽眼睛不行，然而耳朵特灵，才被培养成电讯侦听高手。美国教育学家和心理学家加德纳博士于 1983 年提出多元智能理论，并在以后的时间多次加以发展。该理论认为，每个人身上至少存在八项智能，即语言智能、数理逻辑智能、音乐智能、空间智能、身体运动智能、人际交往智能、自我认识智能、认识自然智能。相当一部分"专门生"是因适应不了"以分数为纲"的管理制度和评价标准才被普通学校"排斥"的，很多也因成绩差才常常被望子成龙的家长"训斥"的。这就导致这些孩子出现或厌学逃课逃学或怕家长打骂离家出走的常见现象，甚至出现不可挽回的严重后果！在"非对称性"教育理念引领下，专门学校另一重要的使命就是给予"专

门生"以最大的包容和尊重，进而想办法唤醒激活"考试分数"之外的智能，发掘、发挥专长让其体验学习兴趣和增强学习信心。

（1）"人机"结合发掘专长。分析建模是精准化学习评价过程中至关重要的一步——分析建模主要包括学习者画像、预测模型与预警模型三类。学习者画像通过采集到的基础信息、学业数据、学习资源等实时数据，基于文本挖掘、自然语言处理等方法，对学习者的学习特征与个性特征进行描述，帮助教学利益相关者了解学习者学习情况。人脸识别、大数据和物联网、人工智能等新技术可以弥补传统仅靠教师肉眼、经验等的主观判断和有限时空观察的片面数据就对学习者个性特征下结论的不足。因此，做精"专长生"扬长强心典型案例的首要工作是"人机"结合，以便科学、有效地发现"专长生"的学习个性特征，特别是他们的天赋、特长。

（2）"四特"结合培优育长。何为"四特"？教工的特点、学生的特长、学校的特色和政府的特设（各级政府、教育主管部门和获得政府批准的有关专业委员会特意为专门教育设立的评比项目）。做好这"四特"有机结合，师生教学追求就能围绕政府特设的目标，用好学校特色的资源，发挥教工的特点和学生的特长，持久发力发功，就可能收获做精"专长生"扬长强心典型案例的奇效。深圳市育新学校近30年来承担市直属学校高一学生军训任务，军训效果曾被陈锡联老将军盛赞并题写"深圳少年军校"牌匾，2017、2018年还分别被教育部评为"全国国防教育特色学校"和"全国国防教育示范学校"。学校近年创建军乐团、国旗护卫队及航空虚拟研学社团三个"军"字特色社团，得到学生踊跃参加，所塑造的军人精神不但成为新时代办学的"密码"，还为学生打造了一把开通以后人生路层层关口的"密钥"。

（3）"初高"结合实操助长。一位专门学校的教师讲过一个案例：有位学生听文化课基本在睡觉做梦，后来参加机器人社团，如打了鸡血一样，反过来睡觉还做机器人训练的梦！该生后来连夺市、省、国家级机器人比赛奖牌，进入大学后组建机器人社团并当团长，毕业后自创高新科技公司还获政府扶持资金。为解决专门学校初中生升学"出口"问题，全国部分专门学校已配套中职教育。既然学生静坐听文化课是短板，动手实操是长项，何不探索"非对称性"教育路径，先重视技能训练为学生扬长、激趣和强心后，再水到渠成引导学生强化文化课学习以增强发展后劲，实现梦想呢？做法一是调整文化科课标和课程。针对专门学校使用全国义务教育统编教材和参加当地普通中考的现状，昆明金殿中学就提出"降低难度，减缓坡度"的思路，多年来坚持进行尝试并取得较好成效。适当降低难度和减少内容，腾出的教学时空就增设特色社团课程和非智力因素磨炼项目，在趣、情、意三方面为学生打好发展基础。广州金穗中学就开设了武术、美术和民乐等特色社团，很好地为"专门生"扬长，在全国不少专门学校招生难的背景下，学生入读该校有部分家长还要"托关系走后门"。做法二是职高技能培训适当下移到初中。此举有利于通过动手实操唤醒文化科课堂沉睡的学生，激活天赋特长，助力"专门生"体验在普通学校体验不到的不一样的精彩！上述案例中的同学，爱上机器人训练后，为追求精湛技术和比赛成绩，开始自觉克服困难学习数学、物理等知识，为做好机器人有关编程和电池电能维护项目，为了参加上海某大学机器人项目自主招生，专门向校长申请双休日、暑假留校训练备考。"非对称性"教育路径是有可能让"专门生"实现由"不爱学习、抵触文化课"华丽变身为"爱学习、钻进文化课"的！

（4）"赛贸"结合创台扬长。目前，国家层面推出促进职业教育、大国工匠培育等一系列重大活动，已有被称为"普高有'高考'　职高有'国赛'"的全国职业院校技能大赛，还有 2020 年第一届开始、以后每两年举办一届的全国职业技能大赛。每届"国赛"必有副总理级国家领导人参加开幕式和巡赛，比如第一届全国职业技能大赛时习近平主席发贺信，李克强总理作批示，胡春华副总理出席开幕式，广省委书记李希致辞，可见国家对职业教育、大国工匠培育和国家"智造"的空前重视和迫切期待！已配套中职教育的专门学校，要抓住国家高度重视职业教育的历史机遇做好"赛贸"结合工作，为"专门生"创台扬长。一是可创设校园技能交易嘉年华。每年度举办一次校园师生技能交易嘉年华，可以是产品交易，也可以是技能展示，还可以是技术成果转让等贴近市场经营的模式。要浓厚校园技能交易嘉年华的节日文化氛围，办成学生、老师和家长如期待中秋、春节和生日一样共同期待的校园学习成长节日。还要开发虚拟交易平台和校园"数字货币"，设置交易与评奖规则，谁的点击量大，谁的交易量大，谁就是嘉年华之王，以此促进学生个性特长发展，成就不一样的精彩。二是要奔走在"参赛夺奖"的路上。深圳市育新学校把"汽修钣金"作为突破口，组建学生社团多年来坚持刻苦训练、科学训练，终于在 2020 年夺得全国职业院校技能大赛一等奖（金牌），这不但是学校近 30 年办学史上学生参加"国赛"夺金"0"的突破，还很有可能是全国专门学校办学史上学生参加"国赛"夺金"0"的突破！"国赛"不要说夺金，连出线参赛资格对全国绝大多数知名国家级示范中职学校都是可遇不可求的事！此面首金，在校内发挥了很好的榜样的作用，汽修专业科组长借机发动科组全员行动，发掘学生专长进行有计划培训备赛，全校教工也因此被唤醒，自觉克服专门教育职业生涯在创佳绩方面的内卷，纷纷开展备赛队日常化训练并屡创佳绩；在校外更是产生了很好的社会影响，领导、专家、家

287

长和媒体给予盛赞、宣传，有效增强了师生的自信心。"苔花如米小，也学牡丹开。"任何时候都要坚信："专门生"有了适合的机会、平台发挥专长，也一定能筑梦、圆梦！有梦想才有动力，有动力才有生命力！不管结果如何，学校和师生有为参加各级评比争创佳绩的目标追求，校园就有正能量，技能就有大长进，师生就有精气神，教育就有生命力。

（三）机制保障，强化"专教业"兜底教育初心使命

称专门教育事业为"专教业"的提法也是为了区别于特殊教育事业的"特教业"。专门教育业内，包括各级领导、专家经常这样评价专门学校和专门教育的价值：挽救一个孩子就挽救一个家庭，转化一个孩子就保一方社会平安，多一所专门学校就少一所少管所，多一名专门学校学生就少一名监狱少年犯。因此，在某种意义上讲，"专教业"具有"兜底教育"的特殊使命！内卷化，指一种社会或文化模式在某一发展阶段达到一种确定的形式后，便停滞不前或无法转化为另一种高级模式的现象。"专教业"与"特教业"以前同属于特殊教育，但是教育对象为生理残障学生的特殊学校获得政府的重视与社会的关注、家长的支持远超专门教育，因为专门学校的家长一般都"有苦难言"，各级领导对这块教育也一般都"只做不说"，再加上出于保护学生隐私需要，教师教育转化"专门生"的成效哪怕再明显，也只能秉持教育情怀默默奉献，做到"俏也不争春，只把春来报"。教师也是社会的人，被"冷藏"太久了，情怀也会变苍白的！因此专门学校的教师相比于普通学校甚至特殊学校是更容易产生职业的内卷化的。"问世间情为何物，直教人生死相许。"要解决专门学校教师职业内卷化的问题，也要在"情"字——教书育人之情怀上下足功夫。

（1）助燃。教师的专业成长是需要学校创设平台的，也是需要专家引领的，更是需要校长"点火扇风"的。燃点是指在规定的试验条件下，应用外部热源使物质表面起火并持续燃烧一定时间所需的最低温度。校长的领导力首先要体现在降低教师投入工作的燃点，帮教师"点火"快热进入工作状态，并持续"扇风"让教师保持激情燃烧的工作态势。对青年教师可以开设青师训练营，对资深教师可以开讲示范课堂，对各级赛项可以开展备赛队训练，对学生教育转化工作可以开征教育故事和教育案例，对普通学校的德育骨干和普通学校类似"专门生"却因种种顾虑没到专门学校就读的学生的家长开办"专门生"教育转化经验、成果等的交流、分享、辐射平台，等等，学校领导必须开启"非对称性"治理思路，给教师创造"情势所逼"和"被人需要""做有所值"的工作氛围，保持干事创业的热情，并借热情激发干事创业的智慧。

（2）献花。专门教育要求教师对学生充满爱心，从事专门教育的教师工作难度大、成就感低，甚至可能随时挨学生打骂、家长怪责，也很需要学校领导的关心。电影和小说常有这样的情节：女生不高兴甚至哭鼻子了，男生突然从背后献上一束鲜花，女生往往就展颜而笑！可见鲜花在女生心中的魅力！一般学校女教师都占相当比例。深圳市育新学校针对这种情形，在教师入职退休、生日过节、夺取奖项荣誉等重要时刻，都举行仪式感很强的献花仪式。校长在某个三八节给女教师献花时还郑重表态：送给女教师的花要比送给太太的花多！女教师收到校长送的花要比男朋友或先生送的花多！一束鲜花，物轻意重，代表着学校领导对教师的关心，对教师工作的肯定，自然暖了教师的心，浓了教育的情。

（3）保障。要求专门学校的教师永葆专门教育的情怀，不辱专门教育的使命，但是如果没有一定的机制保障，久而久之，情怀与使命也会在现实面前变得苍白。专门学校要采取"非对称性"策略，主动争取上级重视支持，寻求完善保障机制。一是要"哭"，就是要讲好专门教育不容易又感人的故事，感动各级领导，寻求大力支持。二要"呼"，就是要联合党代表、人大代表和政协委员，各界专家、历届家长及各种媒体、平台，共同呼吁，力求整个社会重视、支持专门教育，大气候形成了，小气候自然优良。三要"诉"，就是要提出急需且务实的诉求。特殊教育院校毕业的学生只能应聘到特殊学校，故特殊学校一般不存在招不了人、留不住人的问题。但是，目前几乎没有专门教育院校，专门学校只能招聘普通院校的毕业生，而普通院校的毕业生大多担心专门教育太难做而不愿应聘，故专门学校普遍存在招人难、留住人才更难的问题。诉求的远期目标是争取国家或地方立法，保障专门学校师生切身权益和发展必配资源；近期目标是争取地方政府主管部门制定政策，使教师从事一定年限并在专门教育岗位退休后能继续享有"专教津贴"，和设立专门教育专项评先评优，使教师专享"专教荣誉"等。

三、探索专门学校师生"非对称性"成长路径的原则

探索专门学校师生"非对称性"成长路径要遵循以下三个最主要的原则：

（一）生本原则

教师眼里是先看到"问题学生"还是先看到"学生问题"，是有本质不同的。只有先看到"学生"，以生为本，即看到人，看到生命，看到希望，看到未来，教师才能增强使命，才能升华情怀，才能真正找到解决"学生问题"的"非对称性"成长路径。

（二）双成原则

教师只有先成长学生，才能成就自我。

（三）自愈原则

自愈是一种稳定和平衡的自我恢复调节机制，抑制自毁或者说抑制事物的衰减即自愈。自愈系统是生物储存、补充和调动自愈力以维持机体健康的协同性动态系统。自愈系统发挥作用的能力就表现为自愈力。在学生某个特定的年龄段或状态里，他自己可能摆脱不了问题的困扰，教师也可能找不到有效解决学生问题的方法路径。学校、教师只有坚持自愈原则，包容、宽容学生们留在学校，以延缓、阻止他们过早进入、接触网吧、酒吧等不适合他们的场所，静待花开，也许等到学生们心智再成熟一点的时候，不少学生的问题就可能自愈。

"非对称性"教育理念是一个创新的教育理念。探索师生"非对称性"成长路径虽处于尝试起步阶段，但由于其具有的先进性与适配性，我们完全有理由坚信其在专门学校办学过程中将不断彰显引领教育的强大生命力。

7. 浅谈深港澳联合举办中小学生国情研学旅游的深圳设计①

摘要： 深港澳联合举办中小学生国情研学旅游能达成"特殊使命"，可以聚焦"深圳精神"和"港澳精神"的独特主题，创立三地联动机制，预算专项经费，支持科学设计路线与课程。联合举办中小学生国情研学旅游的深圳设计要点是，以深圳市中小学德育基地为营地，开发延伸到周边具有代表性的场馆和高新企业的研学旅游路线，并研发体现"四突出"——突出人物、体验、叙说生活化和三地学生交流融合的国情研学旅游课程，讲好特区故事和弘扬深圳精神。

关键词： 国情教育；研学旅行

① 本文发表于《中国电化教育》2018 年 12 月总第 383 期，第一作者为唐烨伟，第二作者为钟绍春，杨焕亮和陈颖为第三作者，选编时略有修改。

何为国情教育？"国情就是一个国家在一定时期内存在的那些既定的、社会发展不可缺少的各种条件。我们说要进行国情教育，是指运用科学的纵横对比方法研究我国历史、政治、人口、自然、经济、社会制度等基本国情的教育。"

如何有效开展中小学生国情教育呢？把国情教育和研学旅游有机结合起来，开展国情研学旅游是实施国情教育一条生动的、有效的途径。教育部等 11 部门《关于推进中小学生研学旅行的意见》（教基一〔2016〕8 号）指出："开展研学旅行，有利于促进学生培育和践行社会主义核心价值观，激发学生对党、对国家、对人民的热爱之情。"中共中央国务院印发的《粤港澳大湾区发展规划纲要》也强调："强化内地和港澳青少年的爱国教育，加强宪法和基本法、国家历史、民族文化的教育宣传。开展青少年研学旅游合作，共建一批研学旅游示范基地。"由此可见，开展中小学生国情研学旅游不但是教育发展的自身需求，也是新时代社会发展的客观需求，还是深港澳三地融合发展的"特殊使命"需求。

深港澳教育部门如何有效整合三地教育资源举办中小学生国情研学旅游？下面从主题与路径两方面浅谈三地联合举办中小学生国情研学旅游的深圳设计。

一、聚焦独特主题

菜馆要给"吃货"出品招牌菜才能打动顾客的心，不一定能让过客变成回头客，但一定要努力给过客留下一辈子美好的回味。深圳举办国情研学旅游，一定要让中小学生感到收获明显不同于到北京、到井冈山，这一点很重要！因此，深圳研学旅游设计一定要聚焦于讲好改革开放的特区故事，弘扬"敢闯敢试、开放包容、务实尚法、追求卓越"的深圳精神。港澳可以基于独特历史背景，弘扬港澳人代代打拼而凝聚的"港澳精神"。

二、规划科学路径

（一）创立联动机制

"工作千万条，领导重视第一条。"联合举办国情研学旅游要达成"特殊使命"，第一条是要求三地教育主管部门要牵头创立联动机制，统筹领导规划。

（二）预算专项经费

"兵马未动，粮草先行。"研学旅游不是平常自愿、自费、自主意义的旅游，必须建有"大本营"，也必须坚持公益性原则。因此，三地教育主管部门要预算专项经费，支持新营地创建或旧营地改造完善、路线开发与课程研发、队伍培训，以及购买社会专业服务、培育示范营地等经费。

（三）做"特"深圳设计

国情研学旅游的深圳设计，如何讲好特区故事，弘扬深圳精神，有效体现特区的"特"？总的思路是做到"六个好"，即要建设好营地，开发好路线，研发好课程，培训好队伍，培育好市场，研制好评价。

（1）关于营地。深圳市育新学校加挂了深圳市中小学德育基地的牌子，先后开发国防教育、法制教育、生态教育、环境教育、劳技教育、科技教育等6大系列综合实践教育课程，建设有国防教育馆、法制教育馆、禁毒教育馆、科技教育馆、公共安全教育馆等十几个场景课程，并配套建设有卫生、安全的吃住条件。基地目前一批能承接1 000多名学生开展研学、200多教师开展培训，自1994年开办至今已近28年，共承接深圳、广州、东莞、港澳的中小学生开展综合实践教育已近100万人次。基地抓住"双区驱动"的机遇，争取市教育局支持，于2021年12月获"深港澳教育交流基地"授牌，并成功承办首届深港中学生联合国情研学活动。基地目前正加快推进投资近4亿元的升级改造工程，改造后占地面积5.8万多平方米，建筑面积8万多平方米，承接量由每批1 000名学生增加到3 000名学生，而且通过科技建馆，场景课程功能也将得到极大提升。新基地可为深港澳中小学生联合举办国情研学旅游提供优良的营地。

（2）关于路线。以深圳市中小学德育基地为营地，通过参观东门步行街、深圳市博物馆、大潮起珠江展馆和莲花山特区纪念公园等代表性场馆了解特区故事，通过参观华为、腾讯、光启、大疆等高新科技企业体验深圳精神。

（3）关于课程。根据以上路线，聘请三地专家和骨干教师联合研发国情研学旅游课程，基本思路如下：一是注意"两区别"，即深圳与港澳学生的区别、中学与小学学生的区别，以增强课程的针对性和适用性；二是开设"三类班"，即双休日班，学期内一周班，寒暑假十天班，以满足三地各类学生或学校的国情研学旅游需求；三是体现"四突出"，即讲好故事突出人物，"躬身入局"突出体验，将"天边"拉到"身边"，将"有意义"变得"有意思"突出叙说生活化，随机混合编组、创造机会让三地学生交流交友突出联合融合。

（4）关于队伍。主要是要求教师要迎接挑战，适应两种新情况：一是由"基地"变为"营地"，由基地内开展"综合实践教育"延伸到基地周边开展"研学旅游"，课堂由相对封闭变为相对开放，教师要提高对开放课堂的组织、驾驭能力；二是深圳教师要面对港澳学生，港澳教师要面对深圳学生，学生经历、观念、学识等方面有相当不同，教师要有能力调整自身角色和教学设计等，以变应变。

（5）关于市场。研学旅游毕竟存在一定程度的"旅游"概念和安全风险，组织管理对学校而言存在明显的短板。虽坚持公益性原则，但也有必要创新机制，购买服务引入社会第三方专业机构（企业）参与研学旅游组织管理，补学校短板，保研学效果，控旅游风险。

（6）关于评价。最重要的一条是实现国情研学旅游学分互认，计入学生以后三地升学总成绩，甚至成为学生毕业后三地就业应聘的重要履历、资历。

深港澳联合举办中小学生国情研学旅游涉及三地两种制度，推进一定会遇到各种困难甚至阻力，但是只要三地教育主管部门和中小学建立共识、齐心合力推进，"特殊使命"就一定能走在达成的路上。

第七章

探索教育理念　做出教育故事

1．他有一股使不完的劲①

要不是与他朝夕相处，我真不相信有这样的一位老师：大学毕业后不仅愿去小学任教，而且任教的学校是各方面条件都较差的梧桐山小学。他在偏僻的梧桐山上，任劳任怨、勤勤恳恳地工作，似乎有一股使不完的劲。他就是陈建华老师。梧桐山小学在罗湖区长久以来成绩排名都是倒数第一。就拿 1989 年毕业班来说吧，全班 26 个学生，就有 6 个三科总分不够 150 分而未能升上中学，语文平均才 50 多分，数学仅 27 分。罗湖区教育局的某同志在一次学年总结大会上曾毫不客气地说："梧桐山小学的学生学习成绩最差。"这句话呛得梧桐山小学的师生们连气都喘不过来。

在小学，带毕业班的担子最重，压力也最大，因为毕业班的成绩往往是学校工作成绩的集中反映。学校经过多番研究之后，决定让大学毕业生陈建华老师挑起带毕业班这副重担。

那是一个酷热的艳阳天，陈老师暑假提前一个月来到了学校。只见他肩上背着一个沉甸甸的袋子，手里还提着一大包沉甸甸的东西。这时，他的白衬衣全湿透了，好像刚从水中捞起来似的，黑黑的脸上挂满了汗珠。"有好吃的?"我正

---

①　本文发表于《深圳特区报》1991 年 1 月 12 日，获"园丁颂"征文比赛三等奖，选编时略有修改。

在悠闲自得地在林荫下纳凉，看到他，便迎了上去。"我几乎跑了整个广州的书店，才买到这些复习资料。""唔……"我顿觉语塞，一时说不出话来。

第二天，陈老师还没好好休息，就马上召集毕业班的学生，针对他们基础差的特点，开始了全面的补课。他本来毕业于中文专业，教的是语文，现在不仅要给学生补习语文了，还要补习数学、英语。闷热的白天，他在讲台上一站就是四节课。不几天，他的声音就变得沙哑了。下课后，口渴得发苦的陈老师还要到厨房里自己动手烧水、做饭。晚上，他又在房间里埋头备课。梧桐山上的蚊子又大又厉害，可全身心扑在备课中的陈老师竟毫无察觉，第二天早上才发现脚上布满了被蚊子叮咬后留下的块块红斑。就是在这样的条件下，陈老师从头开始，包括 a、o、e，A、B、C，一点一点地教。他牺牲了自己的假期时间，给毕业班的学生补完了小学五个年级的基础知识。花了这么多的时间，完成了这么繁重的任务，而他，却没伸手向学校要一分钱的加班费。

"大学生教小学，随便教都行啦。"同事们对陈老师说。可是，陈建华却一点也不马虎，为了备课、改作业，经常熬夜。记得有一天晚上 11 点多了，我闲得无聊想打打牌，便到楼下敲陈建华的门："陈建华，打牌吗？"里面没有动静。难道开着灯睡大觉？我用力猛击着门："陈建华！陈建华！""吵什么呀？"门开了，他尽管笑呵呵的，可在他的脸上，仍然掩不住疲惫的眼神。"打牌去吧！就少你一个！""不行不行，我的课还没备好。""只有你这个人总有备不完的课，随便行啦！走。""确实没时间，这课我已备了两次，还是觉得不行。今晚无论如何都得备好。"他认真地说。哎！难怪我们一学期一本备课本还用不完，他却 3 本还不够，我心里嘀咕着。看情形，我知道今晚又是不能说动他了，便失望地回到自己的宿舍。他在我走后，又开始闭门备课。过了好久、好久，我才在朦朦胧胧中听到楼下他熄灯就寝的声音。我借着床前明亮的月光看表，已是深夜两点了。那是一个格外宁静、寒冷的冬夜。

时间在流逝，升中考试即将到来，毕业班转入了紧张的复习阶段。一天中午，我发现他没吃饭，就跑到宿舍问他："怎么不吃饭？""我头晕，拉肚子，不想吃。"我见他那面容憔悴蜡黄、眉头紧皱、说话无力的样子，就劝他去看病，吃点药。没想到，下午他又夹着课本走进了课室，准时给学生们上复习课。

升中考试结果公布了，陈建华带的班终于打了个漂亮仗：语文平均 84 分，居然超过了市区内的个别重点小学，数学、英语也都比去年平均提高了 30 分左右，升学率达 100%。因此，梧桐山小学的师生们终于喘过气来了！又是在学年总结会上，区教育局的负责同志以惊叹的口气说："梧桐山小学今年有了历史性的飞跃！"学期结束时，梧桐山小学的老师举行总结座谈会，老师们说："只要有陈建华老师那股教书劲，梧桐山小学就大有希望。"

2．买鞋①

刘校长现在脚上穿的皮鞋已有"悠久的历史"。星期六早上，他终于决定要去买双新鞋了！

他现在穿的这双鞋，是1979年到上海参观学习时买的。十八元钱，半个月工资呢！以后，这双又厚又重的三折头黑皮鞋就一直跟着他的脚，走遍了学校的每一个角落，走访了一届又一届学生的家庭，也走过了特区十年的岁月。现在，那第七对鞋跟也差不多磨平了！如今，月工资已有六百三十块了，他就是不肯买双新皮鞋。"我老啰，能穿就行，不像你们年轻人。"然而，他的鞋虽旧犹新，天天干净光亮。我们全校老师皆叹服他的"养鞋之道"。一次，一位年轻老师上班时皮鞋上沾了几点泥巴，被刘校长发现了，挡在校门口狠批了一顿，直到他把鞋擦干净了才允许他走进校门。星期六早上，我们也终于抓到了刘校长的"把柄"："校长，您的皮鞋被您抹得笑开口了。"检查卫生回来后正用旧毛巾使劲地抹鞋面的刘校长，听了这话莫名其妙地左瞧右看。噢，原来是一只鞋的鞋底和外侧面交接处裂开了一条微微的缝，雪白的袜子露了出来。他笑笑："这样就不能再穿来学校啦！下午就去买双新的。"

下午，刘校长拿起刚发的第365个月的工资，揣在怀里，上街买鞋去了。

他整天泡在学校里，身上除了那双"黑三折头"外，几件朴素整洁的衣服都是老伴还在世时给他做的，亲自上街买东西这还是第二次。所以，购物之道于他来讲，可相当陌生。

买件东西真难啊！他走了很久，才找到一间鞋店，白的、红的、黑的，跟高的、矮的、不高不矮的皮鞋，整齐地摆在晶莹透明的壁立玻璃橱里。他走了进去，售货小姐十分热情，跟在他身旁："这种中唔中意？""那种啱唔啱？"他的心里开始赞赏特区售货员的服务态度上乘，然后马上感到惊奇："黑三折头"再也找不到，而代之以"西西里大绅士"牌，标价竟高达三百四、四百三！以致他觉得跟在身旁的那位小姐的热情令他十二分不自在。心中自忖："我老啰，能

---

①　本文发表于《深圳特区报》1991年4月15日，获"999杯"文学征文三等奖，并获得时任深圳市作家协会主席胡经之先生发表于《深圳特区报》（1991年12月27日）的"漫评"的重点评赞——见附文。选编时略有修改。

穿就行。快到别间鞋店去看看！"

他继续沿街边走边看，只认准那些没有"晶莹透明"的鞋店钻。他进去后，或隔着玻璃，或隔着柜台，戴上老花镜，在林林总总的长鞋阵中仔细寻找他所钟爱的"黑三折头"，结果还是令他奇怪：走了三四条街，二十几家鞋店，最便宜的也要六十块。他手摸口袋，半天过去，终是难以下定决心买双新皮鞋。

后来，他又转到另一间鞋店。他本想再进去看一看有没有便宜的，但热情的售货小姐把他吓退了。

深圳初夏的太阳火辣辣的。刘校长汗流浃背，走到人行道的树荫下，想歇一会儿。"老先生，您的鞋破了，请坐下来，我帮您补。"补鞋姑娘的眼睛真机灵！他接过姑娘递过的凳子坐了下来，不知是累了还是想补鞋。"钉两个鞋跟，缝一条裂缝，六块钱，牢固又便宜！"他听了，大脑屏幕上立刻显示了几组对比数字，结论是"还值得"。于是把鞋给姑娘补了。他在那里等补鞋，眼看着人行道上走过来、走过去的一双双各色各样的皮鞋，不禁感慨起来。

补完鞋，刘校长踏着第八对鞋跟，拖着疲惫的身躯回到家里。一进门，就听见了："爸，我拿到第一个月工资了！"这是正站在镜子前的大儿子高兴的声音。"有多少啊？"他听了也高兴地问。"一双。"大儿子马上并拢双脚，手指着脚，"就是一双球鞋的钱，四百三十块，美国名牌运动鞋！看，配上这条牛仔裤，多潇洒！"

刘校长瞠目结舌，但看看儿子，又觉得确实是靓多了。忽而他又想到什么，问道："不是说试用期工资很少吗？""我向同事先借一百块。同事们都说，每人买一件名牌纪念这第一个月的工资。我还买了两双名牌袜子，六十块呢！"刘校长听了本想说："你们年轻人……"但他没有说，只是苦笑着摇了摇头，走过去坐在沙发上，掏出怀里的钱，抽出一张一百块的递过去："拿去吧，不要刚会挣钱就负债。"儿子不好意思地答："想要打扮，自己去赚，靠爸靠妈，不是好汉！我顶多这个月给老板多加几天班。"儿子真的变了！刘校长端详了大儿子好一会儿，轻轻一笑，说："那好吧，随你便。"收起钱，进洗手间去擦洗脸上的汗尘。

大儿子又对着镜子，欣赏着刚买来的劲鞋。

附文：

特区心灵
——"999 杯" 文学征文漫评
深圳市作家协会主席、"999 杯" 文学征文评委　胡经之

　　深圳人爱上"大家乐"表演，也喜自己动手搞创作。这两年，深圳人的文学创作热忱不但未见衰退，而且呈现日益高涨之势。继去年"晶都杯""锦绣中华杯"文学征文之后，今年举办的"999 杯"文学征文，应者如云，新人迭起，佳作甚多，实在使人鼓舞。

　　我读了从百多篇征文中选出的近 40 篇佳作，感动甚深。这些，虽然都是短篇，但题材广泛，风格多样，从不同的角度、不同的方面表现深圳人对特区生活的真实体验，短小中见真情，反映出特区人的心灵世界，精神风貌。

一、崇高品性

　　文学，可以而且应该鞭挞丑，更应该赞颂美。对崇高品性的崇敬和赞美，构成了此次征文的重要内容，这也正好说明了深圳人审美的情趣的主流所在。

　　李兰妮笔的下"凤凰村主"文书记，一个敦厚腼腆的老农，没上过学的孤儿，是个极平凡的人，40 余年如一日，始终带领着村民一道在社会主义道路上奔。村里逐步共同富裕起来了，但自己还是艰苦朴素、刻苦耐劳、勤勤恳恳为人民办事，坚持把集体收益优先用于兴办文化教育。村委还在简陋的旧屋里办公，但凤凰村的校舍却敞亮得很，远近闻名。在社会主义现代化的过程中，不正是还要发扬这种传统美德么！

　　沈树人的《黄土情》，则以深情赞颂了一对离休夫妇献身荒山的可贵品性。有着 40 余年党龄的容伯和老伴佩珍，在热闹市区有着宽敞舒适的现代化住所。可是，他们离休后不在高楼大厦虚度余生，而是来到荒山野岭，辛勤耕耘，把余热贡献给自己年轻时曾战斗过、烈士鲜血曾洒过的革命老区的黄土地上。

　　杨焕亮的颇为幽默风趣的《买鞋》，巧妙地赞颂了刘校长天生节俭却并不吝啬的品性。一双旧皮鞋，穿了十多年，天天干净光亮，虽旧犹新；等到发现一小裂缝，到街上走了甘余家鞋店，觉得不值得花半个月工资买一双新鞋，于是就花了几块钱第八次补了鞋；补鞋回家，只见自己刚参加工作的儿子兴高采烈，正在欣赏他自己新买的美国名牌运动鞋。儿子告诉爸，这双鞋花去了他第一个月的工资还不够，问别人借了 100 元。当爸的摇头苦笑，从自己口袋里抽出百元大钞给

儿子，嘱他不要刚领工资就欠债，还了人家；不料儿子不肯收钱，反说："想要打扮，自己去赚，靠爸靠妈，不是好汉"。诚然，儿子的观念，当爸的很难责备。然而，当爸的观念不是更符合中国人的传统美德么！暴殄天物是罪过，物尽其用才合天理；社会主义现代化也应珍惜天物、物尽其用才好。

主旋律是响亮而鲜明的。带病教授的安贫乐道，文委主任的廉洁奉公，机场指挥的艰苦创业，医生护士的任劳任怨，部队战士、街道清洁工、汽车售票员等的自我奉献……都汇入了时代主旋律。

二、淳美情怀

深圳人来自五湖四海，不一定人人都有崇高理想、高尚品性。但善良的人们有着美好的心灵、淳美的情怀，不少优秀短篇就写出了深圳人的美好心灵，抒发了淳美的情怀。

一样的月光，在故乡和深圳的感受会不一样，刘晓川的《一样的月光》以优美的抒情笔调写出了一群外地打工仔的感受。10 年来一直在建筑工地度过的打工仔，是在脚手架上看月光："在脚手架上砌砖抹泥，将明月溅得斑斑驳驳。"有什么情趣！常想起的倒是故乡的月亮，温馨明亮，像神灯一样"长明在我们心房"。然而，10 年的血汗洒在深圳土地上，高楼大厦拔地而起，打工仔也对这片土地产生了深厚感情。他们既怀念故乡，又喜爱深圳，遥寄爱心到故乡，祝愿家乡学深圳，创造幸福的未来。怀着深切的敬意，杨祥军把《太阳花》献给了这些长年累月住工棚而为深圳建造了高楼大厦的打工仔们。

在深圳生活得自由自在、无忧无虑的人，是不是就不会有怀念故乡之情？那也不见得。郭子人的《深圳少女》里的那个江南姑娘，一心想考名牌大学的高中生，读书、写诗、练琴，家庭优裕，前途似锦。可是，她写的诗却大半是对江南故乡和童年生活的回忆，带着丝丝乡愁，"何时，能重撑一只孤篷沿着苏州河寻觅"，是不是"少年不识愁滋味，为赋新词强说愁"？却又不尽然，不管在深圳生活得多快活，但总要想起养育她十多年的家乡故土，"我总觉得，我的根，是在那里"。即使家乡很穷，也是永远值得怀念的。一位诗人说得好："只要你不曾忘记那块滋养的土地，无论你走到哪里，你都能生根于大地，并将枝繁叶茂，花开似锦。"深圳少女的那种对故乡的淳美情怀，不能不说是一些深圳移民的典型心态。

廖虹雷的《深圳水》则以轻快的笔调写了台湾小姐的深圳情。年轻的郭小姐跟着丈夫——一位光学硕士到深圳办厂，好几个月水土不服，病病恹恹。但过了年把，多喝了深圳水，竟摸透了深圳水的脾性，服了水土，在这里成了家，爱上了深圳的水和土。透过这，我们是否能捕捉到海外侨胞的一些心态？

三、喜剧风采及其他

想不到在如此短小的篇幅中竟给我们展示了富有喜剧性的场面，在笑声中给予我们教益。看了陈少鹏的《拔河纪事》不禁哑然失笑。小镇开运动会，个体协会里数十位杀猪佬甘愿停业一天不赚钱，也要去争个光荣，在拔河比赛中搏一搏。丈夫阿强神气活现，摩拳擦掌，妻子却因误了赚钱，嘟嘟喃囔囔，不大乐意。但当丈夫所在的个协队连克众敌，拔河镜头出现在电视屏幕时，妻子又兴高采烈，以此为荣，向丈夫高呼："看着你了，看着你了。"诙谐幽默，富有喜剧情趣。在笑声中，我们感受到了生活的巨大变化，看到了个体劳动者的精神新貌。

此外，也有一些抓住了惊险情节的好题材，也有一些戏剧性，像《"风流"警官》所写的，可惜在短小的篇幅里，很难把复杂情节展开。

还有一些作品，想对特区发展作宏观的鸟瞰或历史的回顾，尝试作史诗或全景式的描绘，如吕炳文的《忘不了开发奠基的第一声炮响》，下了功夫，实在难能可贵。这类题材，如果宏观鸟瞰和微观透视结合得好，全景勾画和细节描绘化为一体，还是能打动人心的。

衷心祝愿深圳人能继续发挥这样的创作热忱，顺着这种势态，更高一层，后来居上，创作出更多更好、无愧于我们时代的优秀作品，题材更广阔，构思更精巧，风格更多样，思想性和艺术性结合得更好。深圳应有更多的人拿起笔来，写写我们的生活、感受，写深圳的一日也好，丰富多彩的生活，多么值得写！

3. 老鲍和他的儿子①

学校看门的老鲍其实不老，才三十几岁。

老鲍和他老婆从内地到深圳打工，儿子生下刚断奶就送回老家叫爸妈帮带养了。现在，儿子四岁多了，自己懂得了吃喝撒拉，知道了冷暖寒热，又考虑以后可以在深圳接受较新的教育，老鲍就把儿子接到深圳来，一起住在门房的小屋里。我们就称他儿子为小鲍。

---

① 本文发表于《短篇小说》1994 年第 1 期，总 121 期，选编时略有修改。

老鲍的工作除了早晚开门、锁门、看门外，每天上班之前还要拿着一大串钥匙逐楼逐间打开十几间办公室的门，打扫卫生，送开水。小鲍来后，每天早早起床跟着老鲍去开办公室的门，看着爸爸抹桌子，拖地板，装开水。老鲍干完这些工作下楼时，就把那串钥匙给小鲍拿。小鲍第一次接过那大串钥匙，举高摇得铿锵作响，望着老鲍自豪地叫："爸爸真棒！"

老鲍很勤快，也乐于帮人。有很多老师叫过他帮提这个帮扛那个，其中校长和主任叫得最多。这天，老鲍刚帮主任搬完几件新买的家具上三楼后，满身大汗坐在门房喘着粗气吹风扇。校长走过来说："老鲍，等一下送煤气的来了，帮我把煤气拿到我家。"老鲍马上站起来，说："好的，校长！"小鲍望着校长远去的高大背影，问老鲍："爸，校长是什么东西？"老鲍像平时夸奖小鲍时一样竖起大拇指，说："就是这个，最大的！"老鲍的汗未吹干，送气的来了。老鲍扛起校长的煤气罐就往校长家里走去。小鲍紧跟在老鲍的后面跑着，兴奋得竖起大拇指喊："爸爸真棒！"

学校经常有看家属的、教育局的车，或其他公干私干的车开进来。平时大门是锁住的，只开着小门，因此，车到门口就要"叭叭叭"地叫。老鲍听了就马上拿起桌子上的那大串钥匙跑出门房去开门。小鲍就紧跟跑在老鲍的身后。老鲍开了锁推开一扇门，小鲍马上帮忙推开另一扇门，还望着老鲍笑。后来，一听到"叭叭叭"声，小鲍就抢在老鲍的前面，抓起桌子上的那大串钥匙跑出去，边跑还能边准确无误地摸出那把大门的钥匙开了门。这时，反而是老鲍紧跑在小鲍的身后，帮他推开另一扇门，只不过老鲍没有望着小鲍笑。

小鲍才四岁多，但长得虎头虎脑，聪明伶俐，惹得人人都喜欢他。小鲍经常手抓那大串钥匙，坐在门房的门口像小卫士一样专注地望着大门，经过这里的老师见了都要逗他几句。老鲍更是把他视为掌上明珠。夫妻俩虽是临工，工资不高，经常每顿只吃青菜豆腐，但还是天天给小鲍买些钙质饼干、"活力宝"和"太阳神"之类能使儿子身体健康发育和发展智力的食品。每当小鲍吃这些食品时，老鲍就要用满含期望的眼光望着小鲍。有一天，老鲍又买了一盒"太阳神"回来，拆了拿一支给小鲍喝。看着喝得津津有味的小鲍，老鲍问："喝了'太阳神'，长大了想做什么？"小鲍边喝边扬起那大串钥匙，在铿锵声中满怀向往地说："像爸爸一样棒，看门！"老鲍听了，满是皱纹的脸气炸一团，抢过小鲍嘴里的那支"太阳神"，连同整盒"啪"的一声狠狠地摔在地上，骂道："混账！"

4. 夜叹功夫茶①

这样的夜晚，小雨淅淅沥沥，秋风习习撩人，最是叹功夫茶的好时光。一个人关在斗室里，自斟自酌，那份闲情逸致，那缕甘醇芳香，真令人不断解脱又不断顿悟。

以前，我是不敢喝功夫茶的，虽然生于潮汕长于潮汕，家乡人有嗜茶的习惯。我不敢喝是因为我曾经喝怕过。那是我很小时一个月光如水的夏夜，爸正在喝功夫茶，我说渴了，爸便给了我一杯酽如生抽的功夫茶。我接过一口喝下去，顿觉如那次病了爸硬往我嘴里灌的药汤，苦得张开口"啊啊啊"地一个劲地往外呵气，两只手不停地往嘴里扇风。爸见了，摇头叹息："你不会喝功夫茶，长大了也不会懂得生活！"

然而，我还是一天天地长大了，读完了小学读完了大学。十几年的校园生活中我有说不完的高兴事，爸总是双眼带笑地听着，末了就冒出一句："千万别骄傲，你还没学会喝功夫茶呢！"

毕业后留在特区某校任教。开始我仍有写不完的新鲜事，每周一封信，飞告远方的爸。但好景不长，由于年轻气盛顶了校长几句，不久便被上峰以"工作需要"为由调至一个山沟小学。祸不单行，正当我想把满怀的惆怅向我已苦恋了两年多的女友倾诉时，却发现她依偎在别人的怀里幸福地向我走来……那夜，淫雨霏霏！

方尝到生活无情的滋味，我立时成为一只受伤的小鸟，也不知再写些什么告诉远方的爸才好。

没有写家信一个多月后，正是冬季第一阵寒风吹临南国大地的深夜里，我独坐在宿舍里，抽烟喝酒，听窗外山林呼呼摇风。突然，响起了"咚咚咚"的敲门声，开门一看，惊呆了：是爸！由门房大叔引来，黑瘦的脸被北风刮得皱皱巴巴的，佝偻的背上挎着一个旧旅行袋。

我忙把爸拉进屋里，先倒杯酒给爸御寒。爸却说："还是喝功夫茶好！"我忙说："我没茶具呢！"爸拉开旅行袋说："这里有，我特地为你带来的，看！"

那是一套精致的紫砂茶具，小茶罐里已积淀了一层厚厚的茶垢（爸说过，茶

---

① 本文发表于《深圳法制报》1994 年 10 月 15 日，选编时略有修改。

垢越厚，泡出的茶越香）。我知道这套功夫茶具是我未见过面的爷爷留给爸的唯一财产，爸老说他就是靠这套茶具泡功夫茶喝大成人的。

我烧好开水。爸烫洗了茶具后，往小茶罐里装茶叶时说："装茶要有讲究，细夫茶在下，粗茶功在上，这样，筛茶时才不会有太多的茶屑溢出来。"往壶里冲开水时，爸又说："冲水距离要高一点，叫'高冲'，这样，滚水方能直灌壶底。但是，切忌直冲罐心，冲破了'茶胆'，茶香就一下全冲掉了。"水满了，壶口涌起许多泡沫来，爸说："看，第一次冲水，茶里的杂质杂味就会混着泡沫浮上来，要用壶盖将泡沫抹掉，这招叫'盖沫'，这样能保证茶既香且醇。盖上壶盖后，还要用开水淋一下壶盖，叫'淋顶'，等盖面蒸发干了方能筛茶。"筛茶时，爸又说："筛茶要壶嘴贴杯口，叫'低筛'，防止茶水起泡、变味、变凉。筛茶还有两句口诀：'关公巡城，韩信点兵。'就是不能筛完一杯再筛另一杯，要如关公巡城一样几个杯里来回均匀地筛，方能保证每杯茶水成色一样，又表示对在座客人的平等对待；一壶茶水要筛得点滴不留，如韩信点兵，多多益善，因为留了残茶，就会影响下一道的茶味。"

终于筛完茶，爸用期待的眼光望着我，说："喝一杯试试吧！"我捧起一杯，端详了好一会儿，才慢慢地喝开了下去。爸盯着，良久方问：

"感觉如何？"

"先苦后甘！"

爸满意地点点头，意味深长地说："功夫茶功夫茶，就在于'功夫'二字，想要喝得香茶，必先下番功夫。还须先学会吃苦，苦尽甘才来。人生，也是这样的！"

儿子的心事永远无法瞒过父亲！

后来我才明白，爸冒着寒风，千里迢迢来看望我，就是为了教会我喝功夫茶！教会我懂得生活！我眼泪泉涌而出，喊了一声"爸——"一头扑进他宽阔又温暖的怀抱里……

这一夜，我和爸你一杯我一杯地喝着功夫茶，直到曙色临窗！

今夜，我聆听窗外的雨声，独自叹着功夫茶，又自然地想起和爸一起品茗的那个难忘的冬夜，顿觉连日来积压在心头的新的愁绪，为之烟消云散，眼前一片海阔天空。

5. 潮汕校长从功夫茶里品出"教育经"①

一、用爱与激励，铺就精彩教育路

2020 年 6 月 30 日，深圳市育新学校 2020 届职高毕业典礼正在进行，气氛轻松愉悦，又略带离别伤感。

让我意想不到的是，两名学生代表上台发言，都在演讲中提起了我。

一位是优秀毕业生小方。她上台发言时，专门提起不久前我给她送书的事。我记得很清楚，当时一得知小方同学家庭经济困难，我就给她送去路遥的名著《平凡的世界》，鼓励她"做生活的强者"。没想到她确实从中得到力量，还以此明志：要活出最精彩的自己，回报母校、回报社会。

另一位是小邹，他面目清秀，戴着眼镜，看着很斯文，其实是一位机器人高手。当年他和同学在广州比赛，我还专门到现场加油打 call。

两位同学发言完毕，毫无准备的我被请上台。孩子们给我送了纪念品——一个印着"国民好校长"的奖杯，一个刻着"德高望重"的石头盆景。我深知，"国民好校长"是学生的爱称，自己离这标准还远。但听到礼物是他们用兼职赚到的钱买的，我还是非常感动。

转眼间，我来育新工作已两年有余，教龄更有三十余载了。教育真谛在何处？我依然在追寻和思考。

二、老师的一碗糖水，甜了我一辈子

我出生在潮汕一个农村家庭，是 20 世纪 80 年代初读的初中。当年备战中考的时候，正是七月酷暑。经历过在炎夏午休的人都知道，醒来以后，全身汗涔涔、黏糊的劲儿像棉被一样裹着人，实在难受。一次午休后，刚好路过语文李老师的宿舍。他一见我的身影，马上盛出一碗热腾腾、刚煲好拿来解暑的红糖番薯生姜汤招呼我。要知道，在那个物质紧缺的年代，糖还是凭票供应的紧缺物品，更何况李老师煮的糖水本就不多。我不好意思地连连摆手。但他早已不由分说地把糖水塞到我手里。一碗姜汤下肚，又饥又热的我顿觉精神百倍，心中更涌起一

① 本文发表于公众号《深圳名师说》2020 年 9 月 28 日，选编时略有修改。

股暖流。后来，我以优异的成绩考上县第一中学、大学，再分配到深圳工作。年岁渐长，却始终忘不了那碗午后的糖水。此后每逢假期回家，我一定会带点手信去看望李老师，向他汇报一段时间来生活、工作的情况。

香港中文大学（深圳）校长徐扬生院士在他的文章《摆渡者》中写道："学生长大后，老师教给什么知识大多忘记了，但能够震撼学生心灵的教师言行却一辈子忘不了！"我对此深表认同。

数十年前，李老师看似不经意的一个爱心之举，一碗在今天看来微不足道的糖水，却润泽了我一辈子，影响了我一辈子，让我坚定了这样一个信念：教育最根本最伟大的力量，就是点滴的爱。

三、父亲的功夫茶

我读书时成绩不错，当年高考分数也很高。但因为志愿填报不合理，我是连降三四个批次后，才被深圳师专录取。说实话，当老师并不是我的意愿，当时几乎是哭着来深圳读大学的。

既来之，则安之。在大学里，我慢慢收拾好心情，开始在学习上发力，还竞选上班长、学生会主席。谁曾想，临近毕业，又一个巨浪打来。因为当年"政治风波"影响，我们这一届学生全部提前毕业，原本留校任教的机会也没有了。

带着"壮志未酬"的遗憾，我孑然来到梧桐山脚下的梧桐山小学。那时的梧桐山小学，还是标准的山区学校。全校 6 个年级一共才 6 个班。我教的 5 年级只有 16 名学生，每个人都是班干部、小组长，有的还要兼任各科代表。

从教后第一个寒假，倍感"无颜见江东父老"的我决定留校，不回家过年了。当时每天从学校宿舍阳台眺望寒风中的梧桐山，无边落木萧萧下，落寞、沮丧之感油然而生。

一个寒风凛冽的凌晨，突然有人敲门，我一打开门，发现竟是父亲。那时候交通不发达，从潮汕来深圳要坐一夜汽车。父亲风尘仆仆，满脸倦容。

进门后，父亲顾不上歇息，从小行李袋中拿出潮州功夫茶具，拿起茶叶就跟我说："来，坐下，喝茶。"

一杯热茶很快拿在手里，茶汤浓郁，茶色颇浓。刚喝下，父亲问："什么味道？"

我答："苦！"

过了一会儿，父亲又问："什么回味？"

我答："甘！"

父亲欣慰地说："人生也如这功夫茶，先苦后甘！这套茶具就留给你学泡功夫茶喝。年前家里生意忙，我得赶早班车回去了。"

那个凌晨至今已过去29个年头了，品功夫茶从此成为我的生活习惯，而父亲当年留下的话语，也如隽永的茶味，流淌于我的生命血脉中。

我知道，父亲千里迢迢给我送来功夫茶，是想让我懂得，人生不如意事十常八九，但任何时候我们都不能失去信心。

四、寻寻觅觅：当校长的三重境界

弹指一挥间，带着师长的爱与激励，我在深圳教育系统已埋头工作了30多个春秋。

从梧桐山脚下默默无闻的年轻教师，到罗湖区靖轩学校校长；从执掌百年老校——深圳小学，到历任深圳市教育局直属机构正、副处长……一路走来，虽有曲折艰辛，但更多桃李春风。

2004年及2008年，我担任校长的深圳小学两次荣获深圳市政府办学效益奖，我个人也于2009年获得"深圳市优秀校长"称号。担任深圳市教育信息技术中心主任期间，我带领团队探索出信息化队伍建设的"深圳模式"，也获得教育部、教育厅的肯定和表扬。

但作为深圳教育的一名老兵，2018年年初接获育新学校校长任命时，心里还是忐忑。

之所以忐忑，一方面因为育新学校是市教育局直属学校中较为特殊的一员。其原是初中工读类特殊学校，因转化工读生的思想品德工作在全市、全省乃至全国树起了品牌，又发展成为全市中小学综合实践教育基地、少年军校和德育基地，后又创办了新鹏职业高中。学校担负着为城市教育"兜底"的特殊使命，身为校长，我深感肩上担子的重量。

另一方面，这是我时隔数年后重返校园，也是我第三次担任校长职务。宋代禅宗大师青原惟信提出参禅的三重境界：开始见山是山，见水是水；后来见山不是山，见水不是水；到最后见山还是山，见水还是水！

冥冥中似有巧合，我于2001年首次担任校长时，重在搜集学习治校的理论；2003年开启第二任校长征程，重在学习建构办学理念；2018年再次回归校园当校长，便已打定主意，重在对学生、对教育的理解，追求教育情怀，让育人回归朴真。

全新的岗位，全新的目标与挑战，方方面面的工作千头万绪，我必须找到一个支点，撬动育新在新时代的发展。

五、给校长布置作业

2018 年 2 月 26 日，育新学校举行新学期开学典礼。那是我首次以校长身份与全体师生见面。

空气中还弥漫着新春佳节的味道，我特意穿上枣红色西装，向大家致以新春问候。

那一次的演讲，我以"幸福"为主题。在每个人心中，"幸福"的概念各不相同。在我看来，幸福是为了一个美好的目标而奋斗的姿态。我承诺将会努力奋斗，和师生一起向着幸福的方向进发。

老实讲，那场主题演讲其实更多是一种初来乍到的表态。不过，我还是在演讲的最后精心准备了一个"彩蛋"——向全体学生提出要求，希望他们给我布置"作业"，从各个方面对学校发展提出意见和建议。

结果倡议一出，立刻火了！

各路媒体如《南方都市报》《晶报》《深圳晚报》等报纸以及各种新媒体纷纷报道或转载，标题从《大胆！学生竟向校长布置了 115 份作业》到《深圳这位校长不按套路出牌 开学就让学生给他布置作业》，不一而足。两个星期左右，点击量近 7 万人次。

图 7 - 1

当然，师生的反响也很热烈。有学生感动地留言："这是我上学至今，第一次有校长愿意坐下来认真听我们的意见。"有教师这样点赞："'校长作业'体现校长先进教育理念，将有效推进学校的民主管理和学生的自主成长。"

倡议发出不久，我一下子收到 115 道"作业题"。这些建议提交校学生会民主投票后，聚焦在五个方面：聘请外教加强口语交际，增设高考班，提升专业课程设置，改善校园环境，改进订餐系统。

图 7 - 2

在随后的升旗仪式上，"校长作业"由学生会主席代表全体学生郑重递交到我手中。而这些"作业题"，也就成为我 2018 年的工作重点。到了年底，我还专门针对全体学生开展民主测评，结果显示：98% 的学生对"2018 年校长作业"的完成情况表示满意。

有人问，为什么一份看起来不起眼的"校长作业"，会引起轩然大波？

我想了又想，发现其实这个"爆点"恰恰是撬动学校新一轮发展的"支点"之一。而寻找"支点"的过程，也是逐渐摸索、实践我提出来的"非对称性教育"理念的过程。

六、"非对称性"的力量

2017 年，有一本年度世界热销书《爆裂》让我印象很深，我还记得当时读这本书的激动心情。

书中举例论述了信息化时代"不对称性"所具有的"蚂蚁战胜大象"的威力，比如一些小规模的黑客团伙进入美国政府数据库带来了一场浩劫；失业操盘手纳温德辛格萨劳（Navinder Singh Sarao）在他伦敦公寓的电脑上安装了一个小程序，造成美国证券市场蒸发 1 万亿美元市值。虽然这两个例子有点负面，但不妨碍我们理解"不对称性"在信息化时代的爆裂力。

这种"不对称性"的爆裂力让我联想到所在的育新学校。毫无疑问，如果用普通学校的标准来评价这里的孩子，他们完全处于劣势，就像弱小的蚂蚁。同样地，如果育新沿用普通学校的教学模式，必然收获甚微。

但我想，是不是有一种"非对称"的力量，可以让孩子们弯道超车或者变道超车呢？

在我看来，结合每一位学生的兴趣和特点，为每个人寻找最合适的成长道路，并以爱和激励驱动他们前行，就是非对称性成长，也是教育真正的秘诀和魅力所在！

以"非对称性"教育理念为纲，我开始推行一系列举措。在巡查学校食堂的过程中，我发现育新的孩子最喜欢吃乳鸽、卤蛋和河粉这三道菜，甚至有人一餐就只买四个卤蛋吃，有的早餐吃两份炒河粉。

这个发现让我很惊喜，既然孩子们喜欢，那学校就把它们当作奖品奖励！

2019 年 2 月份的开学典礼上，除了继续邀请学生布置"校长作业"外，我宣布，将在新学年推行奖肉金制度，对表现突出的同学颁发"育新三宝"——"奖学鸽""奖学蛋"和"奖学粉"。

这个制度推行后，电视栏目《第一现场》记者来学校采访，问学生："有没有想自己也努力，来年吃（奖学鸽）？"

一个孩子回答："肯定想！非常羡慕！我现在都流口水了。"

看到这个镜头，听到这个回答，我很高兴，很欣慰。因为我们的"校长作业""奖学鸽""奖学蛋"就像阵阵微风，吹动了孩子们的心灵，也吹动了育新这一池春水，让这里成为"震撼学生心灵"的教育场。

七、学生们对"奖学鸽"反响热烈让学校充满温情

震撼师生心灵的，除了激励，还有爱心。想起年少时李老师送我的那碗糖水，我也一路在寻找和努力。我要用相同的爱心，给教育加点"糖"，让学校成为带点"甜"的大家庭。

这时候跳进我视野的，是 2017 届电商专业的小邹同学。听说他刚入学时，曾创下宿舍扣分历史最高纪录，上课迟到、课上睡觉、不做作业、不参加早训是家常便饭。

后来，在班主任老师的关心和激励之下，邹同学找到了成长的"突破口"——机器人比赛。他从此完全变了一个人，不仅在各项比赛中争金夺银，其

他方面的表现也都可圈可点。

有一天，我收到邹同学的信息："我是机器人社团的社长。抱歉打扰您了，我们收到上海交通大学举办的比赛邀请。我们很希望参加，并且很有信心！这次的比赛对自主招生意义重大，所以我自己选择参加了这次的比赛，由于时间不足的原因，我想周末留在学校进行特训，加紧练习拼装、操作机器。教官说要学校的同意，请校长支持我参加比赛。谢谢校长！"

对于这样的请求，我有什么理由拒绝呢？我立马回信强调安全和鼓励支持，并协调有关主管行政，解决生活教官和食堂师傅的加班费等问题，为学生周末留校的安全管理和食宿安排提前开好了绿灯。

"你若是一匹藏獒，我就给你一片青青草原。"

这是我经常跟学生们说的一句话。我想让学生们知道，学校就是他们最坚强的后盾。只要是他们的成长所需，学校一定尽力满足。

在学校里，其实还有另一主体需要得到重视和关怀，那就是学校的教师。

一所学校，如果不能用爱来唤醒每一位教职员工的爱心，那是不可能成功，也不可能受到学生、家长欢迎的。

来到育新后，为了促进教师专业化成长，我主动提出在"青师训练营"担任导师，带着干部们组织开展"魅力教师"评选、"讲育新好故事，传教育正能量"微视频征集制作等系列活动。

除了给到教师们职业成就感，还要给他们营造幸福感。幸福感怎么来？我想，拥有温馨和谐的工作氛围是必不可少的。

开学时，我和学校领导班子成员到各个教师办公室赠送鲜花，娇艳的红心蝴

图 7-3

蝶兰花姿如蝴蝶飞舞，象征着高洁、清雅，代表幸福美好。"三八"妇女节，我们向每一位女教职工送上鲜花，表达最诚挚的节日祝福。我曾半开玩笑地向女教师们承诺："学校送的花一定比你们老公送的花多。""希望你们进校是一枝花，离校是一束花。"

每一位教职员工的荣休，在育新都是一件重要的事情。不管是著作等身、桃李满天下的名师大家，还是为军训学生理发的理发师、坚守岗位的图书管理员，他们为育新的点滴付出都会被铭记。每一位教职工的荣休仪式，我都会参加。我们给退休的教职工们送上鲜花、纪念光盘、纪念册等，让他们感受到学校依依不舍的深情。

孔子说："发愤忘食，乐以忘忧，不知老之将至。"

在 31 年漫长的从教路上，我可以自嘲为"工作忘食，教以忘忧，不知老之将至"了。

而今，年过半百，鬓已微霜，回望来路，一生中最自豪与感动的，还是看着一批批青春少年茁壮地成长。

尤其是担任育新这所特殊学校的校长，在与这里纯真纯粹的老师、学生相处两年多后，我对自己一生中求学与从教的经历，有了新的思考和感悟。

这些思考与感悟，这些与师生日常相处的点滴，或许并不传奇曲折，也无多少宏旨高论，之所以敝帚自珍并记录下来，更多是想跟同行们分享我的一份感动、一份感悟：爱与激励，是最好的教育！

我坚信，只要遵循"非对称性"原则，不断坚守与坚持，育新学校创设"育新密码"和烙印"育新胎记"，让师生教学相长，成就不一样精彩的教育梦想就一定能成真！

6. 没有希望的演讲

——参加罗湖区首次公开竞聘小学校长的难忘经历

2001 年 1 月，罗湖区教育局首次公开竞聘三位小学校长，我是不打算报名参加的，主要原因有二：一是我来自潮汕农村，自认在深圳没一个亲朋没一棵大树，以为公开竞聘校长只是领导走走形式而已，怎么也轮不到我上；二是因为竞聘校长的公告明确日程安排是一公告即报名即竞聘即公布结果，我却正重感冒发烧咳嗽请病假在家，身体不允许我报名参聘。一直关心、培养我的区教研室邬日辉副主任、区翠茵小学李先明校长和鹏兴学校刘肇鸿校长，还有老乡滨河小学房佩校长先后打电话鼓励我积极报名参聘，我都谢绝了。报名截止前一天夜里，区教育局人事科石科长专门打电话转达李志荣局长指示：建区以来第一次搞公开竞聘校长，李局长要求符合条件的18位小学副校长都要报名参加，你就支持人事改革报名吧！话已至此，我只好第二天抱病递交了报名表，但也只是因为领导要求了，就当支持人事改革去报名，依然没丝毫心存"竞聘高中"的奢想！

虽然心里没奢想，身体也没病好，但是既然参加竞聘了，也不能够丢脸！于是，还是边咳嗽边策划竞聘准备。竞聘校长分笔试、面试演讲答辩和民意测评三关，前两关计算总成绩优先者入围差额候选人进入民意测评关，最后优胜者任命为校长。关于笔试，我平时一直在应用"学习型"组织的新概念，读书笔记本、剪报抄报粘贴本已积累几大本了，教育教学理论与案例也积累不少，不用再做更多的考前准备了，只是梳理出教育法规、将课改文件等浏览一下。关于演讲答辩，我重在参加竞聘支持改革，心中淡望入围结果，因而突发念头，题目设计就定为《没有希望的演讲》，寓意重在参与支持人事改革。内容设计就费了点心思：一是要强调以新理念引领办学力争开新局；二是要强调从教特别是任副校长丰富的经历与资历，重点是先师从邬副主任参加区"小学语文中心教研组"练就课堂教学基本功"以教管教"，再师从教工昵称"好人校长"的李先明校长，并在他手下从科组长干到主任、副校长，最后师从荣获全国教育系统"劳动模范"的刘肇鸿校长，很好地提升了学校管理水平。形式设计重点考虑考场人物构成及其心理特点，主要是预估评委们与参加竞聘者的心理状态，一是预估到第一次由局领导和校长代表组成大评委给参加竞聘者现场提问和打分，再加上区组织部和纪委现场监督，评委们和参加竞聘者肯定都会重视和紧张，既然自己志不在入围，干脆发挥平时上课的特点认真设计，力求幽默轻松一下，因此在谈及任职资历时强调师从过推崇"EQ管理"、被誉为全区管理风格最"软"的李先明校长，也师从过推崇"家长式管理"、被誉为全区管理风格最"硬"的刘肇鸿校长，如竞聘上了，管理风格可以融合做到"软硬兼施"，并在空中打出剪刀手"V"加以强调；在谈到"民主决策"努力让教师明了校长意图以形成最大合力时，故意套用平时"粗话"："校长屁股翘一翘，老师们就知道要拉屎还是拉尿。"二是考虑到大多参加竞聘者肯定会自卖自夸大谈资格、资历，演讲环节会超时，还怕紧张忘词因而死板看稿念稿，故演讲稿设计力求精简并以关键词串联便于记忆，且精准预估场景和流程，全程脱稿演讲、答辩。

记得是2001年1月11日上午笔试后即抽签演讲答辩。我碰巧签序在午饭后大家最累最困的一点多这个时段。当时怎样完成面试演讲和答辩的，至今已无多少记忆了。但是，过后局领导、校长们碎片式的评价却还是记忆至今：

"中午大家本来就很累很困了，第一个演讲的时候约一点，个个照本宣科，很多评委都在打呵欠或打瞌睡了！小杨一上场就使局领导、评委们一下子来了精神！"

"小杨把大家笑醒了，自己却一脸蜡黄倦容不笑！"

"年轻人，理念太先进了！"

"十八人唯一一个脱稿演讲、答辩的，有理念，又幽默，管教育的副区长本来下午要来参加的，可惜因会议冲突没来听！"

"后来再推出几次正副校长竞聘上岗，没有一个人超越你，你的演讲、答辩成为经典、绝版！"

……

当天又是夜里，李志荣局长亲自打电话给我："杨校，祝贺你笔试、面试两个第一入围了！局党委不过夜开会决定后公布入围名单，确保首次竞聘校长公平公正！明天到你学校进行民意测评。要低调！"第二天的学校民意测评，有赖老师们的一直关心支持，我在入围的五位候选人中，也是民意支持度最高的。最后，我在区首次公开竞聘校长活动中取得了"三项第一"的成绩，获聘任为靖轩学校校长。

"有心栽花花不开，无心插柳柳成荫。"这句古话有时还真不假！之前传说局领导的一位邻居、本市人、盐田与罗湖分为两区前就在盐田片区任小学校长了，也参加竞聘想调回罗湖区任校长，似乎他也放话已被"内定"入围，结果却是"出局"了！这也印证了这次竞聘校长的公平公正！而我，没有希望者却变为最有希望者！

机会，总是留给有准备的人！我原来不想读师专当老师，那年高考分数挺高但志愿填报失误了，才导致被降了三、四批录到深圳师专读书的。那个年代，高考志愿必须每批都填报，还必须填写"服从分配"，因为那时大学毕业国家是包分配的，按照现在的调子是国家培养你，你就必须"讲政治"。在指导填报高考志愿时，班主任还特别提醒一定要写"服从分配"：否则，可能分数高也不被录取！我是哭着到深圳师专读书的，毕业也是自认为"怀才不遇"被分配到罗湖区的山沟沟小学——梧桐山小学任教的。但是，我马上调整好心态，认为一个农民的孩子能够在全国最发达的深圳特区从教，一个深圳户口指标都值几万元，工资也比内地同级教师、国家干部好几倍，已比很多高考分数比我高、在重点大学毕业后分配回老家工作的同学幸运多了！无产阶级革命能够在资产阶级统治最薄弱的环节首先取得胜利也给我启发：在很多师范大学毕业生不是主动喜欢教师这个职业的大背景下，我如果认真工作，也许还能取得意想不到的成效！结果证明，我师专毕业后一直边认真工作，边认真学习，在机会来的时候，我才没错失、而是抓住了！

个人努力只是基础，贵人相助才是关键。因此，每每回忆在罗湖区任教的14年时光，我至今感谢李志荣局长上任后推出的人事改革举措，铭记李志荣局长的知遇之恩！也铭记邬日辉副主任和李先明、刘肇鸿、房佩三位校长在教学业务和学校管理上对我一直的关心、指导和提携！

附：媒体报道

今天是小学开学第一天[①]

年轻新校长走马上任

本报讯（记者　傅欣彦　通讯员　卢汉雄　黄东明）今天是我300多所小学春季开学第一天，也是罗湖区靖轩小学校长杨焕亮到岗工作的第一天。杨焕亮就是这次罗湖区经竞争上岗的3位校长中最年轻的一位，今年只有33岁。

原来，罗湖区有3位小学校长在今年寒假退休，对于出现空缺的这3个职位，区教育局在全市率先实行不定向竞争上岗（本报1月5日头版头条曾对此做过报道），引起了全区教育系统18个够竞选资格的"勇者"的热烈响应。这些参加竞争者均有大专以上学历、小学高级以上职称，9年以上教育教学工作和3年以上副校长工作的经历，年龄都在45周岁以下。经过公平竞争、公开程序和公正测评，1967年出生的杨焕亮成了3名当选校长中最年轻的一个。当然，另两位当选校长年龄也不大，一位也就35岁，还有一位是正在攻读硕士学位的女校长。

头一天当校长，杨焕亮显得有些兴奋。学校离家很远，所以，他早晨6时50分就从居住的梅林一村出发了，7时30分到了这所有70多年历史的由华侨捐资兴建的学校。看了看校园里、教室里的卫生环境，觉得挺满意。7时45分，是学校的升旗仪式，按照惯例，还有国旗下的讲话。作为一张新面孔，第一次面对全校师生，他感到了台下1000多名师生目光中的新奇和友善。8点钟，第一节

---

① 本篇刊于《深圳晚报》2001年2月12日。

课上课铃响了，他开始巡查上课情况。等忙完了，他就和副校长一起出发去鹏兴小学，参加区教育局组织的一个关于课程改革的报告会——学生上课了，校长也得"充充电"。

校长年方三十三[①]

罗湖区小学校长竞争上岗形成"四项机制"，风华正茂的年轻人脱颖而出

【本报讯】（记者　王斗天　通讯员　卢汉雄　黄东明）在新学期开学之际，区教育局开全市先河公开选拔了 3 名小学校长。全区 18 位大专以上学历、小学高级以上职称，9 年以上教育教学工作和 3 年以上副校长工作的经历、45 周岁以下的现任副校长加入竞争者的行列，通过竞争，选出了 2 位年轻的校长，其年龄分别为 33 周岁、35 周岁，还选出一位正在攻读硕士学位的女校长。这次竞争职位虽然少，但创建了"四项机制"。

——优胜劣汰的竞争机制。今年初，罗湖区召开了教育系统人事制度改革。

动员大会，强调改革的目的和方式要做到"三重"：重在增强教师队伍的危机意识、竞争意识和责任意识，打破"铁饭碗的最后一个堡垒"；重在抓好办学的关键，先选好"领头羊"；重在稳步推进，先在 3 位小学校长寒假退休出现空缺的岗位上实行竞争上岗。

——"宽进严上"的培训机制。该区教育局自 1994 年起，开展了后备干部的培训，去年更加大了培训的力度，提出了"宽进严上"的指导思想，把后备干部的培训人数扩大到 77 人，比前年增加了 40 人，使更多优秀人才接受先进教育理论和实践的培训；同时，明确了当了后备干部，不是进了"保险箱"，不等于一定会当上校长，促使后备干部不断开拓进取。

——公开、公平的选拔机制。为了保证竞争上岗的公正性，他们制定了《罗湖区中小学校长竞争上岗试行办法》《罗湖区部分小学校长竞争上岗实施方案》。保证每个符合竞职资格的人员都有公平参与的机会。强调公开程序，规定了发布公告、公开报名、资格审查、综合测评、确定拟任人选、任前公示、决定任命等 8 道严格的程序，保证竞职工作的科学性和准确性。强调公正测评，扩大了评委的组成面，不仅由有 11 位区教育局领导、区委组织（人事）部门领导、专家参

---

① 本篇刊于《深圳商报》2001 年 2 月 12 日。

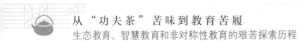
加的评审组对竞职者进行测试，还组织了 30 位机关干部和校长、教师代表参与测评。这样就对竞职者的德、能、勤、绩有一个比较客观、系统的评价和反映。参加者都表示，经过这次公正的较量，"成也光荣，败也服气"。

    ——有序流动的交流、考核机制。他们把这次竞争上岗与已实行的校长交流制度相结合，把 3 位新任校长的任命与另 3 位校长的交流一并考虑，根据校长的风格和学校的特色，进行异校上岗、交流，多方位、更全面地培养锻炼校长，并有效地防止因在一所学校任职过长而容易产生的消极不利因素。

下 篇

影响与报道

第八章

媒体对教育理念探索成果的主要报道

1. 生态教育：每位学子皆人才①
——访深圳小学校长杨焕亮

一、"本土"成长的优秀校长

深圳小学校长杨焕亮最特殊的"成长经历"，就是他是直属学校校长中唯一一位"本土校长"。20 年前，杨焕亮来到梧桐山小学做老师，"那时候条件很艰苦，全校五个年级只有 5 个班，我教的班上只有 14 个学生，全校 13 名老师不但要负责教学工作，还要自己上山捡柴做饭，断水断电是常有的事。"2001 年 2 月，通过罗湖区公开竞聘校长活动，杨焕亮以笔试、面试、民意测评三个"第一"，被聘为罗湖区靖轩小学校长。此时正是靖轩小学创建市一级学校的关键时期，而当时的靖轩小学是全市有名的薄弱学校之一。为了不辜负领导和老师们的期望，杨焕亮卷铺盖在校吃住一个多月，与大家夜以继日工作，终于创造了全市薄弱学校"改薄"的典型，得到市教育督导室、罗湖区政府的通报表扬。在历任多所学校的多种职务锻炼后，年仅 36 岁的杨焕亮成为了深圳小学的校长。多年在深圳教育一线工作，其经历让他更深刻地了解了深圳教师的工作方式和心理。

---

① 本文刊于《特区教育》2010 年 3 月，记者缪育红、贾威。

刚接手深圳小学的时候，该校历经 3 年的人事制度改革试验，遗留了不少问题。他凭着在教育一线历练出来的意志和品行，迎难而上，做出了"深化人事制度改革"的决定。他反复与领导班子成员沟通，并组织人力对资金进行细致核算，逐级核定并执行了新的津贴标准。在这次改革中，杨校长自降津贴近 50%，是动作幅度最大的。在他的带动下，老师们齐心协力共渡难关，很快使学校走上了正常的发展轨道。

接着，杨焕亮校长把工作的重心转向了教学教研工作。

记者至今仍清楚地记得，2003 年底，在深圳青少年报社组织的"深港首届校长论坛"上，杨焕亮校长撰写了《名校招牌下就一定有优质学位吗?》一文，并在该论坛上畅谈教育理想，引起了在场近百位校长和教育专家的关注。那时，他对怎样实现历史名校向现代名校的转变已经有了初步规划——实践生态教育的办学理念。

杨校长告诉记者，深圳小学教师队伍精良，在深圳基础教育中又处于得天独厚的地位，这正是倡导与实施生态教育的绝好条件。生态教育要从教育理论和教育实践两个方面入手，全面优化教育生态，做到先进、科学、高效、优质，确保学生、教师和学校三方共赢。

理想虽好，但"生态教育"到底怎样实施? 这在当时深圳乃至全国的教育界都无法找到现成的答案。

为了能让"生态教育"理念有更坚实的土壤，更科学的开展方式，杨校长开始利用一切可以利用的时间和机会找专家咨询，反复论证并完善该理念。仅一年的时间里，他就该专题发表了十余篇研究论文。同时，他又反复找到学校的几个骨干进行个别的交流和探讨，使越来越多的教师对"生态教育"有了初步的理解并开始接受。杨校长还描绘出包括生态管理、生态人际、生态教学、生态校园文化在内的整体办学蓝图。2004 年，"生态教育的行动研究"被列入市"十五"规划重点课题，杨焕亮校长带领全校教职工开始了"生态教育"的探索实践。

二、什么是生态教育

在生态教育的实践中，深圳小学已逐步确立并坚持着他们自己的价值文化体系。

生态教育认为教育是一个多元共存、和谐发展的有机整体，教育是使受教育者获得最基本的生存能力（可持续发展的能力）和幸福生活的基本素养。生态教育把生命置于至高无上的地位，不仅关注生命的现在，还关注生命的未来。

生态教育认为，学生是教育生态系统中最核心的主体，整个教育生态系统的运转都是围绕学生展开的。生态教育视学生为教育生态链的结点，偏离了这个核心和结点，整个教育生态系统将不复存在或失衡。学生是生命的主体，生命最基本的需要是安全和健康。因此生态教育把学生的安全和健康摆在教育的首位，教育的一切工作以此为基本保证而展开。

生态教育认为，教育的质量以其"生态价"为衡量指标，即教育本身及其培养出来的人对社会环境的适应性，适应性越强，其"生态价"就越高，教育的质量就高。单就学校教育而言，能不能适应当时、当地社会政治、经济和文化发展的需要是其"生态价"的一个方面；能不能满足老百姓的口味，孩子放在学校能不能让家长放心、舒心是其"生态价"的另一个方面。

在生态教育的视野里，教育对象皆人才！

教学永远是学校工作的中心。在生态教学的研究中，杨校长一直带领老师们积极探索，着力从各个学科的教学入手，以期建构起生态教育的课堂教学策略体系以及相应的教学模式，以此来获得课堂教学效益的整体提高。

在深小的语文课上，每一位学生都能成为大家阅读的"小导师"；英语课上，每一位学生都能成为一个交际情景的"主角"；数学课上，同学们可以开心地"玩数学"；音乐课就更奇怪了，大家甚至会坐在地上滚动传球、用笔在纸上画线、用肢体尽情地演绎，无形的节奏和旋律化成了有形的动作，音乐回归了自然……这样的课堂无疑是充满趣味的，让课堂成为孩子们最快乐的场所和精神家园，这正是生态教育的着意追求！

在推行"生态课堂教育"的数年中，深圳小学各科教学质量有了显著的提高。仅2004年1月—2007年5月，该校学生在各级各类学科竞赛中获奖就高达259项，近几年更是硕果累累。

三、学生们的"名校气质"悄然养成

不同文化孕育不同气质的人，不同学校培养的人有不同的气质。校园生态文化的建设也成就了深小师生的"名校气质"

深圳小学可以说是书香校园的典范。学校建设的"启笛楷书唐诗三百首"碑林，是一项集名书、名诗、名人名气于一体的校园文化工程，被市委提升为文化立市的工程之一，由当代书法家启笛书写，书法泰斗启功题名，著名诗人臧克家作序，目的是使学生从小在优秀传统文化中浸润成长。

作为一所创建近百年的名校，深圳小学也非常注重对师生成长经历的健康培育。如学校每年开展一次磨砺教育，磨练学生的意志，每学期开展各种社团活动，发挥和培养师生的个性特长，邀请社会名人或成功学长到校作报告，拓展师生的见识，甚至发动家长到校园做义工，培养学生奉献社会的责任感。杨校长告诉记者，深小校园中的操场文化、走廊文化等都是全体师生共同建设起来的，"书吧"的图书、"听吧"的碟片都是部分由学校提供、部分由学生捐借推荐；"网吧"成为了同学们的"创作基地"——五年级组专门申请了一个网站，办起了有本年级教师、家长、学生参加的"读书部落"……现代的时尚文化和优秀的传统文化提升了学生们的文化情操，打造了属于深小学子自己的"名校气质"。

自豪感可以成为师生热爱学校和自觉进取的动力。深小对新来的师生上的第一课就是校史教育。学校建设了大型校史室，在操场边建了开放式的、主题为《铭》的校史柱和校史墙，激励广大师生不断进取，为名校再添光彩。每年学校要为六年级举行隆重的结业典礼，每位学生要写下一句关于母校的留言并个性化签名，学校把留言永远保存在校史室。学生结业以后，自己可以随时来，甚至将来带着自己的子女、孙子回母校看看自己的儿时留言和签名，再回忆当年在名校学习的美好时光。能让师生，特别是让学生留下关于学校永恒而美好的记忆，并让这些记忆影响他们终生的成长，这是一件多么美妙的事情呀！

何谓名校气质？简单概括，就是"思新思进，大气大方，志存高远，知恩图报"。深圳小学正是按照这一目标，脚踏实地地坚持着他们的办学追求！

四、精彩校园百花齐放

生态的校园管理形成了生态的人际关系，更构建起了和谐的干事环境，人心思教、积极向上的教师群体发挥出巨大潜能和优势。教师群体中，涌现出了市级先进基层党组织、省、市级"巾帼文明岗"和先进学科组。教师个体中，涌现出了省级特级教师、优秀教师、市级优秀共产党员、省级三八红旗手、市级三八红旗手标兵、市级十佳青年教师。在教学业务上，先后有语文、美术、英语、体育四个学科的教师在全国竞赛中获得一等奖；语文、数学、体育三个学科的教师在省级竞赛中获得一等奖；有十余名参加工作不足10年的青年教师在市级教学竞赛中获得一、二等奖；有60%以上的教师在市级以上学术会议或刊物上发表论文；有7名教师出版了10余部个人业务专著。在教育教学质量上，家长、学生的满意度已达到98%，学校曾三次获得深圳市办学效益优秀奖，杨焕亮校长也成为深圳市、广东省基础教育系统"百千万人才工程"省级名校长培养对象（全市仅4人），2009年又荣获了"深圳市优秀校长"称号，并申报"广东省中小学名校长工作室"。

深圳小学毕业生受到高一级学校的广泛青睐，市外国语学校招生考试综合指标年年将其排在全市前茅,每年都有数百名学生在国际、国内艺术、体育、学科竞赛中获得较高级别奖,更涌现出一大批优秀学子,如广东省"优秀少先队中队",广东省"十佳少先队员"黄绮洁,广东省"优秀少先队员"张云雁、郭黛瑶、戴楠、蒋冉晨,横渡琼州海峡破三项吉尼斯纪录的"鹏城少年"胡淙泰,在深小学习期间就为深圳市取得第一枚国际数学竞赛金牌并以最高分夺得北京大学自主招生考试状元的艾辛等。

图8-1 杨焕亮校长2009年获得
深圳市"优秀校长"时在主席台领奖

图8-2 杨校长给即将参加比赛的学校管乐队的
学生做动员讲话

图8-3 杨校长与学生们一起进行灭火演习

图8-4 杨校长接见非洲同行

2. 教育信息化的"深圳质量"①

11月26—28日，2013亚太地区教育信息化高层专家会议在深圳举行。

这是一次教育信息化的国际大会，大会选择在深圳举行，与这座改革创新之城多年来持之以恒推动教育信息化，提升教育现代化水平的探索与创新密不可分。

在深圳，课堂教学、校园管理乃至教育发展，都因信息技术而悄然发生着巨变——全市公办中小学校100%建成了校园网和多媒体网络课室，课堂上学生分组练习、教师即时完成批阅，网络课堂上超过万节的优质课例让全市学生共享……"教育云"时代，全市师生、家长、社会公众将随时随地随需共享教育的优质资源，教育信息化正在为教育的现代化提速，打造教育科学发展的"深圳质量"。

一、信息化，提升"教育质量"——学校实现跨越发展 基础教育高位均衡

"有使命感的领跑者"，是深圳教育对自身的定位与期许。可持续的领跑，需要信息技术的推动。

从2007年开始，市、区政府投入近10亿元，连续3年对原特区外96所村办小学进行标准化改造，加强薄弱学校的信息化基础设施建设。2010年起的"百校扶百校"行动则提升了薄弱学校的信息技术应用水平。全市还制定并出台了基础教育管理信息化技术规范等文件，实施中小学校设备设施配置标准，加快中小学校标准化、规范化进程。

凤凰山小学是一所位于原特区外龙岗区平湖的新学校。建校短短3年，已一跃成为闻名遐迩的广东省书香校园。谈起跨越式发展的经验，校长邓蝴梅告诉记者，2012年5月，学校幸运地成为国家级重点课题"云环境下的教育技术革命实验研究"首批4所实验学校之一，进入了"云环境"时代，学校的发展如同驶上了数字现代化技术革命"快车道"。

目前，全市公办中小学校100%建成了校园网和多媒体网络课室，100%教室配备多媒体信息终端，实现了"校校通""班班通"，南山等区初步实现无线网

① 本文刊于《中国教育报》2013年11月28日，记者翁惠娟、姚卓文。

络覆盖，福田等区开展了电子书包试点，宝安等区探索建设区域云平台。2012年，全市已有福田、罗湖等5个区被批准成为首批广东省"以信息化促进义务教育均衡发展实验区"。

二、信息化，提升"课堂质量"——教学注入信息技术 开启学习全新模式

教师在课前录制一个教学微视频，并传入"云"端；学生课前在家里进行视频学习，在线完成后面的进阶练习，教师在课前就了解了全班同学整体的学习情况。这是去年起，深圳南山实验集团在下属的6所分校里，进行的一场信息技术与课程深度融合的实验——"翻转课堂"。

"翻转课堂"让课堂从以往传授为主变为解决问题为主，并可根据问题进行针对性教学，颠覆了以往灌输式的课堂教学模式，更有效地激发学生的潜能和创造力。

信息技术与教育教学深度融合，还突破了传统课堂的教学资源局限性这一弱点。教师只需轻松点击便可使语文课堂拥有海量的阅读素材，英语课堂在情景模拟中营造语言氛围，科学实现快速探究查找问题……全市通过区域整体推进、学校自主创新、教师个性实践，多层次深度推进技术促进教学的创新。

除了课堂，学生的课余活动、课外生活，同样因为信息技术而开始大变脸。每年暑假，全市网络夏令营如期与学生相约，至今已走过了第11个年头。学生网络夏令营依托深圳教育城域网的网络环境，在国内率先构建起"大本营与分营协作、视频会议系统互动、线上线下同步推进"的活动组织模式。11年来参与总人数达216万人次，创意作品数达2.5万余件。

三、信息化，提升"教师质量"——信息技术互动分享 力促教师加速成长

在福民小学的数字化平台里，有一个很受欢迎的"教师博客"。

博客里写满了老师们在课堂教学实践中发现的问题、疑惑或是教学中的闪光点，引导教师反思自己的教学、学习情况，积极探讨造成问题的原因，有效地促进教师"实践—合作—反思—提高"循环的形成。

深圳市教育局局长郭雨蓉说："教师是教育发展的第一资源，是提高教育质量的关键。"在教育信息化建设中，深圳与国内外高校联动，以信息化课题研究为引领，创新教师培训机制，科学构建培训内容，采用区域推进、校本培训、自我研修、网络在线课程相融合的多层级培训模式。

目前，全市学校信息技术管理人员 100% 获得省级培训考核合格证书，中小学教师教育技术应用能力培训普及率 100%，90% 以上教师熟练掌握信息技术与学科课程整合技术。培训的目的不仅仅在于提升教师掌握信息技术的能力，更重要的是教师能够加强信息技术与课程教学融合的能力，并以此进一步提升教学的水平。

四、信息化，提升"校园管理质量"——校园管理数字化　教育领域全覆盖

在深圳市第二高级中学，学校里"一站式"窗口可以为学生和家长提供学位查询、政策解答等一站式服务。不仅如此，学校校园网主页也创新性地开通了对外服务功能。想办理请假、查询成绩，只需登录校园网站便能够办到，网上操作轻松便捷。

不仅仅"二高"，深圳越来越多的学校步入"数字化校园"。宝安第一外国语学校已经实现了"校园一卡通，一卡通校园"。校园卡整合了消费、医疗、图书证、教师证、学生证、门禁等多种功能，将班主任、校医、财务人员从烦琐的工作中解脱出来，家长也可通过校园卡随时了解子女在校情况。深圳中学则先后建设 Blackboard 网络课程系统、教室电教设备网络集中式管理系统、虚拟化机房、学生网络会员系统及先进的录播室系统，让师生使用各类应用系统更加简单、便捷。

在深圳，数字化管理正在全方位地覆盖教育领域，不仅仅给师生的校园生活带来方便，而且在评价学生和老师成长，以及规范学校科学管理方面，数字化管理也带来了颠覆性的影响。

五、信息化，提升"全民学习质量"——正在迈入"教育云"时代　构建开放终身教育体系

今年 10 月，国际学习型城市大会在北京举行，出席会议的联合国教科文组织总干事博科娃为深圳授予了关于全民阅读的最高荣誉——"全球全民阅读典范城市"称号。

崇尚阅读、热爱学习的深圳，获得了国际认可，这与深圳着力构筑终身教育体系息息相关，而在这一体系中，信息化建设发挥着重要的作用。

在深圳，云计算已经从抽象、虚拟的概念，逐渐变得触手可及。深圳市教育局正在打造属于自己的"教育云"。早在 2010 年，全市就启动"智慧深圳"建设，在教育等多个领域已开展智慧城市的初步应用。同年起，深圳市教育局开展

中小学优秀课例网络展播活动，市教育局与广电集团合作，共同开办《中小学课堂》电视栏目，通过深圳电视台高清互动点播，建设没有"围墙"的全天候学校。

去年 12 月，市教育局与市科技创新委员会签订"联合创建深圳教育云合作协议"，深圳教育将走上"云端"。根据规划，市云计算中心已配备价值高达 1 个亿的科学计算软件，并将集成到教育云平台，供全市师生使用。深圳电大自 2008 年起每年招生人数突破万人大关，目前在校生 6 万人，成为名副其实的"开放大学"，信息技术为构建终身学习体系提供了重要支撑。

这是一个值得期待的美好未来——当深圳"教育云"建成之后，无论是教师、学生、家长以及社会公众，都可以随时、随地、随需地享受到"教育云"的服务。届时，"教育云"将为全市 1 800 多所公民办中小学校、幼儿园提供集约化的校园管理与平安校园服务，为全市 160 多万名师生提供优质教学资源服务，为全市教育管理者提供科学管理与决策的数据支撑服务。

深圳教育，正因为信息化的引领而不断升级。

3. 做有温度的智慧教育　成就师生未来幸福①
——访深圳市教育信息技术中心杨焕亮主任

　　"智慧校园"是基于信息技术如大数据、云计算、物联网等新技术构建的智能化的校园教学、教研、管理、学习以及生活的新校园形态。智慧是无穷的，智慧教育没有终点，永远在路上。

——杨焕亮

访谈者：尊敬的杨主任，您好，非常感谢您接受本次专访。"智慧教育"工程作为我省"十三五"期间教育信息化的重点工程之一，各地相继开展了智慧教育的探索与实践。据了解，深圳市率先开展了智慧校园建设与应用的尝试，经过近 3 年的探索和努力，共评选出了 100 所"智慧校园"示范学校。请您谈谈深圳市开展智慧校园建设与应用的出发点。

杨焕亮：为推进教育信息化，我市开展了基于智慧校园的教育装备建设与发

---

① 本文刊于《教育信息技术》2018 年第 1、2 期，责任编辑危妙。

展实践，我们觉得有三要：一是要有一个抓手，提升校长教育信息化领导力；二是要有一个项目，促进信息技术与教育教学融合创新，以信息技术推动教育改革发展，为全国创造新模式、新经验；三是要有一个使命，助力深圳"智慧城市"的建设发展。我们的主要目标是通过提升师生信息素养，进而助力提升师生综合素养和助力培养智慧型师生，成就未来幸福。

访谈者：您如何理解智慧校园？

杨焕亮：我们所理解的智慧校园，是指运用新一代信息技术，为师生构建一个网络化、数据化，具有一定智慧（如感知、推理、辅助决策）的教学时空环境，从而推动教与学观念、方式和方法的创新，并利用教育大数据促进教育管理与服务的创新，最终促进师生智慧发展的新型校园。

访谈者：请您谈谈深圳市开展智慧校园建设与应用的思路。

杨焕亮：为顺应信息技术时代背景下"智慧校园"建设提出的新要求，深圳市如何构建自己的智慧校园呢？浙江大学鲁东明教授曾表示：智慧校园的信息化系统，应当涵盖便捷的办公模式、泛在的育人模式、时尚的娱乐模式和实时的科研模式，而智慧型校园建设的目标是要使我们拥有一个"绿色节能型、平安和谐型、科学决策型、服务便捷型"的校园。因此，结合深圳市教育信息化发展的实际，我们重点从促进师生智慧发展、推动信息技术与教育教学的融合创新、推动学校教育管理智能化、泛在化的教与学环境等四个方面探索智慧校园建设与应用，并提出了相应的举措。

访谈者：针对以上四个方面的探索，深圳市提出了哪些相应的举措？

杨焕亮：在推动智慧校园建设与应用的道路上，我们的主要举措有：一是加强领导统筹。成立"智慧校园"示范学校评选领导小组，市教育局领导挂帅任组长，市教育信息技术中心牵头成立工作小组，确保组织工作保障有力。二是制定标准指引。从2014年起开始探索制定《深圳市中小学"智慧校园"建设与应用标准指引（试行）》，并在2015年初颁布，有效引领学校开展创建"智慧校园"示范学校活动。三是开展专业评价。通过公开招标购买第三方服务的形式，确定专业机构、专家团队承担智慧校园示范学校评选工作，既确保评选的权威性和公平性，又因为专家进校指导、提炼典型案例使智慧校园示范学校的创建成果更具专业性和示范性。四是进行资助授牌。给每所智慧校园示范学校资助20万元，并在全市年度基础教育信息化工作会议上，邀请市教育局领导亲自隆重授牌，有效调动校长参与创建智慧校园示范学校活动的积极性。

访谈者：经过三年的努力，深圳市评选了三批共100所智慧校园示范校，并开展了系列的专题培训，请您结合具体的实践谈谈取得了哪些成效？

杨焕亮：智慧校园建设与应用的主要成效：一是点了火。智慧校园建设与应用最大的成效就是点燃了全市中小学校校长、教师重视教育信息化的热情。如：三批"智慧校园"示范学校评选竞争越来越激烈，申报入围率分别是80%、70%和50%，可见创建"智慧校园"示范学校这个抓手，有效地提高校长对教育信息化的认识；2016年组织全市近700所中小学校长开展5天封闭式的"教育信息化领导力"专题培训，有1000多名正副校长报名参加培训，可见校长对教育信息化的重视程度越来越高；2017年组织100所"智慧校园"示范学校开展5天封闭式的"'智慧校园'示范学校教育信息化应用骨干教师高级研修班"培训，非信息技术学科教师占比45%，其中语英数等传统"考试"学科教师占比高达38%。以往类似培训非信息技术学科教师占比才28%，可见教师参与教育信息化应用的自觉性提高了，信息技术与学科教学的融合面扩大了。二是结了果。智慧校园建设与应用点燃了校长和教师的热情，热情又引燃了校长和教师的智慧。目前全市中小学教育信息化应用呈百花齐放的局面，如：深圳市高级中学"学生成长紫色城堡系统"，全程记录学生生活、学习情况，有助于客观、科学评价学生"八大素养"；深圳市第二实验学校结合维果茨基的最近发展区学习理论，建立在线作业系统，对不同学力水平的学生推送不同难度的作业，让学生在自己的最近发展区内提升自己；南方科技大学附属学校"基于信息技术的课程统整项目"的开发与应用，在全市甚至全国产生很大的影响；南山区珠光小学基于微信平台自主研发的"学校卓越绩效管理系统"，打破了信息孤岛，实现了移动办公、移动管理、智慧物联、全程记录教师工作数据，学校管理信息化有效支撑学校管理现代化；深圳市宝安区海旺学校构建了"基于动态学习数据的采集与分析平台"，学生的行为数据经过采集分析后生成学情分析报告，并推送给师生，以便及时调整下一阶段教学内容。

访谈者：您认为这些示范校最突出、最值得推广的地方在哪？

杨焕亮：我总结起来主要有以下四个方面：一是智慧成长，让师生更幸福。深圳智慧校园建设与应用，以成就师生未来幸福为根本宗旨，以国际标准为参照，探索信息化条件下人才培养新模式，助力提升深圳市中小学学生品德、身心、学习、创新、国际、审美、信息和生活八大素养，又实现师生教学相长，促进师生的智慧成长。二是智慧教学，让学习更快乐。通过构建"智慧教学，快乐学习"的智慧课堂，推进了信息技术和课堂教学深度融合，变革、创新教与学的观念和方法、方式，使教师乐教，学生乐学。快乐教学提高了教学效果，助力深圳教育质量的提升，为信息技术与教育教学的融合实践积累了宝贵的经验。三是智慧管理，让决策更科学。充分利用网络技术提升教育治理能力，开展大样本的抽样调查和大数据的准确分析，实现了学校教育发展情况、教育教学质量和学生综合素养发展水平的智能监测与分析，推动学校教育科学决策、高效管理。四是智慧环境，让校园更生态。通过构建泛在、生态、智能的智慧校园环境，为智慧校园建设与应用提供了稳定、可靠、安全的基础支撑环境。

访谈者：为总结经验，提炼案例，更好地发挥典型示范校的辐射作用，深圳市出版了三本《智慧教育成就未来幸福：深圳市"智慧校园"建设与应用典型案例集》，请您谈谈"未来幸福"体现在哪？

杨焕亮：我们所提到的未来幸福，就是利用信息技术助力培养具有未来素养的师生，让他们在未来过得更幸福。关于未来素养，《21世纪技能》（作者：伯尼·特里林）提出21世纪需要三大方面的技能：学习与创新技能、数字化素养技能、职业和生活技能；美国哈佛大学教育学博士托尼·瓦格纳在《教育大未来》书中提出未来世界创新人才需具备7个关键能力：批判思考与解决问题的能力、跨界合作与以身作则的领导力、灵活性与适应力、主动进取与开创精神、有效的口头与书面沟通能力、评估与分析信息的能力、好奇心与想象力。我们通过推动智慧校园建设与应用，就是利用信息技术教会师生获取未来生活的能力，以帮助他们更好地去理解和解决真实生活中的各种挑战，从而成就未来的幸福。

访谈者：为成就未来幸福，深圳在智慧校园的建设与应用上将会有哪些新的举措或思路？

杨焕亮：未来智慧校园建设与应用的思路，一是达成"一个共识"。推动"内涵式"发展，探索建立网上创客教室和"STEM创新学习实验室"，通过网络和实训让师生开展创客式教学，培育"智慧型"师生，助力深圳创客精神培育发展战略。二是采取"五个一"行动。在100所智慧校园示范学校的基础上，开展"五个一"行动，即一校一特色、一校一示范、一校一课题、一校一结对和一校一骨干，促进智慧校园示范学校创新发展、特色发展、持续发展，发挥示范引领作用。三是聚焦"一个中心"。推动"智慧校园"的主阵地、中心环节——"智慧课堂"的建设与应用，目前已制定"深圳市'智慧课堂'评价标准指引"和评选方案。

4. 从"三位一体"到"一体两翼"
深圳市育新学校迎来跨越式发展①

在深圳，有一所学校有些特别，许多学生在这里"破茧成蝶"收获了成长路上不一样的精彩，许多学生在这里磨砺意志奠基了人生坚毅的品质。它，就是深圳市育新学校。作为深圳特区唯一一所转化教育型专门学校，同时成立了开展中职教育的新鹏职业高级中学，还是全市中小学开展综合实践教育的德育基地。育新学校锐意创新，积极进取，其办学模式在全国各地产生了广泛影响。作为学校的"掌舵人"，深圳市育新学校校长杨焕亮始终在探索和开拓专门教育高质量发展的路径。2022年，育新学校又迎来了跨越式发展的新机遇、新步伐。

一、从"三位一体"到"一体两翼"　办学模式迎来质的飞跃

2022年6月11日，深圳市育新学校第六届教职工代表大会（工代会）第一次会议成功落下帷幕。大会审议通过了《深圳市育新学校章程（修订稿）》《深圳市育新学校打造新时代"育新范例"三年行动计划》等关乎未来几年学校发展方向的重要文件。

这些文件的出台，意味着育新学校的发展又将迈入全新的阶段，学校的发展方向、定位进一步明确。据介绍，育新学校成立于1993年，原名深圳市工读学校，1994年加挂深圳市中小学德育基地牌子，1995年创办新鹏职业高级中学，形成了独具特色的初中、基地、职高"三位一体"的办学模式。经过近30年的发展，育新学校形成了独特的"专门教育"教育教学体系，也成为了致力于专门教育理论建构、推动专门教育立法、探索综合实践教育教改的先锋学校。

随着时代的迅速发展，专门教育也迎来了新的发展阶段。过去，学校强调初中、基地、职高"三位一体"，这种发展模式有它必要的时代意义。现如今，育新学校进入新的发展时期，需要更加与时俱进的办学模式。为进一步突出学校"主心骨"，促进资源高效统筹利用，杨焕亮校长创造性地将"三位一体"办学升级迭代为"一体两翼"办学模式，以强化专门教育为办学"本体"的主体定位，新鹏职高的中等职业教育和德育基地的综合实践教育为主体办学配套、服务

---

①　本文刊于《南方都市报》2022年6月30日，记者周正阳、李双双。

的"两翼"。

从"三位一体"到"一体两翼"，学校办学模式的革新，必然要有相应的机构调整与之相匹配。学校制定并出台了《内设机构与校领导、中层党政分工调整优化方案》。此次学校调整优化内设机构与校领导分工，是为了配套新的办学模式，建构大德育、大教学、大科研和大后勤的管理新概念和新架构，使资源调配实现大融合、行政管理形成大合力，从而优化学校现代治理，以确保实现新时代学校做"特"专门教育，做"强"综合实践教育，做"精"中职教育的办学新追求。

学校的中职教育是为了专门教育学生的后续发展而办，德育基地也有加强德育研究、辐射全市中小学综合实践教育的使命，全体教师都享有专门教育教师津贴，全员办好专门教育我们义不容辞。在育新学校第六届教职工代表大会（工代会）第一次会议上，杨焕亮校长提出，专门教育是育新学校的根与魂，并要求教师、职工都要做"专门教育"，保安、电工、厨师等人员也要学习专门教育常识，以处置突发情况。学校勉励全体教职工要一起浇水、施肥，培育专门教育的水土（评先评优、高端培训、评聘职称的制度机制），鼓励、培养"张本亮型"专门教育教师（注：张本亮老师是老一辈一直坚守当专门教育班主任的优秀教师之一）。

二、践行"非对称性"教育理念　奋力追寻不一样的精彩

"一体两翼"的办学模式，内设机构的随之调整，缘于育新学校特殊的办学使命。

刚刚过去的三年，在育新学校的办学历史之中，有着深远的意义。一所学校要持续发展，既要有与时俱进、推动改革与创新的魄力，也要将优秀经验、理念进一步传承和发扬。基于对专门教育特性的深刻思考，2018 年，杨焕亮提出"非对称性"教育理念，为专门教育创设了颇具建设性、前瞻性、创造性的育人方式。"如果普通学校穿'对称性'的鞋走路，专门学校就要穿'非对称性'的鞋才合脚！"

"非对称性"教育理念融合信息化思维，应用"非对称性"原理，建构关于专门学校现代治理、教书育人"非对称性"的思想，以引导专门学校师生探索"非对称性"成长的方向、方法，实现创设专门学校办学不一样的密码，成就专门学校师生不一样的精彩的办学追求。杨焕亮曾在全国多个教育、学术交流会上分享"非对称性"教育理念的实践经验与办学成果。

2018—2021 年，是深圳市育新学校新时期第一个"三年行动计划"实施的三年。在"非对称性"教学理念的引领下，育新学校展开了系列精彩的教育实

践——比如根据学校特色、学生特点，研制军事素养课程、研制职业礼仪课程、创建"乳鸽学院"和中草药学堂，强化学生行为习惯养成教育，培养学生坚毅品格，激发学生学习兴趣，习得升学就业技能。他还引领全校师生，通过"校长作业""校长讲坛""奖肉金制"等特色活动，让学生成为学校的主人，让学生喜爱自己的学校，让学生重新获得自信。

这三年，是蝶变跃升、跨越发展的三年。学校在顶层设计、文化建设、办学提升、课程构建、师生发展等方面实现突破。在广东省中小学教师信息技术应用能力提升工程 2.0 省级试点校绩效考核结果中，育新学校作为全省 80 所省级试点校之一，在绩效考核中名列全省第三，获评优秀！学校完成了深圳市综合实践教育（基地）集团章程与发展规划的编制，深入谋划实践教育顶层设计，引领实践教育未来发展，推进综合实践基地建设。

学校办学活力得到全面激发，越来越多师生脱颖而出。育新学校成为深圳市唯一一所在 2020 年全国职业院校技能大赛学生技能大赛和教师教学能力大赛中夺金的学校，实现国赛"双零"的突破。2021 年，从教 30 余载、坚守专门教育 18 年的育新学校教师杨宏英，获得 2021 年深圳市"年度教师"荣誉称号。这是"专门教育"领域首次获得此项殊荣。三年来，不仅育新师生在国家、省、市级比赛中频频获奖，学校也获评"全国国防教育示范学校""深圳市 2020 年度教育改革创新领跑学校""2020 年深圳市先进工作单位"等荣誉称号。

三年小步迈进，三十年大步跨越——育新学校近 30 年的办学生涯，正是一个个"三年"累积、沉淀、蝶变的结果。未来，更多"不一样的精彩"等待着育新的老师、学生们共同创造与抒写。

在此次教代会上通过的《深圳市育新学校打造新时代"育新范例"三年行动计划》明确了未来三年的行动路径。未来三年，学校将围绕"追求不一样的精彩"校训目标，切实推进"强化党建引领行动"等十大重点行动，如成立专门教育、综合实践教育中职教育发展专家委员会，开发"乳鸽学院"、军事素养系列课程 2.0 版本，推动技能实训室、实验室、未来教室等的创建升级，推进校舍安全改造工程等具体工作，努力建成实践型、智慧型、生态型示范学校，为建校 30 周年献礼，精心打造"育新范例"。

另外，值得一提的是，2021 年 5 月，《关于制定〈深圳经济特区专门教育条例〉的议案》通过市人大一次会议立案，已列入今年市人大立法调研计划。专家表示，充分利用深圳特区地方立法权，制定专门教育的法律法规，将弥补深圳市专门教育的法律空缺。杨焕亮多次为深圳专门教育"立法"鼓与呼，他在多个场合均表示，充分利用深圳特区地方立法权，探索专门教育立法，是社会公平与正义的重要体现，是城市文明建设和社会综合治理的重要内容。他期待，"专门教育"进入立法轨道后，将使专门教育迎来跨越式发展的契机与动力。

5. 深圳市新鹏职业高级中学"非对称性"教育理念成就师生不一样的精彩①

创办于 1995 年的深圳市新鹏职业高级中学，坐落于光明区。学校环境优美，是一所生态资源丰富的花园式学校。学校现开设高星级饭店运营与管理、电子商务、汽车运用与维修三个专业。不仅如此，学校还是一所集专门教育、中等职业教育和中小学生综合实践教育"三位一体"的多功能、综合型教育机构，即深圳唯一专门教育学校。深圳市育新学校创办于 1993 年，深圳市中小学德育基地创办于 1994 年。

学校首创的"三位一体"办学模式全国闻名，为深圳市预防青少年犯罪、社会治安综合治理作出了突出贡献，是深圳市提升中小学生综合素养的重要平台，众多技能人才从学校走出，为国家提供了有力的人才和技能支撑。

校长杨焕亮开创性地提出了"非对称性"教育理念，引领学校教育改革创新发展。以"非对称性"教育理念为指导，学校抢抓"双区驱动"重大战略机遇，坚持以办"特"专门教育、办"强"综合实践教育、办"精"中职教育为目标，全面激发教育内生动力和发展活力，促进学校内涵特色发展。

图 8-5　校长杨焕亮参加深圳市第七次党代会

图 8-6　学校开设乳鸽烹饪与制作系列课程

---

① 本篇刊于《深圳特区报》2021 年 7 月 1 日，记者姚卓文，通讯员毛武毅。

一、特色课程精彩纷呈，促进学生非对称性成长

"在我看来，结合每一位学生的兴趣和特点，为每个人寻找最合适的成长道路，并以爱和激励驱动他们前行，就是非对称性成长，也是教育真正的秘诀和魅力所在！"杨焕亮介绍，学校的"非对称性"教育理念具有前沿性、创新性和先进性，通过构建治理策略、教书育人的"非对称性"理念和思维，引领师生获得"非对称性"成长，创设学校新时代办学密码，成就师生不一样的精彩。

在"非对称性"教育理念的引领下，学校提出打造文化素养、职业素养、军事素养、信息素养"四轮驱动"育人模式，研制了军事素养课程2.0，创建"军"字头特色社团——国旗护卫队、军乐团、虚拟航空研学，提升了学生军事素养、信息素养、创新精神和实践能力。

为贯彻落实《广东省"粤菜师傅"工程实施方案》，发挥学校饮食特色优势资源，以学校品牌乳鸽菜品为依托，学校创办了"乳鸽学院"，开设乳鸽系列课程，提升学校办学特色内涵和学生职业教育特色技能，实施产教融合战略，争创粤菜精品课程，助力学生谋生创业。

学校创建中草药学堂，种植普通中草药，开讲中草药知识，助力学生防疫健体，弘扬中医文化，开发一般学校做不到的综合实践特色课程。

学校高星级饭店运营与管理专业开发的校本教材《餐饮服务与技能》获评深圳市精品课程，走出了一条教研并重的路子。电子商务专业开发短视频拍摄线上运营项目，为学生就业创业拓展了新的渠道。汽车运用与维修专业使用VR喷漆虚拟技术创设真实实训场景，让学生进行全方位体验。

学校以国家、省、市职业技能大赛为抓手，促进学生成长成才。三个专业学生在今年省、市职业技能大赛的酒店服务、广告设计与制作、短视频制作、汽车营销、车身修理、机电维修、车身涂装等赛项中均获得了一、二、三等奖的好成绩。汽修专业学生从2015年连续至今在全国职业院校技能大赛中屡屡获奖，特别是在2020年的全国职业院校技能大赛车身修理赛项中，汽修学子陈柏因勇夺一等奖，实现了广东省4年和深圳市8年在该赛项上国赛一等奖"零"的突破。

学校毕业生通过自主招生、高考等方式被本科院校和高职院校录取，毕业生叶军、邹荣鹏等学生在高校学习期间，联合创立了自己的公司，他们是新鹏职高毕业学子践行"大国工匠精神，技能成就出彩人生"的一个缩影。

二、建设高水平教师队伍，打造高质量职业教育

教师是立教之本，兴教之源。当前，新鹏职高打造了一支具有国际视野、现代教育理念的高水平专业化创新型教师队伍。学校作为深圳市第一批智慧校园示范校和全深圳市 6 所广东省中小学教师信息技术应用能力提升工程 2.0 试点校之一，以信息技术引领教育变革，促进信息技术与教学深度融合，制定了《教师信息素养提升"非对称性"模式实施方案》，校长牵头、专家引领、全员参与，整校推进，提升管理人员信息技术的领导力和全体教师信息技术的应用力。

教师信息技术应用能力水平显著提升，杨焕亮校长主持的"E 采云教育系统助推'智慧校园'建设"项目获评广东省基础教育信息化融合创新示范培育推广项目建设成效优秀项目。信息化课题"基于虚拟现实技术的中职汽车维修仿真实验教学研究"获得广东省中小学教师信息技术应用能力提升工程办公室立项并成功开题，现正处于研究阶段。"蔡雷英语"自媒体，年均阅读量逾 4 000 万，全国排名前 25，荣膺教育类最具影响力公益平台称号。杨宏英老师百余节在线精品课程登上"学习强国"，辐射全国中学生。蔡雷、林瑶、郭芯彤三位老师分获广东省能力提升工程 2.0 典型案例一、三等奖，关天培老师荣获深圳市优秀自制教具一等奖并获国家专利和全国职业院校技能大赛优秀指导教师，这充分体现了教师在信息技术应用能力方面的领先水平。

经过专家引领、培训学习等方式，近两年来学校教师专业发展势头强劲，在国家、省、市各类比赛中屡屡获奖，多名教师荣获"南粤优秀教师""深圳市优秀教师""深圳市优秀班主任""深圳市先进教育工作者"等称号。特别是黄伟娴老师与龙岗第二职业学校教师组成深圳代表队出战全国职业院校技能大赛教学能力比赛，勇夺一等奖。

为促进青年教师专业发展，校长杨焕亮亲自谋划推动成立学校首届"青师训练营"，聘请校内外知名专家、资深教师担任青年教师的导师，实行一对一定点辅导，促进青年教师非对称性成长。"青师训练营"研训周期为两年，涉及通识教育、教师教育、学科专业与教学、教学实践、信息素养提升和职业技能培训六大模块。

三、开创办学新局面，新鹏打造深圳职教亮丽名片

新鹏职高抢抓"双区驱动"战略机遇，推进"三位一体"办学模式内涵发展，学校勇担中国特色社会主义先行示范区的使命，探索专门教育立法，体现深圳教育先行示范。学校举办"打造新时代育新范例"研讨会，成立了专门的工

作组和团队，负责立法条例的研制工作。校长杨焕亮作为党代表，在深圳市第七次党代会上两次呼吁重视专门教育，得到了领导重视并写进大会《简报》。经校长杨焕亮呼吁，在深圳两会召开前期，深圳市教育局主要领导亲自大力推动人大代表走进学校调研。9位市人大代表开展专题调研，听取汇报后感动表态：为专门教育故事落泪，专门教育不容易，全力支持立法工作。5月18日，学校牵头研制的《关于制定〈深圳经济特区专门教育条例〉的议案》被深圳市人大正式立案，推动立法工作取得里程碑式进展。

为更好满足学校独特的"三位一体"办学模式需求，建设一所具有未来感、高品质、高颜值的学校，学校早在十年前启动校舍安全改造工程，推进校安工程建设。经过适修性评估、专家论证评审、报市发改委审批等系列程序，校安工程可行性研究报告（修编）获市发改委批复，校安工程将开展后续报建工作，届时一所美丽、现代、安全、舒适的新校园将拔地而起，更好地为全体师生提供更加优质的教育场所。

学校在"非对称性"教育理念的指引下，创设学生发展的终身密钥，烙印教育的特色胎记，成就师生不一样的精彩，开创学校办学新局面，现已打造成为深圳职教的一张亮丽名片。

四、学校荣誉簿

学校先后获得100多项国家、省、市级荣誉称号，包括全国优秀青少年维权奖、中国青少年社会教育"银杏奖"优秀团队奖、全国国防教育特色学校、全国国防教育示范学校、广东省青少年法制教育先进单位、广东省德育示范校、广东省中小学心理健康教育特色学校、广东省中小学生研学教育实践基地、广东省青少年法治教育实践基地、深圳市先进校外教育阵地、深圳市文明单位、深圳市教育系统先进单位、深圳市依法治校示范校、深圳市中小学创客教育基地、深圳市年度教育改革创新领跑学校等。

6. "非对称性"理念适合专门教育①

——育新学校在全国研讨会上介绍深圳经验

5月25日，2021年中国教育学会工读教育（专门教育）分会专门教育办学形式交流研讨会在广州举行。全国100多名专门学校领导、专家参会。深圳市育新学校校长杨焕亮在会上作题为《践行非对称性教育理念，成就师生不一样的精彩》发言，系统地向全国同仁汇报了深圳专门教育的办学简况，创新的理念、鲜活的案例和先行的立法探索，得到了与会专家的高度认可。

一、开创性的"非对称性"理念适合专门教育

杨焕亮首先介绍了育新学校的办学模式。作为深圳特区唯一的一所专门教育学校，育新人锐意创新，积极进取，创设的专门教育、中职教育与德育基地"三位一体"的办学模式，在全国各地产生了广泛影响。

面对深圳专门教育新时期发展中的种种问题，杨焕亮结合其个人任职深圳市、罗湖区、中小学校、机关单位，特别是分管深圳市教育信息化工作9年的跨界融合经历，创造性提出了专门学校要践行"非对称性"教育理念：融合信息化思维、应用"非对称性"原理，建构关于特殊学校现代治理、教书育人"非对称性"的思想，以引导特殊学校师生探索"非对称性"成长的方向、方法，实现创设特殊学校办学不一样的密码，成就特殊学校师生不一样的精彩的办学追求。

"如果普通学校穿'对称性'的鞋走路，特殊学校就要穿'非对称性'的鞋才合脚！"杨焕亮通俗的比喻，让在场的领导嘉宾对专门教育的"非对称性"理念产生了深深的共鸣。

杨焕亮介绍了他在办学中运用"非对称性"理念的精彩案例。比如根据学校特色、学生特点，开展研制军事素养课程、研制职业礼仪课程、创建"乳鸽学院"和中草药学堂，强化学生行为习惯养成教育，培养学生坚毅品格，激发学生学习兴趣，习得升学就业技能。比如通过"校长作业""校长讲坛""奖肉金制"等特色活动，让学生成为学校的主人，让学生喜爱自己学校，让学生重新获得自信。

---

① 本文刊于《深圳商报》2021年5月26日，记者包力。

杨焕亮还分享了一个特别的案例——教师节他们学校主动给周边单位过节献花，主动上门去讲专门教育人的故事，积极争取资源来支持学校、教师、学生的发展。

在"非对称性"理念的引领下，近两年育新师生在国家、省、市级比赛中频频获奖，学校也获评全国国防教育示范学校、深圳市 2020 "年度教育改革创新领跑学校"、2020 年深圳市先进工作单位等荣誉称号。

图 8-7　会上发言

图 8-8　现场观众

二、先行先试，探索专门教育立法

杨焕亮重点介绍了深圳专门教育立法的探索。杨焕亮认为，充分利用深圳特区地方立法权，探索专门教育立法，是社会公平与正义的重要体现；是城市文明建设和社会综合治理的重要内容；是办人民满意教育的根本需要；是落实新《预防未成年人犯罪法》、"十四五"规划关于"完善专门教育保障机制"要求与精神，促进专门教育高质量发展的重要举措；也是深圳教育先行示范的重要项目。

杨焕亮简单回顾了深圳立法探索的历程。早在 2019 年 12 月 19 日，育新学校举办"打造新时代育新范例"研讨会，深圳市教育局副局长王水发就倡议推动立法。该校为此成立了专门的工作组和争取了专项经费，通过公开招标专门团队来负责立法条例的前期研制工作，开启了全国调研工作。

杨焕亮在市党代会上两次呼吁重视专门教育，得到了领导重视并写进大会《简报》。经杨焕亮呼吁，在深圳两会召开前期，深圳市教育局局长陈秋明亲自大力推动人大代表走进育新学校调研。9 位市人大代表到育新学校专题调研，听取汇报后感动表态：为专门教育故事落泪，专门教育不容易，全力支持立法工作。

2021 年 5 月 18 日，《关于制定〈深圳经济特区专门教育条例〉的议案》被市人大正式立案，立法工作取得里程碑式进展。

杨焕亮认为，通过立法，将有望明确专门教育的立法依据、专门教育的性质与定位、专门教育的治理体系与各部门职责，明确专门教育指导委员会的构成、职责与运行机制，明确专门学校的规划、审批与建设标准与程序，明确专门学校的招生、课程、教学、安全、师资、经费等方面的标准、规则与要求，明确专门教育的法律责任问题。

三、深圳经验收获同行点赞

发言最后，杨焕亮还分享了他个人对教育的理解、情怀与期待。他认为，专门教育是育新学校的"根"与"魂"。对于学生的成长，他认为应该遵循"快乐、健康、自信第一，知识、分数、升学第二"的原则，为保护学生隐私与尊严，教师要做到"俏也不争春，只把春来报"

发言结束，与会专家领导纷纷与杨焕亮继续互动交流。有的专门学校校长表示，早已听闻深圳市育新学校"非对称性"教育理念，想预约前来"取经"；也有专门学校校长点赞："用心就是专业"。

中国教育学会工读教育分会理事长王春生说，发展中国特色专门教育，聚焦育人方式变革，积极推进构建有别于普通教育、有别于特殊教育、有别于司法监管场所的专门教育体系，建立健全法律机制保障尤为重要。深圳在专门教育立法上的探索已经是先行示范，深圳市育新学校校长杨焕亮团队的实干精神令人感动，干事的效率更是令人惊叹。

7. 打造深圳专门教育"育新样本"[①]
——育新学校提出非对称性教育理念，拓宽学生成长道路

"我的梦想是帮助那些'迷途少年'找到生命成长的喜悦与力量，愿每一个孩子都能被深情以待。"8 月 27 日，在 2021 年深圳市"年度教师"现场评选活动上，杨宏英的演讲感动了评委和观众，最终荣获 2021 年度深圳市"年度教师"称号。

作为育新学校非对称性教育理念实践的生动代表和积极实践者，她的获奖再一次彰显了育新学校"非对称性"教育理念的强大活力。

据介绍，在深圳市育新学校校长杨焕亮的带领下，学校根据办学的特殊性，

---

① 本文刊于《深圳晚报》2021 年 8 月 28 日，记者王宇。

创造性地提出教育领域的"非对称性"理念，坚持以办"特"专门教育、办"强"综合实践教育、办"精"中职教育为目标，立德树人，全面激发了教育内生动力和发展活力，促进学校内涵发展、特色发展。非对称性教育理念，正成就着师生不一样的精彩。

她荣获年度教师　是专门教育追梦人

18 年前，杨宏英从国家示范学校来到深圳，加入育新学校。初遇带着各种"问题"标签的孩子，杨宏英带着爱和坚定助力迷途孩子回归，如今已改变了1 000 多个孩子的命运。

她一直致力于数学教育教学改革，成效显著，先后获得国家、省、市各种奖励 100 多项。她还独创"123 杨姐数学"，曾经的"问题少年"在"123 杨姐数学"的引领中成长，成绩大幅提升，有的孩子高考数学考出满分，90%的孩子获得上大学的机会。

疫情发生初期，杨宏英怀揣着教育激情奔赴广西壮族自治区百色市支教。她给百色送去先进的教学理念，创建教学资源库，受援学校评价她为"一朵来自深圳的玫瑰，在财校的土壤里散发着清香"。带着对教育的深度观察，她写下六万多字支教笔记，受到深圳和百色两地同行的高度好评。今年，她远程为新疆维吾尔自治区喀什市的教师做云端系列培训，为缩小东西部教育差距贡献深圳力量。

杨宏英坚信"教育是心与心的相遇，彼此成就"，她坚持用学校"非对称性"的教育理念为学生赋能，通过"感化—转化—发展—突破"策略，启迪着曾经的"问题少年"找到新的生长点。

图 8 - 9　2021 年深圳市"年度教师"现场评选活动上，杨宏英作演讲分享

非对称性教育理念： 让学生找到最合适的成长道路

深圳市育新学校作为深圳经济特区唯一一所专门教育学校，创设的专门教育、中职教育与德育基地"三位一体"的办学模式，在全国各地产生了广泛影响。

"如果普通学校穿'对称性'的鞋走路，特殊学校就要穿'非对称性'的鞋才合脚！"深圳市育新学校校长杨焕亮说。杨焕亮创造性提出了专门学校要践行"非对称性"教育理念：融合信息化思维、应用"非对称性"原理，建构关于专门学校现代治理、教书育人"非对称性"的思想，引导专门学校师生探索"非对称性"成长的方向、方法。

在杨焕亮看来，结合每一位学生的兴趣和特点，让每个人寻找最合适的成长道路，并以爱和激励驱动他们前行，就是非对称性成长，也是教育真正的秘诀和魅力所在。

图 8-10　每学期刚开学进，育新学校的学生便会给校长布置作业

学生给校长布置作业， 积极参与校园管理

育新学子会亲切地称呼杨焕亮为"亮哥"。"亮哥"对学子的奖励方式尤为特别。

2019年2月18日开学第一天，"亮哥"在开学典礼上推出"奖肉金制"，台下的学子一听，眼睛都亮了。杨焕亮巡查食堂时发现同学们都喜欢吃食堂做的乳鸽、卤蛋、炒河粉。杨焕亮说："既然同学们喜欢吃，学校就把它们当奖品。"

学校还创办了"乳鸽学院",开设乳鸽系列课程,提升学校办学特色内涵和学生职业教育特色技能。这种方式激励了育新学子进步,也为他们留下了美好回忆。

在育新学校,校长有"作业",期末学生批。每学期开学,学生便会给校长布置作业,参与到学校管理中,为学校建设建言。到学期末,学校将对"校长作业"进度进行公示,并随机抽取学生对"校长作业"的满意度进行测评。

学校创建特色社团, 5 月获两项国家级荣誉称号

升旗仪式上,国旗护卫队会踏着正步,擎着国旗,握着礼宾枪,把国旗护送到旗台。随着军乐团奏响国歌,升旗手挥手展旗,鲜艳的五星红旗飘扬在学校上空。

育新学校积极创建特色社团,烙印教育的"育新胎记"。国旗护卫队、军乐团、航空虚拟研学、机器人及创客等创新型社团提升了学生军事素养、信息化素养、创新精神和实践能力。

学校还创建了中草药学堂,种植普通中草药,开讲中草药知识,弘扬中医文化。机器人及创客让学生在世界级、国家和省市级比赛中屡屡获奖,被市教育局评为"深圳市中小学机器人创新与实践教育基地"和"深圳市中小学创客教育基地"。

今年5月,育新学校获得两项国家级荣誉称号——全国国防教育示范学校、全国国防教育特色学校。

学生崭露头角, 教师专业发展势头强劲

沐浴在非对称性教育理念的春风中,育新学校的学生在各领域中崭露头角,教师专业发展也势头强劲。

去年11月,在2020年全国职业院校技能大赛车身修理赛项中,该校汽修学子陈柏因勇夺一等奖,实现了广东省4年和深圳市8年在该赛项上国赛一等奖零的突破,指导教师关天培获评全国职业院校技能大赛优秀指导教师。

去年12月,育新学校教师黄伟娴与龙岗第二职业学校教师组成深圳代表队出战全国职业院校技能大赛教学能力比赛,最终设计的"茗韵润身心,匠艺传古今——中国茶的品鉴与服务"系列课程,勇夺一等奖金牌。育新学校也成为深圳市唯一一所在2020年在全国职业院校技能大赛和全国职业院校技能大赛教学能

力比赛中双赛夺金的学校。

为了促进教师专业发展，育新学校成立了"青师训练营"和"备赛队"，聘请校内外知名专家、资深教师担任青年教师的导师，实行一对一定点辅导，促进青年教师非对称性成长。

在非对称性教育理念的引领下，育新学校正向全市、全省、全国发出"育新声音"，讲述"育新故事"，打造"育新样本"。

图 8 - 11　在育新学校每周的升旗仪式上，国旗护卫队会踏着正步，把国旗护送到旗台

参考文献

［1］习近平. 习近平谈治国理政：第四卷［M］. 外文出版社，2022.

［2］王坤庆. 现代教育哲学［M］. 华中师范大学出版社，1996.

［3］吴鼎福、诸文蔚. 教育生态学［M］. 江苏教育出版社，2000.

［4］余谋昌. 生态哲学［M］. 西安：陕西人民教育出版社，2000.

［5］萨克塞. 生态哲学［M］. 文韬，佩云，译. 北京：东方出版社，1991.

［6］中共中央党史和文献研究院. 习近平关于网络强国论述摘编［M］. 北京：中央文献出版社，2021.

［7］柯清超. 超越与变革：翻转课堂与项目学习［M］. 北京：高等教育出版社，2016.

［8］塔勒布. 非对称风险［M］. 周洛华，译，北京：中信出版社，2019.

［9］宗毅，张文跃. 非对称思维：富足人生训练手册［M］. 北京：机械工业出版社，2019.

［10］波维奇. 弱者的战争：后冷战时代常规非对称冲突的特征与源起［M］. 张培，徐无，译. 北京：新华出版社，2021.

［11］周桦. 褚时健传［M］. 北京：中信出版社，2015.

［12］董宏猷. 胖叔叔［M］. 杭州：浙江少年儿童出版社，1998.

［13］叶圣陶. 语文教育书简（上）［J］. 教育研究，1979（3）：11－13.

［14］叶圣陶. 语文教育书简（下）［J］. 教育研究，1979（5）：77－80.

［15］金一鸣. 教育社会学［M］. 南昌：江西教育出版社，2000.

［16］冯增俊. 教育人类学［M］. 南昌：江西教育出版社，2000.

［17］加德纳. 多元智能［M］. 沈致隆，译. 北京：新华出版社，1999.

［18］阎德明. 现代学校管理学［M］. 北京：人民教育出版社，1999.

［19］王铁军，汪政. 超越与创新：学校教育现代化的理念与运作［M］. 南京：南京师范大学出版社，2001.

［20］苏霍姆林斯基. 帕夫雷什中学［M］. 赵玮，等译. 北京：教育科学出版社，2003.

［21］德鲁克. 卓有成效的管理者［M］. 许是祥，译. 北京：机械工业出版社，2007.

［22］黄济，王策三. 现代教育论［M］. 北京：人民教育出版社，2004.

［23］吴林富. 教育生态管理［M］. 天津：天津教育出版社，2006.

［24］余谋昌. 生态学哲学［M］. 昆明：云南人民出版社，1991.

［25］吴林富. 教育生态管理［M］. 天津：天津教育出版社，2006.

［26］徐扬生. 摆渡人［M］. 深圳：海天出版社，2018.

［27］伊藤穰一、杰夫豪. 爆裂未来社会的 4 大生存在原则［M］. 张培，吴建英，周卓斌，译. 北京：中信出版社，2017.

［28］彭红光，林君芬. 迈向云时代的教育变革［M］. 北京：科学出版社，2013.

［29］王纯旗. 让孩子黏上你的课：课堂教学创意设计技巧［M］. 广州：广东高等教育出版社，2020.

［30］拉尼尔. 互联网冲击：互联网思维与我们的未来［M］. 李龙泉，祝朝伟，译. 北京：中信出版社，2014.

［31］赵中建. 教育的使命：面向二十一世纪的教育宣言和行动纲领［M］. 北京：教育科学出版社，1996.

［32］叶澜，白益民，王枬，等. 教师角色与教师发展新探［M］. 北京：教育科学出版社，2001.

［33］拉塞克，维迪努. 从现在到 2000 年教育内容发展的全球展望［M］. 马胜利，等译. 北京：教育科学出版社，1996.

［34］联合国教科文组织总部. 教育：财富蕴藏其中［M］. 联合国教科文组织总部中文科，译. 北京：教育科学出版社，2001.

［36］曲树程. 评注译析古文百篇（上）［M］. 济南：山东教育出版社，1982.

［37］方明. 陶行知教育名篇［M］. 北京：教育科学出版社，2005.

［38］迪尔，彼德森. 校长在塑造学校文化中的角色［M］. 王亦兵，译. 北京：中国青年出版社，2006.

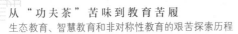
［39］康芒纳. 封闭的循环：自然、人和技术［M］. 侯文蕙，译. 长春：吉林人民出版社，1997.

［40］叶澜. 让课堂焕发出生命活力：论中小学教学改革的深化［J］. 教育参考，1997（9）：3－8.

［41］塞尔登，阿比多耶. 第四次教育革命：人工智能如何改变教育［M］. 吕晓志，译. 北京：机械工业出版社，20019.

［42］L·坎贝尔，B·坎贝尔，狄瑾逊. 多元智能教学与学的策略［M］. 王成分，译. 北京：中国轻工业出版社，2001.

［43］马歆静. 对大教育的教育生态学分析［J］. 赣南师范学院学报，1996（5）：53－55.

［44］杨明华. 变化中的永恒　永恒中的发展［J］. 人民教育，2007（5）：8－10.

［45］江兴代. 学校文化的传承与创新［J］. 人民教育，2007（7）：14－17.

泡功夫茶与做教育异曲同道
——先苦后甘

做教育如泡功夫茶，功夫越到家，品味越醇厚。

首先，喝茶讲究情调，教育讲究情怀。习惯喝茶的人，如只为解渴，闲时喝，忙时也喝，小杯喝，大碗也喝；如为品茗，则必选定一段闲暇时光，寻得一份闲逸心情，按照潮汕习俗"茶三酒四玩二"，还要邀上三位爱茶好友，文火小杯，慢筛细品，边喝边聊，此情此境，味在茶里，更在茶外。从事教育的人，如把教育当一份谋生的职业，则朝八晚五，上班下班，心平味淡；如把教育当一生追求的事业，则时空无限，泛在教育，越苦越甘。

其次，喝茶讲究工序，教育讲究节律。记得小学时语文课本学过数学家华罗庚的文章《统筹方法》，以泡茶为例说明什么是"统筹方法"：

办法甲：洗好水壶，灌上凉水，放在火上；在等待水开的时间里，洗茶壶、洗茶杯、拿茶叶；等水开了，泡茶喝。

办法乙：先做好一些准备工作，洗水壶，洗茶壶茶杯，拿茶叶；一切就绪，灌水烧水；坐待水开了泡茶喝。

办法丙：洗净水壶，灌上凉水，放在火上，坐待水开；水开了之后，急急忙忙找茶叶，洗茶壶茶杯，泡茶喝。

当然甲的泡茶工序最优化属"统筹方法"，但这只是"准备"工序优化，"泡茶"工序优化才是核心——"高冲低筛""盖沫淋顶""关公巡城""韩信点兵""仙女散花"。泡茶的"工序"优化决定茶汤的品位，教育的"节律"科学也决定教师专业发展、学生学业成长的品质。如新教师还未完成"适岗"锻炼就被推向"赛道"竞优，把"后进生"塞进"培优班"，结果将适得其反。

再者，喝茶讲究火候，教育讲究温度。泡功夫茶很讲究火候，如果水没达100摄氏度，再高冲茶壶口也无沫可盖，意味着茶叶里的杂质也无法洗去。喝功夫茶老讲究的人还有一个"七步"标准，即火炉上的煮水壶与茶壶要相距七步远，据说这样子刚烧开的水经过七步后，水温泡茶最佳。教育更是讲究温度，在学生最需要的关头，教师一个鼓励的眼神、一句关心的话语，相比一打知识学问、一通空洞大道理，更深远地影响着学生的一生。

最后，泡功夫茶与做教育，曲不同、道相通：先苦后甘。泡潮州功夫茶之道：下得了苦功，喝得了香茶；品功夫茶，入口苦，回味甘，先苦后甘。做教育，教师艰苦了身心，学生成就了学业，家长收获了期望，国家赢得了未来，此乃功德无量之甘！

2023 年元旦